The Edinburgh History of Ancient Rome

爱丁堡古罗马史

罗马共和国的终结

征服和危机

The End of the Roman Republic 146 to 44 BC

Conquest and Crisis

Catherine Steel

〔英国〕凯瑟琳·斯蒂尔 著

李冠廷 译

上海三联书店

目　录

致　谢

我动笔为《爱丁堡古罗马史》丛书撰写第三卷，起于约翰·理查森的邀请，他的相邀之情、细心的编辑工作和帮助指导都令我无比感激。我还要感谢爱丁堡大学出版社的卡罗尔·麦克唐纳和她的同事们自始至终给予我的耐心与支持。在部分撰写阶段里，格拉斯哥大学图书馆的理查德·巴普提与英国古典研究所图书馆的科林·安尼斯都曾出力相助。书中提出的许多理念，我都曾首先向我在格拉斯哥的学生们做过引介，像他们那样积极活跃的听众，实在是难以奢望。本书谨献给爱丽丝·詹金斯，没有她，这卷书也好，我生活中很多其他的方面也好，都会无比暗淡。

丛书编辑序言

　　罗马城以及罗马帝国，一直占据欧洲、地中海以及我们现在称之为中东的这片土地的历史中心位置。罗马的影响贯穿整个时代，从转变为拜占庭帝国的时期起一直到现代，对此全世界都是见证者。本套丛书旨在向研究人员和所有对西方文明史感兴趣的人展示罗马作为一个实体的形态变化、罗马共和国的发展和扩张、向奥古斯都帝国的转变、从那时起帝国的发展，以及在公元 4 至 6 世纪出现的东罗马帝国和西罗马帝国的不同模式。该丛书不仅涵盖了那个不断变化且复杂的社会的政治和军事历史，还展现了罗马世界的经济和社会历史对这一变化和发展的贡献以及诱发这些发展的思想背景。作者团队的成员都是英语世界考古学和历史学研究前沿的学者，在八卷丛书中呈现了一系列通俗易懂且充满挑战的故事，讲述了罗马在 1500 多年间扩张和转变的历史。每一卷书都以自己独特的方式描绘了它所涵盖的时代，而这套丛书旨在回答一个基本的问题：何为罗马，一个意大利中部的小城市是如何成为世界历史上最强大和最重要的实体之一的？

约翰·理查森，总编

本卷作者序言

本卷所涵盖的这段罗马历史，是用两次暴力事件划定的。作为本卷的记述起点，公元前146年的那次暴力事件源自罗马之外，乃是堂而皇之的两国交战，且持续时间很长，等这一连串军事行动结束之时，迦太基与科林斯两座城市已被摧毁。作为记述的终点，公元前44年的那次暴力事件源自罗马之内，甚至可以说仅仅发生于一室之内，且爆发突然，转瞬即逝，即执政官兼独裁官恺撒在一次元老院会议上被众元老刺死。两次暴力事件迥然有别，但因为本卷着重于政治史，所以其发生的年月才拥有了重要的意义。本卷书的一大目标就是梳理独裁制渐渐成形的这一个时期里罗马城中的一系列政治变化。而为了实现这一目标，本卷书必须先对公元前2世纪中叶的罗马政治结构做出一番简要概括，然后才能对这一时期的历史做出叙述与分析。

当时的罗马是一个城邦国家，政治权力由多个群体分掌。其中的"人民"——罗马成年男性公民集体——借助投票这一机制得以控制国家的各项重大问题。然而在实际操作中，许多决策都是由"元老院"受人民之托而做出的。元老院由大约300人组成，成员选自罗马的统治阶层。第三个群体是"高级官员"，这一群体人数很少，每年经选举产生，拥有巨大的行政权。高级官员的权力来自人民的托付，他们本身也是公民，在共和国内部的角色是依靠一种讲究高低贵贱的思想体系来维系的。元老院则是由这些人构成的集体。总的来说，罗马的政治生活就是由人民、高级官员和元老院三者间持续不断的对话建构的。

关于罗马人民，有所谓"Res publica, res populi"之语，即"国家是人民的财产"。[1]人民所拥有的广泛权力，是建立在以下若干基石之上的。第一，只有罗马人民才能通过法律，才能决定开战，方式是在代表人数合理的集体会议上进行投票。[2]第二，高级官员是在罗马人民的集体会议上选举产生的。第三，凡死罪指控，都须由罗马人民听证并裁决。[3]第四，截至公元前146年，罗马军队本质上仍是由公民组成的民兵。一个人算不算罗马公民，这是非此即彼、不存疑问的事情，但一个罗马公民到底能拥有怎样的政治参与度，则是由"人口普查"制度来具体决定的。罗马的人口普查每五年举行一次，由两位监察官主持工作，两位监察官由选举产生，且此前须担任过高级官员。普查工作会根据个人的财富、年龄与居住地将成年罗马男性公民划分为若干阶层，而一个人被划到什么阶层则可以决定他属于哪个投票单位（即百人团）。当时的投票结果并不是由全民总票数决定的，而是每个投票单位先得出各自的投票结果，再将这些投票结果汇总。因此，一个投票单位的投票倾向自然与其成员构成关系重大。尽管在细节方面存在相当程度的不确定性，但罗马投票单位的建构形式，总体上讲究富重于穷，长重于幼，城重于乡。[4]只有高级官员有权召开人民集体会议，会议议程也是由他们决定的。

罗马公民中本存在贵族与平民这两个代代相传的阶级，然而到了罗马历史的这个阶段，二者间的区别早已不再是罗马政治活动的驱动力了，但这一区别的影响仍在。[5]这一时期尚存的罗马贵族，大约有12个家族，其成员在统治精英阶层中仍拥有与人数不成比例的影响力。而与之相对的平民，则借助了平民保民官这一制度，仍然拥有广泛的权力，可以挑战那些有害于平民利益的法案。保民官每年一选，每届10人，因为从理论上讲，任何胆敢伤害保民官的人都会立即遭到平民阶层的集体报复，所以保民官拥有着一种"sacrosanctitas"，即"肉体不可侵犯性"。而对于政治活动来说更重要的是，保民官保护平民个体的义务还得到了两种权力的补充，即他们有权提出立法议案，还可以通过否决权制约高级官员和元老院的决议。同样重要的是，保民官可以单独行使这些权力，所以不同保民官之间也有可能发生冲突。[6]到了公元前146年，所谓平民实际上已与广大普通公民难分彼此，两者名二而实一，所以诞生于"阶级之争"的保民官，原本是为了保护平民不受贵族侵害，此时的职能则是调节罗马公民集体与由公民选出的高级官员之间的关系。另外，此时的许多统治阶层成员本就是平民出身，而且一些高级官职仅面向平民出身者开放，这一点再加上其他一些因素，都使得罗马人民在罗马共和国内拥有的权力变得相当复杂，无法简单评估。

元老院的角色耐人寻味，难以一言以蔽之。理论上讲，元老院只是一个咨政团体，但在多种因素的推动下，其咨政行为却拥有了很大的力度与广度。至关重要的一点是，元老院会议的决议——所谓"senatus consulta"，字面意为"元老咨文"①——只要没有遭到某位保民官的否决，便拥有法律的效力。元老院就各方面问题都会颁布元老令，尤其是有关对外政策的问题，而且只要罗马还未到战争的边缘，外交事务通常都是由元老院自行决定的，无须询问人民的意见。另外，监管宗教活动也是元老院的分内之事，而在这方面他们会根据一个专业宗教团体的建议来行事。总而言之，元老院可以被描述成一个以保护共和国为宗旨的有机体，而其保护共和国的手段就是与外部威胁斡旋，不管这种外部威胁是来自外敌还是诸神。

元老身份是在五年一次的人口普查中由监察官决定的，不过监察官也要遵循一些相当固定的标准，不可肆意而为。一般而言，当过营造官或裁判官的人肯定要入选元老院。除此之外，监察官似乎是想让谁进元老院，就能让谁进元老院，其取舍的标准在表面上包括是否出身名门，是否担任过祭司。[7]人民的确可以在元老院的构成上表达自己的意志，因为要入选元老院，须担任过某些

---

① 下文统译为"元老令"。（如无特别说明，本书脚注均为译注，原注见本书"注释"部分）

特定的官职，而这些官职是由他们选举产生的，决定此事的监察官也是由他们选出来的，但人民无法在这方面直接表达自己的意志，必须借助监察官这一媒介。新一届监察官上任后，第一件事就是要查阅前一届监察官列出的元老名册，而根据惯例，一日为元老，终身为元老。然而也存在例外，即若监察官在本届名册中漏掉了此前某些元老的姓名，就等于将他们开除出元老院，而作为例外，这些情况获得了学界额外的关注。至于开除的理由，几乎全部都与道德相关，因而在这一时期想要进入元老院，一个人既要深得民心，也要品格出众。但是，开除仅是例外，元老院成员的更替主要还是依靠原成员的死亡——尽管身为元老，至少在理论上讲必须亲身到院参会，但笔者至今尚未发现有哪一位元老因为年高体弱、无法参会而选择"退休"，或是遭到"辞退"。元老身份的"终身制"是元老院确保其实际政治效力的一个重要元素。另一个重要元素就是"第一元老"制度：在监察官开列的元老名册中，高居榜首者即第一元老，此职皆由贵族担任，而且理论上应担任过监察官；获选第一元老者将终生持有此职。[8] 因为有权在元老院辩论期间率先发言，第一元老拥有左右决策的能力。

元老院成员其实大多出自一个更广泛的阶层，即骑士阶层。骑士阶层最初指那些需在骑兵中服役的罗马人，但到了本卷涉及的这个时代，指的就是社会中最富有的那一批人。元老之子若是不能或不愿从政或当元老，便会留在骑士阶层。在公元前 2 世纪中叶，元老与满足骑士阶层财产标准的非元老之间的唯一区别，即是否从政。但在之后的一百年里，骑士阶层渐渐形成了其独特的政治身份，其利益也有别于元老院，而在不断演变的政治危机中，他们在许多方面都扮演了核心角色。

再说罗马共和国政治的第三个元素，即那些每年一选、任期一年的高级官员。发展到公元前 2 世纪中叶，高级官职已经形成了一套标准的晋升体系，即所谓"荣耀之路"：初级为主管财务的财务官，中级为裁判官，最高级为执政官。[9] 裁判官与执政官都拥有一种由国家准予的强制性权力，拉丁语称

"imperium"①，持此权力者可以统率军队——一般来说，执政官与多数裁判官（共六人）都属于拥有兵权的军事将领。[10] 持兵权者拥有巨大的行政权，在罗马城外尤其如此，从表面上看与帝王无异。[11] 又因为这些官员身处地方，行事无同僚掣肘，所以其权力显得更为巨大。但是，因为罗马共和国的分权原则，因为任期有限，因为卸任后不能立即连任，这些手握重权者也受到了制约。另外，这些人的兵权期限虽然可以延长，但延长仍需要元老院授权，而且这些人任期内需要完成的具体任务也是由元老院确定的。鉴于这种高级官职的数量有限，哪怕是古罗马共和国最成功的政治家，在其政治生涯的绝大多数时间里，仍然属于没有官职的"普通公民"。

罗马人的仕途取决于选举的成败，而此类竞争十分激烈。[12] 对于个人来说，任何一次选举都存在变数。但对于元老这个群体来说，高级官职在极大程度上都在其内部代代相传。具体来讲，虽然元老身份并非世袭，但获得元老身份的种种资源在很大程度上却是世袭的。[13] 有鉴于此，我们完全可以将元老视为一个阶级，其政治主宰地位在一系列经济与意识形态因素的作用下能够代代相传。罗马共和国的统治阶层是由选举产生的，那么控制统治阶层构成的一个手段，就是控制谁有资格参选。今天看来，在当时的罗马，参选者的最低财产标准被设定得相当之高，因而选民虽然可以在候选人中进行选择，但无论怎么选，当选的都是一批有着相似经济与社会背景的人。此外，今天看来，出身政治世家的参选者似乎更容易获得更多选票。

在同时代的历史观察家波利比乌斯眼中，权力分散到不同群体与个人手中让罗马拥有了一种杂糅的建构，民主制、寡头制、君主制元素兼而有之，而这种杂糅带给了罗马一种令人艳羡的稳定性，是理解其非凡军事成就的关键。[14] 然而事实证明，这种体系恰恰很不稳定，其中一大原因就是，在这一时期的罗

---

① 下文译为"兵权"。

马并没有一个像样的政府总揽全局，也没有一个很好的办法确保野心人物能够长期掌权。这种不稳定性会对罗马的历史产生深远的影响。

在今人还原这一时期罗马历史所参考的众多古代史料中，几乎只有波利比乌斯的作品记述的是同时代的历史事件。现存的绝大多数相关史料的质量都十分不堪，这恰恰是今天研究古罗马共和国末期历史的一大难题——也许可以说是最大的难题。奇怪的是，在波利比乌斯之后，最早动笔记述共和国末年历史的人竟然推迟了两个多世纪才出现，即阿庇安与年代略晚于他的卡西乌斯·狄奥。[15]研究这段历史，他们的著作绝不可不用，但研究者不要忘记，此二人在时间上与文化上与所记述的时代相去甚远。李维的相关著述《罗马史》原稿今已佚失，仅存他人对其各卷所做的概括，漏掉了大量解释性内容和上下文。萨卢斯特的相关著述《历史》今天仅存残篇。维雷乌斯的相关著述则过于简短。[16]所以研究这一时期历史的一大部分工作，就是要确定当时到底发生了什么，而古代史料中的混乱与歪曲已对现代史学界解读这段历史产生了持续影响。这一点在有关同盟战争（由于罗马公民身份性质的转变，今天已经难以还原这场战争的根源）与苏拉时代（苏拉那个残暴政权的幸存者们接受并宣扬着一种强调连续性的历史叙事，而这恰恰是一种误导）的研究上表现得尤为明显，但这种情况绝不仅限于这两个时代。[17]

与上述历史记录者的只言片语相比，西塞罗则显得滔滔不绝，其相关著述非常丰富，表面上看似乎是以一个局内人的视角清晰洞彻了共和国政府最后的几十年历史。不幸的是，事实绝非如此：西塞罗留下的文字，从来都是专为某人而写的；不管是某个陪审团、某位受辱者还是某位密友，他总能敏锐地判断出对方想听的话；而且文字间也掺杂了他本人对于共和国未来以及自身地位的强大欲求，因而研读时很容易被他误导。有关如何解读西塞罗，可以写出成本的论述，而且也的确有人写了，但在笔者看来，如此做法大有过度解读之嫌。尽管如此，研究这一时期的史学家，仍然要把如何解读西塞罗当作一个核心问题。

本卷在结构上分为三个部分，每个部分都会先对某一具体时期的历史事件进行叙述，再对该时期罗马国内外的发展变化做出解读。其中第一部分在时间上以同盟战争的爆发收尾，可以说是全书唯一针对罗马共和国本身的内容，因为波利比乌斯所描绘的那个国家在这场战争中土崩瓦解，之后的罗马与之前的迥然有别。[18] 第二部分记述了同盟战争及其衍生出的内战、苏拉一党的胜利，以及苏拉为罗马政治体制改革所做的早期尝试。第三部分以公元前 70 年开头——从多个意义上讲，这一年似乎的确标志着罗马历史上的一个崭新开始——又以公元前 44 年 3 月 15 日恺撒遇刺身亡作结。选择这样一个断代终点，精确得让人愉快，但这仅仅是诸多断代方式之一——本卷书试图揭示的一点就是，政治变化的过程是漫长的，常常是其参与者也无法看清的，而且充满了意料之外的结果。人们都喜欢强行做出一个过于整整齐齐的框架，对于这种倾向，我们应当引以为戒。

第一章

公元前 2 世纪下半叶的危机

公元前 146 年对于古代世界的城市来说是一个凶年。这一年，西庇阿·埃米利雅努斯（即小西庇阿）率领军队攻占了迦太基城并将其摧毁。同年，卢西乌斯·穆米乌斯在希腊的科林斯地峡击败了亚该亚人联盟，并根据元老院的指示摧毁了科林斯城。到这一年年底，罗马城已举办了三场凯旋仪式，分别庆祝了小西庇阿、穆米乌斯以及昆图斯·凯西利乌斯·梅特卢斯·马其顿尼库斯——此人系穆米乌斯在希腊的前任统帅——的战功。有关这两场战役的过程与结果涌现出了形形色色的奇闻逸事，而公元前 146 年也被后世视为罗马历史上的一个转折点——更加具体地讲，是罗马从一个美德与自由之城沦落为一个受独裁者奴役之地的转折点。[1]

这一年的辉煌在后世的相关文献中得到了浓墨重彩的记载，而当时的罗马人对于罗马城与罗马成就的感知，肯定也受到了这辉煌的一年同样强烈的冲击。以迦太基与科林斯覆灭的公元前 146 年来断代，虽然的确很有吸引力，但我们同样可以认为公元前 146 年是公元前 220 至前 167 年这一个独特历史时期尾声阶段的开始——这一长约半个世纪的时期正是波利比乌斯笔下的所谓"五十三年左右时间",其间,罗马人"几乎征服了整个已知的世界"。[2]另外,如此刀劈斧剁式的断代,在绝大多数时候都难以描述全部相关事件。比如罗马人这一年虽在这两个地方获得了大胜,在西班牙却仍然深陷于惨痛的战争中无法自拔,而这场对抗一直持续到了公元前134年,其间占用了共和国大部分军事资源和精力,也加剧了严重的国内动荡。在国内,饱受争议的保民官法案也已开始动摇共和国在击败汉尼拔之后所形成的那种团结一致,其所反映的问题将在之后几十年里以更为严重的形式再次爆发。事实上,成就非凡的公元前146年反而是一个坎坷时代的开端,罗马随后便进入了一个对外扩张受阻、内部斗争不断的五十年。

西班牙的战争

罗马在西班牙的军事行动,始于第二次迦太基战争,而在公元前2世纪初期,那里就频频发生武装冲突,以至于罗马特意增加了裁判官的数量,以便那里能够长久拥有罗马统帅坐镇。[3]为了方便制定策略,罗马将西班牙划分为两个行省,一为"近西班牙",一为"远西班牙",而两地之外的伊比利亚半岛北部及西部则始终不受罗马政权控制。公元前180至前178年,在西班牙统率罗马军队的是提比略·森布洛尼乌斯·格拉古,在他卸任后的一段时间里,罗马派往那里的人力有所减少,相关凯旋仪式的频率降低,西班牙的战斗似乎变得不那么激烈了。[4]到了公元前2世纪50年代中期,这一相对平静的时期又结束了,元老院认为自己在西班牙受到了威胁,于是做出了强力回应。[5]根据阿庇安的记载,远西班牙在公元前155年重燃战火,最终在公元前150年,大批已协议投降罗马的卢西塔尼亚人在公元前144年执政官塞尔维乌斯·苏尔皮西乌斯·加尔巴的命令下惨遭屠杀。[6]在近西班牙,罗马方面认为当地城镇塞哥塔藐视自己的权威,于是在公元前153年派执政官昆图斯·弗尔维乌斯·诺比利尔领兵征讨，在公元前 152 年和前 151 年，又相继派执政官级将领接替。[7] 伴随着第三次迦太基战争打响，罗马无暇理会西班牙，但后来又派裁判官盖乌斯·维提利乌斯领兵征讨远西班牙——时间很可能是在公元前 147 年。此次对抗中，卢西塔尼亚人本被罗马部队团团围住，幸亏有一人出言献计，才得逃脱。此人叫维利亚图斯，乃是加尔巴那场屠杀的幸存者。脱困后，维利亚图斯被卢西塔尼亚人选为首领，并率众通过伏击打败了罗马部队，维提利乌斯被杀。次年，罗马人又派盖乌斯·普劳提乌斯前去征讨，结果两次被维利亚图斯击败，折损了四个军团。[8] 更有甚者，战争似乎还蔓延到了近西班牙行省，史料中记载说裁判官克劳狄乌斯·尤尼马努斯就在那里吃了败仗——时间很可能是在公元前 146 年。

就这样，罗马人在远近西班牙行省都陷入了僵局，久征不胜，难以收场，军中更对此大有怨言。[9] 随着非洲与希腊地区战斗的结束，罗马有可能将更多的资源用来征讨维利亚图斯，但并没有取得决定性胜利。公元前 145 年的执政官昆图斯·法比乌斯·马克西姆斯·埃米利雅努斯被派到远西班牙统兵，他在两年的任期内，针对维利亚图斯虽有小胜，但未有大功。与此同时，在近西班牙，根据西塞罗的记载，裁判官盖乌斯·莱利乌斯奉令统兵，接替战败的前任总督盖乌斯·尼基狄乌斯——其任期很可能是在公元前 145 年——结果"令彼（指维利亚图斯）损兵折将，大挫其凶猛之势，后任将领一至，胜利必将唾手可得"。[10] 公元前 143 年，罗马派执政官昆图斯·凯西利乌斯·梅特卢斯·马其顿尼库斯去近西班牙行省统兵。此人刚从希腊凯旋，到任后占领了康特比亚，又兵围努曼提亚。然而在远西班牙行省，接替埃米利雅努斯的昆图斯·庞培却被维利亚图斯击败，此地兵权于是又转交给了公元前 142 年的执政官昆图斯·法比乌斯·马克西姆斯·塞维利亚努斯。所以说在公元前 142 年，远近西班牙行省自创立以来首次同时迎来了执政官级总督。这既表明当时罗马在其他疆域并无严重的军事危机，也表明西班牙的局势已经十分严重。到了公元前 140 年，两位总督都决定与各自的对手议和。在远西班牙，根据塞维利亚努斯与维利亚图斯签订的协议，罗马方面承认维利亚图斯是罗马人民的朋友，并正式将被其占据的土地让予他们，而这份和约得到了罗马人民的批准。[11]在近西班牙，接替马其顿尼库斯的昆图斯·庞培与努曼提亚人谈判，让他们名义上无条件投降，说若非如此，罗马人民绝不肯接受，但同时又向对方保证，他们只需要交出人质和赔款，和约即可生效。

事实证明，两份和约的效力都不长久。在远西班牙，接替塞维利亚努斯统兵的公元前140年执政官昆图斯·塞维利乌斯·凯皮欧试图说服元老院允许自己无视和约，与维利亚图斯重新开战。根据阿庇安的记录，元老院先是准许他暗中如此行事，后来干脆授权他公开违反和约。[12]凯皮欧买通了维利亚图斯的几个身边人，让他们在他熟睡时将其杀害，接替维利亚图斯的坦塔卢斯也被凯皮欧击败并向其投降，这场战争这才结束。在凯皮欧之后，远西班牙行省的总督换成了公元前138年的执政官德希姆斯·尤尼乌斯·布鲁图斯，此人在伊比利亚半岛的西北部展开了一系列军事行动，借此为自己赢得了一场凯旋仪式。[13]这是两个西班牙行省自公元前152年以来收获的首场凯旋仪式，但在此之后，罗马人在远西班牙行省动兵兴师的热情似乎就已蒸发掉了。[14]

与此同时，在近西班牙，接替昆图斯·庞培的马尔库斯·波皮利乌斯·莱纳斯刚一到任，立即就发现努曼提亚人根本就没有无条件投降。卸任的庞培此时否认自己曾和对方谈判过，但他的随从与努曼提亚人方面却对此予以驳斥，波皮利乌斯于是把相关人等统统送回罗马，让他们把问题搞清楚，自己则重新开始与努曼提亚人作战。[15]公元前137年，近西班牙行省的统帅又换成了盖乌斯·赫斯提利乌斯·曼希努斯，结果此人遭到努曼提亚人的围困，被迫投降。当时，此地的罗马人已到了绝望的境地，本无谈判的资本，但最终还是谈出了一份和约，且根据阿庇安的描述，该和约"条款对等"。[16]罗马方面负责谈判的是曼希努斯手下的财务官提比略·森布洛尼乌斯·格拉古，他能够在谈判中成功，显然仰仗的是父亲老格拉古的威名。[17]

罗马军队能谈成如此有利的条件本是幸事，但消息传到罗马城，却激起了一片哗然。元老院拒绝承认这一和约，并当即决定派公元前 137 年的另一位执政官马尔库斯·埃米利乌斯·雷必达·波希纳接替曼希努斯。公元前 136 年，曼希努斯刚刚返回罗马，执政官卢西乌斯·福瑞乌斯·菲路斯立即对当初谈判一事展开调查，最终，元老院经投票决定撤销和约，并派人将曼希努斯交还给努曼提亚人处置。[18] 其间，在近西班牙统兵的雷必达无视元老院的指示，对当地的瓦塞人发起了攻击，这也许是为了呼应布鲁图斯在远西班牙的军事行动。当然，边疆大将不完全按照元老院指示行事，这在当时也是常事。然而这一回，元老院知情后竟派使团到西班牙命令雷必达停手，这一点很能说明西班牙的局势已在罗马引起了很大的惶恐。之后，雷必达依旧无视使团之命继续进攻，在围困帕兰提亚期间战败，被元老院革去兵权，以普通公民身份返回罗马，并上缴了罚金。接替他统兵的菲路斯想把曼希努斯交给努曼提亚人，对方拒绝接受；接替菲路斯的是公元前 135 年的执政官昆图斯·卡尔珀尼乌斯·皮索。这两人似乎都没有在这场战争中取得太多成就。

元老院面对西班牙不断发酵的局面所做出的种种超乎寻常的反应，表明了这场危机的严重程度。不管是在处理曼希努斯投降一事上，还是在剥夺雷必达兵权一事上，我们都很难从历史中找到先例。[19] 随着执政官级将领屡屡失败，罗马终于请出了名将小西庇阿：他先是被选为公元前 134 年的执政官，随后被任命为近西班牙的总督。在公元前 2 世纪 30 年代初或 40 年代末，西西里岛爆发了奴隶起义，这使得西班牙的问题变得更为棘手。相关史料虽然不多，但都记载说罗马先是派了若干裁判官去西西里平乱，失败后才将公元前 134 年的另一位执政官盖乌斯·弗尔维乌斯·弗拉库斯任命为西西里总督，这是自第二次迦太基战争以来西西里岛首次迎来一位执政官统兵。[20]

有关小西庇阿讨伐努曼提亚一事，今天留存下的史料要比西班牙战争早期阶段的史料丰富很多。在史学家眼中，小西庇阿是一个不得不写的人物，这既是因为他当年摧毁了迦太基城，也是因为他在此次讨伐努曼提亚中的表现，还是因为他在公元前 129 年的神秘死亡。[21] 除此之外，他还为后世史学家提供了一个典范：虽违政治惯例而身居要职，同时却又能与共和国的元老院政府和谐共处。日后的庞培与恺撒，虽然也拥有超乎惯例的兵权，但却借此挑战了整个共和国体制，与小西庇阿形成了鲜明对比。[22] 西庇阿与努曼提亚人打的这场战争可谓旷日持久，不时陷入绝境，但最终以罗马人获胜、努曼提亚遭到洗劫告终，其间种种事件，或英勇可歌，或悲壮可泣，为历史学家提供了丰富的素材。此外，西庇阿麾下之人，许多都成了此后四十年里叱咤风云的人物。将在公元前 2 世纪末与罗马为敌的朱古达就是其中之一，当时的努米底亚国王是朱古达的伯父米西普萨，他派朱古达率领象兵部队前来为小西庇阿助阵，而根据历史学家萨卢斯特所说，正是这次经历让朱古达深刻了解了罗马的社会习俗和战法战术。[23] 除了朱古达，罗马军中还有盖乌斯·马略与盖乌斯·森布洛尼乌斯·格拉古、讽刺作家盖乌斯·卢西利乌斯，以及历史学家森布洛尼乌斯·阿塞里欧与普布利乌斯·鲁提里乌斯·鲁夫斯。最后说到的这两人当时是军中的军事保民官，阿塞里欧日后有何作为，今天无从考证；但鲁提里乌斯·鲁夫斯在公元前 105 年当上了执政官，到公元前 1 世纪 90 年代中期因勒索罪遭流放，其留下的史书很可能就是在流放路上撰写的。[24]

　　总的来说，有关这场征讨战，现存既有历史记述与传记类史料，又有其他类型文献中保留下的逸事，所以相关信息与细节很是丰富。从这些资料中可以明确看出，小西庇阿当时拥有庞大的兵力。他先是牢牢控制住了努曼提亚周边区域，随即采取了封锁避战的策略，努曼提亚人最终因断粮而投降。[25] 小西庇阿将投降的居民卖为奴隶，并在未得到元老院授权的情况下将努曼提亚城摧毁。随后，元老院按照惯例成立了一个由十人组成的委员会来此解决征讨战后续问题。[26]

保民官提比略·格拉古

小西庇阿就这样成功为罗马解决了一个顽固的军事问题，所以当他在公元前132年率军返回意大利之时，他完全有理由认为自己将在罗马受到热情的欢迎，迎来人生中第二场凯旋仪式，并重居共和国要职。罗马的确为他举行了凯旋仪式，但此时的罗马城由于一场惨剧带来的种种结果，并无太多心思去欢迎英雄。原来就在前一年年底，前任执政官、大祭司普布利乌斯·科尼利乌斯·西庇阿·纳希卡竟然带领一群元老私自杀害了保民官提比略·格拉古。

提比略本是曼希努斯手下的财务官，之所以被害，直接原因就是他在担任保民官期间的种种做法，而他的这些做法又是对此前十几年里一系列问题及其失败解决方案的回应。[27] 第一个问题就是西班牙战争征兵一事。此事引发的矛盾在公元前138年达到了高潮：那一年，一众保民官认为在任的两名执政官在征兵问题上过于严苛，于是将二人囚禁起来。[28] 第二个问题有关经济资源的再分配。在提比略任保民官之前的某个时间节点上，保民官盖乌斯·莱利乌斯提出了一项有关土地所有权的法案，后因元老院反对而撤回；公元前138年，保民官盖乌斯·库里亚提乌斯虽然没有参与囚禁两位执政官，但也曾敦促他们设法降低粮食价格。[29] 除了这些问题，具体的程序也引发了各方势力的关注，尤其是关于保民官的权力和权力的行使。公元前143年，元老院经投票决定，不为从意大利北部班师的当年执政官阿庇乌斯·克劳狄乌斯·普尔喀举行凯旋仪式，但普尔喀却不顾此令，自己给自己组织了一场。在这期间，普尔喀正乘马车游行，一位保民官为了破坏这场仪式，想把他从马车上扯下来；为了保护自己，普尔喀把自己的女儿拉过来挡在身前，因为他的女儿是一位维斯塔贞女，那位保民官不敢乱来，这才退去。[30] 三年后，又一位保民官试图通过手中的否决权阻止执政官凯皮欧离开罗马，去远西班牙行省当总督，而凯皮欧无视其否决，依然动身。[31] 这两件事表明，保民官的否决权即便遭到规避或无视，也未必就会立即带来什么后果。而这种事情一旦发生，否决程序立即就在罗马的政治生活中失去了那种不容置疑的权威地位，变得不再不可挑战。公元前 145 年，保民官盖乌斯·李锡尼·克拉苏站在罗马广场的讲台上向全体人民发表讲话，他成了历史上第一个这样做的政治家，并借此强调了民众参与政治的重要性。[32] 公元前 139 年，一项保民官法案得到通过，将匿名投票的方式引入选举过程。[33] 在这一时期，保民官始终在强调人民的权威，而同时也在为人民的不满——尤其是物质条件方面的不满——发声，但一直没有得到满意的回应。

在这样的背景下，提比略·格拉古当上了保民官，他的立场应该说与此前的保民官是一致的。一上任，他便提案要规范意大利地区的公共土地，让小农受益。所谓公共土地，是指在罗马征服意大利之后那些由国家所有的土地。此类土地散布于半岛各处，在理论上讲是由国家租给佃农耕种的。[34] 提比略的这项提案限制了个人租用公共土地的面积，规定超出的部分需拆分成小块田地向罗马公民出租。提比略此次提出的面积上限，与曾经的《李锡尼与塞克斯图斯法》完全一样。那一系列法案据说是在公元前 4 世纪初通过的，但具体时间并非问题的关键，关键是：提比略希望罗马人不把自己的提案看作什么创新，而只是遵循了祖先的旧例。与此同时，他认为自己的提案对当时的问题来说具有针对性：根据普鲁塔克的记录，提比略的弟弟盖乌斯撰写了一份手册，上面说提比略曾在伊特鲁利亚亲眼看到当地缺少自由农民，并对这一问题感到警醒，所以才希望能用国家资源扶持他们而不是那些有钱的地主。[35]

不难猜测，提比略的土地法激起了富裕阶层强烈的反感，作为现行租赁模式的主要受益者，许多元老都对此大为不满。为了阻止该法案通过，他们拉拢到了那一年的另一名保民官马尔库斯·屋大维，让他否决了这一法案。提比略的反击颇为新颖：他向罗马人民发起号召，说屋大维的否决票无法代表民意，因为保民官一职的宗旨就是要代表民意，所以屋大维根本就不是一位真正的保民官，因此请人民革除他的职务。[36] 这一策略的确见效，屋大维遭到革职，提比略的土地法得到通过。负责实施此法案的委员会由三人组成,包括提比略本人、他的弟弟盖乌斯(此时他正身在围困努曼提亚的军队里,并不在罗马)和他的岳父阿庇乌斯·克劳狄乌斯·普尔喀。提比略组建的这个委员会,其人选很值得关注:他选了两个亲密的盟友与自己一起实施法案,这说明他要么不打算与反对者达成任何妥协,要么认为自己根本不可能与他们达成妥协。不管怎样,委员会中的阿庇乌斯乃是前任执政官、监察官以及第一元老,他的加入为这一法案增加了很大的分量。[37]

元老院无法阻止这一土地法通过,但却能通过资金封锁确保三位委员无力实施。随后发生的一件事,让罗马的内政与外事交织到了一起:帕加马国王阿塔卢斯三世去世并将王国遗赠给了罗马。[38]消息传来,于是提比略向人民提交了一项法案,要将帕加马的税收专门用来实施自己的土地法。[39]这样一来,提比略就解决了眼前的经费问题,但他也等于是在直接挑战外事应由元老院负责的政治惯例。不过,此事也好,之前将屋大维革职一事也好,都不是他惨死的导火索。真正的导火索是他决定在下一年通过选举连任保民官。在紧急情况下,同官不可连任的政治惯例也是可以被打破的,不久前这一点在小西庇阿身上刚刚得到体现。想必提比略认为自己只有连任保民官,他的土地改革才能得到落实。他之前就曾利用人民的选票,打破了有关保民官否决权和共和国外事决策权的惯例,此次肯定是希望通过在竞选中获胜的事实,宣示自己是人民的选择,从而打破同官不连任的惯例。[40]但是,他这一回应该是错判了局势。就在罗马人民聚集在卡比多山为保民官选举投票之时,元老院在信义女神菲迪斯神庙中也举行了集会。[41]在那里,西庇阿·纳希卡敦促主持会议的执政官穆修斯·斯凯沃拉采取行动阻止提比略得逞。斯凯沃拉拒绝行动,于是纳希卡号召在场那些愿意保护共和国的人与他同去。就这样,他率领一群元老来到了选举现场。结果双方展开混战,提比略以及其数百名支持者遭到杀害,尸体都被抛入了台伯河。

本节之所以将提比略担任保民官这一年视为罗马历史的一个节点，不在于他推行的法案，而在现任保民官暴力惨死这件事上。在他死后，公元前 131 年执政官普布利乌斯·李锡尼·克拉苏接替他加入了那个委员会，尽管丢掉土地的地主仍然心怀愤恨，提比略的土地法仍然得到了继续贯彻。[42] 关键是，提比略乃是现任保民官，纠集人手将其杀害的乃是堂堂罗马大祭司，而且他完全不顾执政官的反对，这几点大大动摇了共和国统治阶层的合法性与统一性。此次私刑事件过后，元老院举行了五花八门的驱邪仪式，现代学者弗拉沃尔已对此做了考据；而且西庇阿·纳希卡也随使团离开罗马前往小亚细亚，成了历史上首个离开罗马城的大祭司。危急时刻，为了城市生活能够回归常态，元老院只得采取这种非常手段，哪怕代价是国家宗教的正常运转。[43]

公元前 133 年的这次暴力事件过后，罗马在短期内并未发生类似事件。不过，由此引发的问题却持续影响着罗马。提比略的追随者遭到了起诉，一部分被定罪并有可能遭到了处决。到了公元前 131 年，保民官盖乌斯·帕皮利乌斯·卡尔波提出法案，想要使保民官连任成为可能，但该法案并未通过，而且根据各史料记载，该法案的头号反对者正是前一年从西班牙返回罗马的小西庇阿。但卡尔波也成功让自己提出的另一项法案得到了通过，使得立法投票也可以采取匿名的方式进行。[44] 三人委员会仍然在实施提比略的土地法，不过也许是由于委员接连换人，其成果并不甚大：原委员阿庇乌斯·克劳狄乌斯在公元前 129 年年内（也可能是之前）就去世了；克拉苏在公元前 131 年便以执政官的身份到亚洲赴任，想必也退出了委员会；两人的位置由马尔库斯·弗尔维乌斯·弗拉库斯与卡尔波接替。更为严重的是，这些委员的所作所为激起了罗马在意大利的那些同盟者的怨恨。据阿庇安的记载，这些意大利地方居民在公元前 129 年向小西庇阿请愿，说自己遭到了这些土地法委员的不公对待，希望他能出手相助。[45] 可惜阿庇安并未留下太多细节，既没说请愿者到底是什么人，也没说他们到底受到了何种不公对待，不过双方很可能是围绕哪些土地算是国有的公共土地，哪些算是当地罗马同盟者的自有土地发生了争执。不难理解，这些委员肯定想尽可能多地将土地认定为公共土地从而将它们重新分配，所以难免会以对非罗马公民不利的方式来划定地界。

　　小西庇阿为请愿者出面，说服元老院对这些委员的所作所为进行调查，负责调查此事的是公元前 129 年的执政官盖乌斯·森布洛尼乌斯·图迪塔努斯。不过图迪塔努斯很快就离开罗马率军征讨伊利里亚。阿庇安说他离开罗马的一个动机就是嫌调查土地法委员问题的工作较为棘手，自己不愿参与，而这种说法确有可能。[46] 此事虽不了了之，但罗马与意大利同盟者之间的关系却留在了罗马的政治议程上。三年后，一位保民官提出法案，要把非罗马公民赶出罗马城。[47] 公元前 125 年，土地法委员弗尔维乌斯·弗拉库斯当选执政官，随后提出法案，向一部分非罗马人授予罗马公民权，但因为在元老院内部遭到反对，他又撤销了该法案。[48] 同年，拉丁人定居点弗雷格莱发生叛乱——此地在拉丁大道沿线，距离罗马城仅 50 英里 [①]，裁判官卢西乌斯·欧皮米乌斯率兵平乱并将定居点摧毁。[49]

公元前 146 至前 122 年的罗马与地中海东部地区

　　有关罗马人在西班牙的活动，现存史料较为丰富，然而在穆米乌斯攻陷科林斯、安顿希腊事务之后的那个时期里，罗马人在地中海东部地区到底有何行动，相关史料十分匮乏。[50] 不管怎样，单说罗马的军事活动，似乎仅限于马其顿一地：公元前 2 世纪 40 年代末，马其顿发生了叛乱；今天能够确定在公元前 133 年之前，先后至少有两位裁判官被派去那里平乱；后去的那位裁判官叫马尔库斯·科斯科尼乌斯，他率军击败了某些色雷斯部落。在地中海东部其他地区，罗马人的活动仅限于外交，但现存史证零星分散。其中得到最详细记载的，

---

① 1 英里约为 1.6 千米。

就是小西庇阿、卢西乌斯·凯西利乌斯·梅特卢斯·卡尔弗斯与斯普里乌斯·穆米乌斯出使一事。三人出使并非限于一地，而是涉及东地中海多地，因为使团中有大名鼎鼎的小西庇阿，相关逸事类史料自然十分丰富，但此次出使有何种地缘政治上的意义，今天并不是很清楚。其实，西班牙的战争旷日持久，且常常失利，这意味着罗马在此期间不可能在地中海东部有任何大的动作。这个地区最强大的异族势力是帕加马王国，而罗马人似乎也甘心让帕加马主宰一方。

到了公元前133年，形势骤变。那一年，元老院正围绕提比略·格拉古的土地法展开辩论，突然收到了一个令人惊讶的消息，说帕加马国王阿塔卢斯三世去世并将王国遗赠给罗马。罗马对此事最终做出的决定，大大改变了其与地中海东部地区的关系，而这背后的关键人物正是保民官提比略·格拉古。公元前133年的独特之处在于，罗马的内政与外事存在一种敏感的相互作用，一方的变化总能瞬间对另一方造成影响。具体来说，阿塔卢斯的这笔遗产，乃是罗马意料之外的事。当时这位国王才三十多岁，虽然立下了有利于罗马的遗嘱，但很可能根本没想到会这么快"兑现"。另外，帕加马这类希腊化王国的君主，有不少都立过此类遗嘱，其目的似乎是借此预防行刺，断掉篡位者的念想，阿塔卢斯立遗嘱时很可能也是这样想的。[51] 总之在阿塔卢斯死后，王国被一个叫阿里斯托尼库斯的人夺取。此人自称是阿塔卢斯之父尤美尼斯二世的私生子，他很快就拉拢到了强大的支持势力，而且很可能觉得罗马并不会插手——毕竟罗马上一次派军进入小亚细亚已是近六十年前的事情了。然而巧合的是，收到此信之时的罗马恰好已经大体上解决了海外危机：西班牙的战争已在不久前画上句号，西西里岛的奴隶起义也眼看就要平定了。在提比略·格拉古的鼓动下，罗马人民都认为不管元老院对此有何看法，罗马都应该接受这笔遗产。于是罗马在行动上的确启动了相关机制，开始逐步接管帕加马王国。在提比略·格拉古死后，元老院为了摆脱西庇阿·纳希卡这个麻烦，命他为代表前往帕加马协商此事。此外，元老院还将帕加马王国设定为亚细亚行省，并派公元前131年的执政官克拉苏担任其总督。

　　由于阿里斯托尼库斯的阻挠，接管一事异常困难。在交战中，克拉苏阵亡，接替他的总督——公元前130年的执政官马尔库斯·佩尔佩尔那最终击败了阿里斯托尼库斯，派人将其押送至罗马处决。但是在返回罗马的路上，佩尔佩尔那却死在了帕加马，未能迎来自己的凯旋仪式。直到下一任亚细亚总督马尼乌斯·阿奎利乌斯（公元前129年执政官）到任，在十位元老组成的委员会的协助下，帕加马的接管工作才启动。罗马向来不愿直接参与东方事务，此次总督和委员会也把帕加马部分领土割给了当地的一些盟友，然而他们似乎也打算在未来派一位高级官员来此坐镇并留下一部分驻军。至于他们当时是否就帕加马常规的税收工作做了安排，今天并不清楚，税收一事更有可能是盖乌斯·格拉古后来的创新之举。[52]

　　在亚细亚行省事务处理妥当后，罗马的外事焦点似乎进一步西移，只不过现存有关公元前2世纪20年代初期的史料极为匮乏。帮助图迪塔努斯摆脱调查土地法委员会这一棘手问题的，就是伊利里亚的军事行动。弗尔维乌斯·弗拉库斯担任执政官期间，曾在利古里亚展开军事行动，卸任后又率兵前往高卢援助马希利亚人。在他之后，盖乌斯·塞克斯提乌斯·卡尔维尼乌斯领兵在高卢连战三年，但直至公元前122年执政官格涅乌斯·多米提乌斯·阿赫诺巴布斯与昆图斯·法比乌斯·马克西姆斯·阿洛布罗吉库斯两位将领到来，罗马才平定了高卢，这两位将领也迎来了自己的凯旋仪式。其中的多米提乌斯还组织修建了连接西班牙与罗马的多米提乌斯大道。此时，罗马至西班牙的通道也已得到了巩固强化，这一是由于公元前123年的执政官昆图斯·凯西利乌斯·梅特卢斯征服了巴利阿里群岛①；二是由于罗马在该路线沿线创立了若干城市，并将定居西班牙的一部分罗马人迁入城中——这一点能够证明，西班牙当时的罗

---

① 梅特卢斯因此获得了"巴莱利库斯"（巴利阿里征服者）的称号。

马人定居点已经具有了很大的规模。[53]

保民官盖乌斯·格拉古

公元前 123 年，提比略·格拉古的弟弟盖乌斯·格拉古当选保民官，随即启动了自己的立法改革。他的改革方案在某些方面显然是在延续兄长当年之所为，但其大刀阔斧之处也体现了他本人非凡的抱负。现存有关小格拉古的史料较为充足全面，因而可以非常详细地还原出他在任保民官之前的政治经历。已知他曾随小西庇阿征讨努曼提亚，公元前 133 年开始一直担任土地法委员，公元前 126 年又当上了财务官。作为财务官，他的任职地在撒丁岛，当时执政官卢西乌斯·奥勒留·欧乐提斯正在那里平乱。元老院先后将其任期延长至公元前 125 年和前 124 年。二度延期后，小格拉古无视元老院之令提前返回罗马，并在监察官面前为自己的行为做了辩解，并未遭到惩处。此外，他还对卡尔波那项旨在允许前保民官再度参选的法案（并未通过）表达了支持，对马尔库斯·尤尼乌斯·潘努斯那项旨在驱逐罗马城非罗马公民的法案表达了反对。下文将介绍他担任保民官期间的一些作为，需要注意的是，这些事件的先后顺序现在很难确定。[54]

盖乌斯·格拉古提出了一项有关土地法的法案，今天并不清楚这一法案在提比略土地法的基础上对哪些方面做了调整，但提比略的土地法委员会——盖乌斯仍是其中的委员——似乎因为盖乌斯的法案重新活跃了起来。从实际行动上看，盖乌斯土地改革计划的重点不在"分地"（即将已有土地分配给定居者个体），而在"建地"（即创立新的定居地，吸引罗马公民殖民）：卡普亚与塔伦图姆便有这种新建的定居地，最醒目的是，罗马人在迦太基城废墟上也建了一个定居点，并将其更名为朱诺尼亚。在土地法之外，盖乌斯还成功推行了一项粮食法，规范了小麦的供应，允许每位男性罗马公民每月以固定价格购买一定数量的小麦，而这个固定价格，很可能与丰年公开市场价格接近。[55] 如此一来，罗马公民便无惧粮食紧张时期的投机倒把行为，而且可以直接享受到罗马疆土扩张带来的收益——具体来说也就是国家收入的增长。此外，此举还限制了富有者借接济穷人赚取政治筹码的能力。与此同时，这一粮食法也等于承认了分地政策存在不足，只能让一部分贫困城市人口受益。[56] 盖乌斯的粮食法大得民心，在共和国余下的岁月里，该法案的撤销与恢复可以被视为人民权力的晴雨表。盖乌斯推行这样一项法案，究竟是为了扩大自己的政治基础，还是真的想让更广泛的人民从罗马领土扩张中分得实惠，今天仍有争议。盖乌斯还提出了另外两项法案：其一规定高级官员若是遭到人民的罢免，则不可再次任职；其二规定审判死罪的法庭，只能由罗马人民设立。这两项法案似乎也是从其兄长任保民官时的政策中直接借鉴来的。而后一项法案显然是为了预防提比略死后其追随者所受到的那种司法调查，而且该法案是具有追溯效力的。[57]

当初提比略干涉罗马的对外政策，不过是见机行事，而盖乌斯在担任保民官后，却通过若干法案建立了一种机制，使得元老院的对外政策会遭到人民的定期审查。第一，由他牵头的《关于执政官行省的森布洛尼乌斯法》规定，元老院必须在执政官选举前决定执政官当选后所要承担的行省军事任务，这就意味着人民可以根据这一信息在执政官选举中选择适当的人选。第二，他的亚细亚行省税收法为罗马建立了一套税收外包制度：施行后，亚细亚行省的税收权（即具体进行收税工作的权力）将被公开拍卖，价高者得之，如此一来，相关人员在收税时就不会马虎，从而避免共和国国库收入不及预期的情况。第三，他还推行了一套针对行省地区勒索行为的新法案。罗马此前就有若干反贪污法，而这项法案的创新之处在于陪审团的构成：法案规定在此类案件的审判中，元老及元老的男性近亲不可陪审。另外，定罪后的判罚也更加严重。其中第二和第三项法案在事实上大大增加了罗马骑士阶层的政治影响力，只不过这未必是盖乌斯期待的结果。那项反勒索的新法就是一个例子，因为根据定义，可能在行省犯下那种勒索罪的人只可能是元老，所以不让元老及近亲陪审，盖乌斯的初衷肯定是为了保证审判公平公正；同时，他也需要让当陪审员的人拥有足够的身家，从而减少他们受贿的可能性，那么骑士阶层就成了唯一的选择。另外，盖乌斯还推行了另一项相关法案，即将司法受贿定为死罪。[58]

　　尽管我们今天无法精准确定盖乌斯种种法案诞生的时间，但按情理推测，这些法案大多数似乎都是在他首次担任保民官的初期推行的。普鲁塔克在传记中说盖乌斯很得民心，而且认为正是这一点让他又被选为了公元前122年的保民官。他的这种说法很有可能，因为史料中并未提到元老院对盖乌斯的再任提出过反对，所以，唯一能说得通的解释应该就是盖乌斯被热情的人民直接再选为保民官，元老院面对这样一个既成事实无能为力。不过，在盖乌斯的诸多法案中，有一项的确更像是在他第二次担任保民官时期提出的，就是那项向拉丁人授予罗马公民权的法案。因为西塞罗曾动笔记录过盖乌斯·法尼乌斯抨击该法案的一段讲演，其中提到法尼乌斯乃是当时的执政官，由此可知，这应该是公元前122年的事。[59] 现存法尼乌斯演讲的一段引言，他在里面以这一番言语去警告罗马城人民，扩大公民权会让他们失去种种特权："诸位罗马公民，如若你等将公民权授予拉丁人，岂不知来日再不似今日这般，集会、竞技、节庆，尚有一席之地？事事定会由彼辈夺而占之，你等难道看不分明？"[60] 考虑到这项法案最终并未通过，法尼乌斯的这番说辞似乎触动了罗马人民；而且，已知盖乌斯·格拉古在公元前122年突然大失民心，这背后一个重要原因也许就是他提出的这项法案。然而即便盖乌斯自己不失策，他的反对者此时也已经想出了对付他种种法案的新招数，而且并不像从前对付提比略时那样简单粗暴。另外，公元前122年与盖乌斯同为保民官的马尔库斯·李维乌斯·德鲁苏斯，提出了一项类似的殖民法案，但其适用范围远超盖乌斯的法案，借此与盖乌斯展开了民意竞争。而且，根据阿庇安与普鲁塔克的记载，盖乌斯在这一年竟然前往阿非利加行省去给朱诺尼亚城的建造督工。[61] 今天，学界并不清楚他为什么要这样做：根据罗马政治惯例，保民官不可离开罗马城超过二十四小时，而且他的离去也让德鲁苏斯可以趁机强化自己的地位。

公元前 121 年，盖乌斯卸任了所有官职。那一年一个叫马尔库斯·米努西乌斯·鲁夫斯的保民官，打算撤销盖乌斯推行的一部分（也可能是全部）法案，包括有关创立朱诺尼亚的那项法案。也是在那一年，盖乌斯决定下场参选，想要三度当选保民官，而他的一个动机想必就是要保护自己的改革成果。然而在那一年年底，盖乌斯与弗拉库斯两人出席了由米努西乌斯召集的公众集会，现场爆发冲突，执政官卢西乌斯·欧皮米乌斯的一个同党被杀。这个曾经摧毁了弗雷格莱的欧皮米乌斯于是召集了一次元老院会议，传唤盖乌斯和弗拉库斯到场作出解释，两人打算与他协商解决此事，但欧皮米乌斯却说服元老院以保护共和国安全的名义让自己将两人铲除。[62] 盖乌斯与弗拉库斯连同其支持者跑到阿文廷山上避祸，欧皮米乌斯则率领一队来自克里特岛的弓箭手对山上的人发起进攻。欧皮米乌斯一时之间就能召集来这样一支武装力量，似乎说明他之前就考虑到了动武的可能性，已经做了安排。另外，根据史料记载，第一元老普布利乌斯·科尼利乌斯·兰图卢斯在这里负伤，这说明欧皮米乌斯身边至少有一些元老相随。[63] 结果，弗拉库斯死在了阿文廷山上，盖乌斯不想被敌人生擒，于是命令自己的一名奴隶将自己杀死。两人的尸体被抛入了台伯河，3000 名支持者也被欧皮米乌斯下令处决。

格拉古兄弟之死存在明显的相似之处：两人都是在担任保民官、捍卫人民利益之后，被一名资深元老率领一群人杀害的。但是二人之死的区别也很值得关注。[64] 盖乌斯与兄长不同，他手握大权的时间超过一年，而且他在阿文廷山上拥有基地且进行了一定程度的武装，这似乎说明其支持者势力的组织性也比提比略更好。不过，他的元老院敌人的组织性也强于提比略之敌。带头的欧皮米乌斯乃是当年的执政官，而且他在动手前还提前获得了元老院的批准，至少在表面上看是名正言顺的。另外，元老院对两次惨剧的后续处理也存在很大的差别：公元前 133 年那次，元老院的反应可谓惊慌失措，而这一次则更为从容稳健。此事过后，欧皮米乌斯为和谐女神孔科耳狄亚建造了一座神庙，以这种方式强行把自己对这一系列事件的解读"镌刻"在了罗马城身上。这座神庙偶尔会用来召开元老院会议，而且颇受人民的敌视，这都说明其具有重要的象征意义。[65] 第二年，有人试图对欧皮米乌斯提起公诉，但未能通过，遭到流放的普布利乌斯·波皮利乌斯·莱纳斯也得以平反。就这样，元老院通过公开使用武力将权力的天平拨回到了元老院这一方。

公元前 2 世纪末的罗马国内外政治

有关盖乌斯·格拉古死后十年的史料，其质量和丰富性显著下降，但我们仍可以从中观察到罗马在这一时期的一些趋势。[66] 在盖乌斯·格拉古及其支持者遭到血腥镇压后的几年里，高调的平民派政治活动几乎消失。[67] 不过，虽然米努西乌斯有此企图，盖乌斯推行的法案却没有遭到撤销：在勒索案的审理中，陪审员不可以是元老；罗马公民可以按补贴价格购买一定数量的粮食；亚细亚行省的税收开始由专门的税收官收取；执政官选举前就要确定执政官将分到的行省；公元前 118 年，罗马在刚刚征服的高卢兴建了纳尔波马尔提乌斯，因而建立海外殖民地这一新政策也得到了巩固。但从反方面看，公共土地分配工作似乎已经停止，扩大公民权一事也已退出了罗马的政治议程——历史证明，这将会给罗马带来灾难性后果。

到了公元前 2 世纪最后十年末，罗马人民再次对统治阶级管理国家的表现表达出不满，其导火索就是公元前 114 年骇人听闻的维斯塔贞女案。当时，一位叫艾米莉亚的贞女被人揭发，说她与一名罗马骑士阶层成员有染。艾米莉亚转而牵连出李锡尼娅与玛尔西亚两名贞女，说她们也已失贞。[68] 同年 12 月，三位贞女（维斯塔贞女总共只有 6 人）在一众祭司面前接受审判，艾米莉亚获罪，其他两人被判无罪。艾米莉亚成了一百多年来第一个坐实失贞的维斯塔贞女，定罪后根据宗教仪式，被押到罗马城科林门附近活埋。[69] 但是，罗马人民对于这些祭司的判罚并不满意，公元前 113 年刚刚上任的保民官塞克斯图斯·佩都凯乌斯采用非常手段，提议以全民公投的方式选出一人调查此案。这一提议成功通过，此案交由卢西乌斯·卡西乌斯·隆基努斯·拉韦拉重审。维斯塔贞女之事从来都由大祭司裁决，佩都凯乌斯此举等于是剥夺了大祭司这一古老的权威。隆基努斯最终判定李锡尼娅与玛尔西亚也已失贞，两人的结局想必与艾米莉亚一样。维斯塔贞女案标志着人民权力大大延伸到了宗教领域，现在人们在解读时常常将此案与公元前 216 年活埋维斯塔贞女一事等同观之，认为是罗马海外受挫引发民众焦虑，民众焦虑随即外溢的产物。[70] 事实上，公元前 216 年那次事件发生之时，罗马刚刚经历了坎尼之役的惨败，但此次事件发生前根本没有遇到那种程度的失利。的确，在公元前 114 年，一支罗马军队在色雷斯败北，但统兵的执政官盖乌斯·波尔西乌斯·加图并未战死，其于次年回到罗马后还被指控了勒索罪。所以，我们不仅完全没有必要将此案解读成军事失利引发的公共焦虑在宗教领域的外溢，其实也无须将其解读成不同政治派系斗争的产物。[71] 公元前 114 年的维斯塔贞女案，更应该被看作一场单纯的宗教危机，只是人民感觉祭司未能妥当处理这一危机，才选择出面干预。而且他们出面干预并非因为想借机扩大自己的权力，而是因为他们认为统治阶层没能管好维斯塔贞女，这有可能威胁到整个共和国的安全。之前二十年的多起事件的确为罗马人民提供了一个以集体之力挑战统治阶层权威的样本，但我们不应该想当然地认为罗马人民是为了挑战权威而挑战权威。

事实上，这场有关维斯塔贞女的危机反而标志着罗马一系列海外军事行动受挫的起点，而不是其终点。其中得到最充分记载的，就是罗马人与朱古达之间的战争——萨卢斯特为此特意写过一部专著。公元前 118 年，努米底亚国王米西普萨去世，朱古达与阿德巴尔都认为王位应传给自己。像这种友邦国君去世引发的王位之争，罗马曾多次介入，此次也不例外。在外交斡旋未果后，罗马终于在公元前 111 年对朱古达开战。在萨卢斯特眼中，努米底亚一事为日后庞培和恺撒的内战埋下了伏笔，因为在此期间，罗马也分裂成了两个敌对派系。而正是贵族阶层的自私与无能，才让马略趁机崛起。根据萨卢斯特的描述，元老院迟迟不愿让罗马直接参与非洲的争斗，先是在公元前 115 年派使者为朱古达与阿德巴尔做调解；而在公元前 114 年，当得知朱古达无视罗马使者对其王国的分划而自行其是之时，元老院也没有迅速做出反应。在萨卢斯特看来，元老院的这种犹豫是由于受到了朱古达的贿赂。事实上，这种犹豫绝非特例。异族政权向罗马求助时先派使者调解，这乃是当时的常规操作。而且公元前 114 年时元老院之所以反应迟缓，也许是因为当时有更紧迫的事情需要处理：前文提到，这一年，一支由执政官统率的军队在色雷斯战败；而且在这一年或者第二年，罗马还收到了日耳曼部落逼近意大利北部的消息。

公元前 111 年，罗马首次派卢西乌斯·卡尔珀尼乌斯·贝斯提亚（后成为公元前 101 年执政官）前往非洲讨伐朱古达，但此人很快就与朱古达议和。此事也有可能与罗马在意大利北部受到威胁有关，因为在公元前 113 年，执政官格涅乌斯·帕皮利乌斯·卡尔波就曾在那里被属日耳曼民族的辛布里人击败。然而贝斯提亚议和的消息在罗马城引起了激愤，有人认为这是朱古达行贿的结果，保民官盖乌斯·梅姆米乌斯说服罗马人民派遣一位裁判官到朱古达处调查此事。[72] 第二年，保民官盖乌斯·马米里乌斯还成立了一个特殊的人民法庭——"马米里乌斯调查庭"——调查相关受贿指控，法庭最终将至少四名前执政官和一位祭司定罪，此五人随后遭到流放。[73]

马米里乌斯调查庭如此强势，一部分原因也许是非洲那边的坏消息不断传到罗马，但这并不一定意味着罗马陷入了全面的恐慌。事实上，在之前的两年时间里，罗马人还迎来了三场凯旋仪式，而且，虽然辛布里人和条顿人这两个日耳曼部落威胁仍在，但他们直到公元前 109 年才给罗马造成了迫在眉睫的危机。[74] 其实马米里乌斯调查庭的强势，是罗马人民的一次示威，是在告诫元老院，如果他们置共和国利益于不顾，那么罗马人民很愿意直接介入罗马外事的某些具体问题。在之后的几年里，从罗马人的角度看，非洲可谓局势喜人：元老院先后派公元前 109 年的执政官昆图斯·凯西利乌斯·梅特卢斯 ① 和公元前 107 年的执政官马略前去征讨努米底亚；马略最终擒获朱古达，在公元前 105 年打赢了这场战争。这期间还发生了一件罗马军事史上的大事：在征兵备战期间，马略取消了罗马人历来的入伍财产门槛，让任何公民都可加入军队，从而彻底改变了罗马军队的性质。[75] 马略的家族中从未出过元老，因而他属于罗马政坛的"新人"，在其执政官之路上也遭到了梅特卢斯的阻挠。他的成功当选，以及之后经人民投票夺去梅特卢斯非洲兵权一事，似乎都表明当时的罗马人民对元老院治国的能力普遍存在怀疑。

公元前 109 年，罗马人与辛布里人的战事再起，随即在高卢遭遇了一连串惨败。先是高卢总督马尔库斯·尤尼乌斯·希拉努斯在公元前 109 年或前 108 年战败；下一任总督卢西乌斯·卡西乌斯·隆基努斯在公元前 107 年对战提古里尼人——另一支高卢部落——时被杀，其副将——公元前 112 年的执政官卢西乌斯·卡尔珀尼乌斯·皮索·凯索尼努斯一同战死；之后，罗马派公元前 106 年的执政官昆图斯·塞维利乌斯·凯皮欧与公元前 105 年的执政官格涅乌斯·马里乌斯分掌兵权，共讨高卢，由于两人缺乏合作，罗马军队在公元前 105 年 10 月 6 日的阿劳西奥（今法国南部奥兰治）之战中又遇惨败，军中又有一名由前执政官担任的副将战死。[76] 罗马人民对此的回应可谓掷地有声：在执政官再任尚无先例的情况下，在马略尚未放弃非洲兵权的情况下，他们将他二度选为执政官（公元前 104 年）。公元前 104 年 1 月 1 日，马略在罗马庆祝了为自己成功讨伐朱古达而举行的凯旋仪式，当天也第二次正式出任执政官。[77] 更需要注意的是，他这次的任期长达四年——换言之，延长兵权期限这一元老院的特有职能，这一回竟被罗马人民集体给"篡取"了。公元前 104 年，罗马

---

① 昆图斯·凯西利乌斯·梅特卢斯因此获得了"努米迪库斯"（努米底亚征服者）的称号。

人民对前高卢总督希拉努斯提起公诉，认为他当时主动攻击辛布里人的行为是没有得到授权的，不过希拉努斯最终被判无罪；同年，经全民投票，罗马人民剥夺了凯皮欧的兵权。随即，一项保民官立法得以通过，规定凡被人民剥去兵权的元老，必须被开除出元老院。公元前 103 年，保民官卢西乌斯·阿普雷乌斯·撒坦尼努斯设立特别法庭审判凯皮欧与马里乌斯兵败一事，其中，负责调查凯皮欧的是另一位保民官盖乌斯·诺巴努斯。[78] 最终，两人都被定罪流放。但此案的审理也让保民官团体发生了分裂，有两名保民官对其投了否决票，而诺巴努斯无视否决坚持判罚，罗马城因而发生暴乱，第一元老马尔库斯·埃米利乌斯·斯考卢斯在期间受伤。[79]

撒坦尼努斯也是马略的一位积极支持者。他提出了一项法案，将阿非利加行省的土地分拨给马略手下的老兵，而且在马略于公元前 103 年年底返回罗马主持选举工作期间，撒坦尼努斯也全力襄助，最终让马略又成功当选公元前 102 年的执政官。当选后，马略返回高卢，在塞克斯提乌斯泉（今普罗旺斯艾克斯）附近凭借两场会战击败了条顿人及其盟友。到了公元前 101 年，马略拒绝返回罗马参加元老院为他举行的凯旋仪式，而是与公元前 102 年的另一位执政官昆图斯·卢塔提乌斯·卡图卢斯合兵一处，于 7 月 30 日在韦尔切利附近击败了辛布里人。这几场胜利解除了罗马在意大利北部所受威胁，既为马略迎来了人生中第二场凯旋仪式，也助其在公元前 100 年第六次当选执政官。

马略此时在罗马的威望是自小西庇阿以来绝无仅有的，而小西庇阿恰恰是上一个获得两次凯旋仪式的罗马将领，这一点并非巧合。与小西庇阿相似，马略之所以能够崛起，靠的也是人民的支持，是民心让他得以打破种种政治惯例。然而公元前 100 年也是一个关键的转折点，马略在这一年开始从军事领袖向政治领袖过渡，对一套极端平民派的立法计划给予了支持，结果把自己与元老院精英集团的关系推至崩溃的边缘。这套立法计划背后的关键人物是撒坦尼努斯与盖乌斯·塞维利乌斯·格劳西亚——在竞选公元前 100 年保民官期间，一位名叫诺尼乌斯的候选人本已当选，但在随后的暴乱中被杀，撒坦尼努斯作为接替者，因而再度当选保民官（整件事的相关记载并不太清楚）；至于与他合作的塞维利乌斯·格劳西亚，本是公元前101年的保民官，此次设法当选了公元前100年的裁判官。这两人与马略合力，在任期内推行了一系列内容广泛的法案。[80]

撒坦尼努斯的这套立法计划，在很多方面显然是在故意效仿当年小格拉古之举，里面也包含一项粮食法、一项土地法以及一项建立若干海外殖民地的法案。然而，撒坦尼努斯的改革力度远远超过了格拉古。第一，在他的粮食法中，公民的固定购买价格似乎仅为格拉古法案中的四分之一，他的反对者声称此举将会掏空国库，而他们的批评也确有道理。第二，他的殖民地法，目的绝对是收买人心：其内容是为马略的老兵量身定制的，而且马略可以在每一个殖民地创立期间向三名非罗马人授予罗马公民权。第三，有关他的土地法（内容旨在重新分配辛布里人曾经占领的土地），其中有一个条款更是新奇，竟要求所有元老在该法案通过的五天内发誓一定遵守此法案，不发誓者则将被剥夺元老身份，并缴纳20塔兰特^①的罚金。结果，元老梅特卢斯·努米迪库斯——马略之前，征讨朱古达的战争便是由他指挥的——就因为拒绝发誓，遭到流放。[81] 此外，撒坦尼努斯也有可能在这一年推行了一项《有关叛逆罪的阿普雷乌斯法》，该法案创造了"叛逆罪"的新提法，将其定义为"有损罗马人民尊威之行为"，不过从之后有关该罪的相关审判中可以看出，这一定义并不明确。这项法案意在制约高级官员的军事行动，所以应该被看作此前一些平民派政治活动的延续，也是为了增强人民对国家对外政策的监督力度。[82] 不过值得注意的是，撒坦尼努斯并没有延续格拉古对扩大罗马公民权一事的重视：他的殖民地法中虽然也有向非罗马人授予罗马公民权的内容，但范围极小，所以只可以理解成他是在

---

① 塔兰特（talent）为古罗马的一种货币单位，1塔兰特指1塔兰特重的黄金或白银，学者估计1塔兰特的实际重量在20至40千克之间。

帮马略借授予罗马公民权收买人心，提升个人威望。罗马公民权的大规模扩充，此时尚在共和国政治议程之外。

虽然撒坦尼努斯的这些法案引起了反对势力的暴力回应，但最终都得以通过，而且他还设法让自己——连同至少两位关系紧密的支持者——再度当选公元前99年的保民官。[83] 然而在竞选公元前99年执政官期间，与格劳西亚一同参选的盖乌斯·梅姆米乌斯遭到谋杀，而撒坦尼努斯与格劳西亚被视为幕后主使，两人也因此走向了覆灭。[84] 针对此案，元老院将公元前121年的旧事重新提起，以保护共和国安全的理由指示两位执政官将两人法办。马略选择听令，于是率军去攻击这两位曾经的盟友。他将撒坦尼努斯、格劳西亚及其追随者围困在卡比多山上，对方投降后又将两人囚禁在元老院里。马略这样做到底是想怎么样，今天仍难以确定。事实是，元老院遭到一群人的围攻，"人群掀开元老院屋顶，以瓦片投击下方阿普雷乌斯（即撒坦尼努斯）一党，直至将身着官职徽记的财务官、保民官（即撒坦尼努斯）与裁判官（即格劳西亚）活活砸死"。[85]

这一系列事件在随后几年中对罗马产生着持续影响。在撒坦尼努斯死后，公元前99年的保民官普布利乌斯·福瑞乌斯提议将其家产充公，马略也对撒坦尼努斯进行了抨击。然而根据记载，福瑞乌斯与马略在这一年还试图阻挠召回遭流放的元老梅特卢斯·努米迪库斯的计划，因而马略抨击撒坦尼努斯也许只是为了掩盖自己与他曾经的合作关系。公元前98年，有人试图在法庭上起诉福瑞乌斯，但并未成功，负责此案的检察官反倒因为当众对撒坦尼努斯之死表示懊悔而被定了罪。随后，又有人试图通过召集人民大会来起诉福瑞乌斯，结果福瑞乌斯并未接受正式审判，反而被集会的民众以私刑处死。[86] 此外，遭流放的梅特卢斯·努米迪库斯在一项保民官法案的帮助下得以回城，两位执政官还推行了一项《凯西利乌斯与狄狄乌斯法》，规定一项法案从宣布到投票通过，需满足具体的时间间隔，这显然是为了打乱人民立法行动的节奏。我们在解读这一段历史时，绝不能简单粗暴地将罗马人民这一集体分成若干固定不变的阵营：比如召回努米迪库斯的那项法案，似乎就获得了人民的广泛支持，但这些支持者对于撒坦尼努斯的态度，显然可能存在不同。然而有一点似乎是很明确的，那就是马略对撒坦尼努斯的过河拆桥，及其对努米迪库斯的抨击，令自身威望扫地。事后，仿佛是在效仿三十年前的纳希卡，马略动身前往小亚细亚，名义上是为了履行自己当年对地母神发下的誓言，但当时的他已年近六旬，大多数罗马人想必一定认为此举意味着其政治生涯的结束。

然而在普鲁塔克笔下，马略东行还有第二层动机：他希望此行能挑起本都国王米特拉达梯六世与罗马之间的战争，自己好能在战争中再次成为统帅。[87] 这种解读很可能是在已知后事的情况下的牵强附会，但马略也许的确认为小亚细亚有可能很快与罗马发生冲突，因而才以这种半官方的形式前去探明情况。[88] 在此前四分之一个世纪的时间里，罗马把精力都用在了西边的高卢与非洲以及自己的内政上，忽视了地中海东部地区，然而米特拉达梯六世在公元前120 年登基后，本都王国崛起并已经开始侵犯到了罗马的利益。[89] 公元前 108 年，米特拉达梯与比提尼亚国王尼克美狄斯三世协力入侵并占领了帕弗拉格尼亚，罗马派使团前去调查此事，但遭到了两位国王的无视。但罗马在这一地区的角色也得到了这些地方势力的承认：比提尼亚与本都在之后几年里都曾派使团前往罗马，而且根据狄奥多罗斯的记载（36.13），在公元前 2 世纪即将结束之时，罗马城中就有米特拉达梯的使者，他们当时遭到了撒坦尼努斯的羞辱。此外，比提尼亚与本都都声称自己对卡帕多西亚享有主权，于是卡帕多西亚人请罗马元老院仲裁（此事发生在马略东行之后），元老院经仲裁认定卡帕多西亚乃是独立王国，随后支持由当地人选出的阿里奥巴扎内斯登上王位。没过多久，米特拉达梯的盟友亚美尼亚新国王提格拉涅斯一世出手将阿里奥巴扎内斯废黜，罗马在奇里乞亚的总督又助他重登王位——此时为了应对持续不断的海盗问题，奇里乞亚的总督已被宣布为裁判官级官员。[90] 这场风波不仅标志着罗马在几十年之后再次开始在爱琴海以东地区展开地面军事行动，还标志着罗马开始对米特拉达梯的野心做出坚决打压，更具有另一个标志性意义：针对此事，帕提亚国王也派代表奥拉巴佐斯与罗马方面的苏拉展开了谈判。这是罗马与帕提亚历史上的第一次直接接触。[91] 尽管双方的谈判并未产生任何正式结果，但这仍是两大强国首次承认彼此间存在利益冲突。另外，随着辛布里人与条顿人威胁的消除，远近西班牙行省自努曼提亚战争以来也首次被认定为执政官级行省。[92]

同盟战争的爆发

公元前 1 世纪 90 年代期间的罗马国内政治并没有留下丰富的史料，因而那些得到记述的事件较为孤立，不易解读。现存的一些证据表明，这期间罗马与意大利非罗马人社群的关系变得紧张起来。比如在公元前 95 年，执政官卢西乌斯·李锡尼·克拉苏与昆图斯·穆修斯·斯凯沃拉通过了一项所谓的《李锡尼与穆修斯法》，旨在禁止非罗马公民僭行公民之事。[93] 今天并不清楚这一法案通过后以何种方式得到了实施，但西塞罗在记述中（*Off.* 3.47）强调，该法案绝不是要将非罗马公民赶出罗马城。事实有可能是：意大利各城镇地方统治阶层担心市民移居罗马会减少自己的税收和兵源，而罗马方面或者是收到了他们的请求，或者就是为了帮助他们，才制定了这样一项法案。然而该法案的通过，一方面让有投票权的罗马人愈加将罗马公民权视为一种特权，另一方面也让直接受到影响的非罗马人感到愤恨，反而加重了这种对抗。三年后，两位监察官——其中就包括公元前 95 年的执政官克拉苏——又联合颁布一项命令，对罗马城中那些"由拉丁籍修辞教师开设的学校"表达了不满。这两位监察官在这一年的任期中是出了名地喜欢互相刁难，在这个问题上竟然意见一致，这背后的原因无法简单地解释。[94] 但既然法令中强调了拉丁人，其颁布可能与更广泛的罗马与非罗马人的关系问题有关。而且在 90 年代中期，罗马人又对不甚久远的历史翻起了旧账：普布利乌斯·苏尔皮西乌斯作为公诉人，根据撒坦尼努斯的反叛逆罪法案，针对诺巴努斯因在公元前 103 年凯皮欧一案中的所作所为对他提起诉讼。这个苏尔皮西乌斯是当时一个有抱负、有才华的年轻演说家，与平民派显贵阶层关系密切。[95] 然而诺巴努斯却被判无罪，因为据西塞罗的记载，为他辩护的是公元前 99 年的执政官马尔库斯·安东尼，此人利用叛逆罪定义不清的漏洞，将诺巴努斯的行为置于罗马人民伸张权力的悠久传统中予以解读。[96] 诺巴努斯的无罪宣判表明，暴力本就是罗马政治生活里的一个合法元素，是共和国能够吸纳包容的。这一时期另一场重要的审判针对的是前执政官普布利乌斯·鲁提里乌斯·鲁夫斯，他被指控在任亚细亚行省总督斯凯沃拉的副将期间贪污，最终被由骑士阶层组成的陪审团认定为有罪。其实，斯凯沃拉在任期内行事十分廉洁正直，因而损害了来自骑士阶层的罗马税收官的利益，但他的名声与地位又让他们无能为力，因此他们只好拿他的副将来报复。[97]

罗马国内各群体间分散式的紧张对抗在公元前 91 年发生了叠加。这一年又有一位保民官提出了一系列大刀阔斧的改革计划，最终也为自己带来了杀身之祸。此人叫李维乌斯·德鲁苏斯（其父老李维乌斯·德鲁苏斯就是公元前 122 年与盖乌斯·格拉古争夺民心的那位保民官），他与前几位因改革被杀的保民官又有两点不同：一是他在政治倾向上并非明显的平民派；二是导致其惨死的灾难其实源自罗马之外。公元前 91 年秋天，罗马在意大利的许多同盟者背盟起义，与罗马刀兵相见，史称同盟战争。亚平宁半岛大部分地区被战火吞噬，遭到了异常严重的摧残，而且从某些角度上看，战前那种形态的罗马共和国从此一去不回。然而，尽管同盟战争意义重大，今天却很难准确还原其发展的各个阶段，也很难确定其爆发与德鲁苏斯大规模立法改革之间的关系。许多有关德鲁苏斯的史料都坚称是他引发了同盟战争，考虑到他在公元前 91 年秋天就被谋害，他有可能只是一个方便利用的替罪羊，未必真要对战争负什么责任。[98] 何况他的那些法案在他死前不久就已遭到撤销，他根本没有机会有效实施。尽管如此，透过相关史料，我们仍然可以还原出德鲁苏斯改革的大体框架：和他的父亲一样，德鲁苏斯打算利用其保民官的职务去支持元老院。[99]

德鲁苏斯试图支持元老院的具体手段，是一项有关勒索案陪审团构成的立法。[100] 当初元老阶层在此类案件中的陪审职能被骑士阶层夺取，自然对此心怀怨恨，这很好理解；而且，若干具体案件的裁决也让包括第一元老斯考卢斯在内的一些资深元老试图改变现状。[101] 现在我们不太清楚的是，德鲁苏斯法案的具体内容是什么。根据阿庇安的记载，他的提案内容是将 300 名骑士阶层成员招入元老院，日后再从这个经过扩充的元老阶层中抽选陪审员。[102] 这种说法的可能性不大：首先，苏拉在十年后也提出了扩充元老院的提案，其中就包括完全从元老阶层中抽选陪审员的新政策，这不禁让人怀疑阿庇安是否混淆了两者；其次，德鲁苏斯的提案是为了支持元老阶层，但我们很难理解大大扩充元老院的建议该如何得到旧有元老的接受。[103] 事实更可能是，德鲁苏斯的提案是从元老与骑士阶层中共同抽取陪审员。[104]

为了获得人民足够的支持通过这项有关陪审员的法案，德鲁苏斯先是提出了一项土地法案，其内容似乎是复活了此前有关意大利与西西里岛罗马公民殖民地的法案，涉及公共土地的重新分配。[105] 这项法案明显带有平民派倾向。还有一份史料暗示说德鲁苏斯还通过了一项粮食法，这也许是把他与早先几位保民官的改革计划弄混了。[106] 总之，不管是两项法案，还是三项法案，德鲁苏斯改革背后的思路还是很清晰的：借助重新分配土地获得人民的支持，通过司法改革提升元老阶层的权力。[107]

而在这样一套改革方案中，是否还存在一项在意大利全面扩大罗马公民权的法案呢？阿庇安说德鲁苏斯的确提出了这样一个法案，还认为他的总体改革方案讲求平衡，元老、骑士、罗马同盟者与罗马人民都需做出让步，也都能得到回报。[108] 不过我们有理由对阿庇安的相关记述持怀疑态度。[109] 第一，三十年前的盖乌斯·格拉古就曾提出过扩大罗马公民权的法案，而且涉及面不像此次那么广，当时就很不得人心，所以我们很难理解德鲁苏斯会不顾前车之鉴，用这种手段拉拢人民支持自己旨在支持元老院的法案。第二，在意大利全面扩大罗马公民权将会让罗马政权发生剧烈的变化，绝不只是增加公民数量，还会涉及军队基础建构、税收和法律等方面的变化。[110] 日后会证明，罗马足足花了一代人的时间才设计并实施了扩大罗马公民权的计划。如果说德鲁苏斯只是想通过某种手段增加元老阶层在骑士阶层面前的权力，那么向意大利全面扩大罗马公民权之举可谓用牛刀杀鸡，不合情理。

如果德鲁苏斯不曾有扩大罗马公民权的法案，众多史料中为何又坚称德鲁苏斯任保民官期间的所作所为、扩大罗马公民权的法案与同盟战争的爆发之间存在联系呢？[111] 此处我们需要做一番解释。我们可以合理地假定，德鲁苏斯上任后早早便启动了自己的改革计划，而至少那两项有关陪审团和土地的法案在公元前 91 年年初便通过了。到了这一年 9 月，根据西塞罗在《论演说家》中生动的描绘，一场危机已然形成。[112] 先是在罗马节期间的一场公众集会上，执政官卢西乌斯·马修斯·菲利普斯当众抨击了德鲁苏斯的法案；作为回应，德鲁苏斯召集元老院在 9 月 13 日这天开会讨论此事；据西塞罗所说，会上，卢西乌斯·李锡尼·克拉苏发言抨击菲利普斯，菲利普斯反唇相讥；菲利普斯说自己无法与这样一个元老院合作，需要另建一个，而克拉苏——也许是作为回击——则质疑了菲利普斯执政官的身份；这场争吵让克拉苏患了热病，几天后便病死了。[113] 透过西塞罗的记述可以发现，两人的唇枪舌剑涉及面较广，远超德鲁苏斯几项法案所限。问题是，事态到底是在什么时候，又是如何发展到这种程度的呢？可惜西塞罗只是说菲利普斯在那次公众集会前不久曾抨击过第一元老（De or. 1.24），身为保民官的德鲁苏斯也遭到了严重削弱，但却没有说菲利普斯何时开始发难。想必罗马在此期间一定发生了什么事，才会让菲利普斯对仅仅通过几个月的法案掀起如此猛烈的声讨。作为菲利普斯发难的必要因素，这件事也许就是罗马内政遭到了罗马的意大利同盟者的干预。

现存少量片段式史证表明，这一时期罗马的意大利同盟者对他们与罗马的关系感到愈加不满。有史料提到，在春季拉丁节期间，有人密谋在阿尔班山上谋害两位执政官；[114] 还有史料称伊特鲁利亚人与翁布里亚人曾派使团来罗马抱怨说土地法威胁到了他们对公共土地的使用。[115] 就其本身而言，这些史料的效力还不够。更能证明双方关系恶化的是若干意大利同盟者在公元前91年夏末就已开始为与罗马交战做准备了。这一点并无直接的记载，乃是间接的推论，而推论一部分靠的是时间上的分析：引发同盟战争的是阿斯库路姆的那场暴乱，而此事发生在公元前91年年底；随后，意大利同盟者竟能飞速调动军队，还赶在这一年结束前派使团前往罗马；他们能做到这一点，肯定已经提前围绕战争中的配合与交换人质在彼此间展开了协商，这一过程需要数周甚至是数月。有关意大利同盟者早已开始备战这一推论的另一个证据来自罗马方面，即公元前91年期间，意大利各地都出现了罗马的裁判官或副将。比如阿斯库路姆有昆图斯·塞维利乌斯·凯皮欧（他就是在那里被杀的），马尔西人的领地里有格涅乌斯·多米提乌斯·阿赫诺巴布斯（他在那里会见了马尔西人的代表），卢卡尼亚那里有塞尔维乌斯·苏尔皮西乌斯·加尔巴（局势恶化后，他从那里逃了出来），所有这些事都有史料佐证。[116] 罗马之所以派遣这些人去意大利各地，最有可能的原因就是他们已经听到了这些同盟者心怀不满的传言，想借此作为应对之策。至于这些同盟者究竟对何事不满，阿庇安认为是他们想要获得罗马公民权，但最有可能的原因是这些同盟者——包括拉丁人和非拉丁人——一直在使用的土地被罗马人以公共土地为名没收了。如果说在德鲁苏斯的土地法通过后，相关委员立即着手实施，那么那些意大利同盟者因为土地被夺在夏季表露出愤怒情绪，最终在秋季率先发难，这样一条时间线也就说得通了。[117]

　　假设这条推测出来的时间线就是事实，那么我们就可以进一步提出一种可能的推断：公元前91年9月引发罗马内部争论的那件事，正是有关意大利同盟者意欲反叛的传言。这样一个传言的确可以解释西塞罗笔下描绘的那种剑拔弩张的政治氛围。西塞罗说德鲁苏斯的地位已经被削弱，想必就是因为意大利同盟者的不满被认为是他的过错；同时克拉苏之死也让他失去了一个重量级支持者。维雷乌斯对引发同盟战争的这一系列事件做了简要的描述，其中就把德鲁苏斯有关扩大罗马公民权的法案放到了这样一个位置："因善始之事未得善终，于是德鲁苏斯另做打算，意欲将公民权赋予罗马同盟者。"[118] 也就是说，如此极端地扩大罗马公民权法案，乃是德鲁苏斯在改革计划崩盘后的孤注一掷。也许他认为同盟者的威胁会让这一法案被罗马人民通过，而扩大罗马公民权后，自己就等于获得了更广泛的群众基础，那么就可以借此重启自己的改革计划。用这样一种说法来解释扩大罗马公民权法案的极端，的确更令人信服，而且也能够为德鲁苏斯遭到谋杀提供一个动机。[119]

但是，我们在研究公元前 91 年的事件时，没必要纠结于这项莫须有的扩大罗马公民权法案，更应该关注其核心问题，那就是一个内政问题怎样引发了罗马联盟体系的崩溃。[120] 同盟战争爆发一事虽然被历史迷雾所包围，西塞罗却针对这个问题为今人指点了迷津。在《论义务》一书中，西塞罗在探讨善行这个问题的时候指出（2.75）为官者万不可贪，并感慨道：

> 自卢西乌斯·皮索 ① 行前所未有之举，推反贪污之法，至今尚不足一百一十年。然在此之间，相关法令接连不断，一条严似一条，却仍有无数人被告，无数人被判有罪，一场如此可怕的战争竟因惧怕法庭迫害而被挑起，罗马盟友因缺法律、少法庭，竟遭到此等盘剥，足见吾等之繁盛，全赖他人之孱弱，非因吾等之德行。

---

① 即公元前 133 年执政官卢西乌斯·卡尔珀尼乌斯·皮索·弗鲁吉。

也就是说在西塞罗看来，同盟战争的起因在于"惧怕法庭"。他的用词较为隐晦，但确有可信之处，其思路需要如此理解：罗马人对于法庭诉讼的恐惧，使得德鲁苏斯决定立法改变陪审团的构成，而为了这个法案能够顺利通过，他又以一项土地法案拉拢人心，但这项土地法案却令罗马的同盟者们无法容忍，于是对罗马开战。由此看来，同盟战争乃是罗马内部矛盾导致的一个意外结果，无人预谋，也无人预见。只不过这个结果的严重性极为惊人，彻底改变了罗马共和国。

第二章

罗马内政：暴力与对暴力的包容

正如本卷作者序言部分概括的那样，人民集体、元老院和高级官员是罗马共和国形式上的构成元素，为罗马政治生活提供了一个框架。但显而易见的是，三者之间的互动运转事实上既不平顺，也不平和，而这种"断层"加剧了这一时期所出现的政策矛盾。罗马内政不稳定的一个源头便是元老阶层成员争强好胜、常以新手段彼此攀比的动态机制；另一个源头则是元老阶层整体与罗马人民之间频频陷入的紧张关系。

元老阶层内部竞争

元老作为罗马统治阶层，成员间的竞争非常激烈。出身本身十分重要，因为所谓"罗马贵族"，并非只有虚荣，更能带来实利。但出身并不能直接让一个人在公共生活中出人头地：真要出人头地，就需屡屡在竞选中获胜，在政治生涯中取得华丽亮眼的成就，并要在取得此种成就后收获人民恰如其分的欣赏。罗马选举制政治的核心悖论就是：罗马人民只能将行政权赋予其内部极小的、显现出高度世袭性的一个群体；但这个群体中的成员却无法保证自己一定能获得个人成功。

为了保证这样一个经选举产生的寡头集团能够始终处于主宰地位有两个办法，一个是限制参选资格，另一个就是控制选民的投票模式。这两个办法似乎在罗马都起到了一定的作用，但从根本上讲，真正起作用的是罗马人民对于候选人资质的一种特殊理解：他们在比较各候选人时，总绕不开这些人所在家族的政治经历。到了公元前 2 世纪，家世背景已经几乎——但并非完全——不再是名义上的参选标准了。仅有朱庇特祭司与第一元老两个位置非由贵族成员担任不可。[1] 而对于其余官职来说，一个人是否有资格参选，似乎都是由主持竞选的官员来决定的，但在绝大多数情况下，拥有骑士阶层的财富是其底线。[2] 由此看来，潜在候选人群体总体上不大，且具有相对较强的世袭稳定性。然而这并不是说元老阶层构成随着时间的推移不会发生任何变化：由于当时男性死亡率较高，每个家族都存在绝嗣的风险；另外，根据当时继承法的常例，某人的财产将在其死后等分给其在世子女，而这种常例就给想要长久守住其家族财产的元老制造了困难。[3] 因为元老想要保住家族的显赫地位存在上述困难，所以那些家世不甚显赫的人——祖先从未有人从政，但在人口普查中仍被归为骑士阶层——也就有了晋身的空间。他们可以下场参选，博一个低级官员来做。从低级官员沿着晋升体系层层向上，最终成为手握兵权的高级官员，这样的成就虽在此类人中间极为罕见，但在他们的子辈人中更加常见。

说罗马选民群体偏爱来自元老世家的候选人，这一点很难得到直接的证明，因为我们今天所掌握的有关落选者身份的信息较为有限。另外，史证中很少会出现低级官员的信息：我们可以假定，当选裁判官者都需担任过财务官，但那些未能当选裁判官的财务官，基本上都没有史料记载，而非元老世家出身者——所谓"新人"——有望获胜的，恰恰是这个层次的竞选。但是，如果说非元老世家出身者的确参加了竞选——尽管数量不多——那么对于他们中间罕有人能最终成为高官这一事实，就需要从选民投票模式的角度加以解释。那么，选民为什么更偏爱元老世家出身者呢？

一个答案就在罗马文化中，即现世总以往世为典范。[4] 这一尚古之风——不管是真正的古，还是附会的古——是罗马文化的一个强有力元素，其最直接的体现，就是罗马人对"祖先旧例"的恪守。而在全社会尚古之风以外，各家族还会崇尚各家之"古"，都希望延续自家独特的家风，延续自家对共和国独特的贡献。因而政治世家出身者，就可以在竞选中强调家族的从政经历，借此为自己拉票。而他们所仰仗的，一方面是当时的罗马人信奉"虎父无犬子"，普遍认为政治成就具有遗传性；另一方面，从更简单和实际的角度说，祖先的大名能够增加其在选民中的辨识度。对于政治世家出身在竞选中的重要性，还存在一个间接的佐证：罗马政治术语中有一个词叫"nobilis"（下文译为"显贵"），用以描述那些祖先曾身居高位者，而与被描述者本人的成就无关，而这个词的词源就是"为人所知"。[5] 家世给竞选者带来人气加持，其最简单的形式就是依靠生者的记忆与经历：选民们记得某人曾在罗马为官，或在海外统兵，那么就会在竞选中更愿意将票投给他的兄弟或儿子。这种记忆的效果还会得到公共仪式的加强，罗马居民都可以在以下这类场合接触到一个个基于历史的叙事。政治世家向民众传达历史叙事的一个重要场合就是葬礼：当时，身份显赫者有权举行一场公共葬礼，在此期间，族人可在广场上当众演讲，还会组织一场游行表演，表演者或为族中男性成员，或为专业演员，每人都扮成家族中的男性祖先，着装能反映该家族成员担任过的最高官职，且需戴上相应的葬礼面具；以这两种方式，他们不但能向公众回顾死者的成就，也会讲述整个家族对国家的贡献。[6] 作为一种更为广泛的方式，昔日英雄人物自然会产生故事，在人民口中传唱。[7] 另外，伴随着风俗的发展，罗马人在举行葬礼的同时还会组织角斗表演，让民众一饱眼福，并借此直接增加自己的人气——而在这一风俗形成前，只有在任官员才可以组织公共表演。最后，罗马城内的一些建筑会与某著名人物存在密不可分的联系，这些建筑的长久存在也有可能增加其后代的名气。尽管如此，祖先旧例的力量并非不可撼动。在罗马政治文化中，显然还存在一套"新人"逻辑，没有元老家世者会利用这套逻辑，强调个人德行，强调不靠家族之力取得的成就才是真正的成就。[8]

更重要的是，一个人即便有显赫的家世，还需要以优秀的个人表现加以补充。[9]比如在罗马历法中，一年中有许多公共节日需要庆祝，而组织节庆活动则是营造官的工作内容之一，因此，虽然营造官并非官职晋升体系里的重要一步，许多人仍然愿意竞选此职，希望借精彩的节庆打动选民。[10]至于保民官一职，其职责包含帮助、保护公民个体，因此其为当选者吸引选民的机会，是其他官职无法比拟的。[11]此外，英勇也是罗马人十分看重的一个品质：小西庇阿非凡的仕途就起于他勇敢地前往西班牙战场担任军事长，提比略·格拉古在其挑战重重的保民官任期之前，也在迦太基与努曼提亚赢得了英勇的名声。不仅如此，罗马社会还存在恩宠体系，恩主与门生之间存在高下有别的等级关系，而候选人就可以利用这一关系在竞选中让自己得利。[12]有关恩宠体系在罗马社会内部的覆盖范围，我们今天可以在合理范围内探讨和辩论，尽管没人能够借此直接解释或预测竞选结果，但这一体系肯定是存在的，而且肯定会影响个人投票的选择，否则，当初匿名投票法案的通过就很难解释了。再者，候选人能够尝试——也的确通过——瞄准具体投票单位左右投票结果。[13]尽管在政治话语中，所谓"人民"总要以一个单一集体的形式出现，但在选举与立法投票的实际过程中，候选人若是能够更为详细地了解"人民"的种种特性，就能成功拉到选票。[14]最后，候选人在选举期间的表现也至关重要。根据当时的标准，候选人应该亲自与选民互动，言语开诚布公，对所有人都要亲切和蔼。

竞选活动存在着若干限制。尽管总的来说，演说一事在罗马公共生活里有着重要地位，但官方并不鼓励候选人以公共演讲作为竞选手段。[15]

贿选行为是违法的，而且罗马还推行了多项反奢侈法限制个人消费，这背后的动机也许是元老院不愿各位元老陷入攀比的恶性循环。令人意外的是，军事上的败绩并不大会影响一个人是否能成为执政官。[16] 要理解罗马选举竞争的动态机制，还有一个额外的因素需要注意，那就是罗马共和国不存在政治党派。恰恰是因为这一点，候选人无法直接套用某个政党的身份，他才必须在竞选中建构自己的个人身份——不管他到底如何建构。然而在现实中，罗马的政治家们也不完全是单打独斗，许多已知竞选成功的案例，靠的都是政治家之间的合作。这种关系在拉丁语中叫"amicitia"，意为"友谊"，其存在是无可争议的。[17] 这种政治友谊的形成与持续时间会受到哪些情况的影响，在何种程度上会受到双方血亲和姻亲关系的决定，与双方个人的志趣相投和感情契厚有多大关系，作为政治工具又有多大效力，这些问题的答案，在不同事例间都存在极大的差异。[18] 有些时候某一个政治团体显然能够对选举结果施加巨大的影响，但有些时候竞选结果远远没有那么容易预测。[19]

选举在罗马是一件大事：它们可以决定个人政治生涯的成败，还能让罗马人民每年都有机会宣示其作为罗马公共生活仲裁人的地位。但是，罗马精英阶层追求个人荣誉的方式，绝非只有竞选。事实上，一个罗马人一生中能够参选的次数是有限的。哪怕一个人有志成为高高在上的执政官，他也只需要在三次选举中——财务官选举、裁判官选举以及执政官选举——获胜即可。当然，在财务官之下，还有军事长、铸币官这种等级更低的职位，许多人也都会参选，即便如此，总参选次数仍然不多。至于营造官与保民官，对于有资格参选者来说，其吸引力显而易见，但都不是晋升体系中的关键踏板。同官不再选是罗马的政治惯例：一旦某人当选了某一官职，以后便不可能——或者说不应该——再次担任这一官职。另外，一个人败选后继续参选的次数也是有惯例限制的，不可过多。随着历史的发展，罗马政治家是否能够继续政治生涯最终不再由人民决定，因而我们在许多人的履历上都可以观察到这种离开平民派立场的偏移。另外，罗马社会有"闲适"与"忙碌"两个概念，前者具有一定的社会与文化价值。但是，尽管存在上述限制，大多数高级官员在卸任后仍然有机会继续为国家办事，社会也期待他们这样做。

罗马政治生活的一个鲜明特征就是政治人物真正的任职时间相对很短。比如上一段里为了举例虚构出来的那位执政官，他的政治生涯——至少是拥有元老身份的时间——有可能长达五十年甚至更久，但三个官职各任职一年，一共才担任了三年官职。面对如此短暂的任期，统治精英阶层内部仍竞争激烈，也在任期之外寻找着表达方式。一种表达方式涉及兵权：虽然官职任期只有一年，但裁判官与执政官所享有的兵权却是可以延期的。在整个公元前 2 世纪，这两种官员——尤其是在意大利之外统兵的情况下——的兵权经常得到延期。不过，兵权延期并不是自动的，需要元老院做出裁定，所以一个人是否能以这种方式提升个人威望是受到集体意志的限制的。在这个过程中，人民的干预是可能的，但不常见。前文提到公元前 2 世纪末，马略在人民的干预下数次连任执政官，而与之相对的是在公元前 131 年，面对罗马与阿里斯托尼库斯开战，人民却拒绝将兵权授予小西庇阿：在针对此提议投票的过程中，35 个投票部落里只有两个投了赞成票。[20] 那一年的情况较为复杂，当时两位拥有兵权的执政官同时身兼宗教职务：普布利乌斯·李锡尼·克拉苏是大祭司，卢西乌斯·瓦莱里乌斯·弗拉库斯是马尔斯祭司。通常情况下，有此宗教职务者不可离开罗马城，克拉苏更是威胁弗拉库斯说，若是他擅离职守，自己就要对他处以罚金。然而，即便在这种情况下，罗马人民仍然没有借机干预国家政治，最终是克拉苏自己去统兵作战。

不过，即便兵权可以延期，总的来说也必然是短暂且断续的，因而在统治精英的竞争中，"裁定权"就显得尤为重要。兵权是由共和国背书的军事指挥权，本质上不属于某个人，但裁定权则不然：拥有裁定权的元老即使不任职，其提出的意见也必须被认真考量，在元老院里拥有举足轻重的地位。所以，一个人如果想持续在公众面前宣示自己的尊威，就必须获得并保住裁定权。获得裁定权最直接的方式就是在选举中获胜并担任官职，保住裁定权则需要不断地取得成就，尤其是军事成就。在罗马，最辉煌的军事成就当属凯旋仪式：凯旋的将领在罗马城内列队游街，既向公民展示他赢得战争的手段（也就是他率领的军队），又向公民展示战争的成果（也就是成堆的战利品与成群的俘虏），最终的高潮是一场宗教感恩仪式。[21]凯旋仪式虽然十分盛大，怎奈转瞬即逝，而为了让自己的战功能够得到罗马永久的记忆，凯旋将领会在处置战利品上动脑筋，或用其中的钱财兴建建筑，或将其中的艺术品在罗马永久对公众展示。

罗马各种各样的祭司团也是统治精英增荣扬威的竞技场。[22]因其成员人数有限，且是终身制，成员更替缓慢，空缺并不常有，所以能进入祭司团甚至可以说比当上执政官还要光荣。[23]而且在公元前104年之前，新入团者须由现有成员集体定夺。这种内部人选外部人的方式似乎有两个功能：一是保证备受觊觎的祭司身份具有一定的流通性，让有志进入祭司团的群体感到公平；二是保证祭司身份能够维持极高的排他性——甚至高于等级最高的官员——从而在罗马精英阶层内确立一个超精英团体。[24]

公元前2世纪下半叶，精英阶层始终处于逐步形成的扩充压力之下，但精英阶层的上述竞争方式却不是这一时期才出现的。这一时期的独特之处在于，罗马人民参与政治的机制得以形成，而这一机制又取决于个体精英是否有意愿在现有精英竞争体系内捍卫民意。罗马人民在共和国里拥有的潜在权力是非常巨大的，但在现实中，人民总要依靠政治精英的领导才能表达自己的意志。因此，罗马出现民众不满的呼声，从来都与统治精英阶层内部出现矛盾有关。反过来说，在竞争如此激烈的精英阶层内部，成员们总忍不住要以普遍存在的民怨为手段让自己晋身。按照这一思路，我们在研究这一个时代的时候，可以跳过具体政治人物的真实想法如何这一无法回答的问题，而是将目光聚焦到共和国那些有助于人民参与政治活动的机制上。关于罗马共和国末年，存在这样一种可能的叙述：一个个具体的人物在一个世纪的时间里，屡屡试图利用民意或民怨来在国家内部掌控权力，反而因此动摇了元老精英阶层集体的权威，最终导致了恺撒的独裁。在这种解读中，有一点非常能够说明问题，那就是如此行事的那些历史人物，几乎全部都是身份高贵的精英，几乎都有明确的政治意图。一言以蔽之，罗马人民只能依靠统治自己的人来领导自己。

在当前学界有关共和国时期罗马民主制程度的辩论中，罗马人民与精英之间的特殊关系是一个重要元素。最初，波利比乌斯对罗马共和国做过一番分析，言辞间仿佛罗马就是一个希腊城邦。在他看来，罗马公民拥有立法职能和选举职能，此外还有宣战停战的职能，因而罗马的政治体制内存在民主制元素无疑。以波利比乌斯的分析为起点，现代学者米拉尔对公元前2世纪的罗马政治做出了重新解读，其影响十分深远，在学界引发了有关民主制与罗马共和国的激烈辩论，至今仍未结束。[25] 这场辩论之所以如此持久、如此重要，根本原因就是：罗马的人民参政具有模糊性和不确定性，统治精英可以通过各种正式及非正式的机制来调整并控制人民的角色。具体来讲：公民的确可以利用公民集会来通过法律，宣布开战，但不管是正式的选举大会，还是旨在提供信息的非正式集会，此类集会只有某位当选官员才可以下令召开；[26] 人民的确可以通过投票来决定立法和选举结果，且少数服从多数，但计票绝不是一人一票，全民汇总，而是把人民分成若干投票单位，一个投票单位一票，而这种划分体系很是复杂，涉及年龄、居住地和财富，且议题不同，划分方式也不同。在非正式的公开集会上，只有受到主持集会的官员召唤的人才能当众发言，而且人民在集会中只能选择怎么投票，却无法决定就什么问题投票，也不能当场提出意见；官员的确是通过公民大会选出来的，但何人可以参选，却要由主持选举的官员决定。关于这样一个体制内的人民参政，已有学者提出了这样一种理解方式，即认为这一时期的罗马，本质上是一个狭隘的贵族政体，人民的选项受限便是佐证，但同时却奉行"求同趋和"，人民可以在受限的选项中自由选择，就是在名义上推高人民的重要性，塑造一种上下一心的表象。[27]

这一求同趋和说，的确能够解释罗马共和国政治文化的许多特点，比如：罗马共和国政治文化很看重一个人在公众面前的表现；精英成员个体虽然会为了个人威望展开竞争，但可以竞争的领域却是十分明确的；许多政治人物虽然想在政治竞争中获胜，却显然不愿在观念上让自己有别于竞争者；罗马在相当漫长的时期里，并不存在一个严格意义上的"政府"，却仍然能够持续运转。可以说，求和趋同是在概括罗马统治精英的理想，却不是在描述罗马的现实。他们希望罗马的政治生活能够如此运行，多数情况下也的确做到了这一点，但在公元前 133 至前 91 年间，以及在公元前 70 年之后，罗马人民与元老院个体成员间爆发了许多次冲突，常常还是暴力冲突，这说明统治精英无法始终成功限制住罗马人民。[28] 事实上，人民以何种形式对抗精英，这种对抗又会产生什么结果，这些在罗马都存在观念性法则，即使是在政治生活中发生了这类紧急情况，也该自然而然地按照官员行事、元老建议、人民批准的顺序运行。但就像前一章揭示的那样，双方的这种对抗常常会擦枪走火。本章的主要论点是罗马元老院政府遇到的诸多挑战源自罗马公民内部广泛存在的不满，但无法否认的是，即使没有这种不满，考虑到罗马政治生活中的许多元素都具有公众性和不成文性，因而意外事故本就很容易发生。比如公共演讲，这是罗马政治家无法避免的一项任务，但现场民众的反应，从热情拥护到愤怒仇视，种种态度都有可能出现。当小西庇阿从努曼提亚凯旋后，盖乌斯·帕皮利乌斯·卡尔波就在一场公众集会上对他提出了质问，本以为对方会对提比略·格拉古之死表示遗憾，谁知小西庇阿大出其所料，当众声称杀死格拉古之举合法。在场民众一片哗然，小西庇阿却不屑地说："尔等不过意大利之继子，莫要多言……吾于吾以铁链所缚之民，何惧之有？"[29] 此事发生在公元前 129 年，这场集会当时是以僵局收场，若是发生在之后的时代，民众很有可能会当场暴力相向。

同样重要的是，尽管一个强大的逻辑在维持着罗马政治体制的稳定，但罗马政治实践的许多方面在公元前 2 世纪下半叶都发生了改变：匿名投票制成功引入；曾经在全体人民面前进行公开审判的案件，越来越多地被拿到由元老或骑士任陪审团的常设法庭上去审判；财产水平不再是军事服役条件。我们不能根据这些变化推断说在这一时期的罗马哪一个政治元素走强，哪一个政治元素走弱，但这些变化表明塑造这一时期罗马共和国的压力与利益群体是多元的。

在公元前146年，所有的投票行为都是公开的。在公元前139至前107年间，一系列保民官法案为罗马引入了匿名投票制。[30]此外，在公元前119年，投票活动的场所发生了变化，变得更为封闭，因此那些不投票者更难站在投票点附近去影响投票者的选择。[31]这些变化不可避免地会削弱精英阶层对投票行为施加直接的、可测的影响的能力，因而在表面上似乎削弱了精英阶层的主导地位。[32]在西塞罗的对话集《论法律》里，西塞罗的兄弟昆图斯先是对罗马相关投票法案做了一番描述，然后回忆说其祖父马尔库斯·图利乌斯·西塞罗曾在小城阿尔皮努姆试图阻挠匿名投票制的引入（并未成功），还因此得到了第一元老埃米利乌斯·斯考卢斯这样的褒奖："马尔库斯·西塞罗，以汝之勇气与品德，吾唯愿汝能离此小镇，加入吾辈，于政治之巅（指罗马政治圈）施展身手。"[33]不过，尽管有上述变化，之后若干年里那些当选的官员，很难说与之前相比存在什么明显的区别。[34]此外，常设法庭的出现增强了元老院控制内部成员个人野心的能力，当初旨在拉拢民心而推行的军事改革，最终导致了这样一个结果：军事统帅为了成功推行自己的土地法，就必须先获得人民的广泛支持。[35]

罗马政治制度另一个重要变化，就是所谓"最后裁定"的出现。第一个有史可考的最后裁定是元老院在公元前121年宣布的，其内容是指示执政官卢西乌斯·欧皮米乌斯务必确保共和国的安全。考虑到当时的形势，这一命令可以被理解为针对公元前133年那场动乱的纠偏——当时，元老院因为执政官与大祭司之间的矛盾出现了分裂。欧皮米乌斯希望通过这样一个命令，宣示自己镇压盖乌斯·格拉古乃是得到了元老院的授权，并重申了元老院需要作为一个集体对共和国负责。如此一来，他等于为元老院的"武器库"打造了又一件利器，大大增强了元老院的集体权力，同时也削弱了人民与官员的权力。罗马本有独裁官制，独裁官在紧急状态下拥有独裁权，如果我们可以将最后裁定的出现看作独裁权的某种替代品，那么就可以说，罗马在这一时期发生了从个人集权向集体集权的转移，只不过这个集体的合法性在这一时期始终被质疑。[36] 从这个角度上看，最后裁定与元老院推行的那些旨在控制内部竞争、遏制炫耀攀比的多项法案——包括限制消费法和反勒索法——也存在着联系。就这样，崇尚个人荣耀的观念体系在罗马的政治文化里遭到了元老院集体裁定权的制约。

在元老阶层自我规范的方法中，有一种值得特殊关注，那就是监察官可以通过在开列新元老名册时漏去某元老姓名，将其开除出元老院。开除元老并非儿戏，若非该人被定罪或存在严重道德失范，轻易不可施行，但开除与否最终都由两位监察官酌情裁定。从公元前149至前91年，罗马出现过11组共22位监察官，其中已知只有5组开除过元老，规模最大的是公元前115年的卢西乌斯·凯西利乌斯·梅特卢斯·迪亚德马图斯与格涅乌斯·多米提乌斯·阿赫诺巴布斯，两人一共开除了32位元老，被开除的元老数约占元老院总人数的百分之十。[37]

问题与观念

公元前123年，首次出任保民官期间的盖乌斯·格拉古在某次公开集会上针对《奥菲乌斯法》对罗马人民说了这样一段话：

> 诸位罗马公民，你等若肯发动智勇，做一番思考，必知今日之集会，于每人皆是一场交易。吾等上前发言者，皆欲有所得而来，皆想有所得而去。于吾本人而言，此番演说意在让你等增加税收，借此增你等之福利，助国家之发展。然吾以此举使诸位有所得，诸位亦需使吾有所得方可。吾欲从诸位处所得之物，非钱财也，乃美名及晋身之

机耳。凡上前发言抨击吾之提案者，不欲从你等处博取晋身之机，乃欲从尼克美狄斯处博取钱财。凡上前发言支持吾之提案者，不欲从你等处博取美名，乃欲从米特拉达梯处博取奖赏与关照。此外更有一辈人，既不表支持，亦不说反对，默不作声。然此辈最善心计，于众人处皆有所得，而众人皆为其所惑也。你等以为此辈不语，乃因为人正直，不肯受他人摆布，故授之以美名。二藩王之使者以为此辈不语乃为自家藩王计，故授之以重金。昔希腊有一优伶，善悲剧，每演一剧若得一塔兰特之金便喜不自胜，当地最善言辞者德马迪斯闻之，回言道："汝开口发语而得一金，何足为奇？吾闭口无语，即可于国王处得十金。"今日之事亦如此，默不作声者获报最厚。[38]

这一段引言之所以值得关注，完全因为它是罗马共和国时期西塞罗以外的演讲者存世残稿中最长的一篇，然而其中的内容也生动揭示了公元前 2 世纪末期罗马政治互动与政治辩论的本质。盖乌斯在演讲中呈现的那种人民与政治家之间的关系，带有强烈的功利性：罗马人民在投票中是自私的，把票投给哪一边都是从自身利益的角度做的选择。他言辞背后隐藏着两个假定：一是罗马人民应该直接分得"commoda"，即国家对外扩张的收益；二是人民的职能就是"rem publicam administrare"，即治国。人民主权是罗马一切合法活动的基础，若是有政治家胆大妄为，想要挑战任何一个假定，大概率都无法成功。但是前文已然明示，政治活动的具体组织仍然给精英阶层留出了操纵空间，而这一时期罗马政治正是围绕这一点发生了重要变革，从长久以来人民等待贵族施恩，变成了政治家大力着手解决人民的诉求，而这场变革的领导者就是格拉古兄弟。[39]

这一系列举措可以被描述为"平民派"政治活动，具有两大标志性手段：一是政治家通过立法为人民集体带来物质利益；二是人民直接采取行动干预政治，尤其是关于那些通常由元老院负责处理的问题。因为偶尔会遭到元老院与高级官员的暴力镇压，所以暴力就成了平民派政治活动的一个标志。[40]需要注意的是，"平民派"一词描述的是一种借力于民的政治活动方法，以及一种主权在民的政治信念，绝非一个政党或是派系，不过，某些平民派保民官的确会有意识地根据前任的方针政策效法行事。我们能够找到这样一些政治家，为了在投票部落集会中获得选举的胜利，他们在政治生涯前期采用了平民派政治活动方法，但后来调整了立场以图在政治生涯后期更进一步。[41]与这类人相比，另一部分人数极少的保民官，为了解决国家重大问题开展了系统性的改革计划，结果常常因为触犯到了势力强大的既得利益者而死于非命。我们认为这两类人的政治活动，还是应该区分开来的。[42]平民派举措的吸引力，总是和共和国国运呈反相关：许多强调人民主权的政治活动，恰恰是在元老院的裁定为共和国带来恶果之时出现的。但是，对于某人某事属不属于平民派，我们在判定时需要谨慎。就以这一时期极为令人震惊的一件大事为例：公元前105年，罗马人民剥夺了塞维利乌斯·凯皮欧的兵权。这件事既是人民所为，似乎应归为平民派活动，但削去兵权需要百人团大会的投票——该投票单位是根据财产水平划分的——保民官根本无权召集；所以说，提议革去凯皮欧兵权并召集会议投票的，只可能是当时的执政官普布利乌斯·鲁提里乌斯·鲁夫斯，但他本人在政治倾向上又并非平民派。[43]我们不能说罗马存在什么"元老派"与"平民派"的政党斗争，而是要意识到，某一位元老与人民之间的关系如何，这是动态的、可选的、可变的。

平民派政治家提供给罗马人民的物质利益，主要就是土地和食物。土地是提比略在保民官任期内关注的核心问题，而土地法也成了平民派政治家的一个标签。土地法涉及公共土地的分配，会引发关于土地资源的竞争，自然会在罗马产生争议，但事实上，土地法的影响及争议的要点，绝不仅限于不同个人和阶层的经济利益。考虑到当时的罗马军队属于由公民构成的民兵，且在马略改革之前，一定的财产水平是参军的必要条件，所以提比略在提出土地法案时，有可能是为了解决一个关乎国家安危的当务之急，即征兵的困难。这个论点是否站得住脚，关键就在罗马当时的人口状况：一个人口增长、资源相对不足的国家，与一个人口下降、资源相对充足的国家，两者的社会经济条件自然存在很大差别。然而在这一点上，罗马给研究者出了一个难题，因为罗马当时的人口规模，我们今天似乎无论如何也无法确定，就连粗略地设定一个范围都做不到。相关人口普查数据倒是保留到了今天，但彼此间的巨大出入令今人不知如何解读。已知共和国时期最后一次人口普查发生在公元前 70 至前 69 年，当时罗马公民数量被记为 90 万左右，但在公元前 28 年，奥古斯都却在其《功德碑》上说罗马公民超过 400 万。短短几十年里，罗马人口增长了四倍，这是无法想象的，所以事实最可能是前后普查所使用的统计方法存在区别，也可能是某一次或几次普查的数据严重失实。但是今天不管如何解释这种偏差，都没有确切的证据，所以这一时期罗马的人口到底是"高"是"低"，还是"不高不低"，至今都无法确认。[44]

抛开这一困惑不讲，罗马在公元前 2 世纪下半叶遇到的许多问题似乎都是由人力短缺——尤其是自由农民的短缺——引起的：人力短缺导致征兵困难，最终让罗马决定不再将土地财产作为服役标准；人力短缺导致农业人口外流，这一点据说是提比略·格拉古亲眼所见；而外流的农业人口又导致罗马城市人口显著增长。已有学者提出，人力短缺及相关问题是由漫长的海外战争引发的：海外战争导致自由农民破产，人口从农村向罗马城流动，缩减了潜在兵源，而农民变卖的土地开始向大地主手中集中。[45]不过上述多个方面内容，包括罗马农业越来越依赖由奴隶负责耕种的大型农庄，包括征兵困难与罗马人口总体变化之间的关联性，包括各次人口普查数据的可靠性，全都遭到了学界的质疑。[46]后来，学者罗森斯坦对于该图景进行了全面而系统的审视，最终得出了一个大相径庭的结论。他认为：首先，公元前 2 世纪海外战争中的高死亡率，反而能够提高罗马的生育率，使整体人口上升；其次，战争并未导致自由农民破产，但是因为农民的儿子被抽去从军，农村劳动力会减少，农民积累剩余价值的能力也渐渐降低。也就是说，罗马的农业人口一方面正在变多，另一方面又正在变穷。[47] 罗森斯坦的这种观点，既可以解释提比略·格拉古的种种法案为什么会得到如此热烈的支持，也可以解释它们实施起来为何如此无效，以至于最后竟有如此的破坏力。提比略及其贵族支持者的种种设想是基于罗马农村人口下降这一感觉提出的。再加上他们看到征兵出现困难，看到近几次人口普查的统计数据偏低，看到罗马城市人口因农村人口流入而大幅增长，这种感觉的真实性又得到了强化。但他们的感觉也许是一种错觉：人口普查数据下降，也许是因为西班牙战争太过残酷，许多罗马人为了逃避兵役故意逃避人口普查；农村资源紧张与罗马人口增长可能都是整体人口上涨带来的。当时的罗马人对于土地的"胃口"极大，而事实将会很快证明，罗马政治家为了满足这一胃口所采取的措施，不但没能见效，还将共和国的资源压榨到了崩溃的边缘。

另外，公共土地的使用对于罗马与其意大利同盟者的关系也会产生深刻影响。从这些同盟者在公元前 129 年请愿一事可以看出，他们极为憎恶土地法委员们的所作所为。他们到底有何不满，相关史料说得并不清楚，但有可能是这些委员在认定"公共土地"的时候过于积极，强把私地认作公地，而且他们更愿意去剥夺意大利人而非罗马人的土地。可惜我们今天对罗马公共土地所知寥寥，很难做进一步推断。公元前 129 年的这次请愿似乎起到了作用，罗马精英与意大利各地方精英之间的关系并未破裂。但是到了公元前 91 年，双方矛盾再起，而这一次，请愿这招似乎并没有起到作用。[48]

提比略·格拉古之所以提出土地法案，是因为他认为这是共和国所需要的。他提出的解决方案主要就是将国土扩张带来的物质收益直接分给罗马人民，而这种物质刺激此后一直都是平民派改革计划中的一个要素。由于贫穷与不公的普遍存在，类似的惠民法案总能得到大批人民的支持。[49] 但是，罗马成年男性公民未必全都希望分到土地，盖乌斯·格拉古也许就是意识到了分地的局限性，所以才提出了粮食法。他推行的粮食法，让罗马人可以按照补贴价格购粮，确保罗马全体公民都可以受益，而同时又给罗马平民派政治提供了另一件利器。更重要的是，惠民政策从此成了拉拢民心的手段，不管某个法案是否具有平民派特点，政治家都可以靠同时提出一项惠民政策为其赢得民众的支持。比如在公元前122年，德鲁苏斯的那项有关惠民的殖民法案，就帮助他从盖乌斯·格拉古那里抢来了一部分民众的支持；而在公元前91年，他的儿子也凭借一项惠民的土地法案，成功推行了那项有关元老陪审的提案。公元前118年，卢西乌斯·李锡尼·克拉苏支持建立纳尔波马尔提乌斯，这在今天同样被视为平民派政治活动，然而克拉苏此后接连当上了执政官和监察官，又成了元老院政府的杰出代言人。[50] 诺巴努斯一案便是平民派政治复杂性的一个典型例证：公元前1世纪90年代，诺巴努斯因其在公元前103年任保民官期间审判凯皮欧一事上的暴力行为接受了审判，他因为攻击了另外两名保民官而涉嫌撒坦尼努斯提出的所谓叛逆罪，公诉人苏尔皮西乌斯完全可以指控他攻击的不只是人，更是人民的权力。马尔库斯·安东尼本是公元前99年的执政官，公元前97年的监察官，而且他在任执政官期间，对待平民派保民官塞克斯图斯·提提乌斯的态度十分强硬，但他选择为诺巴努斯辩护；而几年后，苏尔皮西乌斯却坚定地选择了平民派立场。[51]

在这一时期，人民在政治实践中的角色也出现了重大变化：随着平民派政治的出现，人民及人民的领袖既拥有了一个有效的政治活动方式，也拥有了一套统一的政治原则与策略。人民和人民领袖与元老院之间的冲突变得更加频繁，当看到自己并不能总是以和平的方式来"趋同求和"，元老院也发展出了以暴力控制人民的新机制。元老院在对外政策方面的失败，让人民在宣示其政治角色与职责时更为自信。马略的经历展现了在人民与由人民选出的人民领袖间存在着一种亲密关系，而这种关系在后苏拉时代的罗马将再次成为一个关键的政治因素。此外，马略下令在征兵时不考虑参军者在人口普查中的财产水平，这一决定切断了共和国军事安全与土地所有权之间的联系，为其换上了一个新的关联因素，即老兵在战后分得土地的前景。他与撒坦尼乌斯的结盟也开启了一种潮流，而这种潮流到了共和国行将终结之时将会具有重要意义。

在这四十年里，元老院面临的另一个重大挑战就是骑士阶层逐渐发展成了一个拥有独特政治目标的群体。这种变化源自盖乌斯·格拉古两项前所未有的法案：一是规定在贪污案的审理中，元老阶层成员不可陪审；二是将亚细亚行省的税收权卖给了专务此道的税收官。这两项法案出台的具体背景，本卷将在第三章里予以探讨。总之，这两项法案在罗马内部产生的结果，就是将骑士阶层分离了出来，使其拥有了自己的利益点。[52] 而伴随着这个变化，贪污案审判的动态机制也发生了变化。贪污案的被告往往是高级元老，之前若是陪审团中也有元老，他就可以通过许诺各种好处与关照，令他们判自己无罪，可如今陪审团中全是骑士阶层成员，被告元老除了用钱，并没有太多办法打动他们，因而在这一时期，司法行贿——至少是对司法行贿的指控——数量大增。至于亚细亚行省税收一事，虽然直接参与税收的骑士阶层成员只占税收官的一小部分，但他们在这方面所引发的不满，影响范围却远超其人数所限。有一种可信度很高的传言：公元前92年普布利乌斯·鲁提里乌斯·鲁夫斯之所以被判处勒索罪，就是因为他曾协助过亚细亚行省总督昆图斯·穆修斯·斯凯沃拉惩治税收官滥用职权的行为，因而在此次审判中遭到了骑士阶层陪审团的报复。格拉古在提出这两项法案时，很可能只是想借前者制约元老阶层的腐败，哪承想竟在罗马政治圈里创造了第三股势力，增加了骑士阶层的威望，而后一个法案又给了骑士阶层一部分成员增加财富的机会。可以说，这一时期的罗马从二元政治体系发展成三元政治体系，这一变化的历史意义甚至比罗马人民与元老院之间紧张关系的加剧更为重大。而元老院正是因为不希望外人去裁判元老的行为，因而才做出了错误的决定并最终引发了同盟战争。

这半个世纪里罗马内政的一根主线，就是元老院在感到其权威受到威胁时所做的种种反应，而他们的反应是否算过度，这个问题的答案与某项举措的具体内容关系不大，而主要取决于历史研究者对权力理想位置的假设。在共和国的建构中，人民主权在理论上是毋庸置疑的。元老院在公元前133、前121和前100年之所以使用暴力铲除格拉古兄弟和撒坦尼努斯，与他们的提案得到人民通过没有直接关系，而是因为这些人当退任不退任，试图牢牢攥住各自的权力。尽管元老们不喜欢将共和国的物质收益分与人民，不喜欢那些平民派法案的具体内容，但他们真正恐惧的是人民除了拥有权力，还同时拥有一个有血有肉的领袖，进而让共和国面临君主制的威胁。因此，看到罗马统治阶层的许多成员都十分关注民意，而且也会使用平民派政治活动方法，我们并不应该感到意外。当卢西乌斯·李锡尼·克拉苏带头抨击格劳西亚有关骑士陪审团的法案时，他在公众集会上对罗马人民高呼道："请带吾等远离此可悲之邦，远离残忍无度、嗜血无足之辈。莫让吾等服务于任何一人，吾等只能亦只该服务于人民之集体。"[53]

打乱克拉苏计划的是骑士阶层获权这一新变化。与之相比，罗马人民的权力高于元老院，这是可以接受的。但是，罗马公民权——也就是成为罗马人民的一分子的权力——一直是外人无法享受的特权。元老院一直默许这种特权的存在，他们在这一时期没能有效扩大罗马公民权，也没能重新审视罗马人与非罗马意大利人的关系。历史将会证明，这是一个严重的失误。

第三章

罗马对外扩张的得失

在穆米乌斯征服科林斯后，他组织人手将那里的艺术品运回意大利，而在与运输工人签订的合同里，他加进了这样一个条款：若某物于运输中失落，运输方需以新代旧，予以补足。至少故事是这样讲的。[1]人们之所以要讲这样一个故事，还要一直讲到今天，目的似乎很明显：以一个短小而又滑稽的笑话，揭露罗马人对于希腊文化和美学成就的惊人无知。连所向披靡的罗马大将，都无法理解一件艺术品的价值恰恰在于其不可替代的历史与身份。从这个角度去理解，这个笑话属于一种反抗，而即便剥去了其特定的时空背景，其所具有的反抗性仍然相当强大，足以让其流传到今天。

但是，除了讽刺罗马人的愚蠢，这个故事还有另一个小小的作用。维雷乌斯在讲述这个故事时为其建构的上下文，就是理解这一点的关键：他当时是在用这个故事去对比穆米乌斯与公元前 146 年的另一位伟大的征服者小西庇阿。与穆米乌斯的愚俗不同，小西庇阿颇为文雅，精于学术，出征期间还把文人波利比乌斯与帕奈提乌斯带在身边。然而在这样一番对比之后，维雷乌斯却宣称，如果罗马人日后仍然对文艺之事保持这种无知，对共和国反而更加有利。穆米乌斯不能深刻理解希腊文化，也就不会受到希腊文化的腐蚀。所以根据维雷乌斯的讲述，穆米乌斯乃是一位难能可贵的民族英雄：甘愿以牺牲美学享受为代价，去保护罗马人真正的品格。

穆米乌斯自己到底是怎么看待他装箱运输的那些战利品的价值呢？因为相关史料重点谈的是文化，他的个人观点自然不大可能被记录。但我们今天却相当清楚他后来对这些战利品做了什么事，因而不禁怀疑此人非但不无知，反而工于心计——至少身边有工于心计的谋士，因为他成功通过了这种文明互动的考验。首先，穆米乌斯并没有把科林斯所有的艺术战利品都运出希腊，而是拿出一部分献给了希腊大大小小的庙宇以及亚该亚与皮奥夏两座城市，以此纪念自己的战功。就像学者卡雷 - 马克斯指出的那样，这一慷慨之举起到了两个作用：一方面，穆米乌斯是在借此宣示罗马在希腊世界中扮演的角色；另一方面，通过向希腊本土各地神庙献宝，他是在以一种直截了当——且无法撤销——的方式提醒一代代希腊人，罗马打算在他们的世界扮演什么角色，若是遭到阻挠又会采取何种手段。[2] 穆米乌斯把剩余的战利品带回罗马城，并在自己的凯旋仪式上向公众展示，之后又拿出一部分在意大利广施恩惠：今天，罗马以外的许多城镇里都保存有相关铭文，可以佐证穆米乌斯赠宝一事，而其中一些城镇当时并未获得罗马公民权。[3] 当然，很大一部分战利品仍留在了罗马城中并得到了展示。

可见，穆米乌斯已敏锐地意识到了分发战利品一事会产生很大影响，而我们也应该敏锐地意识到，那个关于他的笑话还可以被放到另一个历史语境下去解读，即当时的罗马人在战利品的处置方式上存在争议。其实，是个人得利，还是公众受益，这个矛盾在战利品的处置上始终存在。对于当时的罗马来说，战利品从某种意义上讲属于共和国财产，但并不是所有被褫夺来的艺术品都会拿来向公众展示：持兵权的高官在处置自己那份战利品的时候拥有很大的自主权，包括将其作为奖励赠予某人。[4] 而这一回，穆米乌斯选择将艺术战利品赠给社群而非个人，这等于是在这场利公利私的争议中申明了立场，表明自己绝不肯像同时代某些将领那样，独享此类文物。如果我们认为，那个笑话中的穆米乌斯之所以加上那样一个条款，是出于对共和国财产的一丝不苟，也就是出入需有账，遗损必赔偿，那么这就可以看作他上述立场的一个例证。[5] 在穆米乌斯看来，处置希腊人的财产乃是罗马人宣示罗马控制力的一种手段，而受控制的不只是外族人，还包括罗马人自己。

综上所述，这个笑话里的穆米乌斯，在处置科林斯战利品上并非一个愚鲁无知的莽撞人，反而是一位精明机敏的政治宣传家，知道自己在这个问题上所做决定的意义，并有意识地继承了罗马在处置战利品一事上的一个悠久传统。罗马如何处理与希腊世界的关系是像走迷宫一样复杂的问题，穆米乌斯在里面走出这样一条路线，有可能是受到了老加图表率作用的影响。而我们也将看到两人这种公大于私的方针，后来如何遭到了其他方针的修改与挑战。对于一位罗马将领来说，军事胜利需要他针对如何处置战利品做出一系列选择。纵观古代世界，在一场军事胜利之后，通常都会出现大规模的财产转移，但古罗马与其他文明相比却有一个鲜明的特点，那就是罗马存在一种所谓的 "deditio in fidem"（"归降"）现象，即在事实上将归降方的所有财产转移至受降方。这里面涉及的财富可能有惊人之巨。所以，罗马对外扩张所产生的结果，并不仅仅是权力在地中海地区的转移，还包括大量人口与财物的转移，而这不仅会影响到罗马本身的内政，也会对罗马之外受影响地区的经济、社会与文化产生深刻影响。

影响罗马对外政策的因素

在公元前 220 至前 167 年间，罗马凭借一系列令人叹为观止的军事胜利跃居地中海霸主；而在公元前 66 至前 51 年间，庞培与恺撒两人东征西战，也取得了同样让人叹为观止的成果。与这两个阶段相比，夹在中间的这个世纪似乎是罗马帝国主义发展史上一段沉闷的插曲。在这一时期，罗马并没有打过什么大仗，这本身就很值得学界分析；而且，尽管受罗马直接或间接控制的地域面积有所增加——尤其是在亚洲和非洲，可扩张的步伐却要比之前与之后那两个时期缓慢。但是在这个时期里，罗马管理其帝国的方式发生了重大变化：借税收吸取行省财富的新手段被引入；罗马严肃地围绕行省官员何可为、何不可为展开了辩论，并出台了相应法案；罗马的统治在地中海各地引发广泛不满，最终导致在这一阶段的末期，其与意大利同盟者的同盟关系土崩瓦解。在这个时期，罗马对外政策的节奏常常是由罗马的敌人决定的。

波利比乌斯在其史书开篇提出了著名的"波利比乌斯之问"，而这个问题的适用性大大超过他所指的那个时代。[6] 有关这个问题可能的答案，我们今天仍旧莫衷一是。一个思路是去考虑罗马人与其他民族在战争方面的区别，即他们取得军事成功靠的是什么，是否包括罗马人的某种民族性格、社会及政治结构、经济资源等一方面或几方面因素。[7] 而另一个思路则是去考虑罗马人与战争相关的决策流程，即导致开战的原因是什么，战后如何持续控制被征服领土。也就是说，罗马人打算在何种程度上将其赢得战争的潜能——不管这一潜能源自何处——真正用来建立一个地中海帝国。这两种思路背后都隐含着一个前提，那就是罗马帝国主义的崛起是可以解释的，并非简单的巧合——当然，这并不是说在这一过程中的关键时刻，巧合完全没有发挥作用。

在解释罗马的发展为什么有别于其他希腊化王国时，罗马社会的两个方面尤其值得考量，而这背后很重要的一个原因就是，这两个方面恰恰是同时代希腊人在罗马身上发现的特征。一方面在于人力。罗马所拥有的战争人力资源要远多于其竞争者，而这一优势一部分源自罗马公民制度独特的法律框架。罗马法律规定，奴隶在获得自由后，将同时获得原主人的法律地位，也就是说，一个罗马公民的奴隶在获得自由后也属于罗马公民，且其在获得自由后生下的任何婚生子女，也能拥有罗马公民权。[8] 此外，早在公元前 3 世纪时，随着罗马殖民地开始逐渐遍布亚平宁半岛各地，是不是罗马公民与是否住在罗马城之间的联系就已经被斩断了。[9] 所以说，罗马公民的整体数量，并不受罗马城及周边乡村地区居住者数量的限制。

调整公民制度框架，使公民身份与是否居住在罗马城及周边的地理因素分开，这一政策使得罗马公民数量大为增长，远超地中海地区类似规模的城邦。[10] 而公民数量的增长也让罗马得以组建一支庞大的民兵部队：这一时期，罗马年平均服役公民人数在 4 万至 5 万之间。此外，罗马与意大利其他的地区结成了一个广泛的联盟，针对这些同盟者，罗马表达其霸权地位的方式也很有特点：不向其征税，而向其征兵。某一年若是没有海外战争，罗马在主张这一权力时便会有所保留，不会向盟友索要太多人马。若是开战，罗马的那些地中海竞争者们需要拿出钱财去召集雇佣兵，而罗马则无须额外出钱，且战争胜利后还可向新征服的领地收税——一言以蔽之，战争于他国国库有损，反而于罗马国库有补。

罗马好战的另一方面因素来自军事成功在其文化中所占有的重要地位。波利比乌斯在其史书的第六卷里就探讨了罗马人这种尚武精神的具体行为体现，认为除了上述制度上的特点，这种价值观也能解释罗马的称霸。他在记述中详细介绍了罗马军队的具体组织方式，还十分神往地描绘了罗马社会崇尚军功的风尚，并说"鉴于罗马人之心时刻不离军功和军法，罗马收获辉煌战果不足为奇"。[11] 当然，我们在解读波利比乌斯的相关描述时需要谨慎。因为他的整部史书，本就意在突显罗马与希腊诸城邦间的不同而非相似之处，所以这样写有故意顺应主题之嫌；另外，波利比乌斯与希腊征服者之子小西庇阿相交契厚，他在谈及自己对罗马政治的贡献时也着重强调军功，所以他所体验到的罗马文化本就偏向于对军事成就的推崇。当然，这并不是说希腊世界原本太平祥和，是罗马的尚武主义在公元前 2 世纪打破了这里的和平——事实上，战争一直也是希腊世界的常态。[12] 尽管存在这些问题，波利比乌斯的分析也不该被完全摒弃。有关罗马称霸的因素，除了他在其史书第六卷里描绘的那些文化特征外，我们还应考虑罗马特殊的政治结构。高级官员一年一换的制度也增加了罗马开战的动力，因为这些官员大多只有这一次机会夺取军功。

最后，罗马之所以跳不出战争的循环，其战争自信心的作用也不应小觑。现存的盖乌斯·卢西利乌斯残篇中有这样一句话，很好地概括了罗马人的这种自信："罗马人遇敌常铩羽，临阵屡暴鳞，然于干戈一道从来未遇敌手，因吾辈万事不离干戈。"[13] 也就是说，战争是罗马的自然状态，胜利是罗马的必然结果。这种对战争的自信，得到了宗教信仰的捍卫，与罗马和众神关系的本质尤为相关。波利比乌斯在著作中有一段话（6.56.6—15）表明了罗马人自认为是一个非常虔诚的民族，说"δεισιδαιμονία"（即"敬畏神灵"）是罗马强于外邦最重要的一个特征——因为敬畏神灵使得罗马人作为集体易于控制，也让罗马官员不敢为非作歹。近年来有学者着重强调了罗马"公民宗教"的概念。所谓公民宗教，是指在所有宗教信仰与行为中，与政治生活直接相关的那部分。本书第一章就列举了公民宗教发挥作用的实例：比如元老院在杀害提比略·格拉古之后的种种驱邪行为，比如维斯塔贞女失身引发的民众恐慌。[14] 作为本卷书的叙述起点，小西庇阿在摧毁迦太基期间的行为就展现了罗马宗教行为与对外事务的重合：他当时诵读了两段咒语，其内容得到了马克罗比乌斯的记录（3.9.6—11），其中一段意在将迦太基城献给冥界众神，另一段则是恳请守护迦太基城的众神"euocatio"，也就是请他们抛弃迦太基，转而守护罗马。[15] 诵咒作法的小西庇阿，其真实想法如何，今天并不清楚，但此等仪式哪怕仅仅是有可能存在，都足以说明当时的罗马军事领袖必须能胜任一定的宗教职责。除了战争，罗马的外交活动也存在超自然的宗教成分，而这一点从公元前 137 年的赫斯提利乌斯·曼希努斯一事上得到了尤为明显的展现。罗马人先是撤销了他与努曼提亚人签订的和约，而作为撤销的一个必要步骤，他们还以特殊的仪式将曼希努斯移交给了努曼提亚人，并动用了负有宗教职能的"战争祭司团"（负责主持宣战仪式的团体）。他们认为曼希努斯的行为等于违誓，有害罗马国运，所以才将他"剥去衣物，背缚双手"，交给努曼提亚人，以此驱邪消灾。[16]

曼希努斯一事也说明，一场战争若不是以敌人彻底臣服收场，罗马人是很难接受的。在曼希努斯一事发生的两年前，昆图斯·庞培也曾如法炮制，与努曼提亚人暗中谈成条件，让他们在名义上无条件投降，而此事败露后，元老院撤销了这份密约，庞培则被当成了叛国贼的典型。不过，在撤销和约以及押送过程中，曼希努斯很是配合，庞培则十分桀骜，两人之间的对比在西塞罗笔下多次被提及。塞维利亚努斯也是一个例子，只不过与前两人并不完全相同：他在远西班牙行省与维利亚图斯也签订过和约，不过事后元老院并未正式撤销这一和约。但重点是，元老院中的某些元老鼓励继任总督塞维利乌斯·凯皮欧无视该和约，与维利亚图斯重新开战，这说明以议和结束一场战争让许多罗马人都感到不满意。尽管罗马人期望军事成功拥有上述特征，但这并不意味着他们总要彻底毁灭他们的敌人——不过这也是一种可能的结果；其关键点在于，敌人必须毫无条件地任凭罗马人处置，而罗马人则会恪守"诚信"（fides），保证以合情合理的方式处置这些投降者。其实，"诚信"并没有对罗马人处置投降者的具体做法施加真正的限制，但的确为其构建了一个理念上的框架，在这个框架之下，战败一方能够继续生存，完全是拜罗马人所赐。[17]

罗马社会与文化上述方面的特征，是我们理解其军事活动的核心背景，但其本身并不能解释缔造帝国的一连串决定。我们也不能说罗马称霸完全是因为将领个人的军事才华。一部分罗马将军无疑是杰出的军事家，但罗马的一大特点在于在面对具体军事失利时有强大的抵抗力，以及罗马选民对于这种失利的巨大宽容度。罗马的称霸并不是因为罗马将领每次都比敌方将领优秀。与将领素质同样重要的，是罗马战争决策的具体制定过程。大多数有关国家外事的决策，都出自元老院。派哪个执政官和裁判官去哪个行省统兵，分给他们何种资源，这是元老院的决定；接见盟友或其他国家派来的使节，并采取相应的行动，这是元老院的任务。这些决定背后是否存在某种连贯的或者说持续的方针策略，今天很难确认。单看罗马的战争行为，其模式是可变的：战事一起，即便局面不利，元老院却仍然倾向授权继续作战；没有战争的时候，元老院反而会在出兵一事上犹豫不决。其实，这种"战起难停，战停难起"的矛盾可能只是表面，其背后隐藏着同一个问题，那就是罗马在现实中很难完成从和到战、从战到和的状态转变。

这一处理国际关系的矛盾思路，其实际影响在西班牙战争期间就有明确展示，在征讨朱古达战争之初也十分明显。当然，战起难停，这不是说罗马的将领绝不能投降，而是说罗马人存在一种期待，认为一场战争必须在罗马人决定结束的时候结束，按罗马人开出的条件停战。比如在向朱古达宣战的前几年，罗马人对于宣战的迟疑可能就与这种期待有关：罗马人的迟疑未必是因为不愿到海外征服领土，而是因为他们意识到一旦宣战，罗马就必须达到自己期待的结果，而这个过程所需要的资源太过巨大。这也说明罗马人在决定宣战前也会考虑到暂时性的挫折与失败。

然而根据萨卢斯特的记录，元老院当时未能及时对朱古达宣战还有另一个原因：他们收受了贿赂。[18] 在萨卢斯特的记述中，元老院总是腐败的、无能的：他把朱古达战争视为他本人经历的那场罗马浩劫的预演，而元老院的腐败无能在他看来就是两者间的一个相似之处。但是在现存盖乌斯·格拉古针对《奥菲乌斯法》所做演讲的片段中（见第二章）我们看到了一个有趣的对比：在他描绘的罗马外交世界里，每个决定背后都隐藏着经济动机。除了表明在公元前2世纪20年代期间，有关吸取亚洲经济资源最佳方法的辩论一直在持续，格拉古的演说也让我们窥见了当时罗马的外交环境，而这类史料是极为罕见的。在这样一个外交世界里，既有激烈的公众辩论，又有卖力的暗中游说，什么人有能力左右国家决策，外国使者便会对他们展开攻势，诱之以利。人们想当然地认为元老阶层存在腐败，但在这样一个世界里，人民也有可能是腐败的，只不过他们收受的"贿赂"，是罗马海外扩张的成功所带来的财富增加。假设人民确实存在这种经济动机，这意味着他们同时也必须有直接左右国家对外政策的手段，而这种手段就是保民官法案。盖乌斯·格拉古提案出售亚细亚行省税收权一事，以及其兄长提出法案分配帕加马王国税收一事，恰恰都符合这一假定。

人民参与国家外交政策，也在有关罗马海外行政的更广泛的问题上得到了体现。从这个视角去分析，公元前146至前91年间的一个典型特征就是，元老院与高级官员在国家外事上的决策自由度越来越小。随着公元前149年《卡尔珀尼乌斯法》的通过，罗马有了常设法庭专审勒索案，从某种意义上讲，这意味着元老院权力的增加——因为被指控犯有勒索罪的元老，现在只会接受同阶层元老们的审判。但是这项法案也控制了——或者说试图控制——高级官员的行为，而且后来还被盖乌斯·格拉古的相关立法取代了，元老阶层陪审的权力又被夺走了。另外，盖乌斯有关执政官行省的法案，规定在选举两位执政官之前必须先确定他们将分到的行省，这至少在理论上使得人民多了一个表达意志的机会，而且也在一定程度上减少了执政官当选后暗箱操作的机会。元老院似乎可以在紧急情况下推翻某一年的行省分配方案，但盖乌斯的这项法律始终未遭撤销，一直保持到了共和国结束。撒坦尼努斯的反叛逆法案为人民惩罚某位无能的将领提供了法律框架（即便在表面上，叛逆罪针对的是国家内部事务），所以也是一个重要的发展变化。

总结起来，罗马对外事务运行的整体框架在这一时期出现了若干变化。但是，人民也开始通过保民官法案直接干预国家对外政策，不过仍然是特例。元老院在这一时期仍然是接见外国使团、制定对外政策的常规机构。[19] 更重要的是，我们不可以把罗马的矛盾单纯归为元老院与人民集体之间的矛盾，因为那些不遵守元老院命令的高级官员同样会与元老院产生矛盾。

战争与军事扩张

公元前 146 年之所以被用来断代，是因为这一年罗马人攻占并摧毁了科林斯与迦太基两城。这两件事反映了罗马国力的性质与范围，给罗马人乃至整个希腊化世界留下了深刻的印象。尽管如此，这两件事仅仅是一种已然发生的变化的表征，并不是这一变化过程中的决定性时刻。在公元前 146 年之前，罗马就已经是地中海地区的主宰了。[20] 根据学者埃克斯坦的概括，这种变化指的是地中海地区的政治格局从多邦争霸向一邦独霸的转变："到了公元前 2 世纪 80 年代，尽管地中海地区除罗马之外仍存在几个重要的政权，但这里却只有一个政治及军事核心，一个主角，权力的巨大优势只掌握在一个政权手中。借用政治学术语来说，一个单极系统已经取代了长久以来的多极混乱状态。"[21] 埃克斯坦的这番话，既是为了点明地中海地区诸邦关系的本质，挑战那种固有认知，即在描述罗马扩张的时候，将罗马视为一个极具侵略性和高度军事化的社会，也是为了找出有助于罗马最终成功的种种特征。如果我们接受公元前 146 年是地中海地缘政治格局发生深刻变化的一个象征性标记，那么对于之后的那个时期来说，最值得思考的问题并不是罗马在此期间面临着什么外部威胁，而是罗马如何应对自己的这个新地位。另外，我们不能因为罗马征服了希腊化世界，就贸然推定整个地中海地区都是一片太平。西塞罗在《论义务》一书中提出了两类迥然有别的战争（1.38）：一类是为了称霸，一类是为了自保。而为了说明后者，他就列举了西班牙战争与讨伐辛布里人的战争这两个例子。在西塞罗看来，罗马遇到的最严重的挑战都发生在公元前 146 年这个表面节点之后。

在公元前 146 年之后的时期里，罗马的确在希腊化世界进一步扩张，最终收附了小亚细亚，但这反倒属于这一时期的特例。公元前 180 年，罗马在阿帕米亚击败安条克三世，可在之后超过半个世纪的时间里，罗马仅仅向小亚细亚遣使，从未向那里派兵。即便罗马使者屡屡遭到无视，也没有证据表明罗马有任何出兵干预的意愿。[22] 因此，罗马元老院在公元前 133 年接受阿塔卢斯的遗赠、接管小亚细亚的这个决定，让学界不得不对其做出一番解释。但不管元老院到底有何道理，这个决定其实是他们不得不做的，因为提比略·格拉古已经先下手为强，通过立法将帕加马王国的税收分了出去，而且，在执政官级亚细亚行省总督普布利乌斯·李锡尼·克拉苏（公元前 131 年执政官）被杀后，元老院只能宣示对那里的控制权。除了亚洲，这一时期的罗马在其他地区并未扩张，只是勉强守住现有的疆域，而且在这方面也没有取得很大的成功。西班牙战争虽然以努曼提亚陷城收尾，但罗马人在那里足足经历了二十年的失败与羞辱，再无心思继续扩张战争。虽然北非的战争令两位罗马将领收获了属于自己的凯旋仪式，但他们的前任可都是以惨败收场的。这一时期罗马最大的军事冲突是对抗日耳曼各族的入侵，而且罗马的处境一度极其危险。这一时期元老院的对外态度并不是主动介入，而是被动回应，这种态度又因为反复无常而更显得耐人寻味，这也许也能解释罗马为何屡屡不肯出兵——尤其是在面对米特拉达梯及叙利亚地区政权垮台所造成的威胁时。[23]

罗马的文治

罗马权力的表达，未必只能采取领土扩张的形式。在罗马的控制范围向意大利乃至向海外逐步扩大的过程中，其在宣示权力的方式上展现出了明显的灵活性。地方自治这种事，罗马是可以接受的，条件是当地人必须无条件服从罗马人的命令。地方自治模式常常需要罗马人的介入，因为发生纠纷时，罗马会被自然而然地选为仲裁者，而罗马的仲裁也极具效力。[24] 不过除了地方自治，罗马在必要情况下也会毫不犹豫地派官员前往某地坐镇。在第一次迦太基战争后，西西里岛与撒丁岛就会定期迎来一位罗马的裁判官级总督；在公元前 2 世纪初，随着远近西班牙行省的建立，持有兵权的高官数量进一步短缺，元老院为此增加了裁判官的职位数量。[25] 公元前 146 年科林斯与迦太基陷城后不久，元老院派出了两个由元老组成的委员会，分别前往希腊和非洲，与希腊的穆米乌斯和非洲的小西庇阿共同敲定两地未来的行政模式。须知，向某地定期分派听命于委员会的常驻长官（即总督）治理地方绝不是当时的惯例，只不过这一次事实恰好如此，并在此后逐渐成为惯例。

公元前146年的罗马，到底在何种程度上可以被视为希腊化世界的一部分呢？根据波利比乌斯的记述，似乎在身为希腊人的他与周围的罗马人之间存在着一道鸿沟：罗马人的好战之风和独特的道德信念让他们与希腊人迥然有别——尽管两者也许会由于共同的利益和对彼此的尊重而成为好友，就像波利比乌斯与小西庇阿那样。但在分析波利比乌斯时不应该忽视一点，即他是两种文化之间一个有意识的解读者，由于其文字重在说教，这使得他有可能更多地去关注两种文化之间那些需要解释的区别，从而放大了这些区别。在我们研究罗马介入希腊化世界所产生的文化冲击时，历史人物个体的流动性就是一个很好的起点。

波利比乌斯本身的经历就能反映一个事实，即在公元前2世纪，地中海东部各地都有人被迫迁往罗马。波利比乌斯本人属特权阶级，其社会地位使得他需要前往罗马做人质，属于这一迁移现象的特例，而数以千计的人则是以奴隶身份被带到罗马去的。[26] 由于相关法案的存在，奴隶在获得自由后就会成为公民并繁衍出新的公民，所以即便只有一部分奴隶能够获得自由，公民结构也会因此慢慢发生改变。可以推测，在公元前2世纪，由于发生了大规模征服战争，存在有利可图的奴隶贸易，公民结构正发生着很大的变化。前文说过，小西庇阿在一次演讲时曾讥讽一些集会民众并不算真正的罗马公民，可见这种变化也可能已在罗马内部引发敌对。[27] 一些说希腊语的奴隶与前奴隶，在精英阶层家庭中担任家教，因而使得罗马精英阶层普遍都能使用两种语言——只不过他们的希腊语水平参差不齐。[28] 另外，罗马对医生、艺术家和匠人等职业也存在需求。随着财富不断涌向罗马精英阶层，展现财富的消费渠道也丰富了起来。从史料中对奢靡的厉声谴责上，我们就能够反推出罗马精英的奢靡之风。跳出精英圈，我们应该能够想象这一时期的罗马正在吸引越来越多的有才有志之人。[29] 罗马城中那些说希腊语的人并不都是被迫前来的。人才也不是只从东方流向罗马。已知在公元前2世纪70或60年代，安条克四世就雇用了一位叫德希姆斯·克苏提乌斯的罗马公民为他在雅典修建宙斯神庙。尽管我们今天并不知道此人在何地学成建筑师，但从公元前2世纪中叶开始，爱琴海地区就出现了有关其家族成员以及手下自由奴隶的铭文证据，这说明越来越多的罗马人以及非罗马意大利人迁居到了这一地区，希图借着罗马军事扩张带来的机会发家致富。[30] 盖乌斯·格拉古推行其亚细亚行省税收法案时也许没有想到，因为税收工作需要罗马人亲自完成，这个法案竟大大地推动了小亚细亚地区罗马人社群的发展。史料中说公元前88年，米特拉达梯屠杀的罗马与意大利移民多达8万，这个数字应该存在夸大，但可以确定的是，到了公元前1世纪90年代末，小亚细亚诸城中的罗马及意大利移民已经形成了庞大且鲜明的社群，而这部分增长大体上是在之前的三十年里发生的。

除了经济机会带来的人口流动，公共事务也推动了精英阶层成员的流动。此时的罗马绝对是希腊化地区的一大外交枢纽，既会迎来各城邦、王国的使者，也会频繁派出自己的使者出使各国。就公元前146至前91年这个时期来说，给罗马造成影响最大的使团应该是公元前155年雅典派来的那支由三位哲学大家组成的使团。普通的出使访问十分常见，外国使者与罗马东道主之间的个人关系因而得到了发展。有来便有往，罗马元老院也会派遣使团去罗马权威覆盖范围内的某地进行调查与仲裁。有些使团——比如加尔巴派往克里特岛的使团——仅存有铭文证据；有些使团，因为其中有大名鼎鼎的人物（比如很可能在公元前140至前139年周游东方各地的小西庇阿），或是出使背景特殊（比如纳希卡在提比略·格拉古死后出使帕加马王国一事），则得到了文献记录。考虑到李维对这一时期的记录并没有保留到今天，所以我们在评估这一时期出使活动强度的时候应该要谨慎：如果说罗马在公元前 2 世纪下半叶的出使活动强度真的没有上半叶那么高，这也许反映出了罗马开始将外交重点从地中海东部向西部转移，但即便如此，其与地中海东部的外交联系仍然是紧密的。

精英阶层成员出国也并不只是为了公事，也有可能是去求学，还有可能是把希腊或小亚细亚选为流放地。在学习希腊文化的罗马人中，提图斯·阿尔布修斯获得了最丰富的史料记载，尽管这很可能说明他是个特例，不能代表一般罗马精英与希腊文化之间的关系，但不管怎样，根据西塞罗的记载，我们可以确定他在公元前 2 世纪 20 年代末正在雅典学习哲学。[31]梅特卢斯·努米迪库斯曾在雅典聆听过卡涅阿德斯的讲座，而他去那里求学的时间甚至可能比阿尔布修斯还早。[32]阿尔布修斯在卸任裁判官之后，因勒索罪遭到流放，他将雅典选为流放地，在那里继续学习。[33]但是，他对希腊文化的一种态度值得今人注意：据卢西利乌斯记载，公元前 117 年的执政官昆图斯·穆修斯·斯凯沃拉在某个官方场合，故意对仰慕希腊文化的阿尔布修斯讲希腊语，意在羞辱对方；阿尔布修斯果然发怒，并与斯凯沃拉争吵起来。也就是说，即便是仰慕希腊文化的罗马人也希望自己的行为符合某种公认的尺度，不辱罗马人的身份。与希腊世界持续的交流给了罗马精英追求个人愉悦与当众炫耀的良机，但他们在把握这种机会时总是十分谨慎。[34]

在罗马成为帝国首都的独特发展道路上，其与地中海西部地区的活跃交流也起到了推动作用。有人说罗马只关注地中海东部的希腊语文化圈，但这种说法只在精英文学领域内才成立。我们应该注意，在第三次迦太基战争结束后不久，元老院成立了一个专门的委员会负责将马戈的农学著作从迦太基语译成拉丁语，这说明精英文学并非罗马人唯一的关注点。战争让许多人以奴隶的身份流入罗马，但在人口流出方面，当罗马首次开始向意大利以外殖民的时候，罗马并未把目光投向地中海东部，而是投向了西部：盖乌斯·格拉古在迦太基建立的殖民地虽然没有成功，但不久后在高卢南部创立的纳尔波马尔提乌斯却兴旺了起来。公元前 2 世纪 10 年代，意大利人在非洲的定居以及罗马老兵在西班牙的定居都有着很大的政治意义。

罗马与罗马以外的意大利

不管罗马人自己是否意识到了这一点，公元前 2 世纪下半叶罗马所面临的最主要的对外政策问题，可以说就是其与意大利其他社群的关系。公元前 91 年的亚平宁半岛与公元前 146 年时一样，是一个成分复杂的万花筒，各部分在政治、文化和语言上迥然有别，同时又因为罗马的存在和行为而有了某种整体性。这种整体性的性质是一个研究主题，这一整体性的形成过程是另一个研究主题——我们想知道在共和国政府最后的一个世纪里，种种变化是如何抹去了意大利诸邦的差别，使得"意大利"与"罗马"在政治和文化语境中竟成了一而二、二而一的存在。[35] 这些变化的发展速度和发展方式因地而异：比如政治与法律上的同化，显然出现在公元前 90 至前 88 年间，但语言和文化上的同化却很难敲定清晰明确的时间线——尽管史料可以证明，到了奥古斯都时代，这种同化就已经完成了。[36]

同盟战争前意大利地区的政治多样性，不但反映了罗马在军事上的主宰地位，而且是罗马在公民权一事上大胆实验数百年的结果。由此产生的那种政治结构，在古代世界很难找到相似的存在。某些意大利社群属于罗马的同盟者，他们与罗马的关系是由具体条约决定的；另一些意大利社群则包含罗马公民，这些人可能是罗马殖民者的后代，也可能是当地人被授予了罗马公民权，后变成了罗马公民；另外一些社群则属于拉丁人。[37] 其实，这三类人中的每一类又可以进一步细分。除了政治多样性，意大利地区也拥有语言多样性：拉丁语之外，意大利中部存在各种意大利语，南部普遍讲希腊语，罗马以北还流行伊特鲁利亚语，其他语言就不再列举了。正如学者华莱士－哈德利尔近来强调的那样，在这样一种复杂的环境下，同化过程不可能用"罗马化"这么一个简单的术语予以准确概括；此外，意大利各社群的文化选择，除了受到罗马的影响，也受到了希腊世界的影响，而且罗马文化的价值，在不同社群眼中差别很大，在同一社群的不同个体眼中差别也很大。

因为知道罗马及意大利之后的历史进程，因为知道拥有罗马公民权在罗马帝国时代相当重要，史学家形成了一种由来已久却不甚严谨的观念，认为同盟战争爆发的主要原因是各意大利同盟者向往罗马公民权，而元老院又未能立法向他们授予。本卷第一章已经讨论了同盟战争中的一些个别事件以及解读这些事件时所面临的困难。尽管到了帝国时代，罗马公民权显然对于意大利同盟者来说十分重要，但我们绝不能想当然地认为公元前 2 世纪下半叶到前 1 世纪初的意大利同盟者也对它如此看重，这一点非常重要。[38] 同盟战争前罗马公民权在意大利地区的扩散，主要与军事征服有关，尤其是通过罗马在战败方领地内建立殖民地的方式，而一个城镇若是被集体授予罗马公民权，就会丧失其原有的独特身份。在这种情况下，成为罗马人在意大利各同盟者眼中未必是一件便宜事。另外，我们也不能想当然地把意大利同盟者看作一个同质化的整体，因为不同社群之间也好，同一社群的不同成员间也好，都未必存在共同的意图与计划，这一点也很重要。所谓同盟战争，大体上是讲奥斯坎语的民族针对罗马举行的起义，伊特鲁利亚人（以及翁布里亚人）是后来才参与进来的，而他们在战争中的结局也各不相同。不管怎样，这些意大利同盟者都有一个共同点，那就是他们都是一个更为强大的政权的盟友，他们面对的都是一个在利益驱使下敢于无视盟约的罗马。[39] 我们今天知道这些意大利同盟者在提比略·格拉古的土地法通过后，对罗马干涉自己土地所有权的行为产生了广泛怨恨。在此法案通过的几年后，盖乌斯·格拉古在一次演讲中——该讲稿题为《有关法律的宣传》——生动描绘了某些罗马高级官员在意大利地方城镇仗势欺人甚至是残暴滥刑的行径：[40]

近来，有一罗马执政官来到提努姆西迪齐努姆。他的夫人说想在镇中男子浴池中沐浴，该镇财务官马尔库斯·马略于是受命将正在洗浴的男子赶出，以便夫人专享浴池。沐浴后，夫人对执政官抱怨说自己等了许久才洗上澡，而且池水不干净。执政官因而下令在城镇广场上竖立一个刑架，命人将在当地地位尊贵的马略押来，当众杖责。卡勒斯镇镇民得知此事，宣布本镇浴池在罗马高官到访期间对公众关闭。费伦提努姆镇也有类似事件发生，当时来访的罗马裁判官下令逮捕当地两名财务官，结果一人跳墙逃出城外，一人被捕受到杖责。

由于缺乏直接史证，我们今天很难准确判断罗马权威的其他表现形式——比如要求当地人为罗马服兵役，或是定期驱赶罗马城中的非罗马公民——到底激发了意大利同盟者何种程度的愤怒或怨恨，但我们还是要谨慎，不能想当然地认为这些同盟者对此的反应都是一样的。有些人肯定在与罗马的互动中发现了机遇，可能是借服兵役赚钱，或是趁机进入海外市场。我们完全可以想象有一些罗马之外的意大利人，在谋求自身发展的过程中发现自己因为没有罗马公民权而吃了亏，于是心生怨恨。但这种劣势从根本上讲源自罗马在双方关系中所占据的主体地位。获得罗马公民权当然可以让这些意大利人在与罗马人打交道时获得更大的话语权，但改变双方的关系也能做到这一点，而且这种做法比起变成罗马人，还能让他们保住自己独特的身份。所以说，同盟战争爆发的原因是罗马同盟者对于他们和罗马之间关系的性质感到极度不满，然而这场战争的结果——罗马在意大利全面授予罗马公民权，意大利事务因而从罗马的外事变为内政——并不是这个问题显而易见的解决方式。

第四章

同盟战争，内战与新秩序的建立

同盟战争

同盟战争开始于公元前 91 年末或前 90 年初，导火线是阿斯库路姆的两名罗马军官被罗马同盟者杀害。同盟战争的终止时间不太容易确定，因为罗马人与不同同盟者立约议和的时间也是不同的。可以说这场战争早在公元前 89 年基本就结束了，也可以说这种战争以这样或那样的形式一直持续到了公元前 82 年 11 月的科林门之战。[1] 这场战争也没有一目了然的胜利者。对于罗马与各同盟者达成停战的条件与形势存在多种解读方式，任何一方都可胜可败，抑或不胜不败。同盟战争这样一场令人困惑的冲突，即使是当时的人也很难理解，只不过其破坏力可谓有目共睹，在此后的很长一段时间里，仍然影响着罗马的政治与社会生活。

维雷乌斯说这场战争导致了 30 万人死亡。[2] 即便这个数字存在夸大，但从战争中死亡的罗马将领名单上，我们也可以直观地感受到同盟战争的血腥。公元前 90 年，除了最早在阿斯库路姆遇害的裁判官塞维利乌斯，遇难将领还包括一名执政官、一名裁判官、一名执政官级总督和一名裁判官级副将。在公元前89年，又有一名执政官和两名执政官级副将被杀。罗马上一次遭遇此等程度的损失，意大利地区上一次出现军事冲突，还要追溯到一百多年前的第二次迦太基战争。李维在《罗马史》中对同盟战争与第二次迦太基战争都有描述，然而前者占了整整五卷（即第72至76卷），其记述密度[①]是后者的三倍还多。

然而在战争之初，罗马人似乎稳操胜券。在古代修辞学专著《与赫伦尼乌斯论修辞》中，那位佚名作者为了举例说明演讲中的所谓"中正"风格为何，援引了某篇演讲词的一段，而其内容显然是关于意大利同盟者与罗马开战的决定。那位演说者提出，从军事常识上看，这些同盟者在罗马面前处于下风，竟然还敢反叛，说明他们肯定获得了其他形式的支持：

> 且问诸位，彼辈决意开战，不知交战之时有何倚仗？岂不知诸盟友大多已然效忠于吾国？岂不知其兵不足数，将不称位，财不堪用？无此三者，何以为战？……彼辈先起干戈，岂能无机而动，无望而行？若说彼辈仅是丧失心智，才敢以渺小微细之实力，挑衅罗马人民之权威，此话何人肯信？故知彼辈此番必是有机而动。[3]

演讲中这一番发问，隐含的答案就是这些同盟者获得了罗马内部势力的支持。不管这一段文字是否真的出自某次演讲，观其上下文，显然说的是公元前1世纪90年代初罗马通过《瓦略法》一事。这项法案针对的是叛国罪，意在调查"为同盟者攻击罗马人民出力献策者"。[4]这段文字的内容说明：至少在公元前90年初，许多罗马人都相信这些同盟者的资源微不足道，肯与罗马开战应该是受到了某些罗马权势人物的教唆。[5]史学界存在一种假说，认为昆图斯·瓦

[①] 即记述时间与记述篇幅的比值。

略·海布里达在其法案中暗指为意大利同盟者"出力献策者"都是德鲁苏斯的同党，而已知根据《瓦略法》遭到指控的人中，确有德鲁苏斯阵营内的埃米利乌斯·斯考卢斯，且起诉他的就是瓦略本人。[6] 我们可以把这项法案与其他旨在让德鲁苏斯担责的行动联系到一起。狄奥多罗斯在著作中留存了一份对德鲁苏斯的效忠誓词（37.11），提到那些意大利同盟者据说就曾照此对他发誓效忠，而且誓词中还提到了他的扩大罗马公民权法案，仿佛那些意大利同盟者是受益于这一法案，所以才与德鲁苏斯关系契厚。现存的一段逸事也能说明问题：传说日后以品行著称的马尔库斯·波尔西乌斯·加图（即小加图）4 岁时住在舅舅德鲁苏斯家中，一日，意大利同盟者的领袖波派迪乌斯·希罗来拜会德鲁苏斯，借机戏弄小加图，唆使他做坏事，不肯的话就把他顺着窗户扔下去，而 4 岁的小加图坚决不从。[7] 这个故事本身的真实性并不重要，传记作家大可以用这个故事来展示小加图一贯高尚的品格，但他肯用这个故事来实现自己的目的，说明当时肯定有罗马人认为罗马存在支持意大利同盟者的势力，且德鲁苏斯就是其核心人物。另外，根据西塞罗的记载，公元前 90 年的保民官盖乌斯·帕皮利乌斯·卡尔波·阿维纳曾在一次公众集会上控诉德鲁苏斯破坏共和国。[8] 很容易理解德鲁苏斯的对手在德鲁苏斯与普布利乌斯·李锡尼·克拉苏① 死后，行党同伐异之事，将战争突然爆发的责任归结到他的身上，说德鲁苏斯怂恿意大利同盟者发起攻击。这群反德鲁苏斯派显然有动机对《瓦略法》之下的那些司法活动煽风点火，为其附上种种推测与谣言。[9]

除了斯考卢斯，我们已知还有其他一些政治人物也因《瓦略法》遭到了起诉或是起诉威胁。[10] 遭到起诉者包括昆图斯·庞培·鲁夫斯、卢西乌斯·梅姆米乌斯、马尔库斯·安东尼和盖乌斯·奥勒留·科塔。这些人身份立场各异，却都遭到同一罪名的起诉，足见那段时期罗马政治生活的混乱。根据西塞罗的

---

① 这里的普布利乌斯·李锡尼·克拉苏为公元前 97 年的执政官，也是前三头之一克拉苏的父亲，注意区别于前文提到的公元前 131 年的同名执政官。

记载，科塔是德鲁苏斯的密友；根据卢西乌斯·科尼利乌斯·西森纳的描述，梅姆米乌斯是德鲁苏斯的"consiliarius"（"顾问"）；然而其他两人未必与德鲁苏斯为伍，所以，因四人以同一罪名被起诉而说他们是一党，这显然有自圆其说之嫌。庞培·鲁夫斯在公元前 91 年是罗马内事裁判官，他之所以被怀疑，很可能就是因为他作为罗马内事裁判官应该对这些事件负责。[11] 卢西乌斯·马修斯·菲利普斯在审判中做出了对庞培与梅姆米乌斯不利的证词，但他这样做，有多少是因为他坚信两人有罪，有多少是出于私人恩怨，还有多少是为了维护自己的信誉和清白，今天已无从得知。而且，这些遭到起诉的人，几乎都没有被定罪。[12] 事实上，公元前 90 年初的罗马人并未形成什么定论，而是在绞尽脑汁地思考自己怎么会与昔日的同盟者刀兵相向：许多人都可以被塑造成"罪人"去承担责任，可信度有大有小，但到最后，罗马也并未出现什么政治大清洗。[13]

罗马此次的敌人们结成了一个统一的政治实体：有名号——"意大利"；有首都——在科菲尼乌姆，但被他们更名为"意大利卡"；有政治结构——联邦结构；还有自己的货币。[14] 意大利同盟者早在公元前 91 年秋就开始以这种形式展开外交活动，又在那一年冬末以这一形式开战，这进一步证明了他们早在阿斯库路姆起义前的几个月就开始筹划了。考虑到他们并非只是联合进行军事行动，所以其筹划肯定更为复杂，这也许说明了意大利人怀有极大的野心，想要大大改变罗马在意大利的权力运作方式，甚至是要脱离罗马而独立，尽管这种野心非常不切实际。这场战争的具体进程，涉及一系列复杂的军团、将领和战役。意大利人那边的策略是夺取其势力范围内的罗马飞地，罗马人这边的策略是将意大利人的势力范围一分为二，各个击破。公元前 90 年的两位执政官全都领兵参战，这是公元前 203 年以来两位现任执政官首次同时在意大利作战。其中的普布利乌斯·鲁提里乌斯·卢普斯负责罗马以东的北方战区，另一位卢西乌斯·尤利乌斯·恺撒负责由坎帕尼亚、萨莫奈及其以南地区构成的南方战区。此外，公元前 91 年的执政官塞克斯图斯·尤利乌斯·恺撒，其兵权获准延长，也被派去北方战区作战，身边还带上了几名能征惯战者担任副将，其中就包括马略（这一年晚些时候元老院才下令授予他兵权）、公元前102年的执政官卢塔提乌斯·卡图卢斯以及公元前97年的执政官普布利乌斯·李锡尼·克拉苏。[15]

在公元前90年6月11日，北方战区在托勒努斯河河谷中发生了一场大战。罗马人获得了此战的胜利，但主帅鲁提里乌斯阵亡，其尸体运回罗马时引发了无限悲哀，以至于元老院下令，日后战死者应就地埋葬，不可运回都城。[16]再往北，副将格涅乌斯·庞培·斯特拉波战败退守弗尔姆，并遭围困；马尔西人领袖波派迪乌斯·希罗诈降，接替鲁提里乌斯统领北方战区的昆图斯·塞维利乌斯·凯皮欧（公元前106年执政官）不知是计，结果中了埋伏，也遭杀害。[17]凯皮欧的职位由马略接替，罗马人此后成了北方战区的主宰者。先是马略率军重创马尔西人（后来大名鼎鼎的苏拉当时便在他手下任副将），后是塞克斯图斯·恺撒与斯特拉波合兵一处，击败了围困弗尔姆的意大利人，并将残兵追至阿斯库路姆围困起来。此后，被罗马人围困的阿斯库路姆成了北方战区余下军事行动的焦点。

在南方战区，意大利人在战争之初围困并夺取了一些效忠罗马的城镇。在萨莫奈地区，公元前90年初意大利人马略·伊格纳提乌斯夺取了城镇韦纳弗鲁姆，并围困了城镇埃瑟尼亚。在坎帕尼亚地区，撒姆尼人领袖帕皮乌斯·穆提卢斯则是进展神速。城镇诺拉虽有罗马裁判官卢西乌斯·波斯图米乌斯驻守，且兵力颇强，怎奈此人还是被帕皮乌斯逼入绝境，在生死面前选择变节，反投靠意大利人，诺拉因而失守，结果罗马诸将官——包括波斯图米乌斯——尽遭处决。[18]夺下诺拉后，帕皮乌斯又攻占了赫库拉尼乌姆、斯塔比亚、苏伦图姆与萨勒努姆，随后开始围困艾瑟莱——若艾瑟莱沦陷，罗马重镇卡普亚也就门户大开了。[19]卢西乌斯·恺撒本欲引兵解埃瑟尼亚之围，却被伊格纳提乌斯击败，于是退向艾瑟莱，在那里与帕皮乌斯纠缠了整个夏天，未分胜负。[20]其间，遭到围困的埃瑟尼亚连同守城副将马尔库斯·克劳狄乌斯·马塞卢斯都落入敌手。在卢卡尼亚地区，副将普布利乌斯·李锡尼·克拉苏被击败，城镇格鲁门图姆也被意大利人夺取。

公元前 90 年末，翁布里亚与伊特鲁利亚两地爆发叛乱，罗马大有三面受敌之危。[21] 可以猜测，两地人敢于起义，应该是受到了意大利人成功的激励。而且尽管时值寒冬，且有亚平宁山脉相阻，马尔西人仍然派出了一支重兵增援两地起义。结果，这支援兵遭到斯特拉波的截击，战败后又遭追杀，基本上被罗马人提前歼灭了，而且他们也并不知道，山脉那边的起义也已遭到镇压。罗马人此次成功平乱，一部分原因来自卢西乌斯·波尔西乌斯·加图与奥卢斯·普罗提乌斯分别在伊特鲁利亚与翁布里亚采取的军事行动，但另一部分原因则是罗马的外交助攻：元老院决议向"拉丁人与罗马诸同盟者"授予罗马公民权，而这个决议在卢西乌斯·恺撒——身为公元前 90 年仅存的执政官，他已返回罗马主持次年执政官的选举——的运作下作为法案成功通过。[22] 此法案称为《尤利乌斯法》，标志着罗马对外政策上的一次重大调整。公元前 90 年夏天的军事行动给罗马带来了一场场惨败，在任执政官竟然都在战场上丧命，北方又出现了新的威胁，所以到了这一年的秋季，罗马已经陷入了危机——根据阿庇安的记载，其间罗马在历史上首次开始将获得自由的奴隶招入军队。[23] 在这种局面下，罗马与意大利其他社群的关系基础自然会得到重新审视，之前不受欢迎的扩大罗马公民权法案也就有可能在此时获得支持。

一个此前独立的政治实体变为罗马内部的一个公民社群，这必然会引发一系列复杂的问题。今天我们仍不清楚《尤利乌斯法》除了向意大利人授予罗马公民权，是否也针对这些问题提出了解决方案。权衡各种相关史证，该法案有可能只是授予罗马公民权。[24] 首先，该法案事出紧急，主要就是为了避免战争进一步扩散。其次，扩大罗马公民权所带来的一个尤其迫切的问题似乎就没有在该法案中得到解决，那就是投票部落的分配。按什么方式把这些新公民分配到老投票单位里，会影响到这些新公民在保民官法案投票以及低级官员选举中的话语权。但是，这个问题似乎很快就进入了元老院的议程：元老院出台了若干法案，将这些新公民单独编为几个投票部落，不过为了维持政治平衡，也许在投票顺序上都被排在最后。[25]事实上，分编投票部落一事并未真正实施，但显而易见的是，罗马人自己非常清楚规模如此庞大的新公民将对罗马的投票活动乃至政治生活产生重大影响。也许正是出于这种考虑，罗马在公元前89年举行了监察官选举——公元前92年的监察官已提早辞任，所以选举新监察官早该启动了——而统计公民名册便是其职责之一。结果卢西乌斯·恺撒成功当选，另一位监察官则是普布利乌斯·李锡尼·克拉苏，他作为副将在卢卡尼亚并没有取得成功，此时已回到了罗马。两人在五年的任期内，始终没有将意大利新公民收录在册。[26]

当选公元前89年执政官的，是前一年战争中的两位功臣，即庞培·斯特拉波与卢西乌斯·波尔西乌斯·加图。[27]斯特拉波上任后提出了一项执政官法案，向山内高卢行省的当地人授予"等同于拉丁人的权力"。这等于是《尤利乌斯法》的补充，旨在安抚那里的罗马同盟者。[28]随后，斯特拉波领兵继续去围困阿斯库路姆，并在那一年秋末将其攻占。[29]加图当选后在一次战斗中击败了马尔西人，但自己也被杀死。[30]斯特拉波的副将苏尔皮西乌斯·加尔巴降伏了韦斯提尼人与马鲁奇尼人，意大利方面被迫将首都从科菲尼乌姆南迁至波维亚努姆。斯特拉波的另一位副将盖乌斯·科斯科尼乌斯沿着亚得里亚海海岸向南行进，夺取了萨拉皮亚、坎尼和奥斯库鲁姆。这便是公元前89年北方战区的情况，而且在其间的某个时间点，撒姆尼人领袖伊格纳提乌斯也被杀身亡。在南方战区，苏拉一跃成为罗马名将——即使现存史料受到了苏拉《回忆录》的夸大影响也是如此。在一支舰队的支持下，苏拉将前一年被帕皮乌斯夺取的城镇统统收复，只剩诺拉，随后东进逼迫艾克拉努姆投降，接着北上攻占了波维亚努姆。意大利方面再次迁都至埃瑟尼亚。然而，南方战区的战果并非没有代价：公元前 99 年的执政官、时为苏拉手下海军将领之一的奥卢斯·波斯图米乌斯·阿尔比努斯，遭到了手下士兵的刺杀；在 6 月 11 日，也就是鲁提里乌斯战死一周年之际，公元前 98 年的执政官、曾两度荣获凯旋仪式的提图斯·狄狄乌斯也战死疆场。[31] 尽管如此，当苏拉返回罗马打算参加公元前 88 年执政官选举的时候，罗马人显然已经主宰了南方战区。许多与罗马敌对的社群此时都已投降，只不过战争并未结束：撒姆尼人与卢卡尼亚人仍在战斗，六个军团仍在围困诺拉。

和平的沦丧：从同盟战争的结束到罗马内战的开始

同盟战争爆发仅几个月，罗马元老院便派公元前 101 年的执政官马尼乌斯·阿奎利乌斯率领使团前往亚细亚行省，授意当时的总督盖乌斯·卡西乌斯帮助比提尼亚前国王尼克美狄斯四世与卡帕多西亚前国王阿里奥巴扎内斯复辟——两人此时已被本都国王米特拉达梯扶持的势力废黜。罗马的这次外交行动获得了成功，尼克美狄斯随后还出兵入侵了米特拉达梯的领地。[32] 于是米特拉达梯派了一位使者来到罗马亚细亚行省，向罗马方面提出抗议，在遭到无视后，他出兵击败了尼克美狄斯，开始逼迫罗马人向西海岸方向撤退。在阿庇安看来，此事说明罗马人贪得无厌，一味扩张，自取其败——因为怂恿尼克美狄斯攻击米特拉达梯的就是罗马人。[33] 然而正如学者卡雷－马克斯所说，阿庇安对此事的了解，其实很可能源自普布利乌斯·鲁提里乌斯·鲁夫斯，而后者被流放到了米蒂利尼，本就对罗马地方行省政府大为不满。[34] 罗马在意大利的局势不断恶化之时，还决意在东方挑起大规模冲突，这种提法毫无可信度。事实更有可能是，罗马只是想在东方宣示一下权威，以为米特拉达梯会知难而退。如果他们真是这样想的，事实证明他们错了：也许是得到了意大利人占据上风的消息，米特拉达梯此次在罗马人面前也变得更为硬气，于是选择出兵。公元前 89 年，在得知米特拉达梯出兵后，元老院在公元前 88 年执政官选举——据推测应在公元前 89 年 12 月——开始前，就将亚细亚行省宣布为执政官行省，计划未来出兵征讨米特拉达梯。[35]罗马上一次派军团进入爱琴海以东地区，还是四十年前的事。在这四十年里，亚细亚行省已经让税收官和商人大赚了一笔。

然而征讨米特拉达梯的战争，却催化了罗马的一场内部危机。当选公元前 88 年执政官的是苏拉与昆图斯·庞培·鲁夫斯。最初，亚细亚行省被顺理成章地分给了苏拉，想必庞培也对此表示同意。[36]公元前 89 年的执政官庞培·斯特拉波也参加了此次竞选，希图连任执政官，而他的动机之一也许就是觊觎这一兵权。[37]结果，当选公元前 88 年保民官的普布利乌斯·苏尔皮西乌斯却成功推行了一项法案，将这一兵权转授给了马略。

苏尔皮西乌斯在任职期间，还与另一位保民官普布利乌斯·安提斯提乌斯联手，积极反对盖乌斯·尤利乌斯·恺撒·斯特拉波参加执政官竞选——因为他此前并未担任过裁判官，参选不合惯例。此外，苏尔皮西乌斯还提出了一系列法案，包括允许遭流放者返回罗马，给元老欠款数目设限，将新公民与获得自由的前奴隶分配入现有投票部落之中。[38]他在保民官任期内还有一个行动值得注意，那就是在政策方向上的转移：据西塞罗所说，"苏尔皮西乌斯利用民心之风，在上任之时占尽优势，反对盖乌斯·尤利乌斯违法参选执政官，但是民心之风后来却不停息，一直将他吹到了超出预想的境地"。最后，苏尔皮西乌斯在担任保民官期间还与好友执政官庞培·鲁夫斯发生了争吵，这令二人的朋友大为惊恐。[39]总之，苏尔皮西乌斯在其保民官任期内做了许多事，引发了许多后果，但有关这些事件的时间顺序和背后动机的许多细节，我们今天仍然不甚明了。

第一个难以回答的问题就是恺撒·斯特拉波到底何时宣布要参选执政官。提到此事的所有史料，都没有说明这是哪一年的事。考虑到苏尔皮西乌斯能以保民官身份对其提出反对，那么恺撒·斯特拉波要么是在公元前 89 年提出要参选公元前 88 年的执政官，要么是在公元前 88 年提出要参选公元前 87 年的执政官，但这两种可能今天仍然是难择其一。[40]上文引用西塞罗的话，出自《论卜辞》（43），意思似乎是说苏尔皮西乌斯刚刚担任保民官的时候，他在罗马人眼中并不算是平民派。这与我们今天掌握的相关史料并不矛盾，只不过其中大多数相关史料只是跟随了西塞罗的记述。西塞罗笔下的苏尔皮西乌斯是一名杰出的演说家，他第一次在公众面前扬名立万，靠的是公元前95年起诉诺巴努斯时的表现。[41]他与卢西乌斯·李锡尼·克拉苏、马尔库斯·安东尼等其他演说家的关系到底有多亲密，今天已无法确认——当然，这种友谊源自彼此在演讲一事上都有强烈的兴趣，表现形式不过是节日互访而已，未必说明他们拥有共同的政治观，或有多少合作的意愿。但是，考虑到他与庞培·鲁夫斯的关系尤其亲密，他选择在庞培参选公元前88年执政官的时候参选同一年的保民官，也许并不是巧合，而且也说明苏尔皮西乌斯期望与苏拉在任期内和谐共事。[42]

　　除了小亚细亚的问题，罗马此时面对的另一个主要问题就是要采取何种手段让意大利地区完成从战争到和平的过渡。而这个问题的一个关键，就是将新公民登记在册。随着同盟战争进入尾声，登记新公民的工作量与迫切程度也变高了。也许罗马人已经发现，两位负责此事的监察官并没有取得什么进展。苏尔皮西乌斯那项有关投票部落分配的法案，显然是有利于新公民的，因而我们可以对当时的情况做出这样一种解读：苏尔皮西乌斯希望自己在当选保民官后，联合两位执政官，面对许多老公民的反对推行有利于新公民的法案，借此解决罗马的"意大利问题"，为同盟战争快速收尾；又因为这一法案完全有可能长久存在，所以不管是用他的名字称之为《苏尔皮西乌斯法》，还是用两位执政官的名字称之为《庞培与科尼利乌斯法》，他作为此法案的发起人肯定会得到新公民广泛且持久的支持；而其他政治人物有可能希望自己也能获得这样的民众支持，恺撒·斯特拉波便是其中一个；所以他应该是在公元前89年参选公元前88年的执政官。斯特拉波的兄长卢西乌斯·尤利乌斯·恺撒是公元前90年的执政官和公元前89年的监察官，还是《尤利乌斯法》的发起人。斯特拉波本人也是一名不错的演讲家，且很受人民爱戴，在公元前 90 年担任营造官期间就开始频频对民众发表演讲。不过就目前所知，他并未在同盟战争期间领兵作战。[43] 沿着这一思路分析可以发现，恺撒家族已有在新公民群体中巩固自身地位的打算，正是因为此时出现了另一个怀有同样目标的政治集团，斯特拉波才在尚不满足参选条件的情况下抢先参选，而此举甚至有可能得到了元老令的支持。[44] 继续分析下去的话，因为同年两位执政官必须一为贵族一为平民，而斯特拉波与苏拉皆为贵族出身，所以他在这一年参选，对于庞培·鲁夫斯的影响并不很大，反而是在与苏拉直接竞争。所以，如果说恺撒·斯特拉波是在公元前 89 年参选的，那么反对他参选的苏尔皮西乌斯事实上等于是苏拉的支持者。如果事实真的如此，苏尔皮西乌斯肯定会希望苏拉投桃报李，支持自己的种种立法，包括将新公民分配到原有投票部落的那个法案。如果说苏拉当选后明确告知苏尔皮西乌斯——这仍然只是一种猜想——自己不打算支持他的立法，如果庞培·鲁夫斯也表示自己不愿与同为执政官的苏拉产生冲突，那么苏尔皮西乌斯后来改变政治立场，与庞培·鲁夫斯决裂，以至于立法将讨伐米特拉达梯的兵权转授他人，以这种出格的方式对苏拉本人发起挑衅，所有的事就容易解释了。

总的来说，上述对于此段历史的推想还原将扩大罗马公民权一事以及同盟战争的终止视为罗马在公元前 89 年 12 月的首要问题。[45] 这也能从个人动机的角度去解释苏尔皮西乌斯的行为，还给了苏拉一个很好的理由对元老院产生猜疑。但是，这种推想并无坚实的史实基础，而另一种推想——恺撒·斯特拉波是在公元前 88 年参选公元前 87 年的执政官——同样有自己的道理。前一种推想存在两个难以解释之处：一是苏尔皮西乌斯如何能在公元前 89 年最后几周里对斯特拉波参选提出反对，这在时间上讲不通；二是现存的史料为何对斯特拉波于公元前 89 年参选落败一事只字未提。[46] 假设斯特拉波是在公元前 88 年参选，这两个问题就能迎刃而解了。如果事实符合这后一种推想，那么斯特拉波觊觎的就未必是借扩大罗马公民权收买人心，更可能是征讨米特拉达梯的兵权。[47]
因为相关史料说苏尔皮西乌斯在担任保民官之初便反对斯特拉波参选，这说明
斯特拉波在公元前88年年初就开始竞选活动了。按照前苏拉时代的罗马政治
年历，提前这么早竞选也许有些不寻常，但如果说斯特拉波打算通过元老院正
式授权让自己参选变得名正言顺，那么这种不寻常就可以解释得通了。

　　如果说斯特拉波是在公元前88年参选公元前87年的执政官，那么取消他
的参选资格就是苏尔皮西乌斯担任保民官之初的一个目标，但即便如此，他在
任期内发起的那套立法改革，核心仍然是那项将新公民分配到各投票部落的法
案。这项法案在当时引起了极大的争议：因为在选举中的影响力会被削弱，老
公民对该法案提出了强烈反对。作为回应，苏尔皮西乌斯组织了自己的派别与
之抗衡。由此引发的动乱十分严重，以至于两位执政官下令暂时停止一切公务
活动，但此举又遭到了苏尔皮西乌斯的挑战，双方势力因而发生暴力冲突，执
政官庞培·鲁夫斯之子在这期间被杀。[48]在阿庇安的记述中，苏尔皮西乌斯从
一开始便与马略联手，两人的关系也被他描述为一场交易：马略支持苏尔皮西
乌斯的新公民分配法案，苏尔皮西乌斯则要通过保民官法案帮他获得征讨米特
拉达梯的兵权——考虑到前一个法案的通过将为苏尔皮西乌斯赢得新公民的感
激，那么在他们的支持下，后一个法案也会更容易获得通过。一个保民官与一
位将军联手，这与罗马后来发生的事情太过相似，让我们不禁怀疑阿庇安记录
的真实性——至少是时间上的准确性。反倒是西塞罗笔下苏尔皮西乌斯中途改
变立场的说法更容易解释：苏尔皮西乌斯上任时并不是马略的盟友，直到他发
现两位执政官都靠不住时才选择与马略联手。[49]苏尔皮西乌斯最关心的事情——
不管他是否与罗马其他政治势力处于竞争关系——就是同盟战争后共和国国内
的政治结构。

　　苏尔皮西乌斯就征讨米特拉达梯兵权提出的法案，包含两个元素：一是剥
夺苏拉的这一兵权，二是将这一兵权指名道姓地授予马略。后者——人民授予

兵权——在罗马的确存在先例。[50] 前者——人民剥夺兵权——也有先例：公元前105年在阿劳西奥惨败后，塞维利乌斯·凯皮欧就落得如此下场。另外，公元前104年通过的《卡西乌斯法》规定任何被人民剥夺兵权者将被开除出元老院，人民剥夺兵权的权力因而得到了永久的确立。公元前107年，征讨朱古达的兵权就被从梅特卢斯转授给了马略本人。但是，上述夺权转授的举动，都是在回应某次军事失利，且所涉及兵权都已经发生了延期。在一位将领尚未统兵之时就夺去他的兵权是从未有过的。[51]

就这样，苏拉遇到了一场史无前例的挑战。作为回应，苏拉离开罗马，来到了诺拉——他前一年统率的部队仍在那里安营围城。苏拉成功说服这些士兵支持他返回罗马执政，随后留下一个军团由阿庇乌斯·克劳狄乌斯·普尔喀（后成为公元前79年执政官）统率，继续围困诺拉，自己则率领余下的五个军团向罗马进发。[52] 诺拉久攻不下，意大利的首都埃瑟尼亚尚未遭到攻击，但在南方战区的其他地方，意大利人的势力正在土崩瓦解。科斯科尼乌斯在普利亚的部队已被昆图斯·凯西利乌斯·梅特卢斯·皮乌斯接管，此人随后夺取了象征意义与战略意义都很重要的城镇维纳斯西亚。[53] 被他击败的意大利人似乎撤退到了布鲁提乌姆，并计划从那里渡海登陆西西里岛，但罗马西西里总督盖乌斯·诺巴努斯成功挫败了他们的计划。总而言之，罗马眼看就要彻底赢下这场同盟战争，但内部局势却在不断恶化，政治暴力活动正在升级为一场明目张胆的内战。

相关史料在记述苏拉领军向罗马进发时，遣词仿佛苏拉是在与外敌交战。[54] 根据阿庇安的记载，苏拉这样做的理由是要将国家从暴君手中挽救回来。然而，虽然他的士兵都愿意跟随他，但他手下的将领却只有一人肯随行。[55] 苏拉率军即将抵达的消息传到罗马，元老院立即派出使者试图与他谈判。苏拉无视使者，继续逼近。阿庇安在记述中提到这些使者居心不良，这想必也是他从苏拉《回忆录》中借用过来的。尽管在兵力、装备和经验方面全都占据上风，苏拉还是在经历一番波折后才控制了罗马城，这不仅是因为马略与苏尔皮西乌斯已召集到了部队对抗他，更是因为罗马民众也反对他。等终于控制了罗马城，苏拉立即连同庞培·鲁夫斯——此人在苏拉攻打罗马之前就倒向了他——推行了一系列政策，以此回应敌对势力剥夺其兵权的企图。苏尔皮西乌斯推行的法案统统被撤销，理由是它们是在国家公务暂停期间通过的，本身就不合法。马略、苏尔皮西乌斯与其他十人被宣布为国家公敌并被判处死罪。[56] 此外，苏拉还以某种手段——有可能是将保民官无权召集的百人团大会定为唯一有权通过立法的集会——制约了人民立法活动与保民官的职权。苏拉还将庞培·斯特拉波统率的部队——其兵力在当时的意大利地区数一数二——交由庞培·鲁夫斯指挥，自己则准备带兵离开罗马。[57] 此时，罗马举行了公元前 87 年执政官的选举，当选者是格涅乌斯·屋大维与卢西乌斯·科尼利乌斯·秦纳。[58] 为了确保自己离开后仍能控制罗马，苏拉在卡比多山上举行了一场盛大仪式，以这种极其公开的方式要求秦纳发誓效忠自己。仪式上，秦纳先把一块石头拿在手中，然后发誓说自己若有负苏拉，下场便如此石，终为罗马所弃，然后便将石块抛出。[59] 直到公元前 88 年末或公元前 87 年初，苏拉才离开罗马，东征米特拉达梯。就因为他与马略之间的矛盾，罗马拖延了一年才对米特拉达梯予以还击，米特拉达梯也没有白白浪费这一年的时间：他趁机入侵了希腊。

苏拉的种种举措，似乎说明他希望罗马能够回到苏尔皮西乌斯法案推行前的那个状态，然而事实却并非如此，其中一个重要的原因就是：公元前 87 年的两位执政官无法调和彼此的政治分歧，而意大利还留有庞大的军队，政治分歧因而有了转变成内战的物质条件。具体来讲，诺拉那里有一个军团，那是苏拉兵发罗马前留在那里的，由阿庇乌斯·克劳狄乌斯统领；卢卡尼亚仍然有罗马军队在作战，由梅特卢斯·皮乌斯统领；皮瑟努姆那里也留有军队，由庞培·斯特拉波统领——庞培·鲁夫斯后来到此想要接管斯特拉波的兵权，结果被士兵杀害，这背后有可能是受了斯特拉波的教唆。[60] 公元前 87 年的执政官任期刚一开始，秦纳就抛弃了苏拉。在他的支持下，一名保民官提议起诉苏拉：因为持兵权者是不可以被起诉的，所以此事似乎说明苏尔皮西乌斯前一年的法案此时仍有效力。[61] 此外，秦纳也提出一项法案，要将新公民在所有投票部落中进行分配，该法案遭到了保民官的否决，于是新老公民群体爆发了暴力对抗，而老公民这边的领导人正是另一位执政官格涅乌斯·屋大维。此事之后，秦纳离开了罗马城，元老院在屋大维的主持下剥夺了秦纳的执政官官职，并举行新的执政官选举来补缺，最终当选的是朱庇特祭司卢西乌斯·科尼利乌斯·梅鲁拉。[62] 秦纳离开罗马后到了坎帕尼亚，并控制了由阿庇乌斯·克劳狄乌斯统率的军团，随后率军向罗马挺进。马略在前一年败给苏拉后逃到了阿非利加行省，此时听到秦纳率先发难，也有了翻盘的信心，于是渡海来到伊特鲁利亚，召集了一支军队也向罗马进发。就这样，罗马城陷入了腹背受敌的境地。元老院指示庞培·斯特拉波率军回防罗马，斯特拉波听命，但行动迟缓。元老院又指示在南方战区的梅特卢斯尽快与意大利人议和，然后率军回防罗马。梅特卢斯依令而行，但对方开出的条件太高，不但要求获得罗马公民权，还不肯归还战争期间获得的战利品，并要求罗马释放人质。[63] 面对议和的僵局，梅特卢斯将副将奥卢斯·普罗提乌斯留在坎帕尼亚统兵，自己动身返回罗马。[64] 此时，秦纳与马略反倒乘虚而入：他们派盖乌斯·弗拉维乌斯·菲姆布利亚与撒姆尼人与卢卡尼亚人展开谈判，菲姆布利亚答应了对方的全部要求，而对方则派出一部分士兵加入了秦纳的部队。

就此爆发的这场罗马内战，有时候也被称为"屋大维战争"，一方的统帅是秦纳与马略，另一方的几名统帅至少在理论上是听令于元老院的。[65] 然而这一局面却因为庞培·斯特拉波模棱两可的立场变得更为复杂。有传言说斯特拉波在内战期间曾与秦纳暗中谈判，希望借秦纳之力再度当选执政官——他在公元前89年年底便有此愿望。在战争期间，罗马城一带以及附近的拉丁姆地区发生了激烈的战斗。马略攻占并洗劫了奥斯提亚；秦纳的部队被元老院军队从贾尼科洛山击退，双方都损失惨重；马略随后夺取了安提乌姆、阿利西亚与拉努维乌姆三镇；[66]秦纳的部队因而威胁到了罗马城的粮食供应；元老院这边还遭到了疫情的削弱。斯特拉波也许就是染病而死，但史料对其死因说法不一，有的说是染疫而死，有的说是被雷劈死。[67]斯特拉波之死反而让元老院这边得到了强化，因为屋大维随即接管了他的剩余部队；同时，元老院也开始与秦纳展开谈判，虽然未能对秦纳与马略做出很大的让步，但还是撤销了针对马略的驱逐令。条件谈妥后，元老院打开城门，秦纳与马略进入了罗马。

两人回归后，便对敌对阵营展开了大清洗，被杀以及被迫自杀者包括：屋大维与梅鲁拉两位执政官，演说家马尔库斯·安东尼、恺撒·斯特拉波及其兄弟卢西乌斯·恺撒，昆图斯·卢塔提乌斯·卡图卢斯、普布利乌斯·李锡尼·克拉苏以及盖乌斯·阿提利乌斯·瑟拉努斯。[68]梅特卢斯·皮乌斯撤回了阿非利加行省；阿庇乌斯·克劳狄乌斯则因为未能遵照一位保民官的传唤到场参会而遭到流放，并被剥夺了兵权。[69]秦纳与马略随后宣布由自己担任公元前86年的执政官。

公元前 1 世纪 80 年代的罗马内政与外事

在之后的五年里，秦纳和他最紧密的一群支持者始终主宰着罗马的政治生活，我们在今天想对这五年做出评价是很困难的：除了相关史料不多，更重要的是在苏拉重返意大利后，这一时期的历史还可能遭到了持续改写。[70]史料中的秦纳被罗马人视为暴君，他与马略重返罗马也被比作沦陷一般的灾难。两人在上台之初，无疑采取了血腥恐怖的手段：苏拉一年前曾把他们这边的一些人宣布为国家公敌并予以处决，两人凭借此先例，也对自己的反对者展开了一场清洗。但是，公元前87年的这次大清洗，明显比公元前88年那次更有效、更广泛。随着政治斗争与军事冲突之间的边界遭到抹杀，政治斗争中失败一方所面临的惩罚也就顺理成章地变成了死亡，甚至连梅鲁拉这种并未参与内战的人也未能幸免。[71] 被处决者的首级还被拿到罗马广场演讲台上公开展示，旨在震慑人心。然而，把这个事情简单视为一场持续五年的恐怖统治有轻率之嫌。现存的史料能够证明，秦纳与马略在这五年里，面对天翻地覆的形势，的确试图在罗马恢复和平，重建文治；但他们的努力失败了，这些努力还在相关史料中被掩盖，主要原因就是苏拉后来成功杀回意大利，成了罗马的主宰，并给罗马的诸多问题提出了一套自己的解决方案，这是一套性质大相径庭的解决方案。

当苏拉在公元前 87 年率军抵达希腊时，他发现那里的军事形势比元老院首次下令将亚细亚行省调为执政官级行省的公元前 89 年时还要严峻许多。公元前 88 年间，米特拉达梯的军队在亚细亚行省横行无忌，总督盖乌斯·卡西乌斯无奈先逃到了阿帕米亚，又逃到了罗德岛。当地罗马人与意大利人都遭到了屠杀，连前执政官马尼乌斯·阿奎利乌斯被俘后也遭到了处决，这令罗马人大为惊怖。[72] 许多地方城市都宣布支持米特拉达梯，亚细亚行省流向罗马的税赋因而严重缩减。更严重的是，因为罗马未能及时出兵干预，米特拉达梯竟趁机派将军阿奇劳斯领兵登陆希腊本土。[73] 在阿奇劳斯出兵前，雅典城中的一个政治派系已经向他抛来了橄榄枝，在阿奇劳斯登陆后，雅典已成了米特拉达梯坚定的盟友。苏拉此次东征，便把雅典当作了第一个目标。公元前 86 年 3 月 1日，苏拉攻占了雅典，随后挥军北上，追击米特拉达梯的军队。在这一年夏季，他在查罗尼亚附近击败了这支军队，后又在奥考梅努斯击败了米特拉达梯的另一支军队。

马略在入主罗马后仍然觊觎征讨米特拉达梯的兵权，但公元前 86 年 1 月1 日上任的他未到两周就去世了，于是这个兵权——也就是亚细亚行省总督一职——就落到了替补执政官卢西乌斯·瓦莱里乌斯·弗拉库斯的头上，且即刻生效。[74] 弗拉库斯随后带领两个军团抵达希腊，他避开了苏拉，渡过达达尼尔海峡，打算直接进攻米特拉达梯。然而他的军队发生哗变，他也被副将弗拉维乌斯·菲姆布利亚杀害。根据现存李维《罗马史》的概述，弗拉库斯因贪婪为手下所不喜，但事实上，他的死更可能是罗马政治界三派分立的结果——这三派包括苏拉一派，秦纳与马略一派，那些不愿与这两派为伍的人自成一派。现存梅姆侬为其家乡——本都王国城镇赫拉克利——撰写的方志中提到元老院曾指示弗拉库斯试探苏拉，看两人能否联手讨伐米特拉达梯。而身为马略坚定的支持者，菲姆布利亚也许是为了阻止两人合作才下手除掉了弗拉库斯。[75] 菲姆布利亚随后控制了军队，并继续深入小亚细亚，结果将米特拉达梯围困在了帕加马城中。

公元前 86 年苏拉在查罗尼亚与奥考梅努斯取得的胜利，对于希腊战局来说起到了决定性作用，但苏拉缺少海军，无法乘胜追击。米特拉达梯的战船仍然控制着爱琴海，而他本人虽然被困在小亚细亚，但到目前为止尚且安全。苏拉一方面与米特拉达梯开始谈判，一方面派财务官卢西乌斯·李锡尼·卢库鲁斯前往埃及和北非其他地区召集舰队。卢库鲁斯召集到舰队后沿爱琴海小亚细亚海岸北上，一路上让若干投降米特拉达梯的城镇回归罗马的统治。北上期间，菲姆布利亚派信使求见卢库鲁斯，希望能和他联手擒获米特拉达梯——此时他已逃出帕加马，向南逃到了海岸城镇皮塔内。因为内陆地区已被菲姆布利亚控制，米特拉达梯只可能经海路继续逃窜。[76]

然而卢库鲁斯却拒绝与菲姆布利亚合力擒获米特拉达梯，最终让他成功逃走。卢库鲁斯随后带领舰队继续北上，与米特拉达梯的海军几番交锋，最后渡过了达达尼尔海峡。米特拉达梯虽然面对着两支罗马军队，但因为两支军队彼此敌对，反倒有了倚仗。结果他在公元前 85 年与苏拉协议停战，谈判中暗示若是苏拉不从，自己便与菲姆布利亚联手，其最终以非常宽松的条款与罗马签订了所谓的《达尔达诺斯条约》。[77] 就像学者谢尔文－怀特指出的那样，该条约并没有要求米特拉达梯正式向罗马投降，他自己的本都王国寸土不失，只不过要把近来征服的领土让出。因此，苏拉的军队便没有机会强夺战利品了，尽管按照条约米特拉达梯需要支付一大笔赔偿金。也许就是因为此战所获不足，苏拉才决定让亚细亚行省将所欠的五年税款——共两万塔兰特——一次性补齐，这令亚细亚行省在之后的多年里陷入了经济困境。[78] 双方和谈的成功，让菲姆布利亚变得非常被动。菲姆布利亚的军队驻扎在推雅推喇，苏拉率领军队来到那里，双方士兵非但没有兵戎相见，反而亲如兄弟，菲姆布利亚见此便选择了自杀。[79] 在公元前84年的大部分时间里，苏拉都在亚细亚行省整顿政务，随后他经雅典返回意大利，最终在公元前84至前83年岁末年初的冬季，率军在布伦迪西乌姆登陆。[80]

在苏拉离开后的五年里，元老院也好，秦纳一党也好，在控制东方诸行省方面并没有取得很大的成功，而罗马内部的分裂也削弱了其军事实力。在屋大维战争后，梅特卢斯·皮乌斯一直控制着阿非利加行省，后来才被盖乌斯·法比乌斯·哈德里亚努斯重新夺回。[81] 高卢与近西班牙行省的总督不知为何一直没有换人，始终是盖乌斯·瓦莱里乌斯·弗拉库斯。[82] 除了这些人，这一时期不在罗马城的大人物还包括：阿庇乌斯·克劳狄乌斯——他的军队在诺拉被秦纳夺走，本人兵权被革，遭到流放；年轻的马尔库斯·李锡尼·克拉苏——他的父亲与兄弟在秦纳-马略一党的大清洗中被杀，他则逃到了西班牙；苏拉之妻梅特拉——她逃到了雅典。尽管如此，我们不应该相信某些史料的记载，认为这一时期存在大批权贵人物逃离罗马的现象，这肯定是苏拉入主罗马后出现的粉饰之言。[83] 事实上，在这五年里，城市的生活恢复了运转：法庭正常开庭，法案正常推行，公元前86年还选出了新的监察官。[84] 而且，同盟战争在此期间正式结束：菲姆布利亚与意大利人谈成的条件得到了承认。但是，在一个特别明显的问题上，我们能够看到罗马并没有恢复常态，那就是执政官一职遭到了秦纳一党的把持：本就是公元前86年执政官的秦纳，稳稳连任了公元前85和公元前84年的执政官，而公元前85年的另一位执政官格涅乌斯·帕皮利乌斯·卡尔波也成功连任了公元前84年的执政官。有关选举公元前85年执政官一事的情况，我们今天并不清楚，但公元前84年执政官的选举，则是在元老院加速为苏拉回归做准备的背景下发生的。想必就和之前马略连任执政官那次一样，秦纳给自己连任找的理由——如果他需要理由的话——就是罗马面临着苏拉的军事威胁，可即便如此，把住执政官一职不放也是对罗马政治惯例的严重破坏。当时那些本希望参选执政官的人肯定会因此大为懊恼。除了上述这种可能的短期目标，秦纳坚持连任到底有何目的，我们今天根本无法弄清。[85]

在这五年里，如何处理新获得罗马公民权的意大利人仍然是罗马主要的内政问题。在公元前87年，为了拉拢人心对抗屋大维，秦纳就曾许诺将新公民分配到现有的35个投票部落里。秦纳－马略一派刚刚控制罗马，可能立即就为此颁布了一项法案，如果事实的确如此，那么具体的分配工作很可能就是公元前86年当选监察官的任务之一。[86]秦纳当时到底在何种程度上试图影响监察官的选举，我们今天已不得而知，但此次选举还有一个地方十分蹊跷，那就是卢西乌斯·马修斯·菲利普斯竟然成功当选，而他当年做执政官的时候曾强烈反对李维乌斯·德鲁苏斯的扩大罗马公民权法案，所以不太可能会站在意大利新公民这边。[87]但是从另一方面看，当时的罗马也并没有很多人有资格成为监察官，而且在这些有资格的人里面，也许不少也都不愿意接手这样一个敏感的工作。两位监察官在具体分配新公民的过程中，似乎一方面坚持广泛、均匀的总体原则，试图保持不同投票部落间在人数上的平衡，另一方面也会考虑到新公民在同盟战争中对罗马是否忠诚，忠则分得好，不忠则分得差。[88]也就是说，两位监察官虽然也在借分配一事实施奖惩，但他们对分配的态度还是很严肃的，是真的希望新的投票体系能够正常运转。

罗马的第二大内政问题是财政问题，而且既关乎公财，又关乎私财。在同盟战争期间，军事开销与税收下滑让罗马出现了财务危机，而危机的一个后果就是个人欠款者无力支付利息。[89]公元前89年的罗马内事裁判官奥卢斯·森布洛尼乌斯·阿塞里欧试图为这些欠款者提供援助，结果他某日在罗马广场的双子神庙献祭时，被暴民杀害，而元老院并未对涉嫌策划此事的人采取任何行动。[90]我们应该结合这一背景来理解此前苏尔皮西乌斯推行的有关限制元老欠款的法案，而且后世的一份史料说，苏拉与庞培也在公元前88年推行了一项法案，给利息支付制定了规范。[91] 公元前86年，增补执政官弗拉库斯通过了一项法案，允许欠款人在某些情况下只需归还四分之一的本金，即可结清欠账。公元前85年，罗马内事裁判官颁布内事裁判官令，确定了阿斯①与迪纳厄斯②的换算比例——由于铜元的币面价值高于金属价值，这个比例此前一直在浮动。马尔库斯·马略·格拉提迪亚努斯后来声称此令颁布全是自己的功劳，因而大得人心，这一举措的受欢迎程度可见一斑。上述这些措施让罗马的财政体系恢复了一定的稳定性，但总的来说，财政仍然是共和国的一大问题。[92]

在卢西乌斯·瓦莱里乌斯·弗拉库斯惨死后，罗马方面再未任命新的将领去接替苏拉征讨米特拉达梯，到了公元前85年，秦纳与卡尔波两位执政官正在集中精力应对苏拉的回归。他们打算主动出击，到希腊与苏拉对峙，为此，秦纳开始召集军队，然而他召集的军队不愿意与罗马同胞同室操戈，因而发生哗变，用石块将秦纳活活砸死。[93] 卡尔波本想通过选举选出一位执政官补缺，但占卜官却提出卜象不吉，不可选举，卡尔波因而在公元前84年的剩余时间里成了唯一的执政官。在这一年晚些时候，盖乌斯·诺巴努斯与卢西乌斯·科尼利乌斯·西庇阿·亚细亚吉尼斯当选为下一年的执政官。秦纳与卡尔波知道苏拉若是得势，自己断无生路，因此决意以武力对抗苏拉，但在元老院里也存在以第一元老卢西乌斯·瓦莱里乌斯·弗拉库斯（公元前100年执政官，他是前文被杀的弗拉库斯的同名堂兄弟）为首的一股势力，希望能够设法让双方握手言和。公元前84年，元老院收到了苏拉从亚细亚行省寄来的书信，信中说自己已成功平定米特拉达梯之乱，而且发誓要向与自己为敌者施以报复。这封信成了元老院行动的一个契机：他们派出代表团与苏拉谈判，同时指示两位执政官

---

① 阿斯（as）为古罗马使用的一种铜币。
② 迪纳厄斯（denarius）为古罗马使用的一种银币。

在苏拉答复前不要召集军队，但两人并未理会。而苏拉那边也毫无谈判的意愿，他对元老代表说，自己手中有军队，因而更能为罗马提供保护。[94] 尽管如此，我们不能说元老院的促和之举是注定要失败的：军事暴力此时还不是罗马政治生活中的常规手段，苏拉在公元前 88 年的所作所为很有可能是特例。此事也表明秦纳一党的权力是有限的，他与卡尔波能做到让自己连任执政官，却无法阻止元老院其他成员自行其是。另外，苏拉也必须设法安抚意大利人对他的畏惧，否则就会遭到整个意大利的合力抗击。后来他的确做到了这点，这是他取得最终胜利的一个关键因素。[95]

在拒绝了元老院的斡旋后，苏拉与两位执政官便开始公开备战。这场内战牵扯到的兵力十分庞大：诺巴努斯、西庇阿与卡尔波一共拥有二十个军团，苏拉那边除了自己的原班人马，兵力还得到了扩充：先是梅特卢斯·皮乌斯率军加入了苏拉，后来马尔库斯·李锡尼·克拉苏与庞培·斯特拉波之子格涅乌斯·庞培率军支援。皮乌斯统兵，的确有一定的合法性，因为他在公元前 89 年出任裁判官，其兵权到此时尚未到期；克拉苏参战，也许是为了报仇；庞培的动机则不是很清楚。[96] 这场内战从苏拉于公元前 84 至前 83 年岁末年初的冬季登陆意大利算起，到他于公元前 82 年 11 月 1 日在科林门之战中获得最终胜利为止，共持续了将近两年，波及意大利中部与北部的大部分地区，令同盟战争之后的罗马雪上加霜。[97] 公元前 83 年初，苏拉亲自领兵在坎帕尼亚击败了诺巴努斯，随后成功说服西庇阿的军队弃他而去——战争之初，苏拉与西庇阿本已谈成停战，但停战期间，裁判官昆图斯·塞多留出兵夺取了苏埃萨，结果重新挑起了战火。[98] 因此内战中元老院这一方，基本上是由坐镇阿里米努姆的卡尔波指挥的，而他在那里也需要应战庞培从皮瑟努姆召到的军队。战争期间，罗马城也发生了灾祸：卡比多山朱庇特神庙在 7 月 6 日失火被焚毁。当时的人们显然认为此灾与共和国的危难有关。

在公元前 83 年年底举行的执政官选举中，罗马方面的反苏拉态度变得更为强硬：卡尔波第三次当选执政官，另一位执政官则是马略26岁的儿子小马略；在此次当选的裁判官中，至少有四人是苏拉积极的反对者；[99] 此外，卡尔波还将那些投靠苏拉的元老公开认定为国家公敌。与此同时，卡尔波阵营内部也出现了分裂，最明显的例子就是塞多留，此人选择放弃继续在意大利与苏拉一方作战，而是前往西班牙担任总督。[100] 公元前83至前82年岁末年初的冬季，内战暂停，等到继续开战后，苏拉派梅特卢斯去对付卡尔波，自己则挥军北上迎战小马略，并在西格尼亚附近的萨科里波图斯之战中大获全胜——那里距离罗马城东约25英里；小马略连同残兵逃至普莱内斯特并被苏拉一方围困起来。这场内战的剩余部分，基本上是围绕着普莱内斯特围城战展开的。得知此事的卡尔波将诺巴努斯留在山内高卢对抗梅特卢斯，自己率军南下解围。苏拉则让昆图斯·卢克雷提乌斯·欧菲拉继续围困普莱内斯特，自己则兵临罗马。在那里，他召集了一场大会（据推测肯定是在罗马城外），向罗马公民宣布自己"对当前无可避免的时局深感遗憾，希望民众守住信心，因为乱局必有终止，一切将回归正常"。[101] 然而他面前的这座城市，刚刚经历了新一轮的屠杀：罗马内事裁判官布鲁图斯·达马希普思根据小马略的命令，找人杀害了四个涉嫌支持苏拉的人。其中三位分别是公元前90年的保民官卡尔波·阿维纳、公元前88年的保民官普布利乌斯·安提斯提乌斯以及公元前94年的执政官卢西乌斯·多米提乌斯·阿赫诺巴布斯，第四位最令人震惊，竟是大祭司昆图斯·穆修斯·斯凯沃拉。[102] 我们今天对这些人的政治经历和政治立场所知寥寥，所以无法确定他们被谋杀到底是因为个人恩怨，还是因为有人担心他们会向苏拉献城，或是二者兼而有之。事实上，苏拉到达罗马时，达马希普思和其他反苏拉人物都已离开了罗马，所以苏拉没有遇到任何抵抗。[103]

在做完那番演讲后，苏拉率军从罗马北上伊特鲁利亚，在城镇克鲁西乌姆附近与卡尔波的军队对峙。双方的交锋没有取得决定性结果，但卡尔波拨去解救普莱内斯特的一支重兵却被庞培击败，而且领兵的盖乌斯·马修斯·森索利努斯虽然逃回到卡尔波营中，但大部分士兵却逃散了。后来，克鲁西乌姆的僵持被一条消息打破了：原来，苏拉在萨科里波图斯一战后，下令将俘虏的撒姆尼人尽行处决，为了报仇，撒姆尼人连同卢卡尼亚人北上，意欲援救小马略。[104]得知此事的苏拉领兵南下，以防两军会合。与此同时，山内高卢的对抗也已分出了胜负：元老院一方的将领普布利乌斯·阿尔比诺瓦努斯本是公元前88年苏拉认定的12个国家公敌之一，他竟暗杀了自己这一方的大多数将领（诺巴努斯倒是逃脱了），并以此为功劳投降了苏拉手下的梅特卢斯，于是梅特卢斯控制了山内高卢。卡尔波这边又派达马希普思（他逃出罗马后投奔了卡尔波）率领一支军队去解普莱内斯特之围，见解围不成，卡尔波彻底绝望，撇下军队，自己逃到了阿非利加行省。卡尔波军中的将领盖乌斯·卡里纳斯——他之前在斯波莱提乌姆附近败给了庞培与克拉苏——此时接管了卡尔波的军队，并率军与达马希普思会合。两人看出普莱内斯特之围无法可解，于是与撒姆尼人的军队相互配合着朝罗马行进，苏拉随后而至，双方于11月1日在罗马科林门城外展开决战，结果苏拉大胜。[105]

在科林门一战后，苏拉在罗马展开了血腥的复仇，元老与骑士阶层被杀者数以百计。他还发明了斥决令①这一恶毒的法律武器，为日后权势人物大规模抄没私人地产、大规模改变统治精英阶层构成提供了法律基础。[106]但是，对于肯改变阵营投靠自己的人，苏拉似乎是一视同仁，统统欣然接纳，因此作为胜利的一方，他的麾下多是那些精明谨慎的"新成员"。[107]至于苏拉一党的核心成员，也就是那些从他公元前88年离开罗马便追随他的人，因为人数太少，不足以实施苏拉未来的计划，所以，苏拉建立这样一个广泛且庞杂的政治联盟是很有必要的。

胜利后的苏拉对元老院实施了恫吓：在元老院集会期间，他在元老院听得

---

① 斥决令即宣布某人为国家公敌，不受法律保护。

见的地方安排人将抓获的敌人集体处决。随后，他将卢西乌斯·瓦莱里乌斯·弗拉库斯选为摄政官（主持政务的临时官员），接着又建议他任命一位独裁官恢复国家秩序，而获得任命的就是苏拉自己。公元前82年年末，苏拉正式就任独裁官，这个官职已有一百多年未在罗马出现。这让苏拉能够独自行使国家权力，既无同僚掣肘，又无惧保民官否决。尽管独裁官一职存在一个很大的限制，即任期通常不可超过六个月，但弗拉库斯却为苏拉推行了一项新法案，删去了任期限制，还对苏拉现在与未来的行动提前给予了全面认可。

苏拉时代的罗马共和国

从苏拉担任独裁官，到他于公元前80年底退隐，这个时代是一个传统与创新交杂的时代，变化无常，令人费解。苏拉在担任独裁官后，很快就举行了执政官选举。当选者为马尔库斯·图利乌斯·德库拉和格涅乌斯·科尼利乌斯·多拉贝拉，我们今天对此二人几乎一无所知，只知道后者曾在战争中指挥过苏拉的一部分海军。[108] 我们大可以推测说苏拉不愿浪费太多时间，只想快点找出两个背景符合条件、忠于自己、日后不会干涉自己的人当执政官，而多拉贝拉的贵族身份也许是他被苏拉选中的另一个原因。执政官选举似乎让人看到罗马政治有望恢复常态，但这种希望却被阴云所笼罩：一方面，苏拉出行，必有24名扈从持束棒相随，其独裁官的地位昭然于世；① 另一方面，苏拉此时仍在继续屠杀自己的敌人。在执政官选举期间，还有另一件事令人不寒而栗：不久前刚在普莱内斯特围城战中立有大功的苏拉副将卢克雷提乌斯·欧菲拉，尽管并非元老，此次也想参选执政官，结果竟被苏拉押到罗马广场上当众处决。上述事件的发生时间不明，有人说应发生在公元前81年年底，但其实更应该是在公元前82年年底，因为那时候苏拉尚未开始实施改革，参选执政官者相

---

① 持束棒的扈从人数代表官职与地位，执政官只能带12名，独裁官方能带24名。

对而言都是无足轻重之人；但到了一年后，包括苏拉自己和梅特卢斯·皮乌斯在内的实权人物都参加了选举，而且苏拉有关官职晋升的法案已然推行。[109] 在这样一个充满暴力与无法预测的创新的背景下，苏拉启动的改革也许乍看起来并不像是向传统政治的回归，尽管今天他的改革常被人解读成一种回归，但其中有一些方面显然是在背离传统。[110]

苏拉的改革计划由多类法案构成，包括对罗马刑法的全面调整，对保民官职能的重大改变，以及把官职与外事组织工作和元老身份结合到一起。其中，司法方面的改革基本上只是在既定惯例的基础上稍做更改，比如：苏拉之前，罗马便存在常设法庭，由一位高级官员主持审理某一类案件，同时由规模很大的陪审团陪审，且陪审员并非抽选自整个公民集体，而是来自富有阶层的特定群体；而苏拉在改革中增加了常设法庭的数量，且只从元老中选取陪审员。另外，在他设立的法庭上处理的案件，大多数都有现成的法律框架，而他推行的《科尼利乌斯法》只是在其基础上略加改动——比如在有关勒索案的审理中，苏拉只是改变了陪审团的构成。另外，苏拉还引入了一项新罪名，即伪造钱币遗嘱罪。[111]

各类史料都说在苏拉的时代，保民官的权限被严重削弱，但具体细节我们今天并不完全清楚。保民官很可能无权再提出新法案，其立法否决权也可能遭到了限制——但以保护公民为由行使否决的权力得到了保留。[112] 同样重要的是，苏拉禁止担任过保民官的人日后担任高级官员，只这一招便让那些想以保民官为晋身踏板的人没了指望。另外，苏拉将裁判官每年的名额升至 8 名，财务官升至 20 名。增加裁判官数量其实是为了应对罗马海外领土增加引发的总督人数短缺。因为找不到足够的前任裁判官和前任执政官去做行省总督，某些总督的真实任期被延长了很久。就如学者布里南指出的那样，苏拉本人在公元前 97 年时当选裁判官，担任奇里乞亚行省总督，但其任期后来却被反复延长。[113] 同时，裁判官数量的增加至少在理论上能为苏拉设立的诸多常设法庭提供足够的法官。同样，财务官数量的增加，除了能满足罗马城相应的工作需求，还能保证每个行省总督都有一名财务官辅佐，从而帮助他们在一年任期内完成使命。

苏拉还规定担任财务官者能够自动获得元老身份。其实，有了这一法案，元老院的人数日后自然会大为增长，但苏拉似乎认为这样太慢，于是当即就下令增加300名新元老。不过，考虑到元老人数因为战争大幅缩减，加入这300人后，很可能也只扩到了450人。[114] 此外，苏拉针对晋升体系的其他方面也做出了规范，或是重申了曾经的规范，包括：官职晋升必须依照固定的次序；各级官员需符合最低年龄限制；再次担任某一官职，需距离前一任期结束至少十年。最后这一条对于执政官来说尤为重要，像早先马略或近来秦纳与卡尔波那样的执政官连任行为等于是被禁止了。再者，执政官与保民官的实际海外赴任时间也发生了变化：现在，他们在任期的大多数时间里都留在罗马，直到这一年年末或下一年年初，才会前往所分到的海外行省。[115] 苏拉并没有撤销监察官这个职位，但公元前81年或前80年按理应该进行人口普查，苏拉却并没有安排监察官选举，这导致一部分新公民并未被登记在册。还有就是，第一元老之位在这一时期也空了下来。

苏拉的上述做法大大改变了罗马公共生活的运转机制，对共和国最后三十年的历史产生了深刻的影响。在这些影响中，有两个值得特别关注：一是执政官的竞争变得更加激烈——因为有资格参选者（即裁判官）的人数从6人增至8人，所以成功率从三分之一降至四分之一；二是元老院的权威遭到严重削弱——因为扩充后的元老院，有超过半数的成员除了在进院第一年当过财务官，此后再无官职。[116]

苏拉还进行了其他方面的改革，其中一些等于是对早先状态的回归：国家对粮食的补贴被废除；在祭司团出现空缺时，新祭司将通过内部推选而非外部选举的方式产生，且祭司团人数也被增至15人；若干限制奢侈消费的新法案得到通过。新公民问题也被苏拉再次提起：他没有以任何方式试图扭转扩大罗马公民权的整体趋势，也没有撤销既定的投票部落分配安排，但在他的时代，个别社群的确被剥夺了罗马公民权，许多人的土地被抄没，用以给苏拉的老兵建立殖民地。剥夺权力与土地，是苏拉在惩罚那些在自己二次返回意大利时没有支持自己的人；而一些新公民也在苏拉的时代获得了好处，最明显的就是跻身元老院，余者则是利用抄没家产、局势大乱提供的机会来谋利。[117]

苏拉在罗马监督其改革方案的实施，他的将军们则在地中海各处作战。在地中海东部，公元前 83 年爆发了所谓的第二次米特拉达梯战争，而挑起这场战争的就是苏拉留下驻守亚细亚行省的卢西乌斯·李锡尼·穆雷纳。这一年，穆雷纳出兵入侵了卡帕多西亚，米特拉达梯不满，将此事上告罗马；公元前 82 年，一个叫盖乌斯·卡里迪乌斯的元老向穆雷纳传达了元老院的指示，让他撤兵；也许是因为卡里迪乌斯私下表示支持穆雷纳入侵，总之他并未理会元老院的指示；同年晚些时候，米特拉达梯击败穆雷纳，将他的军队赶出了自己的领土；元老院随后又派军事保民官奥卢斯·加比尼乌斯去见穆雷纳，指示他返回罗马；穆雷纳依言而行，并在公元前 81 年晚些时候庆祝了自己的凯旋仪式。我们今天对整个事件的了解比较模糊：不清楚穆雷纳为何有权带兵，因为他当时有可能连裁判官都不是，而考虑到他手下的这支军队曾默然接受了一位统帅被谋杀，然后又主动抛弃了下一位统帅，想必他们不肯放过借入侵米特拉达梯领土抢夺财物的机会。不管怎样，今天可以确定的是，苏拉以尽可能快的速度出手平息了事态。

在更靠近罗马的意大利地区，那些不愿与苏拉合作，或者说没有机会与苏拉合作的人，也给罗马制造了威胁。意大利的战争直到公元前 80 年沃拉特拉与诺拉投降才算真正结束。卡尔波放弃内战后逃到了西西里，在那里被庞培擒获并处决，已投靠卡尔波的布鲁图斯·达马希普思则选择了自杀。[118] 格涅乌斯·多米提乌斯·阿赫诺巴布斯（公元前 96 年同名执政官之子）在内战中失败后逃到了阿非利加行省，庞培解决卡尔波之后又领兵把阿非利加行省夺了回来。至于西班牙，那里在公元前 72 年前一直由塞多留控制，在一定程度上不受罗马控制。[119] 总之，罗马的这些海外领土当时处于一种脆弱且动荡的状态。也许这种多方吃紧的局面有助于解释为何在公元前 80 年得知埃及法老托勒密十一世·亚历山大二世已将埃及遗赠给罗马之时，罗马并不敢贸然接受。[120] 今天知道这位法老在公元前 1 世纪 80 年代初曾接受过罗马的援助和借款，而这样一份以国相赠的遗嘱似乎就是罗马当时借款的一个条件，至于是否真的存在这份遗嘱，今天看来很值得怀疑。总之，罗马并没有立即着手接管埃及，而是派使团前往提尔索要借款。尽管如此，在托勒密十一世的继承人托勒密十二世·奥勒提斯登基后，罗马对埃及享有主权的这一可能性仍在历史长河中屡次浮现。[121]

　　身在罗马的苏拉把自己推入一个两难的困境。一方面，他打算恢复政府秩序，而这就需要限制政治个体专权集权的机会，所以苏拉才会出台措施预防同官连任，推行有关叛逆罪和贪污罪的法案来控制罗马及各行省官员的行为。但另一方面，苏拉本人就是靠无视旧法常规才有了今时今日的权势，其他政治人物也难免想效仿，而苏拉对效仿者的态度却又自相矛盾：欧菲拉想跳过晋升体系参选执政官，结果被他处决了；但庞培却得到了他的鼓励与晋升，而且当庞培在阿非利加行省获胜后要求为自己举行凯旋仪式的时候，苏拉也批准了。[122]

　　庞培的问题并没有得到解决，且在之后三十年里一直在罗马政坛发酵，偶尔还会激化爆发，但苏拉的改革在一开始的时候似乎还是成功的。公元前 80 年的执政官是他和梅特卢斯·皮乌斯，公元前 79 年的执政官是普布利乌斯·塞维利乌斯·瓦提亚和阿庇乌斯·克劳狄乌斯·普尔喀。[123] 这些人都属于"苏拉派"，这一点既不怎么令人意外，也不特别值得关注，因为那场内战已经给罗马的政治人物贴上了标签，而派系政治也不是共和国的新鲜事。然而值得思考的一点是，在苏拉这个新政权中亨通发达的，主要还是罗马的那些老贵族。另外，为了强调罗马已回归常态，苏拉在公元前 79 年初便宣布退隐，回归私人生活。[124] 当他在公元前 78 年初去世时，罗马人为其举办了盛况空前的葬礼。

他的死也给罗马留下了一个巨大的政治空洞，为野心勃勃者提供了潜在的机会。现存史料中偶然提及了一件与此有关的逸事：据说苏拉去世时，尤利乌斯·恺撒刚刚 20 岁出头，正在奇里乞亚总督麾下效力，他听到苏拉的死讯后，火速从奇里乞亚动身返回罗马，"料想那里会出现新的动荡"。[125] 不管是乐观还是悲观，这种大变将临的情绪有可能在当时的罗马十分普遍。罗马人显然不大相信罗马会沿着苏拉改革的方向回归正常，而是认为会出现另一个苏拉。

首先对苏拉改革提出挑战的是马尔库斯·埃米利乌斯·雷必达。他与昆图斯·卢塔提乌斯·卡图卢斯同为公元前 78 年的执政官。有关此人早先的经历，今天所知不多，我们只知道：他有可能作为苏拉的副将帮助他在公元前 81 年夺取了城镇诺尔巴——但这也有可能是公元前 77 年任执政官的那个雷必达；他在公元前 80 年曾任西西里总督。[126] 雷必达当选执政官时曾遭到苏拉的反对，而且他可能在苏拉还未去世时就开始抨击苏拉的行为。他还反对罗马为苏拉举行盛大葬礼的计划，但是并未如愿。直到公元前 78 年任期将满之时或者公元前 77 年年初，他才开始与整个罗马共和国公然为敌。当时，他被委任为山外高卢行省的总督，而在公元前 78 年，他和卡图卢斯还被元老院派去伊特鲁利亚平乱——安置在那里的苏拉老兵激起了当地居民的武装起义。等他真正掌握了兵权后，他才决定利用伊特鲁利亚之乱为跳板，靠武力在罗马夺权。事实上，雷必达很快就被击败，他逃到撒丁岛后不久便死了，但元老院对于这一威胁极为重视，当时就下发了"最后裁定"，授庞培以兵权平叛。[127] 然而庞培击败雷必达后却拒绝解散军队，元老院在一番僵持后决定派他领军前往西班牙，与梅特卢斯·皮乌斯合力征讨塞多留。庞培对这一结果想必相当满意。[128]

在苏拉死后，罗马在地中海东部的当务之急是巩固领土主权，解决海盗问题。[129] 公元前 77 至前 74 年，塞维利乌斯·瓦提亚在奇里乞亚抗击海盗并取得了一系列陆战与海战的胜利，借此为自己赢得了一场凯旋仪式以及"伊苏利库斯"（伊苏利亚征服者）的称号，但海盗的行为仍未得到控制。公元前 74

年，很可能是因为海盗干扰了罗马的粮食供应，元老院决定为打击海盗设立专门的军事指挥官，属裁判官级，并首次将这一兵权授予了当年的裁判官马尔库斯·安东尼。[130] 安东尼开始自西向东剿灭海盗，但在公元前72年或前71年，他在与以克里特岛为基地的海盗交战中遭遇惨败，被迫与对方议和，不久后就去世了。[131] 海盗在罗马引发的惊恐，在西塞罗的《指控维雷斯》中得到了清晰体现：在西塞罗为维雷斯一案第二次庭审所做的第五次发言中，维雷斯成功击败西西里近海海盗且夺下若干海盗船一事就是一个核心事件，西塞罗对此做出了持续的驳斥。[132] 此外，罗马在色雷斯地区仍然进行着大规模军事行动，在十年的时间里向那里派去了三位执政官级将领。[133]

没过多久，罗马与米特拉达梯再次开战。此事的导火索似乎是罗马收附比提尼亚。在公元前75年或前74年，比提尼亚国王尼克美狄斯四世去世，并将王国遗赠罗马。于是罗马亚细亚总督马尔库斯·尤尼乌斯·君库斯开始在比提尼亚组建行省级地方政府。米特拉达梯在得知此事后，于公元前73年初入侵比提尼亚，但罗马人似乎在此之前便对这场战争做了大量的准备——不过，相关事件的具体时间我们今天并不很清楚。公元前74年的执政官卢西乌斯·李锡尼·卢库鲁斯成功说服元老院更改此前的委任安排，让自己去担任奇里乞亚总督；而另一位执政官马尔库斯·奥勒留·科塔则成了比提尼亚行省的首任总督。大多数相关史料都说卢库鲁斯当时施了阴谋诡计，但不管存在怎样的幕后交易，元老院肯行前所未有之事，把两名现任执政官同时派到爱琴海以东地区带兵，更何况还是在西班牙的罗马军队连连败给塞多留的情况下，这说明卢库鲁斯肯定让元老院感到了米特拉达梯威胁的紧迫。[134] 在领兵后，卢库鲁斯最初取得了压倒性胜利：到公元前71年年底，他已迫使米特拉达梯逃离本都，到其女婿亚美尼亚国王提格拉涅斯二世那里藏身。[135] 在公元前70年间，卢库鲁斯夺取了本都一连串的海岸城镇——其中的阿米苏斯还遭到了洗劫——最终征服了本都全境。[136] 回到亚细亚行省后（苏拉在第一次讨伐米特拉达梯期间曾给亚细亚行省加税，导致各城市陷入长期债务危机，卢库鲁斯此次也试图缓解这一局面），卢库鲁斯将捷报送往元老院，并请求元老院派 10 名元老组成委员会前来协助在新领地组建地方政府。这除了表明卢库鲁斯尊重元老院的传统权威，还标志着此次军事行动的结束。[137]

然而在公元前 73 年，罗马竟遇到了一个意料之外的军事威胁：当时在卡普亚的一个角斗士训练营里，一个叫斯巴达克斯的色雷斯人带领一众角斗士逃脱，在坎帕尼亚的奴隶中召集了一批追随者，在维苏威火山建立了据点。[138]元老院最初选择派裁判官级将领前去平乱，但奇怪的是却未能成功。现存史料中记载了若干次罗马军队被奴隶起义军击败的事件，不过相关罗马将领的姓名记载存在混乱。奴隶军后来离开坎帕尼亚，劫掠了意大利南部的一些城镇。作为局势严重性的一个显著标志，元老院派公元前 72 年的两位执政官——卢西乌斯·格利乌斯·波普里克拉与格涅乌斯·科尼利乌斯·兰图卢斯·克洛狄亚努斯———一同前去平乱，并为两人一共拨去了四个军团的兵力。格利乌斯在普利亚的加尔加努斯山歼灭了一部分起义军，但是随后与另一位执政官双双遇败，还有史料说起义军这一年在山内高卢行省击败了其总督盖乌斯·卡西乌斯·隆基努斯（公元前 73 年的执政官）。罗马权威接连遭到羞辱，这让元老院将两位执政官调回，将平乱的兵权授予马尔库斯·李锡尼·克拉苏，并再拨给他六个军团。[139]元老院当时为何选中克拉苏，我们今天并不非常清楚，但他至少有过成功的带兵经历，而且在元老院内部也有广泛的关系网，只不过具体情况我们已不得而知。[140]

在领兵到达前线后，克拉苏对留守的罗马败军实施了十分高调的惩治，搬出了罗马久已不用的"十一抽杀律"。斯巴达克斯此时已掉头南下，沿亚平宁半岛一路向墨西拿海峡行进，打算渡海前往西西里岛，但他最终未能找到渡船，反而在公元前 72 至前 71 年岁末年初的冬季被克拉苏困在了布鲁提乌姆。斯巴达克斯最终带着一部分军队脱困，朝东边的布伦迪西乌姆逃去，克拉苏则带兵追击。然而色雷斯与马其顿的执政官级总督马尔库斯·特伦提乌斯·瓦罗·卢库鲁斯已经返回意大利协助平乱，此时就在布伦迪西乌姆，因而奴隶军陷入了后有追兵、前有堵截的境地。他们选择掉头对付克拉苏，结果大败，斯巴达克斯战死，余者遭生擒后被钉上十字架，插在卡普亚至罗马的大道旁示众。然而由于元老院感到奴隶起义的威胁十分严重，所以此前已将庞培从西班牙调回（他与梅特卢斯也终于代表罗马重新控制了那里），让他协助平乱，结果庞培却巧舌如簧地将平定斯巴达克斯之乱的功劳算在自己头上，这更是点燃了本就对他不满的克拉苏的心头怒火。

这场奴隶起义及其领袖斯巴达克斯已经成了现代史学界评述罗马历史时的一大焦点，人们常常将其剥离公元前 1 世纪 70 年代的具体背景孤立理解，或是主要用以解释庞培与克拉苏的关系。然而这件事展现的却是意大利内部在这一时期的持续动荡。有史证表明在其存在的两年时间里，斯巴达克斯的大军在亚平宁半岛南部及东部广泛辗转，从卢卡尼亚到山内高卢的多地都留下了他们的足迹。各史料对这一行动路线推测了各种动机，但主要动机肯定还是给养：起义军需要吃饭。因此，起义军在他们经过的地区展开了广泛的劫掠与破坏。[141] 另外，起义军从一小股角斗士成长为足以屡次击败罗马军队的大军，说明其召集了大批士兵。这批士兵中就包括农奴，而农奴加入起义军想必会对农业经济造成负面影响。除此之外，这批士兵中也包括一定数量的自由人。[142] 而这些人加入起义至少能表明当时的意大利南部存在严重的社会及经济动荡，毕竟若非走投无路，自由人怎会加入由奴隶领导的起义？一些自由人参加起义的动机也有可能是对罗马的仇恨，因为此时距离苏拉彻底战胜撒姆尼人只过去了十年不到。但是，若说斯巴达克斯的武装正在重新挑起同盟战争，或是大有挑战罗马权威的意图，能支撑这种观点的证据并不多。

在苏拉死后的罗马，罗马人民在政治生活中的角色成了主要问题，而苏拉在改革中对保民官一职实施的限制，事实证明是无法维持的。罗马在这一时期经常会有保民官对此提出抗议，要求改变。而在公元前 75 年，执政官科塔牵头立法，除去了前任保民官不可为官的禁令。公元前 70 年的执政官竞选，也是在全面恢复保民官职权的呼声中展开的。[143]

庞培与克拉苏执政：新开始，抑或是……

在公元前 71 年年末，罗马城用庆典纪念了两场漫长战争的结束。克拉苏因平定斯巴达克斯之乱有功，获得了属于自己的欢庆仪式（类似凯旋仪式，但不如后者隆重），梅特卢斯·皮乌斯与庞培则因为西班牙的战功各赢得一场凯旋仪式。[144] 此外，公元前 73 年的执政官马尔库斯·特伦提乌斯·瓦罗·卢库鲁斯也因为讨伐贝西人（色雷斯当地部落）有功获得了一场凯旋仪式；在他凯旋式展示的战利品中，有一尊巨大的阿波罗雕像，后来被他献给了卡比多山的朱庇特神庙。[145] 在庆祝活动筹办期间，罗马人对未来仍然心存疑虑，可庆祝活动刚一结束，庞培与克拉苏立即着手遣散军队，而且还彼此合作，双双竞选成功，担任公元前 70 年的执政官。这似乎在向大众传达着罗马秩序恢复、由乱转治的信号：西班牙与意大利两地的危机已被控制，两位大将由武转文，已重新融入罗马政治生活。考虑到西班牙战争仍算是罗马人打罗马人，而斯巴达克斯起义又发生在意大利，庆祝它们的结束也代表庆祝一个从公元前 88 年开始的内战时代的结束。对于庞培而言，他当选执政官还意味着一个政治异常现象的结束——罗马从未有人像他那样，既无从政经历，又非元老出身，却能统率共和国的军队。考虑到他年纪又轻，之前从未担任官职，庞培有资格参选执政官本身就极不合常规，肯定需要元老院为他单独破例。因此，他能成功当选，似乎说明元老院相信庞培在内战结束后并不会惹是生非。这种印象也许是庞培刻意培养的：他委托自己之前的副将马尔库斯·特伦提乌斯·瓦罗给他写了一本介绍元老院流程的手册，这也许是故意向外界释放信号，表明自己在担任执政官期间无意破坏元老院的常规。[146]

庞培在候任执政官期间发表了一次演讲，表示自己打算彻底废除保民官一职所受到的限制；不管这是不是他长久以来的志向，恢复保民官职权显然是一个极得民心的举措。[147] 克拉苏也想要借此拉拢民众，所以也参与了进来。然而，尽管两人在这一年年末刻意在公众面前展现彼此间的友谊，可恢复保民官职权却是他们合作推行的唯一一项法案，即《庞培与李锡尼法》。[148] 另外，两位执政官在任期末都未接受行省总督的任命。可以据此推断，他们都觉得自己没有必要在短期内掌兵，而且克拉苏也认为在罗马城培养人脉对自己更有好处。[149] 对苏拉改革的另一项重要更改也发生在公元前 70 年，那就是陪审团的构成：陪审团在苏拉时代全部由元老组成，而此时经过更改，元老只占其中的三分之一，骑士阶层成员占三分之一，另外三分之一从 "tribuni aerarii" 中抽选。[150] 自公元前 82 年以来，非元老阶层成员即便有钱，其政治权力也仅限在选举和立法过程中投票，而此时他们又再度获得了司法话语权。但是这项改变陪审团构成的法案——提案者是裁判官卢西乌斯·奥勒留·科塔——却似乎并未激起元老阶层的强烈反对。[151]

保民官立法职能的恢复，增加了罗马的立法途径。自苏拉独裁时代以来，只有执政官和裁判官有权向人民大会提交法案，而从公元前 1 世纪 70 年代开始，直到共和国落幕，两种立法途径常常在罗马并驾齐驱。[152] 在雷必达兵败投奔塞多留后，保民官奥卢斯·普劳提乌斯曾提出法案要恢复雷必达手下人的公民权，如果这一法案是在公元前 70 年提出的，那么它就是《庞培与李锡尼法》颁布后出现的首个保民官法案。而且，虽然是保民官法案，但该法案似乎在罗马获得了广泛的支持，这再次表明内战已经变成了罗马的过去时。[153]

自从公元前 86 年马修斯·菲利普斯与佩尔佩尔那担任监察官以来，这个官职多年来一直空缺，而又是在公元前 70 年，罗马重新启动了监察官选举，公元前 72 年的执政官格涅乌斯·科尼利乌斯·兰图卢斯·克洛狄亚努斯与卢西乌斯·格利乌斯成功当选。[154] 两人在主持人口普查工作中，一共登记了 91 万名公民，有可能将向意大利扩大罗马公民权后的新公民全部收录在册。[155] 两人对元老资格进行了较为严格的审核，最终将 64 名元老——占比超总人数的十分之一——开除出元老院。我们今天已无法整理出被开除者的完整名单，但其中一些人的身份可以确定：至少有两位元老因为在公元前 74 年的欧皮亚尼库斯一案中作为陪审员收受了贿赂——这是当时一个轰动的司法丑闻——被夺去了元老身份；但最令人震惊的是，前一年的执政官兰图卢斯·苏尔拉竟然也被两位监察官开除了。[156] 西塞罗在公元前 66 年为奥卢斯·科伦提乌斯辩护时曾谈到了这两位监察官，说他们是在乘"民心之风"，言外之意，他们的决定有失公允。但是，我们无须接受西塞罗的言外之意也能看出，他们选择拿如此地位的元老开刀，是在向公众宣示元老院有自我监督的能力。我们今天还知道在公元前 70 年，罗马举行了一次骑士阶层的检阅活动，整场活动经过精心的安排，故意要让庞培向罗马人民展示自己既是执政官又是骑士的双重身份。[157] 监察官的任期通常为十八个月，所以两人应该是在公元前 69 年卸任的，而他们这个完满的任期是一个重要的象征，象征罗马共和国与罗马人已经重回正轨，已与诸神和自己实现了和解。[158]

第五章

独裁的局限

在李维的《罗马史》一书中，第51至70卷对应的是公元前146至前91年这一时期；第71至97卷对应公元前91至前70年；第98至116卷对应公元前70至前44年。[1] 也就是说，在公元前91至前70年这短短二十一年里，竟被他赋予了足足27卷的笔墨。在他的整部史书中，仅有两个时期的叙述密度可以与此相提并论：一是恺撒与庞培之间的内战（五年出头，共占8卷，即第109至116卷）；二是这场内战的延续时期（从公元前44至前30年，共十四年，占17卷）。这三个时期都得到了最为详细的分析，其共同点显而易见：内战。罗马人打罗马人，自然需要历史学家的重点关注，而如果我们把李维的记述进一步拆分，这一原则还会体现得更为明显：有关公元前91至前70年这二十一年的文字，其重点完全在公元前91至前78年初这一时期，也就是从德鲁苏斯担任保民官到苏拉去世。有关这一重点时期的历史，现存最翔实的记述出自阿庇安，无独有偶的是，内战也是他关注的焦点。然而，文字的传佚兴衰变幻莫测，这二十一年没给我们留下太多史料。[2] 但后二十六年因为得到了笔耕不辍的西塞罗的记载，以至于今人以为说得多便等于说得通透，以为有关罗马共和国末年的种种问题，答案应该到之后那二十六年里去寻找，殊不知这前二十一年才是至关重要的。

公元前 91 至前 70 年的这二十一年，罗马政权发生了一系列大规模的转型。这些变化涉及精英阶层不同派系间的权力分配，以及全社会不同群体间的权力分配，其变化速度与广度在之前的罗马政治史上十分罕见，而且罗马政权的本质与根源，以及罗马社会的身份，都受到了这些变化的影响。经过这番转型，公元前 70 年的罗马已与公元前 91 年的罗马迥然有别；更重要的是，转型之前罗马处于若干种政治建构彼此竞争的局面中，而转型之后只有一种脱颖而出。这些年可谓罗马的"实验期"，涉及范围相当广泛，军队、公民阶层与统治阶层全都经历了详细审视与调整。

权力与军队

有关罗马共和国末期的许多记述，其根本内容都强调了军事力量对罗马政治生活的强行介入，即士兵取代了公民，成了权力的仲裁人。在这一过程中，苏拉向来被视为一个关键人物。因为苏尔皮西乌斯出手剥夺了他征讨米特拉达梯的兵权，将其转交于马略，所以苏拉决定利用军事力量来回应这一政治挑战。这在当时来讲是出乎意料的手段，也为后世开创了先例，因而被视为罗马历史的一个决定性转折点。苏拉之所以能做出这样一个决定，一个关键因素是他本人能够说服自己的士兵——但不包括军官——去攻打罗马，而现存史料一致指出，此事主要得益于苏拉对手下军队所做的一场演讲。不过，在此之外，还有两个因素也推动了苏拉的出兵决定。一是罗马军队在招募机制上已发生了变化。这一变化最初是马略为了征讨朱古达发起的，此后似乎就成了罗马军队的常例。[3] 具体地讲，在之前的罗马，军役是有产公民阶层不可割裂的义务，可到了这一时期，罗马军队——包括苏拉手下的军团——正在飞速地职业化，成员都是期待以军役换取物质回报的志愿兵，而苏拉正是凭借向手下军队许以丰厚的物质回报，才能让他们帮助自己攻打罗马城。

苏拉能够借武装力量解决内部政治分歧的第二个因素是公元前 88 年极其独特的形势。自一百多年前的第二次迦太基战争以来，意大利地区第一次陷入了一场规模浩大的军事行动，即同盟战争，而交战双方都为此征募了大量军队。到了公元前 88 年，同盟战争还未结束，所以大量士兵仍处于武装状态。此时的罗马处于从激战朝和平过渡的时期，所以各军团发现自己面临着种种选择，可能会被解散，可能会被另行调遣。这种正常情况下不存在的不确定性，让苏拉得以借机行事。当时他对手下士兵讲，要是米特拉达梯征讨战的指挥权交与旁人，他们这些士兵也会被其他军队取代。考虑到当时的情况，他的这种说法的确有可信度。另外，同盟战争的爆发，使得大范围军事调动与罗马共和国内部原本激烈的政治竞争发生了叠加。共和国内部关于一系列问题所存在的矛盾，受到了罗马与意大利诸城之间矛盾的意外冲击，而后者的解决却几乎无益于前者的解决。事实上，《瓦略法》的颁布似乎还加剧了共和国的内部分歧。罗马人之间随后爆发了一连串暴力冲突，而苏拉兵犯罗马城一事只是开始而已。比如与苏拉在公元前 88 年同为执政官的庞培·鲁夫斯，就无法控制此前由庞培·斯特拉波统率的军队，最终被士兵以私刑处死。又比如公元前 87 年，秦纳与格涅乌斯·屋大维两位执政官因内政交恶（此事与庞培·斯特拉波事件无关），于是秦纳效法苏拉所为，先离开罗马城，控制了由普尔喀统领的军队，后凭借这支军队杀回罗马，重新掌权。可以说，同盟战争的需要创造了大量军队，而大量军队又为公元前 1 世纪 80 年代的这些内战创造了必要条件；与此同时，大量军队的存在对一些政治家产生了无法抗拒的诱惑，因为在他们看来，军队是控制国内政治的决定性手段。

然而，苏拉兵发罗马城一事绝不应该被视为史无前例。通过使用武力或组织暴力活动来确保自己在国内的政治企图得以实现，这在公元前 88 年已经成了罗马共和国政治生活中的惯常手段，罗马的政治家们对此也颇为警觉。比如在苏拉发兵之际，苏尔皮西乌斯为了确保自己的立法计划得以通过，便调动了由支持自己的民众构成的暴力组织，最终如愿以偿。而且，暴力也不是平民派政治家的专属。公元前133年，堂堂元老院就曾率军攻打提比略·格拉古；公元前121年，执政官卢西乌斯·欧皮米乌斯在获得元老院的正式批准后，以保护共和国安全为由，动用军事力量镇压了盖乌斯·格拉古；马略也在获得元老院授权后对撒坦尼努斯一党动用了武力。这种由高级官员实施、以共和国安危为名义、超出法律界限的、直接的暴力行为此时已成了常例，而苏拉的所作所为便可归为此类。当然，苏拉的出兵并没有获得元老院的背书，但不难猜测，他大可以说元老院此时已受到了保民官苏尔皮西乌斯的胁迫，以此为自己的行动辩护。

公元前88年随苏拉开赴罗马的那些士兵，以及次年参与了屋大维战争的士兵，在同盟战争前便是罗马公民。而在同盟战争结束后，新获得罗马公民权者也有资格从军。尽管秦纳之死也许与军队中的这些新公民有关，但就目前掌握的证据来看，新老罗马人融合成一支军队的过程似乎是迅速而又彻底的。不过，这种融合也进一步推动了罗马共和国公民兵制度的消亡。在公元前85年之后加入军团的士兵，母语都未必是拉丁语。他们的族人有可能是罗马人在同盟战争中的对手，他们自己甚至都有可能在那场战争中与罗马人交过手。即使在同盟战争之前，由于罗马公民的分散性，肯定有一部分士兵从未到过罗马城，或是从未行使过投票权，但这种趋势如今被大大加强。罗马公民权的扩张，再加上马略实施的军队建构改革，明确标志着公民兵制度作为罗马军事活动的根本性理念已经正式终结。

独裁制"实验"

公元前1世纪80年代，罗马经历了三场边界鲜明的独裁实验期：一是苏拉推行改革的公元前 88 年；二是秦纳与卡尔波连任执政官的公元前 1 世纪 80 年代中期；三是公元前 82 年之后苏拉任独裁官的时期。针对第一个时期来说，苏拉的所作所为应该被视为一场快速整顿，目的是方便自己离开罗马，征讨米特拉达梯。针对第二个时期来说，秦纳与卡尔波的所作所为也许只是为了保住自己的权力，但对共和国产生的深刻影响却是毋庸置疑的：两人把共和国最高官职牢牢掌握在自己手中，这导致罗马的精英阶层失去了辨识性，罗马民众也就无须被迫迎合精英阶层的竞争。说到底，执政官连任与当时共和国的许多特征并不存在什么绝对的矛盾。与之相反，苏拉在二度入主罗马城之后，选择了久已停用但尚未被废除的独裁官一职，并对其加以调整，借此让自己的军事独裁拥有了合法性。[4]

由此看来，这场斗争原本只是派系之争，一边是马略、秦纳及其支持者，另一边是以苏拉为首的反对者。矛盾本来自个人名利之争，最终却发展成了一场对于罗马政治建构本质的、深刻的重新审视。因此，我们不能贸然地认为，那些在公元前 88 年反对马略的人，与那些在公元前 82 年支持苏拉的人，一定是同一批人，有着同样的政治目的。在这一时期，各方势力的敌友关系十分复杂，而且经常变化，说成两党之争就是过度简化。相对不大重要的命名问题就可以反映出理解当时局面的困难：笔者在上面提到的"马略、秦纳及其支持者"，到底应该给他们起个什么名目呢？在现代史学著作中，有"马略派""秦纳派"的提法，拉丁文献中也有类似的提法，但这种提法直到罗马进入帝国时代后才出现。既然这股势力延续到了马略与秦纳死后，那么其凝聚力显然不限于马略与秦纳本人。再者，这股势力里到底有哪些人呢？就比如公元前 83 年的两位执政官西庇阿·亚细亚吉尼斯与诺巴努斯，他们和卡尔波之间到底是怎样的关系呢？这两人当时遵照元老院的指示，率军进攻苏拉一方。我们是应该把他们看成罗马共和国的领袖，还是应该采用苏拉一方的视角，把他们看成马略或者秦纳派的党羽呢？要知道，80 年代中期的元老院并不处于秦纳的控制之中，而且针对苏拉，元老院的立场始终要比秦纳以及之后的卡尔波与马略更为温和。[5]

这股势力主宰罗马政治约五年，尽管其间要为苏拉的归来做准备，尽管随后又发生了内战，但他们仍然取得了巨大的成就。在苏拉获胜后，亲苏拉的历史记录者对这些人怀有十足的敌意，将其描绘成了一个个暴君，但即使从这类史料中，他们的成就仍然显而易见。他们最大的成就是启动了公元前86/ 前85年的人口普查，并把一部分新罗马公民登记在册。另外，学者克劳福德还提出了一种非常独特的猜想，认为秦纳推行的相关法案，为罗马扩大公民权后意大利的地方自治提供了发展框架。[6]当苏拉再次入主意大利后，他也无法推翻这一扩大罗马公民权的原则。[7]就罗马城本身来说，公元前86至前82年是一个和平时期，法庭再次启动，政府也采取了一些措施缓解财政困难。还有一些证据表明，在这一时期，一些新罗马公民也融入了罗马政治生活的最高层：分别于公元前83年和前82年任裁判官的布里恩努斯与卡里纳斯有可能就是获得公民权不久的新罗马公民，而维雷乌斯的两位曾在80年代担任裁判官的祖先，则肯定是新罗马公民。[8]在公元前87至前82年间的所有裁判官中，这些新罗马公民占有不容忽视的比例。在罗马城的显贵看来，政权的更迭想必是一桩好事，因为这至少为他们提供了政治生涯的新机遇。[9]

苏拉时代的共和国

恢复"常态"似乎是苏拉返回罗马后的工作重点，而他采取的一系列措施可以说既有象征意义，又有实际作用：他停止颁布"斥决令"，重启官员选举，并辞去独裁官的官职。表面上看，共和国回归原状，但实际上，罗马在政治和社会领域也发生了一些深层次的变化。苏拉试图通过限制权力归属的方式来改变这个共和国。共和国内原有一个骑士阶层，成员都是富有的公民，公元前123年之前他们并不参与共和国的政务，其身份只是通过在人口普查以及百人团大会中享有的优先地位来体现，但后来成了一支政治力量。苏拉上台后夺取了骑士阶层的司法权能，他们因而失去了直接参与政治的能力，回到了公元前123年之前的地位。拥有"兵权"头衔的官员仍然是共和国内最有权力的一批人，但苏拉也设法确保他们能够绝对听令于元老院。为此，他重新启用了共和国早先有关任期的一些规定，确保各级官员都不能由某一人连任，执政官的任期间隔更是被定为十年之久。这一举措显然针对的是盖乌斯·马略及其效仿者秦纳与卡尔波连任执政官之事。这一举措也可以被看作在限制罗马人民的特权：之前，他们可以在人民大会上直接地、反复地向某位军事将领授予兵权，以此表达对他的赞许，比如马略在辛布里人征讨战中就曾获此殊荣；但苏拉的举措堵住了这一表达民意的渠道。苏拉另一个试图控制官员的手段就是他颁布的《反叛逆法》。叛逆罪本身并非首创，罗马之前就曾颁布过《有关叛逆罪的阿普雷乌斯法》，然而苏拉的这个法案似乎明确了各行省总督在军事方面的职权界限。在后苏拉时代，叛逆罪最常用的功能是充当打击行省总督的第二道攻击线——第一道是所谓"repetundae"（即"贪污罪"）。就其意图来看，该法案将共和国对外政策的决定权交给了元老院，而官员在理论上只负责实施。耐人寻味的是，苏拉在改革中仍然保留了《关于执政官行省的森布洛尼乌斯法》，尽管他的一些改革措施使得这项法令变得比公元前123年颁布时更加难以执行。从表面上看，执政官在当选之年完全可以动身前往其分得的行省履职，但他们习惯当年晚些时候再出发，有些人甚至会在第二年才出发，比如公元前59年的尤利乌斯·恺撒。由于裁判官数量的增长，百人团投票会议只有在盛夏时节召开才有可能当天完成投票工作。结果，从元老院敲定行省执政官人选，到执政官到达行省正式带兵，间隔几乎有两年。就笔者所知，这一奇怪的安排至今未有令人满意的解释。[10]

除了骑士阶层与高级官员，罗马公民集体的权力也遭到了苏拉的削弱。与前同盟战争时代相比，在苏拉统治的共和国里，公民阶层的建构与公民身份的意义都发生了明显的变化，也都遭到了严重弱化。在一定程度上，促成这种变化的一个因素与苏拉无关，那就是在同盟战争后，随着罗马扩大公民权，罗马公民的数量出现了巨大的增长。因此，单个公民投票的分量自然相应地缩水。不过，罗马公民在公元前82年之前本享有的那些参与和影响政治的机会，在苏拉上台后被剥夺。而为了达成这个目标，苏拉采取的手段可谓简单高效，即立法禁止担任过保民官的人担任其他任何官职。这等于将有才之士拦在了这个职位之外，心怀大志的"平民显贵"再也不能像从前那样，借助保民官一职在罗马民众面前展示自己的政治力量，保民官的职能因而发生转型，导致这个数百年来始终是罗马政权本质元素的官职几近消亡。而且，苏拉还撤销了保民官一职的立法权，因此，那些当上了保民官的人也很难采取主动积极的政治行动。此时的保民官仅有一种被动的力量，只能通过阻拦其他势力的行动来保护公民，无法主动出击。就这样，罗马人民参与共和国政治的方式，仅限于投票选举官员，以及就执政官或裁判官提出的法案进行投票。苏拉此举背后的动机似乎不难理解，因为在此前的半个世纪里，共和国内部每一起暴力事件都是由某位保民官提出某件极具争议性的法案导致的。格拉古兄弟、撒坦尼努斯、德鲁苏斯与苏尔皮西乌斯都是例证，苏拉本人更是对最后这位保民官的行为有过切身体会。可以想到，通过剥夺保民官的立法权，苏拉是希望消除内乱的可能性。一件法案若要通过，仍然需要人民的批准，但是法案本身如今只能由最高级官员来提出，而最高级官员的选举则需要百人团大会的批准。[11]

　　总的来说，苏拉将骑士阶层赶出了政治圈，严格限制了罗马人民的政治参与度，并在一定程度上限制了高级官员的行动自由。除了这三点，苏拉还大大改变了元老院的性质。苏拉在上台后收录了300名新元老，同时为了维系规模壮大的元老院，财务官的人数也增加了。学界常有人认为苏拉此举旨在增强元老院的权威，但这种说法值得商榷。可以推测，这些新元老都来自骑士阶层；不过目前并无证据表明当时进入元老院的财产资质标准有所降低，也没有什么证据表明这些新元老里有刚刚获得公民权的新罗马人。[12] 不管苏拉到底为什么要增加元老院的人数，他的这个举措肯定不是为了加速新罗马人的融合，客观上也无法证明公民总人口显著增加。在苏拉新收入元老院的那些人中，有一些明显是他的追随者——毕竟从敌对阵营中挑选新元老是不可能的。所以在一定程度上，这些新的元老在新的元老院建筑中集会议事时，肯定会确保苏拉的种种改革措施得以延续；如果日后有高级官员试图更改，他们也可加以掣肘。

元老人数的剧增不但改变了整个元老院的影响力，也改变了元老个体的角色。在苏拉改革之前，元老院共 300 位元老，每次人口普查录入一届，每届持续五年（拉丁语作 lustrum）。其间，由于某些元老死亡，元老人数会有小幅下降。在任一时间点，约有十分之一的元老会拥有某种由选举产生的官职，或是经过延期的兵权；当时罗马共有四个祭司团，而假定大多数祭司——肯定不是全部——都是元老，那么元老院中略多于十分之一的元老还身兼祭司之职；另外，元老们还需要奉命出使，加入各种委员会，起草法律，陪审案件。因此，按照合理的推断，在苏拉改革之前，一位元老若是身体健康，哪怕一辈子只担任过营造官这样级别的官职，肯定也会较为频繁地履行司法、立法、行政与宗教等一系列职能。苏拉的改革增加了低级职务的数量，但对于元老来说，只有一种职务的需求量获得了相应的增长，那就是陪审员。可以说，后苏拉时代的元老，最主要的工作就是充当陪审员。同时，苏拉基本上消除了司法腐败行为此前所受的制约：尽管相关的反腐败法还在，但保民官已经无法就腐败行为追责，这就导致后苏拉时代的法律框架允许元老肆无忌惮地受贿。

所以说，苏拉时代的元老院，虽然名目与同盟战争之前一样，功能却大相径庭。另外，由于此次政权更迭是以暴力方式发生的，新元老加入的这个元老院也被暴力留下了深深的烙印。在上一个政权即将覆灭之际，罗马内事裁判官达马希普思下令处决了一部分与苏拉有牵连的人。相较于后来的杀戮，此次遇害者人数并不算多，但由于其中包括大祭司穆修斯·斯凯沃拉，因而成了罗马历史上的著名血案。在苏拉入主罗马后，暴力仍在继续：苏拉在元老院议事期间特意指使人在近处处决犯人，以惨叫声恐吓众元老授予自己独裁官的头衔，而在苏拉手下军官解决残余反抗势力期间，遭到斥决甚至处决的人中便有元老的身影。[13] 无论经验多寡，资历深浅，每个官职等级的元老都有人丧生，只不过我们今天容易追溯的，还是那些曾担任过执政官的元老的命运。在公元前82年苏拉担任独裁官之时，他是罗马健在的现任及历任执政官里最年轻的一个：自他在公元前88年获选执政官以来，共有9人先后获选执政官，而此时9人中已有8人去世，仅存的卡尔波很快也会被庞培处决。同盟战争也导致执政官人数骤减：苏拉夺取罗马城之时，已知在世者仅有4人。[14] 其中于公元前100年获选执政官的卢西乌斯·瓦莱里乌斯·弗拉库斯，之前曾代表元老院与苏拉展开谈判，苏拉获胜后，他于公元前82年11月被任命为摄政官，苏拉成为独裁官后又被任命为骑兵统帅。于公元前93年任执政官的盖乌斯·瓦莱里乌斯·弗拉库斯，在苏拉入主前后始终是高卢总督，只在公元前81年时回到罗马城参加了一场凯旋仪式。这两位弗拉库斯在公元前81年之后并没有什么大的作为。第三位是公元前92年任执政官的马尔库斯·佩尔佩尔那，我们今天对他的作为也是一无所知。日后有一个马尔库斯·佩尔佩尔那会反对苏拉，在公元前78年投奔雷必达，后来又投奔了塞多留。如果这个佩尔佩尔那是他的儿子，那么其父的默默无闻也就不奇怪了。第四位是公元前91年任执政官的卢西乌斯·马修斯·菲利普斯，他在多次政治斗争中都幸存了下来，在上述的四位执政官中，唯有他在公元前1世纪70年代的元老院里表现积极活跃。[15] 在苏拉上台前，元老院里有可能有三四十位执政官级元老，而在苏拉上台之初，元老院里似乎最多只有四位，而且这还包括他自己。总的来说，苏拉时代的元老院与同盟战争前的元老院之间被一道暴力的鸿沟隔离开来，大批老元老已在同盟战争期间或是政权交替期间丧生，而这一剧变仅仅用了十年多一点的时间。

在罗马共和国末期，像这种国家领导层遭到血洗的事件后来也有发生：比如公元前 49 至前 46 年，恺撒与统治阶层之间爆发的内战；比如公元前 43 年之后，恺撒潜在继承者之间爆发的斗争。[16] 尽管如此，公元前 82 年底发生的这一事件仍具有很大的独特性。诚然，在过去五十年里，许多人都在罗马城的暴力事件中丧命，战争期间也的确有不少高级官员遇难——同盟战争期间遇难的高级官员人数更是惊人。但是，哪怕是在第二次迦太基战争期间，罗马的高级元老们，这些共和国的 "principes ciuitatis"（即 "首脑们"），也从未遭受过此等损失，几乎到了覆灭的地步。

在前苏拉时代的元老院中，有多少中低级元老丧生，追溯这个问题的难度要大很多，但他们显然有一部分得到了保全。苏拉时代的元老院毕竟不可能是一张白纸，而且虽然当元老的人变了，但元老形象在罗马社会内部仍然具有强大的力量，种种体现其特殊性的标志仍然没有改变。尽管如此，一场深刻的变化的确已经发生了。在苏拉时代的元老院里，大量成员都是政治活动的新手，都不是通过在竞选中与罗马人民互动而进入政坛的。其中许多人都因为效忠苏拉而大大获利，他们既不希望看到自己的既有利益消失，也有条件利用当前体系所提供的巨大机遇，凭借元老的新身份进一步获得物质利益。而公元前 1 世纪 70 年代发生的一系列事件，可以说就是两种因素共同作用的结果：一是元老院竞争的激烈与执政能力的缺乏，二是罗马人民对于自己无法参与共和国国事所感受到的愈加高涨的愤怒。

罗马城、意大利与地中海

随着《尤利乌斯法》以及其他扩大罗马公民权法案在同盟战争后的颁布，罗马的政治边界已经发生了外扩：此时，罗马内政与外事之间的分界线，已经扩展到了其与山内高卢行省的边界。此时的意大利各地，不再是罗马共和国的同盟者，而是罗马共和国内部的地区。考虑到其发生在意大利地区一百多年来———也就是自汉尼拔入侵以来——的首次严重冲突之后，这一变化更显得令人震惊。在短短几年里，曾经与罗马人并肩作战的同盟者，先是成了他们在同盟战争里的敌人，随后又成了他们的同胞，与他们在同样的军团里服役，而且平起平坐。有关同盟战争后罗马公民身份在意大利各地普及的具体机制，今天保存下的记录是不完整的，但从中可以看出：一方面，新的罗马地方社会在行政体制上有一定程度的统一性；另一方面，各地在面对具体问题上始终在因地制宜地做着调整。[17] 在这一整合过程中所出现的那些问题，似乎并不是意识形态上的，而是行政管理上的。也就是说，在公元前89年之后，除了某些例外和争议情况，意大利似乎已经牢牢形成了一种原则性观念：凡安分守己的意大利自由人，皆为罗马公民。长期以来，意大利半岛各地本就散布着罗马人的殖民地，所以此次罗马公民权的普及并不需要当地人在观念上做出很大的调整。在很长时间里，一个人虽是罗马公民，却住在距离罗马城很远的地方，根本无法常去罗马城，这种情况是完全可以接受的。而且，在公元前89年之前，不同罗马公民的真实的生活体验之间本就已存在巨大的差异。[18] 所以，此次整合过程真正的挑战，在于如何将数十万新罗马公民纳入共和国的组织体系，在于这样一个统一了的意大利，一个自由居民在法律上具有平等地位的意大利，将会出现怎样的变化，又该如何应对这些变化。

罗马公民权的扩大除了政治影响，也带来了文化影响，不过其速度与性质今天在学界存在较大的争议。[19] 不可否认的是，到了奥古斯都时代，意大利在文化上已经完成了一场深刻转型，拉丁语已实现了普及，意大利一词的含义，也从之前罗马城之外的一片地域，变成了包含罗马城在内的一片地域。不过，扩大罗马公民权只是这一变化中的重要一步，绝非全部，而且扩大公民权的背景较为复杂且存在争议，所以学界不该轻易下判断，认为罗马公民权的普及一定会带来某种变化。比如前文已经讲过，扩大公民权并没有立即让大批新罗马公民进入元老院。其他地区的意大利人融入罗马政治精英阶层这一过程，事实上持续了一代以上的时间。另外，在公元前90年，非拉丁语在意大利地区仍然通用，它们是在之后一百年左右的时间里才渐渐从历史记录中消失的。[20] 个体与特定群体的身份的确有可能借助扩大罗马公民权、殖民以及服役的方式发生变化，但公元前 1 世纪 80 年代的动荡与公元前 49 年之后的漫长内战才是这一变化过程的核心因素。[21]

即使在公元前 49 年之前，在苏拉借科林门之战表面上实现和平之后，意大利部分地区仍存在针对罗马政权的暴乱且持续了许多年。比如在公元前 78 年，雷必达就借伊特鲁利亚的一场武装起义向罗马共和国发起了进攻。后来，喀提林也起兵发难，结果于公元前 62 年伊特鲁利亚的那场会战中败北。苏拉罚没各地土地、转赐手下老兵的行为也遭到了各地人的愤恨，恨意直到数十年后才会消散。而一个个土地所有者也因为遭到斥决失去了土地，永远地离开了家园。公元前 73 年在坎帕尼亚爆发的那场起义——今人提到此次起义，首先想到的就是斯巴达克斯——既有奴隶参与，也有自由人参与，这种混合构成既反映了当时一部分罗马新公民的绝望，也反映了罗马作为一股统一力量所受到的反对。这股统一力量所波及的地区，都遭到了这一力量的严重摧残，而罗马政权未能及时应对这一问题，因而遭受苦难的当地人不可能会对罗马政权感到亲近。更重要的是，克拉苏在公元前 71 年的胜利并没有根除这一问题。公元前 60 年，执政官级总督盖乌斯·屋大维——奥古斯都的父亲——就在图里伊附近忙于铲除斯巴达克斯与喀提林的余党。[22] 不过，此事仅仅是奥古斯都传记中偶然提到的个例，更能反映这一问题影响之广的是元老院在同年通过的一项决议：看到共和国外部压力明显缓解，元老院决定下一年担任行省总督者需要负责清理意大利乡村地区的反抗势力。这种权力的分配，今天成了学界讨论恺撒的野心及其激起的反抗时绕不开的一个话题，但事实上其反映的是当时一个真实存在且持续存在的问题。

从西塞罗早期的法庭辩护词里，我们可以窥见当时意大利一些特定的社群受到了怎样的影响。他的一些委托人来自翁布里亚、伊特鲁利亚、拉丁姆或普利亚。[23] 而他这些委托人试图解决——或者是避免——的一些问题，则从不同侧面反映了当时的意大利大体上是一个法纪废弛的社会：比如时人必须通过暴力手段才能保住或者获取财产。这不可能仅仅是公元前 1 世纪 70 和 60 年代特有的问题。而在意大利其他地区，最近那场战争的直接影响便是这一问题的证明。在西塞罗于公元前 80 年给亚美利亚的塞克斯图斯·罗修斯所作的辩护词中，就能明显看到苏拉政变产生的巨大影响。此案的焦点是塞克斯图斯·罗修斯父子，老罗修斯是一位地主，在翁布里亚的亚美利亚附近的台伯河谷中拥有大量地产，他的名字先是登上了苏拉颁布的斥决令，其人后来又被杀害。像这样的故事，在当时的意大利各地肯定屡见不鲜。然而罗修斯一案的特别之处在于，他的一个儿子——小罗修斯——竟然被指控为谋杀父亲的凶手，而且此案的公诉人厄卢西乌斯获得了死者两名亲属的支持；另外，此案是第一个在新近创立的常设法庭中，按照《关于杀人和投毒的科尼利乌斯法》进行审理的案件。[24] 除了上述事实，我们今天对于此案几乎一无所知。怎么可能会有人因为谋杀一个遭到斥决的人而被提起公诉？这个问题尤其令今人不解。[25] 尽管如此，西塞罗的辩词以真实可信的方式描绘了当地的权势人物是怎样在竞争中抓住机会、获取财产、提升地位的，描绘了苏拉党羽所拥有的巨大权力，描绘了意大利地方权势人物怎样借助关系网拉拢罗马精英阶层，寻求他们的保护与支持，因此，西塞罗的辩词仍然可以让我们一窥当时的意大利社群对于这一动荡时代有着怎样的反应。当时死在罗马的老罗修斯便有多个来自罗马精英阶层的朋友。事实上，西塞罗的这篇《为亚美利亚的塞克斯图斯·罗修斯辩护》就可以被解读为两种权力与影响模式之间的对抗：一边是独裁制，权力的关键在于与独裁者关系的亲疏；另一边是传统的恩宠体系，精英阶层中的那些大家族处于这一权力金字塔的顶层。在西塞罗辩护之时，无人能够看出第二种模式日后将会胜出。

罗修斯一案留给后世许多问题，其中一个就是老罗修斯那 13 座农场到底被怎样处置了。小罗修斯最终被免去罪名，但判决书并未将其父的地产归还，相信小罗修斯就算随后试图通过法庭赢回这些地产，也很可能无法如愿，因为其父遭到斥决的事实是无法改变的。西塞罗的《为科伦提乌斯辩护》则讲述了一个类似的故事。此案发生在拉里奴姆，那是普利亚地区弗伦塔尼人领地里最大的城镇，位于萨莫奈东缘。这一带在当时属于奥斯坎语地区，不过当地在同盟战争前发行的货币上既有希腊语也有拉丁语。[26] 在同盟战争中，当地人与罗马为敌，在科斯科尼乌斯公元前89年率军南下期间被其军队征服，似乎随后不久便获得了罗马公民权。[27] 西塞罗是在公元前66年做的这番辩护，其内容包含两个主要方面：一是其委托人科伦提乌斯与其亲属间复杂的关系；二是此案复杂的来龙去脉。但他在辩护中也简要介绍了这座城镇近年来的历史。在苏拉返回罗马之时，拉里奴姆作为城镇，由四位靠选举产生的官员负责治理。结果，四个亲苏拉派分子赶走了原来的四位长官，自己取而代之，原来的四人随后遭到斥决。[28] 根据西塞罗的说辞，其委托人的继父欧皮亚尼库斯——此案中所谓的受害人——就是这些事件的唆使者，西塞罗说他效忠苏拉只是为了借苏拉之威，让自己在拉里奴姆的一场内部纠纷中占上风。欧皮亚尼库斯面对拉里奴姆当地人的敌意，先是逃到了梅特卢斯·皮乌斯的军队中，随后带领武装力量返回并控制了拉里奴姆。在西塞罗的叙述中，苏拉仅仅出现在欧皮亚尼库斯的话语中。抛开偏见去分析这篇辩护词，不难发现作为这场内战的获胜者，苏拉一方不管是在地方政治上还是在罗马政治上都属于得利者。

这篇《为科伦提乌斯辩护》还隐约透露了当时的另一个问题，即自由身份的脆弱性。西塞罗在开篇处提到了一个叫马尔库斯·奥留斯的人，说"他年轻时在意大利战争期间于阿斯库路姆被俘虏，落入元老昆图斯·塞尔吉乌斯（此人曾在谋杀法庭上被定罪）之手，并被送至其名下某地产为奴"[29]。西塞罗后来又说，他的委托人科伦提乌斯一次发现自己买下的一个女奴实为自由人，丈夫叫塞尤斯，是一个"萨莫奈人"，于是不等法庭裁决，自己就先将她送还给了其夫。[30] 遗憾的是，西塞罗没有说明这个女人是怎样沦为奴隶的，但此事发生的时间，加之其丈夫的民族，都说明了此事也许与同盟战争有关。有关同盟战争期间被罗马方面俘虏的意大利人的法律地位，罗马方面是否通过了什么总体性决议，我们今天已不得而知。不过，就算有这种决议，其具体实施效果肯定有赖于被奴役者的亲友消息有多灵通，救人有多心切。可以猜到，许多在同盟战争期间被俘的意大利人，到死仍然是从事农业生产的奴隶。

因此可以说，苏拉的政变加速了意大利地区在同盟战争后的融合过程。对于着手处理扩大罗马公民权所带来的种种后果，苏拉本人似乎没有他的对手们那样上心，但凭借其胜利所带来的有利条件，那些支持他的人自然掌握了巨大的权力。由于苏拉的独裁，土地、财产和权力大规模易主，而这向获得公民权的新罗马公民强烈印证了罗马城的重要性。哪怕拉里奴姆与亚美利亚发生的事仅有很小的代表性，我们仍可以看出在公元前80年后的意大利，各地方统治阶层都接受了罗马政治生活的现状，也都想死死守住他们从中获得的利益。

如果说罗马城与那些意大利前同盟者之间关系的不断变化是由内战驱动的，那么罗马共和国的对外政策同样受到了内战的深刻影响。在公元前1世纪80年代，罗马内部的政治分裂第一次在整个地中海地区得到了演绎，而苏拉的胜利也涉及了意大利之外的大规模战争。西西里、高卢和北非地区的战役很快就打完了，但西班牙的战役却不然。从公元前82年开始，苏拉几乎用了十年才铲除了西班牙的反抗势力，其间动用了大批军队，还爆发了领导危机，而化解危机的庞培又反过来制造了一系列问题。

伊比利亚半岛在塞多留的统率下脱离元老院控制的时间并不长，但意义巨大。从某种角度上讲，塞多留在西班牙的所作所为，与苏拉在希腊与小亚细亚的所作所为如出一辙，两者都说明统兵在外的罗马将军其实有能力无视元老院的指示，自行其是。当然，两者也有重要的差别：塞多留在苏拉掌权后立即就被认定为罗马公敌，但苏拉始终都没有遭到罗马共和国的正式声讨。但是两者都揭示了同一种模式：罗马对外征服所提供的武装力量会令罗马的内部矛盾持续不断。在这种模式的推动下，罗马接下来又爆发了几场内战，导致罗马政权的统一性几近瓦解。除了这种外事对内政的影响，内政对外事的影响同样重要，即对于国内事务的过分关注会对共和国对外政策产生严重干扰。比如苏拉就因为国内问题而未能一鼓作气地征服米特拉达梯，又如梅特卢斯与庞培远征西班牙一事，其实就是先后由塞多留与马尔库斯·佩尔佩尔那这两个国内问题主导的。这一时期的历史其实与 2 世纪晚期的历史传达的是同一个道理，即罗马的对外政策严重受制于国内事务。

不过在其他方面，苏拉也是罗马帝国主义发展过程中一位极具创新性的人物。学者桑坦杰洛曾提出，苏拉为了控制小亚细亚的城市及其统治精英，开创了一种系统性的奖惩机制：那些在米特拉达梯战争中支持罗马的人，在战争结束后被赋予了特权，而整个行政框架也都便于罗马总督与各地方社群间的接触交流。因此，这些亚洲城市里的权势人物与罗马权势人物间的私交，就变成了一个非常重要的优势，恩宠体系从而得到了建立，也得到了记载。[31] 和其他许多方面一样，在施加恩宠方面，庞培也积极地向苏拉学习。公元前 72 年通过的一项执政官法案让庞培有权向西班牙本地人授予罗马公民权，而他便是靠这一手段来奖励肯为自己效劳的人，从而创造长期持久的义务关系。[32] 由于庞培在征讨塞多留期间的种种恩惠，当地社群在他离开西班牙二十多年后仍然对他十分感恩；而随着他的副将与恺撒的军队此时展开了新一轮内战，这一民心竟成了一个影响战争走势的因素。[33]

由此看来，内乱似乎的确推动罗马帝国主义在机制上发生了转变：权势人物为了在国内政治竞争中获得优势，开始利用帝国各地社群为自己服务。这种转变增加了罗马内战各方所掌握的资源，导致内战变得更漫长、更激烈、创伤更大。另一方面，罗马与地方权势人物的私人接触，加速了帝国各地地方精英的文化融合。在共和国覆灭许久后，这两方面的发展将对罗马政权的本质产生深远影响。

变化的原因

在苏拉退出政坛后的一段时期里，精英成员间的竞争仍然是罗马政治的核心问题。而这种竞争，从苏拉退隐后权势人物使用自家先祖形象的方式上便可见一斑。公元前79年担任执政官的阿庇乌斯·克劳狄乌斯·普尔喀，就将印有祖先样貌的盾牌献给了战争女神贝罗纳神庙；公元前79年担任执政官的马尔库斯·埃米利乌斯·雷必达除了把印有祖先形象的盾牌放在家中供奉，还专门建造了埃米利乌斯神庙，并将这一家庙对罗马公众开放。[34] 就这样，原本的蜡像变成了金属像，原本的私家纪念变成了公开纪念。[35] 老普林尼并没有记下这些创新出现的时间，但考虑到埃米利乌斯去世的时间，此二人有可能是在庆祝自己当选执政官时做出的这些创新，也就是紧接着苏拉退隐发生的。值得注意的是，不管是苏拉还是此二人，都来自古罗马的贵族阶层。元老院此时正处于扩张时期，一些祖先从未当过元老的人也加入了元老院，而在这种情况下，共和国权力最大的官职却仍然由后苏拉时代的贵族以及根深蒂固的平民显贵家族主宰，这也许并非巧合。这类人始终都觉得需要彰显自己的家世。

于是，精英成员间通过炫耀资源进行竞争，通过选举获得切实的政治成功，这仍然是共和国末期政治圈的一个典型特征。不过与过去相比，此时这种竞争发生的范围已经变了。罗马公民人口已比同盟战争前增加了许多，而且在苏拉改革之后，他们在共和国政治中的主要功能仅剩下选举官员。将这些新公民全部登记在册，这一工作似乎直到公元前70年的人口普查时才完成。登记时必然要将这些新公民分配到各投票部落里，而分配方式自然会决定他们的选票在未来选举中所起到的作用。综上分析，扩大罗马公民权对选举的潜在影响力应该是很大的。当然，在完成登记前，新公民的政治影响力是有限的。然而一旦完成了登记，罗马的统治精英就不得不面对一个有趣的挑战，那就是法律意义上的罗马公民人数，与事实上参与投票的罗马公民人数之间存在巨大的差值。当然，城邦时代的罗马也做过扩大公民权的事，那时候就有一些社群，虽然属于罗马公民，却因为生活区域离罗马城太远，无法规律性地参与罗马的政治活动，所以这个差值此前就存在。但是，同盟战争后罗马大量授予公民权，公民人数剧增，因此对于那些想让自己或是自己的朋友担任官职的人来说，选举的不确定性至少在理论上已经增加了许多。他们此时必须面对一些十分迫切且复杂的问题，比如选举时到底哪类人会在罗马城投票，哪些因素会影响他们的投票选择，有什么办法可以有效地拉拢他们。在后苏拉时代，贿选一事愈加受到关注，这背后的一个因素，也许就是每次具体选举时的选民结构都无法预测。不过，虽然选民构成发生了变化，高级官职的竞争更为激烈，却并没有新公民能够当选执政官。[36]

　　总结来讲，苏拉的种种创新使得罗马政治体系对于其参与者来说变得更难理解、更难预测。在旧有体系下，选举模式本可预测，但新获得罗马公民权的选民却并不属于这一体系。新入院的元老也未必属于原有的施恩报效关系网。同时，公民恢复原有政治权力的要求也是个体政治家无法阻挡的。然而，即使到了公元前 70 年后，贫穷、压迫以及元老们的贪婪无能，仍然让罗马人民与统治者之间存在着深深的怀疑。在共和国的风烛残年里，这种怀疑始终未能消解，一直左右着罗马的政治走向。

第六章

公元前 70—前 44 年: 罗马共和国的灭亡

从同盟战争到庞培与克拉苏首次当选执政官，这段时期的特征是变化迅速与暴力破坏，与之相比，之后的二十年相对较为太平，政治上较为稳定。其间，意大利域内仅出现了一场大规模武装冲突，即公元前 63 至前 62 年由喀提林领导的叛乱，但这场叛乱很快就被轻而易举地镇压了。总的来讲，拿公元前 50 年去与公元前 70 年相比，不管是官员与保民官的选举方式，还是他们的职责，都没有什么变化。[1] 但是，在这二十年里，罗马共和国的传统却被扭曲到了崩裂的地步，政治生活也经常遭到暴力事件的扰乱。公元前 49 年年初的几周，恺撒入侵意大利一事，其背景正是恺撒本人以及庞培、克拉苏等人越界破规的政治生涯。这些人试图超越一个集体政权的限制，都取得了或大或小的成功。恺撒的入侵在共和国点燃了一场新内战，他则是这场内战的胜利者。他的独裁起于内战尚未结束之时，止于内战结束不久之后，持续不到一年，却揭示了一系列新问题，而到他遇刺身亡的时候，这些问题几乎没有一个得到了任何形式的解决。

米特拉达梯的遗留问题

如果说庞培与克拉苏双双当选执政官标志着共和国内政实验期的结束，那么共和国的外事只是因此获得了一种表面上的稳定。这种表面上的稳定，很大一部分源于庞培与克拉苏两人，是他们收复了西班牙，使其归于一个统一的罗马政权的控制，也是他们镇压了斯巴达克斯的起义。东征的卢西乌斯·李锡尼·卢库鲁斯也获得了胜利，米特拉达梯提前逃遁。卢库鲁斯因而致信元老院，要求他们成立一个专门的委员会着手接管米特拉达梯原先的领土——此信在公元前 70 年送达。[2]

然而，之后几年里发生的一系列事件却削弱了这种安定感。此前，卢库鲁斯派副将阿庇乌斯·克劳狄乌斯·普尔喀（后成为公元前 54 年的执政官）去亚美尼亚国王提格拉涅斯那里，打算和他谈判，让他交出米特拉达梯。[3] 提格拉涅斯不肯，于是卢库鲁斯出兵入侵亚美尼亚：这等于是让罗马军队越过幼发拉底河，进入了一片陌生的土地，而且这一做法很难说与卢库鲁斯最初的指示不存在矛盾。[4] 一开始，战局对卢库鲁斯有利。他于公元前 69 年 10 月 6 日在提格雷诺塞塔击败了提格拉涅斯，由于罗马人在双方兵力悬殊的情况下大获全胜，此战成了军事史上以少胜多的典范。[5] 卢库鲁斯随后攻陷并摧毁了提格雷诺塞塔，并在公元前 69 至前 68 年岁末年初的冬季处理了一系列有关这场胜利的外交工作，其中就包括与帕提亚王国谈判以确保对方的中立。[6] 公元前 68 年，卢库鲁斯继续讨伐提格拉涅斯，带兵北上，在夏末于阿萨尼亚斯河畔又一次击败了对方。但是，这一回还是没能擒获米特拉达梯，而且由于军队的不满，他被迫放弃了继续追剿，越过陶鲁斯山脉，再次回到了底格里斯河源头处，夺取了那里的城市尼西比斯并在城中过冬。在尼西比斯期间，卢库鲁斯的姻兄普布利乌斯·克洛狄乌斯使得军中的敌对情绪进一步加重，原先在公元前 86 年作为卢西乌斯·瓦莱里乌斯·弗拉库斯的人马被派到东方的那批士兵尤其遭到了其他士兵的仇视。[7]另一方面，米特拉达梯已经逃到了卢库鲁斯的后方，到公元前67年时，他开始向卢库鲁斯留在本都的军队发起进攻。于是，卢库鲁斯带兵回撤本都，但尚未赶到，米特拉达梯就与本都的罗马守将盖乌斯·瓦莱里乌斯·特里亚流斯展开了泽拉会战。结果，罗马人被杀得大败。卢库鲁斯到达后无法说服军队继续作战，于是这支军队在卡帕多西亚安营扎寨，公元前67年的整个夏季都在那里按兵不动。

到了此时，卢库鲁斯遇到了一个棘手的问题，就是他很快就要失去兵权了。公元前67年，罗马通过了一项名为《加比尼乌斯法》的保民官法案，该法案由保民官奥卢斯·加比尼乌斯提出，将讨伐米特拉达梯的兵权交给了执政官马尼乌斯·阿基里乌斯·格拉布里欧。而到了公元前67年的夏天，这个消息已经传到了卢库鲁斯耳中。[8]其实，在此之前，卢库鲁斯的兵权已经发生了缩水：根据《森布洛尼乌斯法》，他的亚细亚行省已经被交给了公元前69年的一位裁判官督管，奇里乞亚行省也已被认定为一个行政官级行省。考虑到卢库鲁斯已经在公元前70年致信元老院，宣布自己在亚洲已经取得了胜利，奇里乞亚此时也已经变成了抗击海盗的重要基地，这两项职权调动到底在多大程度上是为了打压卢库鲁斯，在我们今天看来是存在争议的。[9]在卢库鲁斯已经决定东进南下的情况下，给亚细亚和奇里乞亚安排新的总督是很合情理的，只不过那些在元老院里鼓动此事的人未必是想帮助卢库鲁斯。此次颁布的《加比尼乌斯法》却很不一样：比提尼亚与本都，作为卢库鲁斯仅存两处还享有兵权的行省，此次被转交于他人；更重要的是，征讨米特拉达梯的兵权也在这一次被转交给了他人。[10]在这条法案通过时，泽拉会战败北的消息还未传到罗马城，可就算没有这场新危机的刺激，卢库鲁斯的地位也已经岌岌可危了：此时距离他宣布战胜米特拉达梯已经过去了整整两年，但他还是没能真正结束战争。[11]另外，《森布洛尼乌斯法》有关行省执政官的任命是有延迟的，但《加比尼乌斯法》却是立即生效。

另一个持续不断的问题更能直接影响到罗马城，那就是海盗。[12] 海盗不是罗马的新问题。在我们掌握的史料中，这一时期对海盗问题的记载变得更频繁，描写也更生动，但这未必说明海盗问题更加严重，而是在一定程度上反映了在当时的政治环境下，随着其他威胁消退，海盗反而成了危机的焦点。克里特岛是海盗活动的一个重要基地，而且似乎在公元前 69 年的执政官选举前就已经被认定为执政官级行省了。为了避免自己遭到攻击，克里特人对此展开了一场激烈的外交攻势。他们最初如愿以偿，元老院的确下令重申了马尔库斯·安东尼与他们签订的条约内容。但是后来，似乎保民官对此投了反对票，元老院改变了政策，给克里特人下了最后通牒，开出的条件令他们无法接受，想必是故意要借此开战。[13] 此次负责指挥军队的是昆图斯·凯西利乌斯·梅特卢斯①，他到达克里特岛后与克里特人重启干戈，并围困了若干城镇。[14] 但是他的种种行动似乎没有对地中海西部的海盗活动起到任何遏制效果，也没有直接影响到罗马。公元前 66 年，西塞罗做了一场名为《论庞培的指挥权》的演讲，其中（31—33）就描绘了当时意大利海盗问题的可怕，说两名裁判官都被海盗抓去，凯埃塔、米先念和奥斯提亚三处港口都遭到了袭击。[15]

就是在这样一个背景下，加比尼乌斯又提出了另一项重要的法案。他提议委派一名前任执政官抗击海盗，给他三年的兵权；在距离海岸线 50 英里内的陆地范围内，其权力大过其他任何持兵权者；此外还享有大量人力、船只和财力的支配权。法案中并没有指名道姓地提到庞培，但所有人当即就明白，庞培就是不二人选。结果，这条法案得到了通过，但在通过过程中却出现了暴力对抗。根据狄奥的记载，元老院就此事集会期间，加比尼乌斯差点被反对者杀掉。随后，他的支持者为了报复冲击元老院，抓住了执政官盖乌斯·卡尔珀尼乌斯·皮索，幸好加比尼乌斯出面相劝，皮索才免遭皮肉之苦（36.24）。接下来，

---

① 他在此次军事行动后获得了克雷提库斯（克里特征服者）的称号。

这一法案被拿到人民大会上裁决，反对加比尼乌斯的人打算依靠保民官卢西乌斯·特雷贝里乌斯将这项法案否决掉。之后发生的事，仿佛提比略·格拉古与马尔库斯·屋大维之间角力的重演：大会在此法案投票期间，加比尼乌斯横加阻拦，要求众人先投票要不要免去特雷贝里乌斯保民官的官职。结果，各投票部落纷纷投票，当前十七个投票部落都投票支持特雷贝里乌斯免职、第十八个投票部落尚未投票之时，特雷贝里乌斯突然表示自己不会否决加比尼乌斯的法案，这部反海盗法就这样通过了。

维雷乌斯认为（2.31.3—4），这项法案赋予了庞培实权，与七年前马尔库斯·安东尼在剿灭海盗行动中所获得的实权一样。元老院当时支持安东尼，此次却抵制庞培，这在维雷乌斯看来，是因为庞培的权力与自行其是令元老院感到恐惧。笔者完全认同维雷乌斯的解读，但作为补充，也要强调两次事件在流程和所赋权力上的区别。安东尼当年的兵权，是由元老院讨论通过的，且只涉及他一人，而且他所能支配的资源似乎并没有很多。可是这一回，提议让庞培指挥的是保民官，而且他不但能支配数量惊人的资源，还可以通过大量任命副将来培植自己的党羽。另外，加比尼乌斯的法案也是在更加直接地挑战元老院在军事方面的控制权：法案中明说要委派一位前任执政官，言外之意是现任官员没有能力解决海盗问题（此处可以与加比尼乌斯有关讨伐米特拉达梯兵权的法案做对比：他那一次仍然提议由现任执政官担任新的统帅，所以从这个意义上讲，此法案只是《森布洛尼乌斯法》的更新版）。另外，此法案也暗示元老院试图通过梅特卢斯解决海盗问题的办法是无效的。[16]

加比尼乌斯的这些法案，表明保民官立法活动在这一年出现了暴增，而这些活动不但引发了元老院与人民的对立，也公然将保民官集体分裂成了两个对立阵营。除了加比尼乌斯，保民官盖乌斯·科尼利乌斯也推行了一系列法案。加比尼乌斯的法案关注的是共和国的对外政策，而科尼利乌斯的法案则着眼于共和国的内政。[17]其中最具争议的一项法案旨在让罗马民众成为授予司法豁免权的唯一源头。也就是说，如果该法案通过，元老院也就无法通过投票授予元老豁免权了。围绕这一法案展开的斗争，仿佛是加比尼乌斯反海盗法案的重演：该提案先是遭到另一位保民官普布利乌斯·塞维利乌斯·格洛布鲁斯的否决，科尼利乌斯用计谋绕过这一否决的阻碍，但他为了避免暴力继续还是撤回了法案，并最终与对方达成了一个妥协方案。[18]根据这一方案，元老院仍然有权授予豁免权，但条件是必须有两百名元老在场投票，且不能有一人反对才算通过。此外，科尼利乌斯还成功立法，迫使裁判官必须遵守他们自己的判令。除了这两个成功的法案，已知科尼利乌斯还有过两个未通过的法案，一个旨在禁止面向外国政权的贷款，一个旨在打击贿赂。后者虽然没有通过，却促使一位执政官提出了自己的一项反贿赂法，只不过惩罚措施没有那么严苛。最后，保民官卢西乌斯·罗修斯·奥托也提出了一项法案，要求每场戏剧演出必须将 14 排座位预留给骑士阶层。

这种立法活动的暴增应该如何解读呢？首先，庞培就是这背后的一个因素。自从卸任执政官以来，庞培并未担任任何官职，而此次保民官欲将剿灭海盗的兵权交给庞培，他不可能没有深度参与。他之所以做出这样一个决定，也许与他在认知上的变化有关：也许他已经意识到，自己再也不能指望元老院像自己初入仕途时那样，对自己优待了；也许是随着保民官权力的恢复，他发现自己没有必要依靠元老院，仅凭自己在民众中的威望，便有可能获得军事指挥权。在担任执政官期间，庞培是认可元老院权威的，但随着那一年保民官权力的恢复，他此时有条件越过这一权威。另外，剿灭海盗的兵权还有另一个吸引他的地方：在后苏拉时代，针对某一片陆地区域的兵权属于常例，但庞培始终小心谨慎地与这种常例保持距离——就在不久前，他刚刚拒绝了一项行省总督的任命；而剿灭海盗的指挥权与此迥然有别，接受它并不等于向常例妥协。

公元前 67 年的这些立法活动还表明，罗马人民似乎认为元老院正在严重滥用职权。西塞罗在公元前 65 年曾为科尼利乌斯做过一番辩护，后来的罗马史学家阿斯科尼乌斯曾对该辩护词做过评述。而在评述的序言部分，阿斯科尼乌斯就曾提到，元老院只允许自己授予豁免权，这让罗马民众感到不满，因为确有元老利用这一权力偏袒他们的朋友，也有裁判官故意无视自己的判令，借此拉拢选票。阿斯科尼乌斯还引用了科尼利乌斯贷款禁令法案的原文，说"因为有人以高息向异国政权的代表放贷，获利之高令人侧目，因此应当禁止一切人向异国代表放贷"。[19] 在其他史料中，共和国地方社群欠债之事也得到了佐证，而且这一时期，的确有若干官员因贪污获罪的案例。[20] 我们掌握的有关元老院滥用职权的史证，其中一些无疑带有偏见，但很难否认，元老们从苏拉那里获得了免受外在监督的自由，并且利用这种自由在意大利及海外去追求个人利益的最大化。庞培到底在何种程度上利用民众的反元老院情绪来促进自己的利益，我们今天并不清楚，不过正直无疑是庞培公共形象的一部分：那个曾经遭到贪污指控的年轻人，如今已成了一位无可指摘的人民福祉捍卫者。

公元前 67 年的这些事也是自保民官职权恢复以来，10 位保民官已知的首次分裂。从公元前 67 年的这些暴力事件中可以清晰地看出保民官并没有什么绝对的权力，他们必须通过与人民谈判协商才能获得权力。随着政治势力意识到这一模式的存在，他们将有组织的暴力活动作为政治工具的趋势也就变得更为明显了。[21] 最后要说的是，执政官皮索在这一派系对抗的爆发中起了很大的作用。他先是牵头反对加比尼乌斯的法案，后来又试图阻挠庞培征召军队。根据阿斯科尼乌斯的记载（51C）推断，在科尼利乌斯与格洛布鲁斯两人对抗期间，他应该就在现场。可以猜测，在说服其他保民官反对科尼利乌斯与加比尼乌斯的过程中，他也发挥了作用，而那个以不甚严厉的惩罚措施取代了科尼利乌斯法案的反贿赂法，就是由他提议的。另外，尽管马尔库斯·洛利乌斯·帕里卡努斯在部分保民官反对的情况下仍然获得了参选执政官的资格，但皮索却拒绝接受他参选。[22]

庞培的军事行动（公元前 67 至前 62 年）

庞培的海盗剿除战进展得非常迅速。他和他的副将从地中海西端发兵，一路向东驱赶海盗，短短四十天，便在科拉凯西乌姆附近的奇里乞亚海域与海盗展开了一场大规模海战并击败了对方。[23] 然而，剿除的速度虽快，过程却并不顺利。庞培自西至东进兵经过罗马城时，遭到了皮索的抵制，后来在克里特岛，他又与梅特卢斯就兵权问题发生了冲突。另外，他也只是暂时剿除了海盗活动。[24] 不过，罗马方面收到的消息，却说庞培取得的是一场辉煌的胜利。透过西塞罗在公元前 66 年发表的演讲《论庞培的指挥权》，我们可以尤为生动地看到庞培那种近乎神明的形象，完全是一个凭借非凡指挥才能取得非凡成就的将军："上天可鉴！试问何人有如此不可思议、仿若神明的才干，能如此迅速地为国家带来光明？不久之前，敌人的舰队已侵犯台伯河口，而今时今日，地中海内已无海盗踪影。"（33）西塞罗有关海盗的这番议论——加上庞培早期的战功——使得罗马又通过了一项新法案《马尼利乌斯法》，授予庞培征讨米特拉达梯与提格拉涅斯的兵权。[25] 这一法案的提出者是保民官盖乌斯·马尼利乌斯。而依据此法案，庞培将会接管奇里乞亚、比提尼亚与本都三行省现任指挥官的兵权；至于庞培的掌权期限，条款中似乎并未说明。

马尼利乌斯法案背后的思路相当清晰。讨伐米特拉达梯的战争还未结束，罗马的威名已在一年前的泽拉一战中受到重创；格拉布里欧也好，昆图斯·马修斯·雷克斯也好，都没有采取什么决定性行动，而庞培已然身在地中海东部，刚刚成功地完成了一场大规模战役，恰好还有资源去承担新的任务。另外，从塞多留到斯巴达克斯，再到海盗，庞培都能解决长久以来无法解决的问题，所以为了解决在二十多年前便开始挑衅罗马的米特拉达梯，庞培自然是理想人选。想必庞培也已看到了这个机遇，并在前一年夏末海盗剿除战收尾之时便开始为此筹划。通过保民官法案——而不是元老院——获得兵权，这让他可以借机再次表明自己与罗马人民之间存在直接的纽带，同时也躲过了两个拥有执政官头衔的高级元老荷坦修斯与昆图斯·卢塔提乌斯·卡图卢斯的反对。[26]

于是庞培北上加拉太，在那里见到了卢库鲁斯并接管了其大部分军队。两人此次见面最终以赤裸裸的相互指责收场，庞培既无视卢库鲁斯的决定，也无视在卢库鲁斯请求下成立的十元老委员会的决定。[27]他自行带兵追击米特拉达梯，并在公元前66年晚些时候的一场会战中将其击败。不过，米特拉达梯未被擒获，而是朝北逃向科尔基斯，进而又逃到了克里米亚。同时，庞培调转方向，对付起了提格拉涅斯——此时的提格拉涅斯已经拒绝继续援助岳父，而且提格拉涅斯的一个儿子也正在率众反叛他。最终，提格拉涅斯选择向罗马投降，投降仪式极具象征性，可能经过了精心排演。根据投降协议，亚美尼亚须将近来征服的领土——包括叙利亚——返还罗马，并缴纳6000塔兰特的罚金。[28]提格拉涅斯保住了自己的亚美尼亚王国——一开始，庞培本提议立提格拉涅斯之子为索斐涅之王，但后来却把他带回罗马城为质。[29]庞培还更新了卢库鲁斯此前与帕提亚统治者弗拉提斯签订的条约。随后，庞培继续北上，但从他北行的路线分析，其目的似乎并非追剿米特拉达梯，而是要在那些此前被提格拉涅斯控制的地区宣示罗马的权威。[30]公元前66年末以及前65年，庞培一直在与东高加索地区的阿尔巴尼亚与伊比利亚部落作战；他还为被遣散的老兵建立了一座城市，叫胜利城。[31]接下来，他带兵行至阿米苏斯，公元前65至前64年岁末年初的冬季就待在那里，组织比提尼亚的政务，并没有对躲在黑海北部地区的米特拉达梯动手。事实上，庞培似乎下定决心不再积极地去追剿米特拉达梯。公元前64年末，他掉头向南，去了之前由塞琉古王朝统治的叙利亚地区，在那里整顿行省政务。[32]然后，他出兵介入犹太事务，在公元前63年10月夺取耶路撒冷，并扶植了一个罗马代理人担任大祭司。同时，米特拉达梯的问题竟不攻自破了：米特拉达梯之子法纳西斯成功推翻了父亲，米特拉达梯自杀身亡。法纳西斯将父亲的尸体做了防腐处理，连同若干人质以及那些二十五年前抓住并杀害了马尼乌斯·阿奎利乌斯的人，一同押送给庞培。庞培已于公元前

63 至前 62 年岁末年初的冬天回到了本都过冬，于是在阿米苏斯接管了这些人。米特拉达梯已死的消息在罗马城公开宣布，全城展开了一场为期十天的"感恩"活动。至此，庞培已经完成了《马尼利乌斯法》交代的任务，但他却没有立即返回罗马，而是在罗马的那些新领地里展开了广泛的行政工作，包括在本都成立新的行政体系，对许多当地统治者的权力予以承认，将叙利亚纳入罗马的直接统治之下。到了公元前 62 年春，他才动身返回罗马。他选择的路线，是经米蒂利尼和以弗所沿着小亚细亚海岸到达罗德岛，然后跨越爱琴海至雅典，再从那里回罗马。选择这条路线并无刻意之处，但庞培的确因此有机会在沿途每一个经停地组织盛大的仪式宣扬自己的成就。[33]

意大利危机

庞培即将回到罗马，但他没有心思理会他辉煌的战功，而是纠结于其他一些问题。而这些问题所引发的利益冲突，在很大程度上决定了罗马在之后十年里的国内政治走势。公元前 62 年初，就在庞培准备班师之际，一支由执政官统领的军队，在伊特鲁利亚的费苏里附近击败并大体上歼灭了由前裁判官喀提林统率的军队。这是自十五年前雷必达之乱以来意大利地区发生的第一次大规模内战。

喀提林并非新贵，而是出身贵族世家，只是其家族近来风光不再。[34] 他生于公元前 110 年，同盟战争期间在庞培·斯特拉波军中效力之时首次留名史料（他有可能是在军中结识了庞培与西塞罗）。在苏拉于公元前 82 年返回意大利后，喀提林成了他的追随者。[35] 苏拉的斥决令很可能让喀提林获得了经济利益，而他又将这一资源用在了其政治生涯上。他在公元前 1 世纪 70 年代里的经历并无史料记载，我们只能假设在此期间他一直在沿着晋升体系不断向上爬。[36]下一次出现在史料里时，喀提林已成了公元前 67 至前 66 年的阿非利加行省总督，这说明他应该刚刚当过一届裁判官。在回到罗马后，他被普布利乌斯·克

洛狄乌斯·普尔喀以勒索罪提起公诉。在西塞罗现存年代极早的一封书信里
（*Att.* 1.2.1），西塞罗说他正在考虑当喀提林的辩护律师，但最终并没有这样做。
结果，喀提林被判无罪，但遭到公诉一事影响了他竞选执政官的资格，直到公
元前 64 年的夏天，他才首次下场角逐次年的执政官一职。

　　一方面，苏拉入主罗马后增加了裁判官的数量；另一方面，公元前 70 年被
赶出元老院的一些人也打算重回政坛，因而这一时期的竞选激烈到了前所未有
的程度。组织投票过程以及左右投票结果都成了各方势力的当务之急。[37] 比如
马尼利乌斯成为保民官后首次提出了一项法案——此事在转授讨伐米特拉达梯
兵权那条法案之前——打算重新执行苏尔皮西乌斯当年的计划，将重获自由人
身份的公民分配到全部 35 个投票部落里。这项法案在公元前 67 年的 12 月 29
日经集体投票获得了通过，但那一天恰逢十字路神节，按照相关法律是不可以
进行投票的。结果在第二天——也就是公元前 66 年 1 月 1 日——元老院在年
度首次例行会议上撤销了这一法案。① 结果伴随着上述事件，出现了致命的暴
力对抗。[38] 再如公元前 65 年，负责人口普查的卡图卢斯与克拉苏围绕波河以外
的居民是否应被登记为罗马公民发生了争执，两人在人口普查完成前就辞去了
监察官一职很可能就是因为这场争执。此外，在这一时期，贿赂也是一种常见
的竞选策略，所以在公元前 67 年，保民官科尼利乌斯就逼迫执政官皮索出台
了一项新的反贿赂法，对贿赂行为施加比《科尼利乌斯反贿赂法》更严厉的惩
罚，《卡尔珀尼乌斯法》由此诞生。次年，两个被选为执政官的人（其中一个
还是苏拉的侄子）都根据这条法令被定罪革职。

　　根据西塞罗留下的相关书信判断，竞选活动很可能最早在正式选举的前一
年就开始了，候选人会利用选民集会投票的机会来试水。因此，决定在公元
前 64 年参选的西塞罗，在公元前 65 年夏季就开始对自己和来年对手的胜算展

---

①　古罗马的 12 月通常只有二十九天。

开了评估，并写进了信里，其中就包括首次参选执政官的喀提林。因此相对来讲，今天我们对喀提林此次参选的情况较为了解。公元前64年的竞选，真正有竞争力的候选人只有三位，即喀提林、西塞罗和盖乌斯·安东尼。[39]安东尼来自一个赫赫有名的显贵家族；他的父亲是大演说家马尔库斯·安东尼，公元前100年罗马曾为其举办过一场凯旋仪式表彰其战功；他的哥哥就是在公元前70年代末剿除海盗的将军小马尔库斯·安东尼。不过，盖乌斯·安东尼的履历远没有父兄那样光彩：他在公元前1世纪80年代中期的苏拉时代是希腊的一个地方长官，之后的经历并无史料记载，只知他被公元前1世纪70年的监察官赶出了元老院。[40]西塞罗则属于"新人"，来自一个意大利望族，与罗马贵族有关联。他此前是一位兢兢业业的律师，极有口才，此时大有压倒荷坦修斯，成为罗马第一演说家的势头，而且他还在两年前用一番精彩的演讲表达了对马尼利乌斯那项法案的支持，这等于公开站在了庞培一边。[41]在大多数情况下，在执政官竞选中，"贵族"与"显贵"肯定可以击败"新人"，但这一回，对于西塞罗来说幸运的是，他那两个对手的名声并不好，甚至可以说是非常差；而对于喀提林与安东尼两人来说不幸的是，他们的对手为了弥补家世的不足，已为这场竞选精心准备了多年。在竞选活动中，喀提林与安东尼选择了合作，快到选举日的时候，在元老院就贿选问题展开的一场辩论中，三位候选人发生了激烈的舌战。根据阿斯科尼乌斯的记录，喀提林与安东尼说来说去，也只能从西塞罗身上找到出身这一个弱点。如果史实果真如此，那么这足以证明西塞罗此前在打造公众形象上面非常用心，也可以解释他为什么在成为裁判官后没有前往地方行省做总督。西塞罗在这场舌战中说的话仅有片段得以保留，但内容与前者对比鲜明，里面都是两位竞争对手的负面信息，包括私下密会、居心险恶和行为不检点。[42]最终，精心的准备与恐吓战术让西塞罗在选举中赢得了最多的选票，与得票数略逊于自己的安东尼双双当选执政官。

如果这一次是西塞罗和喀提林当选，尽管在竞选中火药味十足，但两人也许仍然能和平执政。不管怎样，西塞罗与安东尼也合作得比较好，尤其是在西塞罗帮安东尼获得一份有利可图的总督职务后。竞选失败的喀提林仍然有自己的支持者：公元前 64 年秋，他被提起公诉，罪名是其在公元前 82 年谋杀了马尔库斯·马略·格拉提迪亚努斯，但有几位前任执政官出面做证，喀提林因而再次被判无罪。[43] 到了公元前 63 年，他又开始为下一年的执政官一职展开竞选。这一回的竞争比一年前更为激烈，除了喀提林，至少还有三人有胜算。一个是卢西乌斯·李锡尼·穆雷纳，他的直系家族并没有出过执政官，但他的父亲却享受过凯旋仪式的荣誉；他本人在军旅中闯荡多年，曾在卢库鲁斯手下效力，因而此次竞选，卢库鲁斯那些已经返回意大利的老兵应该会支持他。第二个是德希姆斯·尤尼乌斯·希拉努斯，他和喀提林一样都是二度竞选（上一次参选是在两年前），西塞罗当时说他既缺朋友，又缺名声。我们今天对希拉努斯此前的经历几乎一无所知，但可以确定他出身贵族，还是祭司团成员，妻子塞维利娅更是极有背景；对他的竞选十分重要的一点是，他得到了妻子的同母异父弟弟小加图的积极支持，虽然小加图只是财务官，等级不高，但却已在罗马政治界闯出了名号。[44] 第三个是塞维乌斯·苏尔皮西乌斯·鲁夫斯，他的家世与喀提林类似，都是近来风光不再的贵族，他本人是一位著名的法律学家，也是西塞罗的朋友，在选举前曾说服西塞罗提出一项更为严格的反贿赂法。由此看来，四位候选人难分伯仲，竞争非常激烈，而在一定程度上，这种激烈的竞争使得喀提林给自己敲定了这样一个定位，即"不幸者的领袖与旗手"。据说这话是他在一次私人会谈中亲口所说，同时他也说了其他一些极具煽动性的言论。这些话让西塞罗设法将选举推迟，先在元老院集会上让喀提林作出解释。[45] 会上，喀提林说："共和国有两个身体：一个身体虚弱却有头脑，一个身体强壮却头脑空空。只要这个身子配得上我的支持，那么只要我活着，我就会充当它的头脑。"[46] 喀提林的这番话，出自西塞罗在喀提林公然叛乱四个月后的一场演讲，所以事实未必如此，但如果西塞罗在演讲中故意杜撰，听众自然会不知所谓，那么演讲的效果便减弱了，所以喀提林可能真的说过这些话。至少我们可以确定，喀提林在竞选中呈现了一个严重分裂的罗马共和国，还声称自己代表的是其中那些在经济上受到权威压迫和忽略的人。[47]至于他到底打算怎样具体地去实现这些竞选口号，我们今天难以确定。根据其他人对喀提林私人会谈的记述，喀提林似乎有取消债务、返还此前充公财产的计划，但这些有可能只是他竞选对手们的杜撰。[48]

喀提林将一个共和国分解成了两个身体，而这种提法也可以联系到选举前发生的若干事件身上。[49]在那一年年初，一位保民官提出了一项土地法案，建议赋予一个委员会十项十分宽泛的权力，让他们可以利用变卖罗马的海外公共土地获得的资金在意大利购置土地用以分配，也让他们有权分配意大利内部剩余的公共土地。[50]这等于是将庞培海外征服的辉煌成果转化成民众的福利。但是，这一法案并未进行投票表决，主要是由于执政官西塞罗的反对。1月1日，他在元老院里抨击了提案者的演讲，削弱了元老院对于这一法案的支持力度，随后又试图说服罗马普通民众，让他们觉得该法案对于他们的幸福来说是一种专横的威胁。[51]此外，西塞罗还提前运作，确保该法案肯定会被其他保民官否决。在这种情况下，提案者普布利乌斯·塞维利乌斯·卢鲁斯最终撤销了法案。[52]这场争议不但说明了罗马人民中间所存在的贫穷与不满，也说明了庞培的影响力：他的战功与地位被他人加以利用，这些人的目的是让自己在他返回罗马后能够得利。庞培手下的老兵很可能就是该法案意指的受益者，而西塞罗在反对这一法案时，也把该法案对庞培不利当作一个理由。[53]又如公元前67年提出法案将剧场前排座位预留给骑士阶层的保民官罗修斯·奥托，在他卸任后，罗马民众欲针对他举行一场声讨示威，幸亏在西塞罗的斡旋下，冲突才得以避免，西塞罗对此颇为自豪。[54]此外，还有人提议恢复受斥决者的后裔担任官员的权力，这一法案也遭到了西塞罗的反对。[55]在所有此类事件中，最值得注意的也许就是盖乌斯·拉比利乌斯一案。这一年，有人对元老拉比利乌斯提起公诉，认为他在公元前 100 年——也就是苏拉上台前——的所作所为涉嫌"大逆罪"。事实上随着《反叛逆法》的不断发展，大逆罪到了此时几乎已经罕有提及了。根据指控，当年登上元老院屋顶，用石块将撒坦尼努斯与同伴砸死的那群人里，就有拉比利乌斯。提起这一公诉的是保民官提图斯·拉比恩努斯，庭审就在百人团面前举行，为拉比利乌斯辩护的是荷坦修斯与西塞罗（他的辩护词保存至今），然而此案尚未投票表决，贾尼科洛山上突然升起警旗，这说明罗马城正受到敌人进攻，一切民事活动暂停，于是庭审中止。[56] 这件事的重点，显然不在于拉比利乌斯最终是否被定罪、受了何种判罚，而在于此事表明了罗马的司法权威最终还是掌握在人民手中，即使有人是奉元老院法令——也就是指示执政官以一切手段保护共和国的安全——行事，仍然会遭到死罪的指控。[57] 然而庭审因故中止，指控悬而未决，这也凸显了时人对于司法权到底在何人手中这一问题持有不同的观点，也凸显了各方势力很难达成妥协。

现实地讲，喀提林在公元前 63 年夏季的竞选是他最后一次当选执政官的机会。尽管西塞罗在元老院面前试图把喀提林的政治目的妖魔化，元老院仍然拒绝对此采取行动。结果，喀提林得以参选，最终与苏尔皮西乌斯一同落败。而直到此时，他才开始筹划武装叛乱。[58]

萨卢斯特保存了喀提林写给卡图卢斯的一封信，后者在喀提林于这一年秋天离开罗马城后向元老院当众阅读了这封信：

卢西乌斯·喀提林致昆图斯·卡图卢斯。君之信义素来无可指摘，于吾危难之时更觉可贵，因而斗胆执笔，信君必不负所托。吾此番无意为吾之新计作辩词，亦不觉吾之所为有何罪愆，然仍欲对君做一番解释，愿上天襄助，令君知我所言非伪。吾受人伤害侮辱，辛劳之回报被人夺去，以致地位不保，故而依吾辈之传统，决意为不幸者发声。此举非因吾无法以私产偿债，亦非因奥蕾丝蒂拉（喀提林之妻）与其女不愿慷慨相助，以彼之资财偿债，只皆因吾见德不配位者偏居高位，吾却无端遭疑，沦为弃徒。故而，吾今行此丝毫不辱德行之事，欲保全吾残存之地位。本欲多言，因得知有人正在调兵加害于我，只得搁笔。吾将奥蕾丝蒂拉托付与君，望君看在君之儿女的分上保其不受伤害。顿首。

　　这读起来显然是一个抱负受挫、自身受辱之人的话语。当然，喀提林的行为的确符合后苏拉时代涌现出的一种模式，即统治精英阶层成员利用军事暴力实现个人意愿，但尽管如此，我们也无法否认喀提林事件反映了一个事实：当时的罗马存在着深刻的社会与经济问题。喀提林后来又留下了若干书信，表示自己有意流亡马希利亚（即今法国马赛），可事实上却去了伊特鲁利亚，加入了由盖乌斯·曼利乌斯领导的武装叛乱。曼利乌斯早先是苏拉手下的一位百夫长，此时一直在按喀提林的指示行事。

　　结果，这场叛乱被轻而易举地镇压了，再加上西塞罗与萨卢斯特两人在谈及此事时都强调喀提林的不理智，这似乎表明他在落选执政官后的所作所为是无法用理性去解释的。但事实上，从下面几个角度分析，他的策略似乎又多了一些合理性。第一，当初的斯巴达克斯起义，罗马就花了大量时间与资源才将其镇压，而此次喀提林率领的是一群经验丰富的老兵，元老院一时间能够调集的军队规模也有限，所以的确有可能与之相持一段时间。第二，喀提林叛乱期间还在同阿洛布罗吉人谈判，而这支高卢部落对于罗马政权在阿尔卑斯山以北的行径极为不满，喀提林此举就是为了获得他们的军事支持。第三，在不久的将来，随着庞培返回意大利，罗马的政治环境有可能发生变化，不知喀提林是否打算效仿当年拥兵投靠苏拉的庞培，打算此番拥兵投靠庞培，在一场即将到来的对共和国的军事颠覆中得利。

　　10月，在曼利乌斯起义的消息甚至还未传到罗马时，西塞罗就在罗马城说服元老院通过了所谓的"最后裁定"，但他未能说服元老院采取任何直接针对喀提林的措施。后来，喀提林加入曼利乌斯的消息传来，元老院这才将两人宣布为罗马公敌，并委派执政官盖乌斯·安东尼率军征讨喀提林。[59] 此事之后，喀提林在罗马的支持者与阿洛布罗吉人谈判的证据才得以曝光。当时，阿洛布罗吉使者就此事询问了他们在罗马的恩主昆图斯·法比乌斯·桑加，而后者安排他们与西塞罗会面。西塞罗说服他们故意与密谋者会晤，好能留下书面证据，随后又安排人在使团离开罗马城之时将其逮捕，搜获相关书信并逮捕了其中的一名密谋者。[60] 西塞罗接下来的行动常常被视为其成就与才能的体现，以至于他最终被元老院誉为"pater patriae"（即"祖国之父"）以及共和国的拯救者：他故意在元老院演了一出戏，将密谋者传唤上前，出示原封未动的密谋信，先让他们承认上面是他们的封印，再将信拆开当众阅读。[61] 然而事实上，这种公开揭示阴谋的招数犯了过犹不及的错误。首先，喀提林的武装威胁才是共和国当时面对的最大问题，而共和国此时已经派兵征讨了；另外，西塞罗的间谍早在阿洛布罗吉使者被逮捕之前就已经与其达成一致，所以西塞罗实为多此一举。更重要的是，西塞罗派人拦截使团与随后的公开揭发不但无用，反而有害。当时遭到揭发的有五人，其中一人是前任执政官、现任裁判官，还有一人是元老。因此，要如何处置这些叛国者就成了西塞罗抛给罗马的一个棘手问题。而除了西塞罗这一策略上的失误，元老院也犯了一个错误：当元老院在 12 月 5 日那天集会讨论如何处置五人时，他们想当然地认为自己有权决定五人的命运，并最终决议将五人处决。[62] 五人之死昭示了共和国内部在对共和国本质的理解上存在难以逾越的分歧：拉比恩努斯借起诉拉比利乌斯所传达的信息——司法权最终掌握在人民手中——遭到了元老院赤裸裸的无视。

喀提林叛乱之所以成为可能，是因为共和国内部普遍存在经济不满，也有赖于叛乱者阵营内的一种信念——不管这种信念有多么站不住脚——后苏拉时代的罗马政治建构只是临时性的。从这个角度讲，喀提林叛乱最适合拿来与十五年前的雷必达叛乱比较。前文已经讲过，此次叛乱就和公元前 63 年的其他事件一样，在一定程度上都是由庞培即将回归一事驱动的。可以肯定的是，由于罗马政治在公元前 63 年变得愈加两极化——其主要原因是执政官西塞罗在公众场合的坚定态度，庞培此时更难通过协商来找到一个令他满意的方式重新融入罗马的政治生活，所以只能被迫做出其他选择，而这些选择又对中期历史走向产生了巨大影响。

派系分裂，罗马人民，秩序崩塌

12 月 5 日，五位密谋者——兰图卢斯·苏尔拉、盖乌斯·科尼利乌斯·塞特古斯、普布利乌斯·加比尼乌斯·卡皮托、斯塔提利乌斯与马尔库斯·凯帕利乌斯——遭到公开处决，西塞罗亲自到场监督，事后被欢呼的人群护送回家。"那些著名的第九日"① 成了西塞罗神话中的关键元素，而罗马人民在这一天所表现出的团结性，也与西塞罗卸任执政官后秉持的所谓 "concordia ordinum"（即 "阶层和谐"）政策是一致的。[63] 不过，西塞罗在卸任后的若干年里之所以大肆宣扬自己当年的成就，一个原因就是他的成就遭到了他人的质疑。这种质疑几乎在他刚刚卸任之后就出现了：12 月 11 日，新一届保民官正式上任，其中两人对西塞罗在任时的所作所为提出了抨击。他们一个是昆图斯·凯西利乌斯·梅特卢斯·内波斯，是庞培之妻穆西亚的同母异父弟弟，也是庞培之前的副将；另一个是卡尔珀尼乌斯·贝斯提亚。[64] 根据传统，官员在卸任仪式上会做一场卸任演讲，发誓自己任职期间始终遵守法律，但内波斯却利用自己的否决权不让西塞罗演讲发誓，并在随后的一次公众集会上这样解释自己的行为："未经审判便惩处他人者，无权发言。"作为回应，西塞罗调整了宣誓的形式，并公开声称自己当时挽救了共和国。[65] 内波斯随后当众提出法案，想把庞培召

---

① "那些著名的第九日"（Those famous Nones），nones 指罗马历法中每个月月中日前的第九日，2、5、7、10 月的月中日是第 7 日，其他月份的月中日则是第 5 日。

回意大利对付喀提林，并允许他缺席担任执政官一职。[66]内波斯这边试图强行通过这项法案，结果引发了暴力事件，这仿佛就是公元前67年保民官冲突的重演：宣读官在宣读法案时遭到了小加图与另一位保民官昆图斯·米努西乌斯·特姆斯的肢体阻拦，无法宣读；已将法案内容背下的内波斯继续宣读，又被米努西乌斯·特姆斯捂住嘴巴；在场者多站在内波斯一边，于是将小加图、特姆斯及其支持者赶进了双子神庙；小加图再次返回，试图干扰会议继续。此时，元老院集会，授意执政官须确保罗马不受损害，并对内波斯做了停职处理。一同被停职的还有时任裁判官的恺撒，他当时是内波斯法案的支持者，曾与内波斯一同出席了那场有争议的公众集会。作为回应，内波斯离开了罗马城，打算重新加入庞培的军队。[67]

可以想到，内波斯想要重新导演公元前71年的旧事——那一年，庞培从西班牙被调回意大利平定斯巴达克斯起义。他以为这样做有助于庞培以及他自己的利益。[68]诚然，庞培此时仍在罗马人民间拥有广泛的支持，但元老院的反对态度则较之前远为鲜明，小加图在这里面起了很大的作用。而且内波斯一边试图为庞培改善局面，一边却又抓着西塞罗不放，这很可能是一个策略上的错误。即使在内波斯法案引发暴力事件之前，内波斯对西塞罗的态度也让西塞罗的朋友很难去支持他的法案。结果，内波斯非但没有把庞培塑造为能够解决危机的人，反而让他变成了有可能给共和国制造更多问题的人。

结果，副将马尔库斯·佩特雷乌斯在战场上击败了喀提林，调回庞培因而变得毫无必要；而且内波斯见到庞培时也不可能受到什么友好的接待。庞培返回意大利后立即决定与穆西亚离婚，此事据普鲁塔克所说，是因为穆西亚在丈夫征战海外期间有不忠的行为，但值得玩味的是，离婚也许同样是为了斥责其兄弟内波斯，惩罚他贸然将自己置于尴尬的政治处境中。[69]在还要很久才能抵达罗马城时，庞培特意致信元老院安抚对方，称他此来只愿和平。[70]尽管庞培在信中并没有对西塞罗本人表达出足够的情谊与祝贺，但信的内容还是让西塞罗感到喜悦。一个不愿动武的庞培，回意大利享受生活，有影响力却无官职，这也许会增强广大的"好人"阵营。[71] 可事实上，尽管西塞罗比较乐观，罗马城此时的政治环境却并不欢迎庞培，不同的利益集团也并不容易找到共同点。自庞培离开以来，平民派政治运动变得更为极端，与之相关的罗马城暴力事件与武装暴动更加严重——从元老院的反制上看，已严重到了撒坦尼努斯与格拉古时的地步。庞培显然不愿意与平民派为伍，但元老院里还有许多人对他的野心怀有敌意，而这股势力此时又有了一个很有手腕的领袖，即小加图。[72] 庞培开始时试图与小加图和解，但并不成功，之后几年里他又试图找到第三条路线，即让元老院承认自己的特殊性。在这一策略也失败了之后，庞培再次动用了平民派的手段，最终给罗马共和国的政治体系带来了毁灭性后果。[73]

庞培于公元前 62 年末在布伦迪西乌姆登陆意大利，为了将自己的意图昭告天下，他立即解散了军队。随后，庞培一路向罗马行进，只不过可想而知，直到罗马人为他举行凯旋仪式后才进入罗马城。[74] 他的当务之急是给自己的海外征战进行一个满意的收尾，也就是让元老院正式承认他在东方所做的种种安排，并通过分配土地的方式保障手下老兵未来的生计。事实很快表明，庞培无法在元老院内赢得足够的支持来满足自己的要求，而且他与罗马人民的关系也并不十分牢靠。不过，就在他重新进入国内政治圈之时，罗马爆发了一件古怪的丑闻，此事主宰了整个公元前 61 年的政治生活。根据西塞罗在公元前 61 年 1 月 1 日给提图斯·庞博尼乌斯·阿提库斯写的书信，"想必你已知晓阿庇乌斯之子普布利乌斯·克洛狄乌斯之事。在公共祭祀期间，他竟被人发现在恺撒家中身着女装，事后在某女奴的掩护下逃出。此事已闹得满城风雨，你必然因此深感不安"。[75] 信中所说公共祭祀，指的是仁慈女神的祭祀仪式。如何处置克洛狄乌斯这一渎神行为，元老院与罗马民众为此一直纠结到了 5 月，并为此颁布了法案，成立一个专门的保民官法庭审判克洛狄乌斯。然而在巨额行贿之后，克洛狄乌斯却被判无罪。[76]

此事说小也小，说大也大：所谓小，是因为普布利乌斯·克洛狄乌斯·普尔喀的行为至今也找不出很好的解释；所谓大，是因为他的行为威胁到了共和国与罗马诸神之间的关系，而且在随后半年多的时间里冲击了罗马的政治生活。这件丑闻让罗马政治圈分成了克洛狄乌斯的支持者与谴责者两个阵营，使得本就存在的派系问题变得更为激烈、更为复杂。而那项旨在审判克洛狄乌斯的法案，其通过又给了暴力活动新的爆发契机，也让克洛狄乌斯获得了一股强大的动力，余生总会以此调动自己的支持者。[77]另外，这一丑闻也让元老院陷入了瘫痪（元老院在同年 2 月决议，在有关克洛狄乌斯的处理措施通过前，暂停一切其他事务），对于执政官马尔库斯·普皮乌斯·皮索的名声也无好处。因此，公元前 61 年间，元老院并没有做出有利于庞培的立法，不过庞培本人倒是通过广泛行贿，让自己曾经的副将卢西乌斯·阿弗拉尼乌斯被选为执政官。然而另一位当选的执政官梅特卢斯·塞勒是内波斯的兄长，虽然他也是庞培之前的副将，但在庞培与穆西亚离婚后，就不再是庞培的朋友了。

公元前 61 年 9 月 28 至 29 日，庞培迎来了人生中第三场凯旋仪式。至今并无线索表明庞培提请为自己举行凯旋仪式的要求遭到了元老院的阻挠（后苏拉时代大多数此类要求都会遭到阻挠）。而且，虽然凯旋仪式在庞培到达罗马后很久才真正举行，这一延误也未必是因为元老院从中作梗，有可能是因为相关准备较为烦琐，而且庞培本人希望那一天与自己的生日重合。此次庆典十分壮观，耗时奇长，财富与战利品的展示令人目瞪口呆，但其值得关注之处不止于此：此次庆典也代表了罗马霸权的表达方式已经转为领土征服。[78]不过，这场庆典却没有给庞培的政治生涯迎来新的篇章。公元前 60 年，保民官卢西乌斯·弗拉维乌斯与西塞罗可以算是庞培的支持者，那个旨在惠及庞培手下老兵的土地法就是前者提议的，也得到了后者略有保留的支持。然而执政官塞勒坚决反对这一法案，还在元老院里拉拢到了足够的反对势力，彻底将这一法案打入冷宫。[79]此外，庞培出身骑士阶层，而骑士阶层此时与元老院的关系正处于低潮期，主要是因为元老小加图的刚正不阿：在小加图的主导下，元老院在公元前 61 年末通过了一项专门针对骑士阶层陪审员的反贿赂法案；亚细亚行省税收官（内含骑士阶层成员）旨在重新协商税收合同的请求，也在小加图的阻挠下毫无进展。当庞培在东方所做的安排终于被拿到元老院里讨论时，卢库鲁斯、塞勒与小加图三人却表示，元老院不可以就庞培的这些安排进行一次性投票，而是要对每项安排详细考量，单独投票。这样一来，庞培的这些措施要全部得到元老院的认可，需要好几年。

因此，庞培决定改变策略。在此之前，他始终依靠与自己关系密切的执政官来维护自己的利益，结果是一次次的失望。在他返回罗马的第二年，庞培与一个独立的政治人物建立了关系，此人就是恺撒。[80] 恺撒在公元前 62 年担任裁判官，此后成了远西班牙行省的总督（他也再次燃起了那里的战火）。公元前 60 年春末，他返回罗马城，表示有意参加那一年夏季的执政官选举。他还说希望罗马能为他举办一场凯旋仪式，而这个请求似乎给了他在元老院中的敌人压制其政治野心的机会：他们故意拖到选举结束后才批准了恺撒的请求。[81] 另外，根据已经通过的《关于执政官行省的森布洛尼乌斯法》，意大利的那些"森林与牧场"成了执政官的管辖范围。尽管当时确实存在地方土匪问题，需要有人治理，但给执政官分派这样一项职责，显然是为了限制当选者的军事野心。[82] 庞培与恺撒接触后，恺撒承诺自己当选执政官后一定会立法承认庞培在东方诸行省所做的安排，因而庞培一党在此次选举中都支持恺撒。[83] 此外，恺撒长久以来都是克拉苏的政治盟友，此时他虽与庞培打得火热，却仍然设法保住了克拉苏的支持。不过，这三个人的联手要到恺撒正式履职后才真正开始。[84] 最后，恺撒也试图拉拢西塞罗支持自己当执政官。[85]

最终，恺撒成功当选公元前 59 年的执政官。恺撒的这个任期确有新奇之处，但新奇之处与其说是体现了一位执政官与多位资深前执政官之间的合作，不如说在于恺撒所使用的政治策略。[86] 这一年的罗马共和国成了恺撒的独裁政权：决策权被恺撒抢到手中，反对者被他逼得无能为力。恺撒能够做到这点，靠的是广泛的民众支持、对于政治惯例的大胆无视，以及暴力手段。而恺撒独裁的结果就是一系列内容广泛、目标远大的法案在他执政时期得以通过。作为对庞培支持的回报，恺撒上台后通过了一项《尤利乌斯法》，借此将庞培在东征中的举措统统予以认定。笼统地讲，奇里乞亚与比提尼亚 – 本都行省的大规模重组与延伸因为这项法案得到了正式确认，此后每个行省都会定期由一位执政官级总督坐镇，且拥有两个军团的驻军；罗马共和国与小亚细亚内陆若干附属国国王的友好关系得到了确认；前塞琉古王国正式成了罗马的叙利亚行省；一位亲罗马派大祭司在犹太正式确立地位。这些是该法案中影响较大的一些举措，至于细节内容，则包括兴修土木以及通过迁移人口和创立城市来实现的定居计划。庞培作为东方第一大恩主的地位也借此得到了确立。此时的庞培，其名望与财富已经远远超过了同侪，差距之大已到了今天很难理解的地步；他征服的疆土也大大改变了共和国的财政状况：据他所说，他让国家税收从每年 5000 万第纳尔增至 8500 万第纳尔。[87] 此外，托勒密十二世作为埃及国王的地位也得到了确认（据说托勒密为此拿出了惊人的 6000 塔兰特用以行贿）；令税收官感到不满意的税收合同得以重新协商，条款变得对税收官更加有利；若干土地法得以通过，对意大利大量剩余公共土地做了重新分配；一项新的反贪污法得以通过，其严苛详细可谓前所未有。[88] 执政官立法本身并没有多么罕见，在后苏拉时代，随着执政官在任期内大多时间都留在罗马城，这种情况更为常见。但恺撒作为执政官所颁布的法案，却有两个显著的特征：一是其体量远超从前，二是大部分法案明显偏向普通民众。而这似乎说明身为执政官的恺撒正在套用保民官——恺撒出身贵族，没有资格担任保民官——常用的一些政治手段。还有一点，那就是恺撒的这些法案是在坚决的反对下强行通过的：与他同为执政官的马尔库斯·比布鲁斯始终对恺撒怀有敌意，元老院也常常反对他的法案。事实上，比布鲁斯能够当选，这本身就说明恺撒一派的能力是有限的：从竞选之初，时人都能看出比布鲁斯绝不会和恺撒合作，而他本人也宣称，自己正在寻找能够绕过立法会议的宗教证据。[89] 对于比布鲁斯以及其他人的反对，恺撒只是选择无视。恺撒之所以能做到这点，比布鲁斯身为执政官之所以无法强推自己的意志，都是因为恺撒拥有熟练的政治手腕。恺撒在上台后首先要推行的就是自己的土地法，而根据狄奥的记录（38.2），在这一提案提出后，在场的元老十分犹豫，既不支持，也没有做出批评。狄奥认为这与恺撒法案本身的质量有关，但从他的记述中，我们也能看出恺撒对元老们实施了威胁：当时，他威胁说要把小加图关进监狱，小加图转身而去，佩特雷乌斯也随其而去，并抛下一句话说，他宁可与小加图一起进监狱，也不愿和恺撒一起待在元老院。恺撒在尴尬之下，这才作罢。同年晚些时候，另一位元老昆图斯·康西狄乌斯表示自己年事已高，不惧死亡，所以不像其他元老那样害怕出席由恺撒主持的元老院会议。[90] 面对这样一个不肯合作的元老院，恺撒决定直接通过自己的法案，不去寻求元老院的批准。对于执政官立法来说，这种做法极不寻常，但本身并不意味着立法无效。[91] 另一方面，恺撒打算直接拉拢罗马民众，他与保民官普布利乌斯·瓦提尼乌斯结成了密切的关系，而且至少获得了另一位保民官的积极支持。[92] 但是，仍有三位保民官对恺撒怀有敌意，最终双方在双子神庙来了一场大对决。[93] 三年前，小加图与内波斯两人就在双子神庙拳脚相向，但这一次的冲突却发生在两名执政官之间：先是恺撒走到庙前台阶的更高处向在场者讲话，而比布鲁斯则试图打断他的讲话，并当众宣布了一些异象凶兆；随后，恺撒的支持者把他从台阶上推了下去，象征其职权的束棒也被摔断了；[94] 随后，比布鲁斯回到家中，又宣布了一些有关其在任剩余月份的凶兆。这一行为并不会产生什么直接效果，但会让恺撒的所作所为在日后有可能遭到质疑。

通过一条新奇的《瓦提尼乌斯法》，恺撒解决了关于其行省职权的难题。这项法案将伊利里亚与山内高卢两个行省的兵权授予了恺撒，但其创新之处在于，恺撒的兵权并非会随着某项特定任务的完成而结束，而是有固定的期限

（五年），这对于之后的历史发展有很大的意义。山外高卢行省本分给了塞勒，但因为塞勒的突然离世，该行省恰好空出，于是元老院随后也将其兵权授予了恺撒。而且，恺撒还以大祭司而不是执政官的身份主持了普布利乌斯·方提乌斯收养普布利乌斯·克洛狄乌斯的仪式——庞培也以占卜官的身份相助。领养之后，克洛狄乌斯便失去了贵族身份，那么也就可以参选保民官了。西塞罗对于此事的解读，处处渗透着他本人与克洛狄乌斯之间的敌意，他后来还声称（*Dom.* 41）自己在盖乌斯·安东尼贪污案中给安东尼做辩护时（安东尼最终被定罪）对共和国现状做出了批评，而此次领养针对的就是自己当时的言论。[95]事实上，西塞罗对此事的表述犯了唯我论的错误，大部分内容不应当真：首先，西塞罗绝不是公开批评恺撒最激烈的人，恺撒一方没必要针对他；其次，西塞罗辩护之日恰恰是领养仪式当日，只是时辰略早，恺撒一方仓促间如何就能做此筹划？最后，恺撒还曾特意保护西塞罗不受克洛狄乌斯所害：离开罗马前，他主动空出随行的一个职务给西塞罗，让他和自己去高卢，也支持他到海外公干，这两个选择都能让西塞罗离开罗马城。至于恺撒支持克洛狄乌斯的动机，我们今天并不是完全清楚，但肯定与他对自己离开后罗马政治走向的判断有关。克洛狄乌斯的具体行动虽然无法预测，但他想必会积极地贯彻平民派路线，而这本身就很有可能牵制恺撒的敌人。

在担任执政官的这一年里，恺撒总能得偿所愿，这让西塞罗感到了绝望。他写给阿提库斯的一系列书信，让今人了解到了那一年4月初至夏末的一些事件片段，而在这些信中，西塞罗就有"国家已亡""共和国已陷入最为无望境地"之语。[96]不过，有一些情况也给他带去了些许安慰，包括庞培大失民心，包括阿波罗竞技节上观众们的反应，包括民众对比布鲁斯与盖乌斯·斯科李博尼乌斯·库里奥两人的盛赞。这个库里奥是公元前76年执政官的儿子，此时虽无官职，却仍敢在公开场合激昂慷慨地抨击恺撒与庞培。一定是库里奥的行为产生了足够的效果，以至于有人打算设计抹黑他。此事的主使叫卢西乌斯·维提乌斯，他告密说库里奥想要刺杀庞培。无论维提乌斯此时已是恺撒的党羽，还是只是希望借此得到恺撒的赏识，总之一旦除掉库里奥，恺撒肯定是受益者——事实上，任何让庞培更难脱离这个政治同盟的计划都会让恺撒受益。不过，库里奥这一次智胜一筹：他在元老院里当众揭发了这一"阴谋"，维提乌斯因而入狱，随后去世。[97]纵观西塞罗书信的相关记述，不难发现"诛杀暴君"是那年夏天的一个热词，盖乌斯·塞维利乌斯·阿哈拉与卢西乌斯·尤尼乌斯·布鲁图斯两位诛杀暴君的大英雄再次被人提起。

随着这特别的一年接近尾声，新当选官员对恺撒的态度，以及他们的计划，变得至关重要。尽管早有传言说庞培与克拉苏正计划参选公元前 58 年的执政官，最终当选的却是奥卢斯·加比尼乌斯与卢西乌斯·卡尔珀尼乌斯·皮索·凯索尼努斯。加比尼乌斯卸任保民官之后投靠了庞培，成了他的副将，此次参选是由庞培提名的，能够获选全靠庞培的支持。而皮索本就是一个备受敬重的显贵，只不过他决定参选的时间有些晚。想必他决定参选与他与恺撒缔结的政治同盟有关——作为其象征，恺撒娶了皮索之女卡尔珀尼亚。[98]与之相比，新当选的裁判官——包括小加图的姐夫卢西乌斯·多米提乌斯·阿赫诺巴布斯——对恺撒可没有那么顺从。在公元前 58 年年初的元老院辩论上，阿赫诺巴布斯就与另一位裁判官盖乌斯·梅姆米乌斯试图撤销恺撒的立法。推迟前往高卢的恺撒也参加了这场会议，在他和他的盟友的阻挠下，元老院此次并未采取行动。[99]给庞培、恺撒与克拉苏这个政治同盟造成更为严重的潜在威胁的，其实是保民官克洛狄乌斯，他在这一年践行了自己平民派的立场。克洛狄乌斯其人，我们今天很难对其进行评价，因为今天关于他最重要的史料就是西塞罗的记述，而西塞罗又对他怀有十足的敌意。但是不管怎样，事实似乎是：尽管他曾与恺撒合作，也因此当上了保民官，克洛狄乌斯却不是任何人的跟班；他在推行一套持久的、目标远大的改革计划，而将西塞罗赶出罗马政治圈只是其中很小的一个部分。[100]

克洛狄乌斯改革中的许多元素，遵循的都是根深蒂固的平民派传统。他推出了一项新的粮食法取代了小加图在公元前 62 年颁布的相关法律，即取消对粮食配给的补贴代之以直接免费。[101] 他还就政治程序出台了两项法案：一项针对原有的《埃利乌斯与福菲乌斯法》，就否决权的使用做出了一些调整；另一项则限制了监察官对个人施加谴责的权力。在主要历史记录者西塞罗看来，这些法案进一步证明克洛狄乌斯已经迷失了心智，但它们也的确可以被解读成克洛狄乌斯试图借此确保官员行事公开透明，前后一致。他还通过另一项法案重新建立了行会。[102] 克洛狄乌斯刚一上任便提交了相关法案，这些法案在 1 月 4 日便得到了通过，而且并未遭到否决。利用这些法案为他赢得的人气，克洛狄乌斯又启动了第二阶段的改革，除掉西塞罗便是这一阶段的行动之一。

自从西塞罗在克洛狄乌斯渎神案审判上戳穿了他的不在场证明，两人便结下了仇怨，而从西塞罗在公元前 59 年夏季和秋季留下的书信里，能够看出他始终知道克洛狄乌斯对自己的威胁。不过，他也相信自己可以顶住对方的报复。[103] 事实证明他错了。首先，克洛狄乌斯提出了一项法案：凡未经审判便将罗马公民处死者，都须遭到流放。该法案并未指名道姓，但西塞罗显然逃不了干系。同时，克洛狄乌斯还推行了若干法案，对行省总督一职做出了重新分配，令皮索督马其顿，加比尼乌斯督奇里乞亚。这里面显然存在政治交易。对于西塞罗来说，更大的灾祸在于失去了庞培的支持。庞培当时声称自己担心西塞罗计划谋杀自己，但这绝对是在放烟幕弹——类似的借口，庞培在政治生涯的多个节点上也都使用过，都是为了让自己堂而皇之地从政治纷争中脱身。我们只能假设庞培当时经过一番算计，认为克洛狄乌斯势强，自己不管如何出手保护西塞罗都会严重影响自己的名声，也有可能严重破坏罗马城的秩序，代价太大。罗马其他一些资深政要——包括荷坦修斯与小加图——都力劝西塞罗低调离城。就在克洛狄乌斯上述两类法案通过的当天，西塞罗离开了罗马。随后，克洛狄乌斯又起草了一项法案，这一回是直接针对西塞罗，明确要求他不可进入罗马城方圆 400 英里的范围内，并抄没了他的家产。西塞罗在帕拉蒂尼山上的府邸被民众严重损毁，克洛狄乌斯随即将那块土地用以供奉诸神，在上面建了一座自由神庙。[104]

由于西塞罗对克洛狄乌斯怀有无比的恨意，所以，即便我们忽略他在流放记述中对于克洛狄乌斯的人品的极端夸张，也很难说他的流放不是针对他个人的报复行为。但是从另一方面讲，虽然克洛狄乌斯对西塞罗的恨意与报复的意图不可忽视，可此事仍然点明了平民派政治运动的核心，即公民的受审权必须得到捍卫，妄下判罚的官员必须担责。另外，西塞罗此前就曾凭借口才说服过罗马人民反对平民派政策，而他离开罗马，等于让罗马少了一位最具煽动力的演说家。也许最重要的是，罗马城中有许多人都不喜欢西塞罗。前一年春天，盖乌斯·安东尼被正式判处贪污罪时，罗马人就曾举行过庆祝活动，而这一次，他们也攻击了西塞罗的家宅。所以除掉西塞罗绝不会让克洛狄乌斯损失声望或人心。

克洛狄乌斯立法改革的最后一部分内容，是对罗马共和国的对外事务做出了一系列干涉。除了上文提到的将马其顿与奇里乞亚的兵权分别转授皮索与加比尼乌斯，他还颁布了一项特殊的委任令，将塞浦路斯岛纳入了罗马的直接控制之下，也借此宣示自己有能力挑战庞培在东方的主宰地位——不过这背后也可能存在财政方面的考虑。[105] 负责管辖塞浦路斯岛的正是小加图，作为罗马城极有影响力的人物，他的政治手腕有目共睹，且善于操控民众的不满情绪，所以克洛狄乌斯的这项法案也等于将他驱逐出了罗马政治圈，可谓一石二鸟。另外，除了命他管辖塞浦路斯，克洛狄乌斯还指示小加图组织了一些拜占庭流民返回故乡，而且还更改了庞培在加拉提亚所做的安排：加拉提亚国王本是庞培扶植的迪奥塔卢斯，而此次却被克洛狄乌斯换成了迪奥塔卢斯的女婿布罗基塔卢斯。再者，克洛狄乌斯恢复了小提格拉涅斯的人身自由。小提格拉涅斯本留质于罗马，一直生活在裁判官卢西乌斯·弗拉维乌斯家中，招待的同时加以看管。[106] 结果，克洛狄乌斯先是邀请提格拉涅斯来府中赴宴，事后却拒绝将其交还。当初将提格拉涅斯带回罗马的庞培得知此事，向克洛狄乌斯要人，克洛狄乌斯置若罔闻。加比尼乌斯就此事提出抗议，于是克洛狄乌斯向他动起手来，折断了对方的束棒（此举实际伤害力虽小，象征伤害力很强），还威胁要借圣化的手段[①]抄没他的家产。[107] 总的来看，克洛狄乌斯在对外政策上的种种干预似乎就是为了挑战庞培的权威，除此之外很难做出其他解读。他的做法是典型的平民派风格，除了展示了自己在罗马城的地位，还宣示了人民是共和国政治的终极权威；依托人民，他也有了足够的力量去挑战罗马城第一权势人物庞培。自己既然在西塞罗一事上选择了与克洛狄乌斯合作，那么克洛狄乌斯自然不会对付自己——如果庞培真是这样想的，事实将证明他错了。而远在帖撒罗尼迦密切关注罗马城局势的西塞罗，则意识到了两人决裂的意义。但是，我们不应该认为克洛狄乌斯的行动是孤立的，或是前后矛盾的：在公元前 59 年夏天，西塞罗就曾宣称"普布利乌斯（指克洛狄乌斯）是我们唯一的希望"；克洛狄乌斯所代表的显贵阶层显然很高兴看到庞培难堪。

克洛狄乌斯能够得民心，其基础是他坚定不移的平民派路线，此外他的地位也从另一个方面得到了补充，而且效果尤为明显：他将自己的支持者（其阵营在他复兴行会制度后得到了扩充）打造成了一个准军事化组织；借助这一组织，他可以在公众集会上操控在场民众的反应，既能彰显自己的权威，也能揭露自己对手们的不得民心。但这种做法也激起了反对势力的反击。暴力本不是罗马政治圈的新现象，但在公元前 1 世纪 50 年代中期，克洛狄乌斯引发的暴力活动已发展到了一个新的高度，导致政府常规职能几乎陷入停滞。克洛狄乌斯之所以能如此作为是因为他的确拥有广大民众的支持——尽管这一民心有金

---

① "圣化"即克洛狄乌斯之前对西塞罗的做法，将其地产的性质改为宗教地产，只能建造神庙等宗教建筑。

钱的辅助，但他所引发的严重暴力活动则离间了他的一些核心支持者，而且他的反对者也很容易通过花钱雇人的方式以暴制暴。

当选公元前 57 年执政官的是普布利乌斯·科尼利乌斯·兰图卢斯·斯宾瑟与梅特卢斯·内波斯。两人都属显贵阶层，本身就有足够的资格担任执政官，因此他们的当选似乎都与恺撒或庞培的帮扶无关。[108] 对于西塞罗来说，内波斯的当选并不是好消息：两人此前就发生过冲突，而且内波斯还是克洛狄乌斯的表亲（事实上，内波斯身为保民官的失败也许成了克洛狄乌斯的反面教材，教会了他如何当一个成功的平民派）。另外，克洛狄乌斯的兄弟阿庇乌斯·克劳狄乌斯也是那一年的一位裁判官。但是斯宾瑟却是西塞罗的朋友，内波斯最终也被说服暂时放下了对西塞罗的仇视。就这样，在公元前 57 年，这两位执政官——加上庞培、大多数裁判官和一部分保民官——始终致力于让西塞罗重返政坛。在那些支持西塞罗的保民官里，提图斯·阿尼乌斯·米罗与普布利乌斯·塞斯提乌斯尤为活跃，其中一个很重要的现象就是他们组织了自己的派别来对抗克洛狄乌斯的势力。但是，保民官中至少有两人是反对西塞罗回归的，而这种分裂导致在这一年年初几个月里，在罗马城的公众集会与审判现场，两伙人频频发生暴力对抗。因为保民官拥有否决权，西塞罗回归一事在元老院里屡屡受阻，支持他的那一派最终把目光转向百人团会议。由于百人团会议结构臃肿，虽然其有立法功能，却很少会被用来立法。由于百人团倾向于富人，而且那年夏天选举期间，一些意大利地方富豪也聚集到了罗马城，使得这一势力更为壮大，所以这次会议最终在 8 月 4 日以压倒性的投票结果通过了召回西塞罗的必要法案。此时，西塞罗已经在返回意大利的路上了。

西塞罗回归的意义，并不仅限于他本人的命运，更是表明了在意志坚定、组织有效的情况下，克洛狄乌斯与平民派势力完全可以得到制约。不过，就因为西塞罗回归，便说罗马已经形成了广泛且坚定的反克洛狄乌斯阵线，这种观点不管回归的西塞罗如何深信不疑，也只是一种幻觉。此时的罗马政坛仍然存在严重的派系分裂。而且，西塞罗刚回到罗马没多久，就再次公开表明自己属于庞培一党，因此其作为派系统一者的可信度已不复存在。原来，在公元前 57 年夏季，罗马粮价暴涨，克洛狄乌斯虽有免费分粮的举措，不满情绪仍然蔓延了开来，城中常有民众集会，对此公开抗议。结果在 9 月 7 日，也就是在返回罗马城的三天后，西塞罗在元老院里发言，提议授予庞培专门的兵权，负责整顿粮食供应。在此次会议期间，元老院外围着一群充满敌意的民众，敢到场参会的执政官级元老除西塞罗之外仅有两人。西塞罗不但敢来，还敢面对那些克洛狄乌斯派分子的咆哮公开支持庞培，其政治派系归属已然毫无疑问——此举甚至也为他短暂赢得了克洛狄乌斯派分子的掌声。所以，即使西塞罗事后故意回避，没有参与围绕庞培兵权具体范畴展开的谈判，但他难与显贵势力达成和解也是意料之中的事。[109]

那年秋季，暴力冲突继续在罗马城上演。其中一些冲突的焦点是西塞罗原府邸的土地性质——双方都试图借此控制西塞罗这个政治人物的象征意义。[110]另一些冲突的焦点是选举。尽管执政官与裁判官的选举已经如期举行，但营造官一职的选举却因为反克洛狄乌斯派的阻挠一拖再拖。在给阿提库斯的一封书信中，西塞罗生动记述了保民官米罗围绕宣布凶兆所采用的一系列手段：

> 11 月 19 日，米罗带着一大群人在午夜前来到了战神广场。尽管克洛狄乌斯从潜逃奴隶中精选出了一支部队，但他却不敢进入战神广场。米罗及手下在那里一直把守到了正午，这令民众无比欢乐，也让自己大增荣光。三兄弟如此争斗，令他们的权力遭到折损，他们的疯狂被人忽视，实属可耻。梅特卢斯提出，宣布凶兆的仪式须于次日在广场上举行，因此夜间前往战神广场毫无必要，而他本人一定会在日出之时率先现身投票集会地。因而在 20 日黑夜结束之时，米罗动身前往投票地。黎明时，梅特卢斯正沿小道秘密地赶往战神广场。米罗

在林木中一路跟随，并公开揭穿对方。梅特卢斯抽身而去，并遭昆图斯·弗拉库斯厉声责骂。21 日为开集日，公众集会暂停两天。今天是 22 日，此刻已距午夜过了三个小时。米罗已经在战神广场就位。[111]

与此同时，克洛狄乌斯的敌人试图让他接受审判，罪名是他在担任执政官从而获得豁免权之前的暴力活动，但最终未能成功，到了 1 月中旬，选举最终举行了。[112] 随后，克洛狄乌斯授意对米罗和塞斯提乌斯提起公诉，并借审判米罗攻击庞培——此时的庞培正因为支持埃及流亡国王遭到了广泛批评（见本书第 159 至 162 页内容）。同年 4 月，马尔库斯·凯里乌斯·鲁夫斯受审一事似乎也与克洛狄乌斯有关：在凯里乌斯的罪名中，有一项是袭击亚历山大城的使者，而审判他有可能会让庞培感到尴尬。[113] 克洛狄乌斯也在继续骚扰西塞罗，而他的机会则来自一次占卜。当时，有人在罗马城附近听到异响，于是请了占卜师作解，而这些占卜师给出的卜辞是"须祭祀朱庇特、萨图恩、尼普顿、武勒斯与众天神"，原因是"竞技庆典草率不纯，神圣之所未得应得之尊敬，使者被杀，法律与公义遭到罔顾，诺言与誓约遭到无视，古老的秘密祭祀草率不纯"。[114] 于是克洛狄乌斯就把"神圣之所未得应得之尊敬"一条联系到了西塞罗将自由神殿重新收为家产上。为了回击这一指控，西塞罗发表了演讲《论卜辞》，对占卜师的卜辞做出了另一番解读，将渎神的矛头反指向克洛狄乌斯。这篇演讲稿很可能在元老院集会讨论此事后不久得到了广泛传播。

直到克洛狄乌斯去世，西塞罗与克洛狄乌斯两人始终在伺机攻击对方，但到了卜辞之争发生时，罗马的政治局面已经发生了变化。首先，自恺撒任执政官以来，庞培在政治界的首要地位与特殊身份，因为那项有关粮食供应兵权的法案得到了再次凸显。那项法案让他身在罗马——至少是不用离开他位于罗马城郊的大本营——就可以管理共和国复杂的物资运输。其次，随着庞培在城外战神广场那里的剧院建筑群逐渐成形，罗马城本身也正经历着变化。但是，克洛狄乌斯还在继续当众羞辱他，保民官盖乌斯·波尔西乌斯·加图也在攻击他，显贵阶层仍没有与他和解的迹象。在2月中旬，西塞罗给身在撒丁岛的兄弟昆图斯写去一封信，他在信中这样描述了庞培的处境：在米罗受审的现场，庞培遭到了克洛狄乌斯支持者的指责；在元老院围绕那次审判出现的暴力事件进行讨论时，庞培遭到了显贵们的抨击；几天后，也是在元老院里，庞培又遭到了盖乌斯·加图毫无保留的谩骂。也就是说，"公众集会上的民众大多不站在他那边，贵族敌视他，元老院行事无理，年轻人对他不满"，庞培为了保住自己的地位开始采取行动，从乡村地区召集来了自己的支持者。西塞罗因而预测"大变正在酝酿之中"。[115]事实上，庞培为了巩固自己的地位还选择下场竞选，打算二度担任执政官——因为他需要继续负责粮食供应，其兵权其实与执政官是同级的。而为了让这个目标更容易实现，他再次与恺撒进行谈判。就这样，在这一年4月初，趁着恺撒的军事行动尚未开始，两人在山内高卢行省内的小城卢卡见面商谈。[116]

庞培的需求是显而易见的。[117]至于恺撒，他的当务之急是要绕过《森布洛尼乌斯法》：根据该法案，元老院很快就要为未来当选的执政官分配行省，而恺撒的山内、山外两个高卢行省都在考虑之列。[118]恺撒似乎是想由自己决定自己的行省兵权如何完结，而为了做到这点，元老院里必须有人为他说话，让元老们把其他行省分给新执政官。最终，庞培与克拉苏成功当选执政官，恺撒如愿以偿。但在竞选期间，两人也遇到了巨大的反对，而反对派的领袖就是盖乌斯·加图与现任执政官格涅乌斯·科尼利乌斯·兰图卢斯·马塞里努斯。另外，另一位执政官候选人卢西乌斯·多米提乌斯·阿赫诺巴布斯也极具竞争力。此人是小加图的姐夫，被西塞罗誉为"只要在世，便是执政官的不二人选"。[119]结果，在发生了致命的暴力事件之后，阿赫诺巴布斯打消了参选的念头，庞培与克拉苏也被迫将选举推迟至公元前55年，等到恺撒的士兵进入罗马，在他们的支持与震慑下成功当选。两人上任后，重点任务就是要实现自己以及恺撒的军事野心。实现自己的野心，靠的是一项名为《特雷伯尼乌斯法》的保民官法案，该法案将叙利亚行省分给了克拉苏，将近、远西班牙两个行省分给了庞培。实现恺撒的野心靠的是《庞培与李锡尼法》，恺撒在高卢的兵权借此又延长了五年。但是，庞培与克拉苏也提出了若干有关法律流程和贿赂的法案，还着手控制了监察官的选举——也许两人都想到自己首次担任执政官时就曾吃过监察官的亏。[120] 庞培还通过奢华的竞技比赛，为他在战神广场的剧院建筑群正式揭幕。

三头同盟的再次缔结迅速产生了一个后果，那就是西塞罗遭到了边缘化。[121] 他仍然选择支持庞培，但因为被挤出了政治圈，成日无事可做，且耿耿于怀，于是寄情于文字。他在公元前 1 世纪 50 年代的两部伟大著作，即《论演说家》与《论共和国》，就是在这种情况下诞生的。如此看来，西塞罗在政治上的失意反而对拉丁文学产生了巨大的影响。不过放眼更广泛的政治界，三头同盟此次却遭到了出人意料的反抗。盖乌斯·加图虽然未能获选公元前 55 年的裁判官，却仍然出面反对《特雷伯尼乌斯法》。在这一过程中，他得到了两名保民官的支持，其中的盖乌斯·阿特伊乌斯·卡皮托更在那一年秋末——克拉苏动身前往叙利亚之时——当众宣布了凶兆。[122]

公元前 1 世纪 50 年代的对外政策

动身前往叙利亚的克拉苏达到了个人野心的顶点，可谓志得意满、风光无限。庞培征服叙利亚后，罗马共和国等于与帕提亚帝国直接接壤，而克拉苏分到了叙利亚，就等于有机会通过与帕提亚帝国交战收获战功，以此在军事成就上比肩昔日的庞培与今日的恺撒。庞培当年返回罗马时，将自己手下一个叫马尔库斯·埃米利乌斯·斯考卢斯（公元前 56 年裁判官）的财务官留在了叙利亚，以裁判官级兵权管理当地。斯考卢斯后来又被公元前 56 年的执政官卢西乌斯·马修斯·菲利普斯取代。不过这两个人似乎都没有在叙利亚开展任何大规模的军事行动。后来，加比尼乌斯在公元前58年当选执政官，他看出了叙利亚的潜力，于是在分到奇里乞亚之后（见本书第151至152页内容），又将自己的兵权转移到了叙利亚——这很可能是他听说那里遭到扰袭，认为自己可以此为借口对帕提亚帝国开战。刚到叙利亚，加比尼乌斯就立即参与了帕提亚帝国的一场夺位阴谋，但由于出现了其他变化，他成功干预了王位继承。他调整了庞培早先在犹太地区所做的安排，将大祭司的权力下分给了五个委员会。等处理完了这些事务，他再次将眼光投向帕提亚，但很快又被埃及发生的变化分去了精力。[123]

在分析加比尼乌斯如何干预埃及事务之前，先要全面地考量一下罗马与埃及托勒密王朝此前的往来。托勒密王朝屡弱已久，但在庞培东征之前，罗马人并没有迅速利用这一屡弱为自己谋利。公元前96年，昔兰尼国王托勒密·阿皮翁在临死之际将昔兰尼全部赠予罗马人，而元老院最初的反应是接受这一遗赠，但没有干涉昔兰尼诸城的自由。[124]公元前86年，为壮大苏拉实力而忙碌的卢库鲁斯来到了昔兰尼，并应当地人的请求，为昔兰尼内部矛盾做仲裁。然而除了这件事，并无现存证据表明罗马人参与了当地事务。这种情况一直持续到公元前75年或前74年，那一年，罗马派出一位财务官直接统治昔兰尼。[125]由于证据不足，我们今天并不清楚这一决定的动机是什么。学者伍斯特认为，当时罗马共和国国库吃紧，直接统治昔兰尼有可能是为了获得那里的税收。这的确有可能，但也只是猜测。既然派去统治当地的是财务官，这的确有可能反映元老院做此决定主要是出于财政考虑。但我们今天了解这段历史主要靠的是萨卢斯特的记述片段，据他的描述，此次被派去的兰图卢斯·马塞里努斯并不是一个合适的人选，他得到任命与一个政要的运作有关，而此人几乎可以肯定就是那一年的执政官盖乌斯·奥勒留·科塔。这说明萨卢斯特认为，此事是政府官员内幕交易、以权谋私的一个例证。[126]据说在罗马获赠昔兰尼的几年后，根据托勒密十世·亚历山大一世的遗嘱，整个埃及也被遗赠给了罗马。不难猜测，公元前88年的罗马有其他更为迫切的事务要处理，所以并未对埃及采取什么行动，埃及王位由托勒密十世的哥哥托勒密九世·索忒尔掌握。在第一次米特拉达梯战争期间，罗马人曾与托勒密九世进行过谈判。托勒密十世有一子也叫托勒密·亚历山大，他在苏拉征讨米特拉达梯期间曾加入了苏拉的军队。在托勒密九世死后，苏拉将这个亚历山大扶上王位，即托勒密十一世。但在位不过几周，他就在亚历山大城被暴民杀害，埃及国王换成了托勒密九世之子托勒密十二世·奥勒提斯。在之后的十多年里，罗马元老院无视埃及的存在，拒绝正式承认任何一位国王。[127]到了公元前65年，克拉苏试图将自己的财政控制权延伸至埃及（当年两位监察官发生争执的第二个问题正是此事），不过现存史料中有关此事的细节较为模糊，但克拉苏的计划最终落空。在公元前59年，身为执政官的尤利乌斯·恺撒在收受托勒密十二世的钱财后，终于让元老院正式承认了他的王位。可惜次年，保民官克洛狄乌斯提出法案要让罗马吞并本属于埃及领土的塞浦路斯，并指定由小加图以财务官之职代裁判官之事管辖塞浦路斯，此举似乎令亚历山大人更加憎恨托勒密十二世。这位埃及国王在第二年被赶出埃及，逃到罗马城避祸，并住进了庞培位于阿尔巴的别墅里。

作为对此事的正式回应，元老院在那一年奇里乞亚行省总督——公元前57年的执政官兰图卢斯·斯宾瑟——的使命中，加入了帮助托勒密十二世复辟一条，借此重申托勒密十二世是罗马的朋友与盟友。然而与此同时，加比尼乌斯在公元前57年春到达叙利亚后，与亚历山大城的反托勒密十二世势力发生接触，打算给埃及此时的统治者贝勒尼基四世——托勒密十二世之女——挑选一个合适的夫君。[128]就今天掌握的资料来看，加比尼乌斯这样做似乎并未获得正式授权，但按情理推测，他绝不可能是在自行其是，肯定是得到了罗马政要——尤其是庞培——的指示。所以说，在埃及王位问题上，罗马至少在非官方层面上并不想把鸡蛋放在一个篮子里。当罗马人支持托勒密十二世复辟的消息传到亚历山大城，当地人也许因而生出了一种失望的情绪，于是决定派出一支庞大的使团前往罗马，就此事进行交涉。该使团由哲学家亚历山大的狄奥率领，根据古代史料的记载多达一百人。

亚历山大城的使团引得托勒密十二世及其支持者做出了反击，结果反倒是成事不足，败事有余：他派人去部丢利伏击了在那里靠岸登陆的使团，后又派人谋杀了大使狄奥，并用种种手段成功阻止了使团幸存者到元老院发言。然而此番行为引起了罗马人民的公愤，最初挑起公愤的人叫马尔库斯·法沃尼乌斯，此人是小加图（此时不在罗马）的密友。在这种情况下，托勒密十二世离开罗马城，前往以弗所。尽管托勒密十二世已经离去，当选次年保民官的盖乌斯·加图仍不肯就此作罢，而是"频繁举办公众集会"，当众抨击托勒密十二世以及正准备前往奇里乞亚的执政官斯宾瑟。[129] 元老院针对此事并未立即采取行动。根据西塞罗给兄弟昆图斯写的一封信，元老院此时正纠结于其他事务：在公元前57年12月15日召开的那次会议上，讨论的重点是在坎帕尼亚重新分配公共土地的前景，以及如何处理前几周导致营造官选举无法完成的暴力事件。如果民众的情绪不甚激烈，元老院有可能还会继续无视盖乌斯·加图。然而公元前56年初发生的一件事却将民众的情绪再度点燃：一尊朱庇特雕像被闪电击中，十五人祭司团受命对此事进行占卜，并在《西卜林神谕集》中找到了这样一段卜辞："埃及国王若来求助，不可忘记旧情，亦不可兴师动众予以帮助，违者必招致灾祸。"这段卜辞先被人泄露给了盖乌斯·加图，又被加图在罗马当众宣布。等到了1月13日西塞罗给斯宾瑟写信的这天，元老院也承认这一卜辞的确符合托勒密十二世一事。这似乎意味着罗马绝不会派兵帮他复辟。[130]

然而此事并没有这么简单。直到1月底，元老院一直在纠结托勒密一事，两位执政官之间也好，各元老间也好，都出现了巨大的分歧，而庞培的名声也因此受损——因为有人认为他是在借操控此事为自己谋利。[131] 最终，元老院并未采取实际行动，到了这一年初夏，西塞罗给斯宾瑟写去一封信，为他想了一个两全其美的办法去帮助托勒密十二世复辟，还声称庞培也对此表示同意：

> 不可助国王复辟之议，非元老院清醒之时所做，乃是一班人愤怒之下所感，且已遭到否决，想必君已知晓。故而，如今并无元老令命君不可助亚历山大城之王重登王位。身为奇里乞亚与塞浦路斯之总督，君不妨看准时机，乘势而为，若胜券在握，大可夺下亚历山大城与埃及，既不辱君之尊位，亦无愧于你我之兵权。切记，君应先将国王留在托勒密城或是别处，自行率军队战舰夺取亚历山大城，事成后驻军维稳，再派人请托勒密入城复辟。如此一来，君既尊元老院最初之决议，助托勒密重登王位，又未违卜辞中"兴师动众"之语。

也就是说，宗教上的障碍是可以克服的。不过，西塞罗随后又在信中明确提醒斯宾瑟，兵助托勒密十二世的前提是他必须确定自己能够成功："如果此事遂我们的期盼，应我们的祈祷，顺利成功，众人必将称赞你的智慧与勇武；若不成功，众人必会指责你的贪婪与鲁莽。"[132] 斯宾瑟并未被西塞罗说服，还是把精力集中在奇里乞亚，而他在那里展开的军事行动最终给他带来了回报：公元前51年，罗马为他举行了凯旋仪式，这是内战爆发前的最后一次凯旋仪式。到了公元前55年，庞培当选执政官，于是加比尼乌斯在他的指示下接过了这个任务。他率军击败了贝勒尼基之夫阿奇劳斯的军队，将托勒密十二世重新推上王位，并在留下少量罗马军队驻守后返回了罗马城。西塞罗的分析果然不假，加比尼乌斯并未因此被判叛逆罪，只不过后来被判处了"贪污罪"。[133]

总结起来，加比尼乌斯因为埃及之事无暇顾及帕提亚，而他在叙利亚的继任者克拉苏恰恰将帕提亚作为首要目标。出任总督的第一年，克拉苏就在美索不达米亚展开了军事行动。第二年，他的儿子普布利乌斯·李锡尼·克拉苏率领一支高卢骑兵赶来（普布利乌斯原为恺撒在高卢的副将之一），父子二人合兵一处，倾尽兵力在卡雷与帕提亚军队展开一场大战。在这场会战中，罗马军队遭到了毁灭性打击，损失之重，自半个世纪前阿劳西奥之败以来从未有过，据记载当场以及随后遇难者高达 3 万，克拉苏及其长子便在其列。[134] 克拉苏的财务官盖乌斯·卡西乌斯·隆基努斯（日后刺杀恺撒者之一）率领残余军队撤回叙利亚，并着手组织防御，他在事实上成了叙利亚的总督，直到公元前 51 年末马尔库斯·比布鲁斯的到来。

与此同时，恺撒在高卢的军事行动也势头不再。刚开始，恺撒在高卢取得了非凡的成功，先是成功逼退了迁徙的赫尔维提人，后又与罗马盟友埃杜维人联手攻击日耳曼领袖阿利奥维斯塔——事实上，就在一年前，元老院在恺撒的授意下刚刚确认了阿利奥维斯塔在高卢东北部的地位，承认了他国王的头衔。到了公元前 58 年夏末，恺撒已经击败了阿利奥维斯塔，并把罗马军队留在了距离罗马原控制边界很远的地方过冬。第二年，他又战胜了比利其人，并通过谈判让西高卢的居民归顺了罗马。此时的恺撒似乎完全征服了高卢。[135] 恺撒的这些行动很难说得到了元老院的授权，所以其合法性很难站住脚，不过元老院投票决定为他举行一场感恩仪式，这说明他们至少暂时认可了恺撒的战功。不过，事实证明恺撒在高卢也很难站住脚：公元前 57 至前 56 年岁末年初的冬季，西高卢人起义，这使得恺撒无暇关注伊利里库姆行省。在与克拉苏和庞培谈妥条件后，恺撒返回高卢，在余下的总督任期内，他把主要精力放在了高卢。公元前 56 年，恺撒对高卢进行了一番巩固。公元前 55 年，他做了两件十分抢眼的事：一是在莱茵河上建桥渡河，二是入侵不列颠。公元前 54 年，他在不列颠发动了一场规模更大的战役，最终迫使南不列颠人投降，纳质纳贡。他的这番功绩，又让罗马人在公元前 55 年给他举行了第二次感恩仪式，持续二十天。结果，高卢再度爆发起义，此次比之前还要严重。高卢人协同作战，攻击了罗马士兵过冬的驻地，导致罗马人折损了一个兵团和五个步兵大队，两名副将遇害，恺撒在那个冬季也因此无法返回意大利。第二年夏天，恺撒再次渡过莱茵河，但并未进行任何实质性的巩固措施，这一点，通过他在《高卢战记》第六卷中对日耳曼民族的总体描述便可推测出来。

共和国的最后岁月

在选举公元前 54 年官员期间，卡西乌斯·多米提乌斯·阿赫诺巴布斯当选执政官，小加图当选裁判官，而另一位当选执政官的阿庇乌斯·克劳狄乌斯也并非庞培或恺撒的追随者。[136] 尽管西塞罗在笔下暗指庞培有一本笔记本，里面写满了未来执政官的姓名，但我们今天很难找到证据表明庞培能够持续左右选举结果。[137] 另外，选举也能反映共和国愈加严重的政治混乱。由于各执政官候选人都试图通过推迟选举来控制百人团会议参会者的构成，共和国在公元前 55 年和前 54 年不得不由摄政官暂时执政。公元前 53 年，这种情况再次发生，但原因则是一场巨大的执政官贿选丑闻。当时共有四个有竞争力的候选人，彼此不分伯仲，这种情况较为罕见，因而竞争非常激烈。[138] 四人都遭到了贿选罪指控的威胁，其中的盖乌斯·梅姆米乌斯在元老院发表公开声明，详细描述了他和另一位候选人格涅乌斯·多米提乌斯·卡尔维尼乌斯的确与两位现任执政官达成了交易，让对方保证自己当选，作为回报，自己将分给对方新的行省。[139] 也是在公元前 54 年，罗马的法庭非常忙碌，许多案件都与政治直接相关；到了夏天，人口普查工作已遭废止。[140] 此次选举直到公元前 53 年夏季才得以举行，最终当选执政官的是马尔库斯·瓦莱里乌斯·梅萨拉·鲁夫斯与卡尔维尼乌斯——二人从表面上看的确没得到庞培或恺撒的支持。[141] 然而在两人当选之时，下一年的竞选之争就已经开始了，和公元前 57 年类似，克洛狄乌斯与米罗两人之间的矛盾再次令选举受阻。这一次，米罗参选的是执政官（他当选也不是毫无可能的事），克洛狄乌斯参选的则是裁判官。[142] 双方阵营间发生了暴力对抗，以至于元老院都为此换上了丧服，而且在一次暴乱中，两位执政官都负了伤。到这一年年初，选举还未举行，元老院也没有任命摄政官。[143]此时的庞培到底有何打算，我们今天并不清楚。不过，当米罗的党羽在1月18日将克洛狄乌斯谋害后，局势发生了剧变。罗马民众在第二天火化克洛狄乌斯尸体之时，趁势将元老院付之一炬，随后试图将米罗在竞选中的对手指定为当年执政官。在未能如愿后，他们又号召庞培出面担任独裁官。最终，在经历了两个月的法律流程与竞选活动后，庞培在那一年闰月月底被摄政官任命为执政官。这是他第三次担任执政官，且这一次并无同僚。[144]这一结果在许多方面都打破了政治惯例：首先，作为已经拥有执政官级兵权的人，庞培本不可以担任执政官，而这种特殊情况上一次出现是在公元前55年；其次，在苏拉改革之后，同一官职不可由同一人反复担任；最后，此次仅有庞培一人出任执政官，有违"共同掌权"的根本原则。尽管如此，元老院内部各方势力普遍对庞培出任执政官表示欢迎。只不过像阿斯科尼乌斯暗示的那样，元老们的热情有两害相权取其轻的成分：他们更怕庞培真的成为独裁官。其实，在克洛狄乌斯遇害、元老院建筑被毁的几天后，即元老院颁发"最后裁定"之时，元老院已经指示庞培在意大利各地召集军队。元老们竟肯如此无视政治惯例，这本身就说明共和国此时陷入的危机有多么严重。

庞培上任后在很大程度上成功恢复了秩序，尽管这种成功得益于武装力量的支持。他推行了一项新的反暴力法，许多参与了克洛狄乌斯与米罗两派暴乱的人——不管属于哪一派——都根据这一法案被定罪流放。[145]几个月后，他主持了空缺执政官一职的选举活动。尽管最终当选执政官的人是他新近的岳父梅特卢斯·西庇阿，但庞培肯决定再选一位执政官，这本身就是在向公众宣告，自己无意令共和国政治长期脱离正轨。[146]庞培也推行了其他重要的法案。首先要说的是由他牵头并成功通过的《有关行省的庞培法》。该法案其实参考了前一年在两位执政官提议下出台的一项元老令，该元老令要求在罗马城担任官员的任期与前往行省担任总督的任期之间，必须满足一定的时间间隔。[147]当年提出法案的那两位执政官，因为贿选横行导致选举严重推迟，白白损失了半年的任期，所以他们才想通过这种手段，让执政官候选人更难凭借行省总督一职大肆敛财用以贿选，从而控制竞选的激烈程度。他们的这种做法是可以理解的，尤其是考虑到这两位执政官在担任裁判官之后，并没有分得行省，而他们当时的竞争对手却分到了。[148] 不过，这项法案对于行省地方政府的潜在影响是很大的，而身为独立执政官的庞培在决定重启这项法案时，很可能也是从这个角度去考虑的：毕竟他整个的政治生涯都展现了将中央与行省政府分裂开的巨大潜力。[149] 此外，庞培还让元老院延长了他西班牙兵权的期限。[150] 与此同时，在梅特卢斯·西庇阿的主持下，元老院撤销了《克洛狄乌斯法》，恢复了监察官对于元老身份的认定权。此外，执政官选举在三年来首次顺利举行，新官得以在公元前 51 年 1 月 1 日如期上任。

就这样，庞培成功铲除了罗马政治生活中的暴力，恢复了官职任卸有序的原则。对比前几年的局面，这一成绩可谓非凡。但是，在解决另一个问题上，他却几乎没有取得进展，而这个问题此时也显得越来越难以解决，那就是恺撒的地位问题。关于公元前 49 年内战的爆发，许多记述都将庞培与恺撒的关系选作着眼点，如此一来，两人何时决裂就成了一个关键问题。但在笔者看来，也许把恺撒兵权作为着眼点更有助于我们理解这场内战：也就是恺撒、庞培乃至整个罗马共和国，都需要找到一个办法来应对恺撒高卢兵权的到期。有关被延长的兵权到期后该怎么做，这个难题的答案在近期存在两个先例：一是苏拉在公元前 83 年的做法，二是庞培在公元前 61 年的做法。从有实权的官员变成无实权的普通公民，两人面对这一过渡选择了不同的路线，最终也给共和国造成了大相径庭的结果：前者让罗马遭到武装入侵，后者从容退隐，罗马平安无事。而恺撒在公元前 1 世纪 50 年代后期的行动，可以被视为在这两极之间寻找第三条路线的尝试，只是这种尝试失败了。

史料显示，恺撒在公元前 53 至前 52 年岁末年初的冬季，第一次提出了一个请求，希望自己能够在不在场的情况下参与官员选举。[151] 这是首次有迹象表明恺撒不愿效仿公元前 61 年的庞培，在兵权到期后退出政坛。这一请求得到了保民官的支持，也得到了庞培的支持，随后，一项赋予恺撒这一权力的法案在公元前 52 年得到通过，并获得了全部 10 位保民官的同意。[152] 恺撒提出这一请求的动机是可以理解的：一方面缺席竞选权是一种殊荣，另一方面当选也将使得他的敌人无法针对他担任高卢总督期间的行为对他提起公诉，此外他还可借此表明自己无意退出政坛。庞培的立场则较为复杂。在这一年某个时间点，他推行了另一项有关官员权力的法案，名叫《有关官员任职问题的庞培法》。该法案有一项条款就重申了候选人必须亲自到场参加选举的原则。[153] 这项法案与 10 位保民官通过的那项法令之间存在明显的矛盾。至于该如何理解这一矛盾，苏维托尼乌斯认为庞培只是疏忽大意了（*Iul.* 28.3），一些现代史学家则认为庞培是故意欺骗恺撒，而这两种观点都无可能性。笔者以为，这一矛盾反映了庞培内心两种彼此冲突的意愿。一方面，庞培试图为罗马恢复和平的文治，也理解个人野心对这一目标构成的威胁。另一方面，他还不想在这一阶段与恺撒决裂。作为这种意愿冲突的结果，他选择承认恺撒的独特性，承认恺撒与自己一样，是超乎政治惯例的一个特例。从这个角度去看，那项有关官员权力的法案强调的是惯例，那项赋予恺撒缺席竞选权的法案则属于前者的附加条款，意在强调恺撒的特殊性，而且后者并不是因为庞培意识到了——或者因为他人提醒注意到了——自己的错误才补充上去的，而本就是他最初构想的一部分。[154] 庞培有此构想，是因为他在罗马处于首屈一指的政治地位，所以按照这个思路解读，赋予恺撒缺席竞选权的一个目的是在明示恺撒，我庞培不但有保护支持你的意愿，更有保护支持你的能力。就在庞培做着这些工作的同时，恺撒正忙着在高卢平叛，而此次叛乱与前两次相比，规模更大，组织性也更好。最终，恺撒凭借对高卢人据点阿莱西亚的一场漫长围城战，带领罗马人取得了巨大的胜利，元老院特意在公元前 52 年秋季为他举办了一场为期二十天的感恩仪式。虽然有此战绩，恺撒在那一年冬天仍然留在了高卢，而根据他的《高卢战记》第八卷——由其副将奥卢斯·希尔提乌斯执笔——战斗于公元前51年仍在继续。[155]

在担任执政官的公元前52年里，庞培在许多方面都取得了惊人的成功。他将共和国从军事独裁的边缘救了回来，恢复了安宁与秩序，使选举重新步入正轨。他牵头对罗马与地方行省的官职任卸机制进行了彻底的修整，而这些改革的潜在影响是广泛的，可惜不久后内战的爆发阻碍了其影响的显现。而且，他在这一年维护了与恺撒的良好关系。但是，如果说刚刚迈入公元前51年的罗马的确处于上述这种较为有利的局面中，我们就必须去解释，为何短短两年之后内战竟会爆发。

公元前52年的法案赋予了恺撒"ratio absentis"（即"缺席竞选权"），但有关恺撒高卢兵权到期之后的问题，仍是悬而未决。有关这一兵权到底何时到期，学界始终存在广泛的争论，至今并无定论。这其实并不奇怪，因为恺撒的兵权是否真的存在一个各方都同意的固定结束期限，就连这个问题我们都不清楚。在当时的罗马共和国，兵权的终止普遍并不是以具体日期来界定的，而是采用另外两种方式。第一种是职权更替，即新官赴任之时，就是老官卸任之日。这种方式存在相当大的不明确性，这一点在西塞罗赴任与卸任奇里乞亚行省总督之时留下的信中就得到了很好的体现。第二种是功成身退，即兵权随具体使命的完成而结束。比如就今天所知，庞培在公元前1世纪60年代的兵权就没有固定期限，而是由某个具体问题或某种非常规情况的存在来定义的，并随着这个问题的解决而终止。从这个角度上看，恺撒当时面临的情况与选择并无奇特之处：既然山外高卢行省的问题还会继续存在——这是非常自然的猜测，那么罗马肯定还会继续派人前来指挥，也就是说恺撒的兵权最终肯定会被交与他人。立法赋予恺撒缺席竞选权，是为了确保不管他的兵权何时结束，恺撒随时都可以参加竞选；而这也就意味着，明确兵权终止日期是没有必要的。[156]

　　根据西塞罗在公元前 56 年所做的演讲《论执政官行省》，时人显然相信只要为恺撒任命一位接替者，他的兵权就会结束。所以当时讨论得最激烈的一个问题，就是下一年（公元前 55 年）的执政官是否会成为山外高卢的总督。如果会，那么在公元前 55 年末或前 54 年初新总督到任之时，恺撒的兵权也就结束了。重要的问题不是新总督具体何时到任，而是新总督到底是谁。这一年元老院讨论决定，高卢并不属于执政官级行省，但元老院就此事展开争论本身就说明，之前许给恺撒的五年任期，应该是包括公元前 59 年这一年的。如果事实就是这样，那么可以推断，在正常情况下，元老院肯定会在恺撒任期到期的公元前 55 年再次将这个问题提上议程，或者终止他的兵权，或者任命一个裁判官去接替他。但正常情况并没有出现：庞培与克拉苏二度当选执政官，不但立法赋予了自己行省兵权，还借助《庞培与李锡尼法》将恺撒的行省兵权又延长了五年。此时，问题开始变得模棱两可了：《庞培与李锡尼法》到底是立即生效，还是在最初元老令规定的期限结束后再生效呢？[157] 不管怎样，在公元前 51 年的战争季期间（从 3 月开始），恺撒仍有权在高卢指挥作战，再往后免不了又要有一番争论。

　　公元前 51 年的执政官是马尔库斯·克劳狄乌斯·马塞卢斯与塞尔维乌斯·苏尔皮西乌斯·鲁夫斯，前者显然对恺撒怀有敌意。在这一年初夏，他当众鞭挞了一个来自诺夫科姆的人，而诺夫科姆正是恺撒创立的殖民地，这等于是在公开质疑该殖民地的合法性。从西塞罗对此事的评论可以明显看出，不管此人因何事遭到鞭刑，这本身就是对恺撒的侮辱，有可能也会冒犯到庞培。[158] 此外，马塞卢斯还试图说服元老院终止恺撒的兵权，而且显然将公元前 50 年 3 月 1 日定为终止日期。[159] 这一提案遭到庞培的反对，马塞卢斯也没有在元老院赢得足够的支持，未能让提案得到通过。此后的一段时间，他似乎已打消了这个念头。[160]

到了这年夏季晚些时候，元老院再次开始讨论此事：此时，来年的执政官已经选出，所以如果恺撒想当执政官，最少也要等上十八个月。在9月的最后一天，元老院在阿波罗神殿里集会议事。[161] 与西塞罗保持书信往来的凯里乌斯较为详细地记述了这次会议，里面就包括元老院在会上通过的四项法案原文。[162] 其中一项法案决定，来年的执政官必须确保元老院在当年（公元前50年）3月1日后，将有关执政官行省的问题放在一切公共事务之前讨论。这项法案后来并没有遭到否决。另外三项法案，一项说如果有人胆敢否决元老院就执政官行省展开讨论，则等于是在损害共和国的利益；一项旨在让那些已在恺撒手下服役期满的士兵退役；一项将山外高卢排除在裁判官行省之外（这意味着山外高卢只能是执政官行省）。这三项法案都遭到了否决。在同一封信中，凯里乌斯记述了庞培就此事说的两句话，还表示庞培的话"令民众信心大涨"。第一，庞培说在公元前50年3月1日前讨论恺撒兵权的事是不公平的，但在那天之后，这一问题不可再拖。第二，有人问他："要是他（即恺撒）打算在统领军队的同时还担任执政官该怎么办？"庞培则反诘道："要是我的儿子想用棍子打我我该怎么办？"[163] 庞培的第二句话说得十分隐晦，似乎既是在强调恺撒不太可能如此，也是在强调自己在恺撒面前拥有父亲般的权威，即恺撒绝不会以此来挑战庞培的权威，但即便他真敢如此，庞培必然会把他制住。凯里乌斯在信中说，民众认为庞培说这样的话，说明庞培与恺撒之间存在"negotium"。这个拉丁词的意义较为模糊，可以指"麻烦"，也可指"约定"，既然凯里乌斯说庞培的话让民众有了信心，那么在这种语境下应当按照"约定"这一正面意思去理解。如果这样，庞培从容地表达自己在恺撒面前拥有父亲般的主宰地位，这让民众相信局势尽在他掌握之中。凯里乌斯最后得出结论，认为恺撒只有两个选择：要么留在高卢，不参加公元前50年执政官选举；要么在缺席的情况下参选，随后离开高卢。

公元前51年元老院展开的这些争论确证了一件事，那就是恺撒高卢兵权终止一事的确是罗马面临的一个主要问题，但争论本身对于问题的解决并无太多益处，反而更为明确地显示出了罗马政界存在两派对立——一边是恺撒的支持者，一边是怀着对恺撒程度各异的仇视、希望能限制他权力的人。对于这两派来说，庞培的态度自然十分重要，而他对这个问题的回应很符合庞培模棱两可的一贯作风。具体到这件事上，庞培借助模棱两可，在亲恺撒派与反恺撒派之间小心翼翼地维持着平衡。庞培其实是欢迎恺撒回归政坛的，条件是他必须按自己开出的条件回归。而且我们也不应该忽视，帕提亚王朝仍然是罗马的一个严重威胁，有可能需要罗马很快展开一场大规模军事行动。如果历史真的朝这个方向发展了，庞培与恺撒之间的危险角力完全有可能被避免。

当选公元前 50 年执政官的是盖乌斯·克劳狄乌斯·马塞卢斯与卢西乌斯·埃米利乌斯·雷必达·保卢斯，两人都不是恺撒的支持者，而雷必达——公元前 78 年执政官雷必达之子——还当众与庞培发生过争吵。[164] 这一事实相当重要，它是在提醒我们，罗马的政治生活在此时尚未完全分化为两个对立阵营。事实上，雷必达似乎野心勃勃，有自己的盘算，而且正在积极地将其家族的姓氏印刻在罗马城的广场上。[165] 在公元前 51 年夏天被选为来年官员的人中，就有盖乌斯·斯科李博尼乌斯·库里奥，职务是保民官。其实，当时本已选出了两位保民官，但其中一人随后被判处了贿赂罪，于是又进行了一场补选，库里奥这才当选。[166] 有关此人，维雷乌斯曾评价说："点燃内战之火，引发此后二十年持续罪恶的祸首非盖乌斯·库里奥莫属。"[167]

盖乌斯·斯科李博尼乌斯·库里奥乃是公元前 76 年执政官库里奥之子。公元前 59 年，他抨击恺撒，随后被维提乌斯举报说他要行刺庞培，他又将其阴谋拆穿，借此在政坛上崭露头角。[168] 他曾于亚细亚行省在盖乌斯·克劳狄乌斯·普尔喀手下效力，职务可能是行省财务官，更可能是军事长。在此期间，西塞罗给他写了若干封信。[169] 在库里奥当选保民官之时，凯里乌斯给西塞罗写信汇报政坛动态，其中就预测说库里奥很快就会宣称自己是"boni"（即"好人")的支持者——在公元前 51 年夏季，这就等于是说他反对恺撒。[170] 库里奥在任职后提议更改有关恺撒分配坎帕尼亚土地的法案，还提议缩减官员出行期间的开销，所以从这最初的提案上看，凯里乌斯的预测果不其然。[171] 然而在他保民官生涯的第一阶段里，库里奥也没有忽视自己的个人目标，比如他试图将自己流放中的堂兄梅姆米乌斯调回罗马。但总的来说，库里奥在这一阶段并无耀眼表现，以至于凯里乌斯在公元前 50 年 2 月的一封信里，称库里奥在任期内"毫无建树"。有趣的是，在这封信的结尾，凯里乌斯却说自己注意到了一种突然的变化：

> 吾于上文所言库里奥之冰冻僵固，此时竟为火般热情所取代。彼因闰月提案未能顺意，竟突发奇想，转投民众阵营，始为恺撒发声，鼓吹某公路法与某粮食法。前者与卢鲁斯当年所提土地法颇为相似，后者则命营造官负责粮食分发。吾撰写前文之时，彼尚无此举。[172]

这标志着库里奥已进入了政治生涯的第二阶段。他在这一阶段有可能也对共和国外事进行了干预，具体体现是提议罗马吞并朱巴一世的王国。根据凯里乌斯的措辞分析，库里奥选择拥护民众是其转变的一个方面；不过即便事实的确如此，他也不可能以一项走平民路线的立法为理由要求插入一个闰月。在后来许多古代文献中，各位历史记录者显然认为库里奥之所以转变路线，是因为受了恺撒的贿赂，但同时代的凯里乌斯与西塞罗却不这样认为——尽管凯里乌斯的确将转变之后的库里奥视为恺撒的一个盟友。[173] 更好的解读是，库里奥的行动来自他对于自身政治利益的算计，以及一种不忍白白浪费保民官一职所享种种机遇的欲望。在他任职的这一年里，他始终是一个独立的政治人物：在他与恺撒的来往中，他不太像是在支持恺撒，反而像是在试图避免恺撒与庞培再次联手，从而让自己的政治野心受限。不管怎么说，从公元前 50 年春季开始，库里奥始终在着力将庞培与恺撒分割开，在抨击庞培的同时总是声称自己是在为恺撒代言。作为他这一策略中的关键一步，库里奥曾呼吁庞培与恺撒同时放弃兵权。这一提议极受民众的欢迎，但也极受庞培的厌恶，因为庞培的兵权已在公元前52年延期，所以理应在恺撒之后到期才对，而且庞培想继续保住自己的权威地位，继续对恺撒耳提面命。[174] 今人知道后来发生之事，尤其是库里奥在内战期间选择支持恺撒，所以才会认为他在任保民官的这一整年里，始终都是恺撒一党。其实，理解库里奥更好的一个方法是拿他与曾经的克洛狄乌斯做比较（库里奥此时的妻子便是克洛狄乌斯的遗孀）：两者都广泛推行了平民派立法，两者都意识到了庞培与恺撒联手对这一目标的达成是有害的。而且，就如这一年执政官竞选结果显示的那样，罗马政治圈绝非只存在庞培党与恺撒党这两种成分，内战在公元前50年初也并没有被看成是不可避免的。内战只是在一个多方政治势力忙于追求各自利益的舞台上，一种意料之外且不受欢迎的可能性。

到了公元前50年春末，庞培已宣称自己支持让恺撒在公元前50年11月13日交出兵权。这意味着，恺撒应该在那一年利用缺席竞选权参选执政官。而选择这个日期甚至有可能是为了给恺撒留出足够的时间，让他返回罗马，筹备并参加为自己举行的凯旋仪式，然后在公元前49年1月1日正式上任。这满足了恺撒自己公开提出的要求，只不过仍然是按庞培开出的条件来满足的。[175]那一年，恺撒在高卢的军事行动极其低调，一副很快就要动身返回罗马的样子，但他最终却没有参加那年夏天的执政官竞选。这是一个至关重要的决定，因为这是恺撒第一次直接违逆庞培的公开立场。由此可见，缺席竞选权并未有助于让恺撒重新融入罗马政治生活，这引发了一个问题：到底什么才有助于这一点？

值得注意的是，今天的史学界在讨论此次内战爆发之时几乎都忽视了恺撒不参选执政官的决定，只将其视为一种异常。[176] 有人对此解释说，那一年的竞选人中有恺撒昔日的副将兼朋友塞尔维乌斯·苏尔皮西乌斯·加尔巴，他与恺撒都来自贵族阶层，因为同届两位执政官不可都由贵族担任，故而恺撒退出竞选，借此增加加尔巴的胜算。[177] 这种推断也许真，也许假，但不管恺撒是出于什么原因而做出这样一个决定，他不可能不会意识到这个决定将会对罗马、对庞培产生怎样的影响。他等于是在宣称，自己不准备按照庞培开出的条件重返罗马政坛。

最终当选公元前 49 年执政官的两人对恺撒都怀有敌意，而且还与庞培结成了密切的合作关系。[178] 那一年当选监察官的，一个是恺撒的岳父皮索·凯索尼努斯，一个是阿庇乌斯·克劳狄乌斯，后者上台后对元老院展开了大清洗。他这样做在何种程度上属于党同伐异，我们今天并不清楚（他的确试图将库里奥赶出元老院，但遭到了皮索的阻止），但不出意料的是，许多被赶出元老院的元老都属于恺撒的阵营。在那一年当选保民官的人中，有恺撒的副将、前财务官马尔库斯·安东尼（那年夏天，恺撒还帮他成功当选占卜官），但其他一些保民官则有可能是与恺撒敌对的。[179] 到了那一年秋末，时人显然已经看出恺撒不打算交出兵权。12 月初，元老院展开了一场辩论，其间，要求庞培放弃兵权的提案并未通过，要求恺撒放弃兵权的提案却得到了通过。这说明比起恺撒，元老院多数人都支持庞培。但是，也是在这次会议上，要求庞培与恺撒一同放弃兵权的提案竟然以 370 : 22 的比例获得了通过。[180] 这种局面是庞培无法接受的，他不再打算靠协商解决问题，而是离开罗马，控制住了意大利的军队。考虑到战争此时已到了无法避免的地步，两位新执政官上台后得以说服元老院通过相关法案对恺撒下手，一是剥夺了他的缺席竞选权，二是任命了恺撒的接替者。一些支持恺撒的保民官试图否决这一法案，但元老院又下发了元老令，指示执政官以一切手段保证共和国的安全，他们的否决遭到了无视。随后，这些保民官离开罗马城前往了恺撒的军营，这成了罗马共和国爆发内战最直接的原因。

内战

公元前 49 年 1 月，恺撒率领三个军团从山内高卢行省进入意大利；此外他在山外高卢尚有七个军团的兵力，由盖乌斯·特雷伯尼乌斯负责指挥。[181] 与他对抗的是若干身在意大利的持兵权者，包括庞培、新任执政官盖乌斯·克劳狄乌斯·马塞卢斯与卢西乌斯·科尼利乌斯·兰图卢斯·克鲁斯、接替恺撒山外高卢行省兵权的卢西乌斯·多米提乌斯·阿赫诺巴布斯，以及仍然拥有奇里乞亚兵权的西塞罗。事实上，庞培才是这场反恺撒军事行动的总指挥，但是他没有正式职权——根据西塞罗信中提到的信息，庞培仅仅是请求西塞罗与自己合作。[182] 两位执政官都加入了庞培的军队，但西塞罗却在坎帕尼亚踌躇不前，以为自己尚可为和平斡旋。阿赫诺巴布斯则是根本不理会庞培，独自占领了科菲尼乌姆并开始为统领高卢招募军队。

恺撒迅速夺下了科菲尼乌姆，而且还释放了阿赫诺巴布斯及其手下的将官，保证了他们的人身和财产安全，以此表明自己于胜利中仍以宽容为怀。不过，在内战的这一阶段，除了科菲尼乌姆，双方在意大利并没有发生战斗，因为庞培决定把战场从意大利移到希腊。庞培做这个决定的动机以及时间，我们今天并不完全清楚，但可以推测出苏拉当年的经验有可能给了他很大的启发，何况公元前 1 世纪 60 年代的东征让庞培在地中海东部地区获得了巨大的资源，这对于当年的苏拉来说是遥不可及的。相反，意大利本土的反恺撒势力就没有那么强大：庞培手下作战经验最丰富的两个军团，都是他前一年从恺撒手中接管的，他自然不太愿意靠他们来对抗恺撒，而且恺撒已以出奇的速度在意大利中部站稳了脚跟。[183] 于是，庞培决定离开意大利，希望借此重夺战争的主动权，由自己而不是恺撒决定这场战争该在何时何地进入关键阶段。他带领军队向港城布伦迪西乌姆行进，并从那里组织军队登船渡过亚得里亚海。他的这一策略取得了成功：恺撒在科菲尼乌姆耽搁了时日，所以追击不及，未能及时封锁布伦迪西乌姆的港口，让庞培带着全部人马离开了意大利。

由于缺少船只，恺撒暂时无法追击，于是他掉转目光，打算先控制住地中海西部地区。他派手下副将夺取了撒丁岛与西西里岛，而这两个行省由元老院任命的正牌总督则逃到了非洲。此时阿非利加行省实际上的统治者是普布利乌斯·埃提乌斯·瓦卢斯。此人不久前在奥克西穆姆那里从恺撒军中逃出，来到非洲，他发现阿非利加行省总督盖乌斯·康西狄乌斯·朗格斯已卸任返回罗马，新总督昆图斯·埃利乌斯·图贝罗尚未到任，于是说服康西狄乌斯留下代政的副将昆图斯·李加利乌斯与自己合作，就这样接管了阿非利加行省。在图贝罗到达后，埃提乌斯拒绝交出总督一职（图贝罗随后去投奔了庞培）。库里奥代表恺撒夺取了西西里，随后出兵非洲，但被埃提乌斯击退。[184]

　　恺撒本人则专注于夺取西班牙。由于庞培在那里当了五年的总督，此时的西班牙处于庞培阵营的牢固控制之下。远近西班牙两个行省，由阿弗拉尼乌斯、佩特雷乌斯与马尔库斯·特伦提乌斯·瓦罗这三个庞培的副将控制，三人共有七个军团的兵力。出征西班牙之前，恺撒曾在罗马城短暂停留，还在4月1日的一次元老院会议上发表了讲话。据他在《内战记》中的记录，他在会上表达了自己有意与庞培谈判，但却找不到人代表他去接触庞培，因为庞培此前已经明示，任何选择留在罗马城的元老，都将被视为恺撒的支持者。[185]在这段文字中，恺撒还提到自己遭到了保民官卢西乌斯·凯西利乌斯·梅特卢斯的阻挠，但描述相当隐晦。学界从其他史料中得知，所谓梅特卢斯的阻挠，指的是他拒绝恺撒动用共和国国库及其紧急储备金。恺撒此时竟然不愿意强行推翻梅特卢斯的决定，这一点十分引人注目。

　　在前往西班牙途中，恺撒选择绕道马希利亚，而马希利亚方面却拒绝他进城。据他自己所说，这说明马希利亚人想要在内战中保持中立，可当卢西乌斯·多米提乌斯·阿赫诺巴布斯来此接管山外高卢行省时，却将此城作为自己的行动基地。恺撒留下了一些副将和兵力用以在陆地和海洋上围困马希利亚，随后带兵进入近西班牙行省，对战阿弗拉尼乌斯与佩特雷乌斯。恺撒在伊列达与对方展开了战斗，虽未取得决定性战果，但他在敌人向西南方向撤退途中智胜一筹，最终使得庞培的两位副将向他投降。在拿下近西班牙行省后，他开始进攻远西班牙行省。控制那里的是庞培的副将特伦提乌斯·瓦罗，他的麾下有两个军团，但其中一个军团临阵脱逃，因此瓦罗在一番谈判后也投降了恺撒。于是恺撒率军返回意大利，他在路过马希利亚时稍做停留，接受了这座城市的投降，最终于公元前 49 年 12 月抵达罗马城。此时的恺撒，在元老院通过相关授权法案后，已被裁判官马尔库斯·埃米利乌斯·雷必达（后成为公元前 46年执政官）任命为独裁官。在抵达罗马后，恺撒主持了公元前 48 年的官员选举和拉丁节的庆祝活动。在选举中，恺撒与普布利乌斯·塞维利乌斯·伊苏利库斯双双当选执政官。在罗马停留了十一天之后，恺撒又率军朝布伦迪西乌姆进发。

庞培在带军离开意大利后，先是在帖撒罗尼迦驻军过冬，然后在公元前 49至前 48 年岁末年初的冬季，成了反恺撒势力的全权总指挥。庞培在地中海东部地区拥有一个广泛的反恺撒同盟，其中持兵权者包括：庞培的岳父梅特卢斯·皮乌斯·西庇阿（他已接替比布鲁斯成了叙利亚的总督，并带领军队加入了庞培阵营）；比布鲁斯（他从叙利亚返回后受到庞培的委派，主掌海军）；公元前 49年的执政官盖乌斯·克劳狄乌斯·马塞卢斯（他此时身在罗德岛，与比布鲁斯共同掌管海军）；公元前 49 年的另一位执政官兰图卢斯·克鲁斯；卢西乌斯·多米提乌斯·阿赫诺巴布斯（他在马希利亚陷落前不久成功逃出，向东投奔了庞培）；小加图（他本是西西里岛的总督，一年前在恺撒副将的进攻下逃到了这里）；西塞罗（他最后还是离开了意大利）；以及公元前 49 年的三位裁判官。[186] 代表元老院一边的庞培阵营在持兵权者的人数上有着压倒性优势，而这一点所隐含的合法性不言而喻，而且从西塞罗在内战最初几个月里留下的书信上看，不管是庞培还是他的那些盟友在谋划中都重点考虑了合法性这一点。[187]那些没有兵权的元老，也有很大一部分来到了东方：根据狄奥的记录，帖撒罗尼迦在那个冬天共有 200 名元老，而随同他们一起到来的，还有政府的正式机构，城中甚至还专门开辟了空间用以占卜。[188] 此类元老中就有马尔库斯·尤尼乌斯·布鲁图斯，尽管他与庞培有仇——公元前 77 年，他的父亲在雷必达叛乱遭到镇压后被庞培下令处决——但仍然选择站在元老院一边。在公元前 48 年 1 月 1 日，元老院阵营对官员职权做出了一个重要的调整，将原中央官员调整为平级地方官员，且停止新当选官员的上任，这明确体现了这一阵营对于合法性的关注。[189] 另外，他们还宣布罗马的元老院休会——这些恺撒的反对者无疑都认为自己这个群体才算是合法的元老院。不过，在罗马之外重造罗马人显然是不可能的。曾经的中央执政官此时成了地方总督，元老院的那些军事领袖之所以决定让庞培全权负责指挥作战，也许就受到了这一身份变化的推动。[190] 庞培在地中海东部地区有着巨大的关系网，这使他能够大大扩充自己从意大利带来的兵力。[191]

公元前 48 年初，恺撒用船将自己的军队运过亚得里亚海，行动之快，出乎对手的意料。他成功躲过了比布鲁斯的海军封锁，控制了奥利库姆与阿波罗尼亚。于是庞培率军迎击，两军在阿普苏斯河附近展开了一场没有取得决定性成果的战斗，随后庞培退至狄拉奇乌姆，在那里遭到恺撒的围困。在几周的小规模冲突后，恺撒一方被庞培击败，再加上物资短缺，便撤退至东南方向的色萨利。接下来，恺撒与自己的副将多米提乌斯·卡尔维尼乌斯合兵一处——后者此前一直在与梅特卢斯·西庇阿展开小规模战斗，在劫掠贡斐之后，便驻扎在了色萨利平原上。庞培与梅特卢斯·西庇阿合兵一处向恺撒一方逼近，两军于公元前 48 年 8 月 9 日在法尔萨卢斯附近正面交锋。元老院方的兵力大约是恺撒的两倍，骑兵数量上的优势尤为明显。尽管如此，恺撒仍然获得了胜利，并夺下了庞培的兵营。庞培先是逃到拉里萨，又从那里逃到米蒂利尼并与赶来的妻子科尼莉亚团聚。[192] 他认为自己若是要重整旗鼓，最安全的地方就是埃及：当时的埃及由两位君主共治，国王即托勒密十二世之子托勒密十三世，女王即托勒密十三世的姐姐——大名鼎鼎的克利奥帕特拉七世。庞培本以为，自己此前曾帮助过他们的父亲，此时正可以向对方讨还这个人情，可惜他的算盘落空了：埃及人担心支持庞培会让恺撒向他们开战，而自己绝非恺撒的对手，于是在庞培到达埃及之后立即就将他谋害了。[193]

在有关这场内战的记述中，法尔萨卢斯之战与庞培之死成了标志性时刻，成了罗马由共和国向帝国转型过程中的转折点。[194] 对于那个时代的人来说，记述法尔萨卢斯之战的第一个挑战就是要解释伟大的庞培在兵力占优的情况下为何会被击败；第二个挑战则是在这场不断演化的内战故事里，给这场会战的结果找到一个合理的位置。公元前46年，已获得恺撒宽恕并返回罗马的西塞罗动笔对自己投靠庞培的决定以及此战进程做出了反思，认为法尔萨卢斯之败的主因，一是庞培的部队素质低下，二是庞培因狄拉奇乌姆的胜利变得过度自信：

> 吾之悔意，主因非是吾之所为置吾于险境，乃是吾于彼处所见诸多不足：一者，吾方军队，既难称庞大，亦不具战意；二者，除统帅及少数将领外，余者皆为借战争敛财之辈，且言语之残忍，令吾想及获胜后之情景即不寒而栗；三者，军中最为尊贵者，皆已债台高筑。奈何？吾方可谓一无是处，唯占一义字。见此，吾已绝胜望，初时便着手促和——此乃吾一贯提倡者也。后见庞培毫无和意，吾转而劝彼缓行战事。彼间或亦以为然，也许终行缓战之事，怎奈彼于某战之后便转信士卒。自此，庞培空有伟大之名，却无统帅之实；以杂军迎战精锐，焉有不败？败后更不顾廉耻，弃营独逃。[195]

西塞罗本人并未参加法尔萨卢斯之战，何况此段文字乃是自我开脱之言，所以他做的这些军事分析未必如何可靠。另外，此处还需注意一点：虽然他对其他庞培阵营的成员多有指摘，但据说他本人也没有对庞培阵营的和谐起到什么好作用——这一点，在普鲁塔克给他写的传记中体现得最为明显。[196]恺撒在记述这场会战时也采用了类似的模式去解释对方的失败。他认为庞培阵营被狄拉奇乌姆的那场胜利冲昏了头脑，不再去思考"ratio belli"（即"作战方案"），觉得自己已经是胜利者了。[197]而且庞培是因为受到了手下人的施压才被迫开战的。恺撒在《内战记》中有一段文字（3.87），记录了庞培对原为恺撒副将、后投靠自己的提图斯·拉比恩努斯说的一段话，从中能够让人清楚看出庞培阵营存在策略不利、领导无力的问题。庞培以自己的经历为参考嘲讽了恺撒军队的战斗力，结果事实很快就证明了他大错特错。恺撒还借助庞培阵营领导层的争吵——尤其是斯宾瑟、多米提乌斯·阿赫诺巴布斯与西庇阿之间的争吵——凸显了对方的过度自信，说他们已经开始盘算在铲除掉恺撒之后，到底该由谁来当大祭司了。恺撒最后总结道："简言之，庞培阵营之人，或意在谋官，或意在求财，或醉心私仇，不思取胜之计，唯想取胜之利。"[198]恺撒文字中的这种表面的客观更令今人对于法尔萨卢斯之战中的庞培产生了这样一种认知：他只犯了一个致命的错误，那就是主动选择与恺撒正面对决，而他的手下人则辜负了他，他们没有理性地去应对眼前的军事问题，而是在忙于追求一己私利。

作为此战的幸存者，不管属于哪个阵营，在记述这场会战时都会把焦点放在死去的庞培身上，把责任放在其他庞培阵营领袖身上，这样做对他们来说是有好处的，这一点可以理解。但即便考虑到这一点，这些人笔下的庞培也许仍确有一定的真实性：庞培有可能真的是迫于军中高层人物的压力，才做了这样一个错误的决定。在赋予庞培权威之时，其他持兵权者是否以某种形式正式承认庞培的兵权高于自己，这个问题并不重要，因为事实情况仍然是：庞培统率的这个同盟始终容易爆发分歧，而庞培在这个同盟中享有的权威也会激发起其他人的不安。[199]庞培战败逃往埃及，这给元老院阵营造成了领导危机。留守狄拉奇乌姆的小加图在得知此事后，请西塞罗担任统帅，因为他是军中高级别的持兵权者。西塞罗拒绝接受，这让庞培的长子极为愤怒，小加图好不容易才保住西塞罗免遭谋杀。[200] 不久后,西塞罗返回意大利,彻底退出内战。小加图则接过了庞培阵营的指挥权,并带兵前往埃及与庞培会合。得知庞培已死,他又继续前往阿非利加行省。事实上,在法尔萨卢斯之战后,与西塞罗同为执政官级官员的 10 人中仅有两人还选择继续内战,即梅特卢斯·西庇阿与阿弗拉尼乌斯。比布鲁斯、阿庇乌斯·克劳狄乌斯与盖乌斯·马塞卢斯(后者不确定,但可能性很大)在此战之前就已自然死亡;多米提乌斯·阿赫诺巴布斯在此战中阵亡;兰图卢斯·克鲁斯与庞培一同被擒获,很快就被处决;他的兄弟斯宾瑟在此战之后不久也死了;苏尔皮西乌斯·鲁夫斯与马尔库斯·马塞卢斯和西塞罗一样,都放弃了这场战争。[201]

恺撒为了追击庞培也到了埃及,在那里卷入了托勒密十三世与克利奥帕特拉七世之间的内战。恺撒击败了托勒密十三世的军队(托勒密十三世在战斗中溺水而亡),控制住了亚历山大城,重新将克利奥帕特拉连同她另一位弟弟托勒密十四世扶上了王位。战争结束后,恺撒又在埃及待了几个月,直到公元前 47 年才离开,而这一段时间让古人与今人对他与克利奥帕特拉的关系产生了无限遐想,《亚历山大战记》的作者对此讳莫如深,这也许很能说明问题。[202] 不管两人关系如何,恺撒在埃及的耽搁确有客观因素,因为埃及的局面的确很复杂,而且属于希腊文化圈的埃及,其外交惯例也的确很耗时日。在离开埃及后,尽管罗马城存在严重的动荡,恺撒也没有直接返回。[203] 他先是去了叙利亚,随后北上本都。不久前,米特拉达梯之子法纳西斯在胜利城击败了多米提乌斯·卡尔维尼乌斯统率的罗马军队,进而夺取了本都。公元前 47 年 8 月,恺撒在泽拉与法纳西斯展开会战并大获全胜,此战取胜之快在后世成了传奇,也洗刷掉了昔日罗马人在泽拉战败的耻辱,还令恺撒可以毫无顾虑地返回罗马。[204]

尽管意大利本土在内战中并没有发生任何激烈的战斗,但那里的经济与稳定仍然受到了严重影响。高债务问题引发的不满情绪在意大利继续发酵。公元前 48 年,裁判官凯里乌斯提议允许民众暂停支付利息和租金,这让他与其他官员产生了冲突。在他攻击了罗马内事裁判官特雷伯尼乌斯之后，执政官塞维利乌斯·伊苏利库斯对凯里乌斯做了停职处理，当后者试图在一次公众集会上发言时，更是被从讲台上拖了下来。[205] 凯里乌斯随后向南投奔米罗——米罗本被流放到萨西利亚，此时在未经召回的情况下已返回了意大利——并重新建立了自己以角斗士为主的武装队伍。两人本打算托庞培之名召集军队，可惜米罗死于一场小规模冲突，凯里乌斯也被恺撒驻扎在图里伊的士兵杀害，这个计划不了了之。公元前47年的保民官普布利乌斯·科尼利乌斯·多拉贝拉（此人已借被平民收养摆脱了贵族身份）再次试图立法取消债务和租金，但此举遭到了保民官卢西乌斯·特雷贝里乌斯与恺撒任命的骑兵统帅马尔库斯·安东尼的反对。这个问题引发的暴力活动一直在罗马持续，直到恺撒在公元前47年9月回城时才平息。[206] 士兵的哗变也是恺撒面临的一个问题：军中有些士兵抱怨服役期过长，于是谋杀了几名将官，好在恺撒出面，许以大量钱财奖励，才让事态缓和了下来。[207]

这些动荡可以与民众对于政治权力归属与未来的普遍不确定感联系到一起。塞维利乌斯在公元前48年初恺撒开赴希腊之后，便是罗马唯一的执政官，但从上文的描述可知，他始终面临着其他官员的反对。公元前47年，罗马并没有进行高级官员选举，直到恺撒于秋季返回，这意味着在这一年的大部分时间里，罗马最高级别的政治人物是由独裁官恺撒任命的骑兵队长马尔库斯·安东尼。究竟该如何应对这一不断演变的局势，这个问题自然让罗马城众元老十分焦虑。而且，民众的经济压力作为更为宏观的一个因素，也加剧了暴力的爆发。法尔萨卢斯之败的消息传到罗马后，恺撒的支持者竟开始抄没庞培的家产。

在一定程度上，恺撒安全返回意大利本身就足以恢复罗马的秩序。而为了进一步维稳，他还出台了较为温和的措施减债免租，这在一定程度上恢复了经济稳定，而且他还强迫自己的同党为夺占的庞培地产缴纳一定钱款。此外，他还主持了新官员的选举。不过，恺撒暂时还来不及做更为系统性的工作，因为到这一年 12 月，他再次领兵离开罗马，于 17 日到达了西西里岛的利利巴厄姆，打算渡海前往非洲。原来，选择继续武装反抗恺撒的元老院／庞培势力已经在非洲站稳了脚跟。内战之初便控制了阿非利加行省的埃提乌斯·瓦卢斯，后来听从了小加图的建议，将兵权交给了梅特卢斯·西庇阿。西庇阿的阵营里包括拉比恩努斯、阿弗拉尼乌斯、苏拉之子法乌斯图斯·科尼利乌斯·苏拉以及统领由提卡的小加图。庞培的两个儿子也在其中：长子格涅乌斯·庞培（下称大庞培），法尔萨卢斯之战中，他负责统率庞培舰队的一部分；幼子塞克斯图斯·庞培（下称小庞培）此前则从未担任过选举产生的官职。[208] 因为恺撒留守远西班牙行省的昆图斯·卡西乌斯·朗基努斯在当地不得人心，所以那里爆发了叛乱，大庞培很快就被派去趁乱取利。大庞培的价值完全在于他的父亲是庞培，他本身并无合法资格统辖西班牙，所以在他身上我们已经看到了一种苗头：权力来自人民的共和国制，正在向家天下的帝制转变。

恺撒在兵力上不及对方：西庇阿本身拥有十个军团，而且还得到了努米底亚统治者朱巴一世的帮助，而在公元前 49 年击败恺撒副将库里奥的正是朱巴。恺撒倒是得到了一个意料之外的盟友：此人名叫普布利乌斯·希提乌斯，本是罗马人，公元前 57 年遭到流放后来到了非洲，随后召集了一批雇佣兵，为毛里塔尼亚国王博库斯效力。在希提乌斯的干扰下，朱巴无法带领所有军队援助西庇阿。在一段时期里，恺撒与庞培两党展开了无关大局的小规模冲突，最终在公元前 46 年 4 月的塔普苏斯，恺撒大败庞培一党。小加图、朱巴与西庇阿自杀，阿弗拉尼乌斯与法乌斯图斯被希提乌斯擒获，很快被杀害。然而拉比恩努斯却带着阿弗拉尼乌斯的四个军团，连同小庞培逃到了西班牙。

这场非洲战役中死亡人数甚多，这使其有潜力成为稍逊于法尔萨卢斯之战的军事传奇。在《非洲战记》中，那位佚名作者——很有可能是恺撒一党——记述了西庇阿的残酷（46）说他屈身于可鄙的朱巴，有失罗马人的尊严（57）还说他承诺获胜后将阿非利加行省让与朱巴，不过这有可能是杜撰抹黑庞培一党之言。[209] 但西庇阿流传至今的遗言，却有力地体现了罗马共和国人的高贵。[210] 而且，塔普苏斯之战后在由提卡自杀的小加图，也成了反恺撒运动的一个有力象征，西塞罗、布鲁图斯与法比乌斯纷纷动笔赞美小加图，恺撒对此很受震动，特意撰写了《驳加图》宣扬自己的立场。[211]

公元前 46 年夏季，获胜的恺撒返回罗马城，很快就在城中为自己举行了一场四合一的凯旋仪式，庆祝自己征服高卢、埃及、本都和非洲四地，以此宣告内战已经告一段落。根据逸事类史料的记载，庆祝活动十分宏大，而且作为四合一的凯旋仪式，其规模远超公元前 61 年庞培的三合一凯旋仪式。西塞罗此时在元老院做了一场即兴演讲，后被他动笔记下，以《为马塞卢斯辩护》之名传世。这次演讲的起因是恺撒出人意料地同意马尔库斯·马塞卢斯——公元前 51 年的执政官，属庞培一党——返回罗马城。在传世的讲稿中——内容想必与现场演讲相差无几——西塞罗敦促恺撒将精力转向法律、债务、铺张浪费与出生率这些迫切的内政问题上。[212] 然而，西塞罗笔下的罗马，存在一些与现实不符的幻想成分。事实上，在塔普苏斯会战后，残余的庞培势力一直在施压，恺撒的军队正在失去对远西班牙行省的控制权。另外，恺撒留在叙利亚行省的军队叛投了庞培党人昆图斯·凯西利乌斯·巴苏斯，守将塞克斯图斯·尤利乌斯·恺撒（公元前 48 年财务官）被杀。[213] 巴苏斯进而夺取了阿帕米亚，在帕提亚人的帮助下成功击退了恺撒派来的统帅，在恺撒遇刺后很久仍控制着那里。总之，罗马世界尚且没有完全承认恺撒的胜利。

在公元前 46 年下半年，以及在他于公元前 45 年秋从西班牙返回后，恺撒的确在一定程度上开始对后内战时代的共和国做出一些改革。[214] 但令人奇怪的是，同时代史料对于他的改革措施只是一笔带过。要知道，尽管西塞罗已处于半退隐状态，但他这一时期留下的书信内容仍然相当宽泛丰富，所以他对恺撒改革措施的缄默很能说明问题：恺撒肯定是没有采取什么值得他评论的改革措施。

恺撒在此期间任命了一些海外总督，还下令将裁判官级总督的任期缩减至一年，由此可见此时他最重要的一项改革措施就是提升了官员数量。[215] 此举说明在恺撒眼中，内战期间他那种手头有谁便任用谁的策略只是权宜之计，他现在想要重建罗马政府的基础框架。相比之下，他对元老院采取的相关政策，意图就没有那么明显了。随着前财务官的流入，元老的人数此时应该已经渐渐增至了原先的两倍，再加上颁赐元老身份的政策，其人数更是大为增长。直到后来，奥古斯都才决定大大缩减元老人数，并将财务官人数减少为从前的每年20人。

恺撒的这些改革措施表明他有意通过选举出来的官员恢复政府的秩序，但事实上，他的这一意愿在很大程度上并未实现。公元前47年的执政官，直到那一年过了许久才选出。公元前46年的执政官选举倒是如期举行，恺撒与雷必达当选。但这是恺撒第三次担任执政官，而且由他钦点的雷必达与他一样都是贵族，这两点都是不合惯例的。公元前45年，恺撒成了独立执政官，其他高级官员的选举一直推迟到了他9月从西班牙返回才举行。同年10月，恺撒辞去了执政官职务，罗马这才选出了两名增补执政官。另外，恺撒的第二个独裁官任期似乎在公元前47年下半年就到期了，至于在那一年余下时间里，恺撒兵权的性质到底是什么，我们今天并不清楚。公元前46年的非洲战役结束后，恺撒又被第三次授予独裁官之位，任期十年。到了公元前44年初，他又成了终身独裁官。他手下的骑兵队长的任期也得到了类似的延长，而且在管理罗马城方面，恺撒还首创了城市行政官一职。[216] 根据西塞罗的记录，公元前45年12月的最后一天，当年的增补执政官昆图斯·法比乌斯·马克西姆斯暴毙，恺撒竟选出了一个叫盖乌斯·卡尼尼乌斯·雷庇鲁斯的人补这一天的缺。西塞罗戏称雷庇鲁斯为"从不睡觉的执政官"，而这句话点明了执政官地位的下降与政府机制的全面崩溃。[217] 可见，恺撒的个人意愿此时仍然稳稳地凌驾于共和国的政治惯例之上。

恺撒推行的其他一些改革则产生了更为持久的影响。自马略以来，长期征战的统帅都面临着同一个问题，那就是如何寻找土地来奖赏手下的老兵，恺撒也不例外。恺撒没有选择大肆抄没地产的方式，再考虑到意大利本土尚未分配的公共土地已所剩无几，于是他选择让老兵到意大利之外殖民。根据苏维托尼乌斯的记载，意大利之外的罗马殖民者有 8 万人——当然并不都是老兵。[218] 古代史料中最常提及的罗马殖民地是迦太基与科林斯，这是因为两地有着显赫的历史地位，但在西班牙以及公元前 46 至前 45 年战役后的高卢，罗马人也建立了殖民地。而且，除了向个人授予罗马公民权，恺撒还向山内高卢居民整体授予了罗马公民权，向西西里岛居民授予拉丁公民权，西班牙加的斯的居民也被集体授予了罗马公民权。此前，罗马就已在意大利地区扩大了罗马公民权，在海外也已建立了殖民地，而这一时期的进一步变化自然而然地产生了这样一种影响：参与罗马城本身的公共活动从此再也不是罗马公民的本质属性了，凡受罗马管辖的地区皆有罗马公民。与普通公民相对的元老，同样出现了这种外化趋势：元老不再需要出身意大利地区。当时流传有一类故事，说不着罗马服饰、身着裤装的高卢人在罗马问路，说要到元老院议事。即使我们把此类故事理解成一种讽刺而非史实，但可以肯定的是，在恺撒时代新入院的元老中的确有地方行省出身者。

罗马城中一些贫民，也许也属于海外殖民运动的受益者，因为恺撒虽然维持了原有的配粮制，且增设了两个营造官职位主抓此事，但他却将有权分到粮食的人口数量限制提到了 15 万。对于罗马城，恺撒还有着宏大的城建计划，只不过在他有生之年，这些计划兴建者寥寥，竣工者绝无。但他的这些意图，不管是出于真心，还是来自他人的附会，都为奥古斯都后来的计划赋予了权威。再者，恺撒也着手整顿了罗马历法。在公元前 46 年之前，罗马历法并未与太阳年同步。为了让历法与季节相符，需要每隔一年在 2 月与 3 月之间插入一个闰月，此事由祭司团负责。因为闰月并不是自动插入的，而且多出的这一个月存在政治影响，所以是否要插入闰月就存在潜在的争议性。到了公元前 46 年，罗马历法相对于太阳年已经提早了三个月。作为应对，恺撒选择双管齐下：一方面，他在这一年一下子插入三个闰月，确保这一年的最后一天落在冬至日后的第十天；另一方面，恺撒在公元前 45 年启用了新的历法，把每年 364 天更为 365 天，且明确了插入闰年的条件。[219]

在大庞培与拉比恩努斯的领导下，庞培党又在西班牙卷土重来，恺撒只得亲自前去征讨，内政改革因而中断。恺撒于公元前 46 年末抵达西班牙，之后与对方展开了艰苦的对抗，最终在蒙达之战中险胜。在返回罗马后，恺撒在公元前 45 年 10 月庆祝了自己的第五个凯旋仪式。此外，他还辞去执政官的职位，并举行了选举。

恺撒此次从西班牙凯旋后，元老院给予了他史无前例的尊崇。[220] 第一，他在衣着与仪仗上便与众不同：一般，凯旋者仅能在凯旋仪式上穿着凯旋服，但恺撒竟获准常着此服，且出入都有 24 名扈从戴桂冠相随。[221] 第二，恺撒在公众集会上拥有自己特殊的席位，且在他去过的地方都会立像以资纪念。第三，恺撒在罗马宗教习俗中也留下了自己独特的烙印：他除了大祭司还兼占卜官之职；"7 月"以他的名字改称为"尤利乌斯月"；他拥有了一个属于自己的节日，一年庆祝四次；罗马更是出现了恺撒崇拜并设有专属祭司。[222] 最后一条说明恺撒有可能在当时获得了神化，只不过他到底是怎样一种神，我们今天并不清楚。与此同时，恺撒的权力愈来愈逼近帝王，最终在公元前 44 年年初的几周，元老院正式承认恺撒为终身独裁官；在之后 2 月 15 日的狼神节庆典上，有人甚至请恺撒佩戴王冠，只不过被恺撒拒绝。[223]

史料以清单的形式一一列举了恺撒获得的这些荣誉，细节极其丰富。就像学者林陶特指出的那样，这些荣誉烘托出的恺撒形象，是"一个良善之人，只因为追求至高权力，反落得悲剧收场"。[224] 还有人怀疑这些荣誉看似尊崇，实际上可能是恺撒敌人诋毁他的伎俩。[225] 这种观点也许是已知恺撒日后会遭刺杀的"事后诸葛"。但是至少我们可以把这些殊荣看成一种非系统性的探索，探索恺撒的统治能是什么样，该是什么样，里面既包含个人的投机主义，也包含有关权力、稳定与未来等更为严肃的反思。恺撒本人当时到底打算带领罗马沿着这个趋势走多远，我们今天并不清楚，因为他已定好了计划，很快就要动身前往地中海东部，至于他在罗马的地位到底会变成什么样，这完全可以等他回来后再说。还未出发的恺撒提前指定了未来若干年的官员人选，以此保证了罗马政治的延续性。

恺撒遇刺

公元前 44 年 3 月 15 日，恺撒在一次元老院会议上被一群元老刺杀身亡，而恺撒即将离开罗马正是他遇刺的导火索。参与此事的元老组织松散，但行事果断。[226] 他们都是政坛核心要人，为首的是两位裁判官，即马尔库斯·布鲁图斯与盖乌斯·卡西乌斯·隆基努斯（两人都是受到恺撒宽恕的庞培党徒）。余者还包括德希姆斯·尤尼乌斯·布鲁图斯与盖乌斯·特雷伯尼乌斯，此二人在公元前 1 世纪 50 年代征讨高卢以及罗马内战期间，都曾与恺撒并肩作战。特雷伯尼乌斯在公元前 45 年曾担任过增补执政官，未来已定好要去亚细亚行省担任总督。德希姆斯·布鲁图斯则已被恺撒指定为公元前 42 年的执政官。恺撒与杀害他的人之间存在如此密切的关系，这使得那些古代史料在记述恺撒遇刺时带有一种明显的悲剧色彩，而这种悲剧色彩在某些现代史学分析中仍然隐约可见。[227]

总的来说，这些行刺者的动机很容易理解：他们希望除掉恺撒，因为恺撒是一个独裁暴君。值得注意的是，在有关此事的历史叙述中，个人动机完全不存在：这些谋划杀害恺撒的人并不是恺撒本人的敌人。在之前的六个月里，恺撒显然有意巩固自己作为独立统治者的地位。尽管内战基本上已经结束，但恺撒却没有开始削弱自己的独特地位，反而成了终身独裁官。他还以各种方式表明，自己不会容忍别人的批评或反对，这方面最鲜明的一个例子是公元前44年的两个保民官曾对恺撒在君主之路上的探索性行为做出了公开抵制，而作为回应，恺撒授意剥夺了此二人的职权。[228] 而且，通过把未来几年的官职提前任命妥当，他等于是在昭告天下，自己离开罗马绝不意味着自己对罗马的掌控力会有丝毫缩减。这些行为，再加上他动身日期将至，足以对他的反对者产生强烈刺激，让他们觉得此时有可能是铲除恺撒、恢复共和的最后机会。刺杀行动的执行十分高效，但不幸的是，这些人在筹划过程中并没有考虑到在恺撒死后可能会发生什么。[229]

第七章

罗马的扩张：创新与成就

在公元前 55 年或前 54 年的某天，诗人卡图卢斯给他的情妇写了一封信，托随从福瑞乌斯和奥勒留送信并陪她一路同行，信中有这样一段诗歌：

无论她是向遥不可及的印度进发——
那里，浪涛拍击着东方的崖岸，
发出悠长的喧哗——

还是去赫卡尼亚或阴柔的阿拉伯，
还是去塞西亚或精于箭术的帕提亚，
还是去七重尼罗河所渲染的平原，
以其浑黄的泥沙——

还是追寻伟大恺撒留下的足迹，

徒步穿越高峻的阿尔卑斯山，

直至高卢的莱茵河、可怖的海峡

和世界尽头的不列颠——[1]①

　　这段文字最重要的一点是概括了罗马近来征服的新地域。卡图卢斯的这个心上人之所以可以游览这些地方，全赖庞培东征取得的惊人成就。在卡图卢斯写这封信时，埃及与帕提亚正是罗马军事活动的焦点，而信中提到恺撒在北方表现强势，这个细节也为信件的系年提供了充分的时间佐证。[2]罗马世界在共和国的最后几十年里发生了扩张，大片地域被罗马征服并被纳入罗马的直接统治之下，更有大片地域进入了罗马的影响圈，接受着罗马的间接控制，而这首诗便见证了罗马人当时的那种兴奋之情。与此同时，罗马"权力"的性质同样正在变化：这些变化也与罗马国内政治决策有关，尽管其真正的影响直到恺撒遇刺，直到罗马已步入帝国时代后许久才显现出来。

扩张的模式

　　在公元前 65 年那场有关埃及君主地位的元老院辩论中，西塞罗当众发言，其发言稿《论埃及君主》今存残篇。[3]这篇文字对于研究西塞罗的政治生涯来说具有很大的意义，是他记录并传播的第一篇元老院演讲。在演讲中，西塞罗反对克拉苏旨在吞并埃及的计划，反而支持昆图斯·卢塔提乌斯·卡图卢斯与荷坦修斯的立场（而就在一年前，他曾因为支持《马尼利乌斯法》站到了这两位元老的对立面）；与此同时他还在继续支持庞培，而看到克拉苏的野心受阻，庞培想必不会不高兴。即使这篇演讲的全部文字都保留到了今天，我们可能也很难从中了解很多有关罗马对埃及政策的背景信息，因为西塞罗向来对埃及不

---

① 译文参考《卡图卢斯〈歌集〉》，李永毅译注，中国青年出版社 2008 年版。

大感兴趣。根据现存残篇内容分析，西塞罗在演讲中主要是在抨击克拉苏，强调他要吞并埃及是出于他本人的贪婪。值得注意的是，西塞罗在演讲中的某处使用了拟人法（fr.8），让罗马的权力直接说起话来："不予吾者，则吾视之为敌；予吾者，吾视之为友。"[4] 此处的"imperium"一词，似乎指的是那种统一化的、持续性的、理想化的"权力"，不过也未必是基于统治地域的那种权力。这样一种权力能为罗马说话，能代表罗马说话，能表达出罗马统治者的贪婪倾向。西塞罗这样说的目的，是通过激发元老院成员乃至其背后罗马人民的道德本能，从而影响元老院的决策。[5] 个人野心与国家权力之间的关联，既推动了罗马在后苏拉时代的大规模扩张，也让罗马人——至少是一部分见证了这一扩张的观察家——感到忧虑不安。

在共和国的尾声阶段，罗马权力扩张之大，是自公元前167年——波利比乌斯所谓"五十三年"的最后一年——以来绝无仅有之事。公元前1世纪60年代和50年代的那种兴奋，必须参考公元前146年之后那八十年的情况才可以理解。在那八十年里，罗马虽然也取得了许多胜利，但军事行动常常难以速战速决，其间屡屡受挫，即便胜利，所增版图也相对有限。相比之下，庞培在公元前1世纪60年代的军事征讨，在卢库鲁斯的基础上令罗马权力向东、向南获得了巨大的扩张。据说庞培曾自诩道："我让亚细亚从最偏远之行省变成了祖国之中心。"[6] 而且，虽然比提尼亚与奇里乞亚在庞培东征前本就是罗马行省，但其面积却因为庞培东征得到了扩张——经过改制后的比提尼亚，下辖城市多达12座。也是因为庞培，叙利亚彻底脱离了塞琉古王国的控制，改由罗马总督管辖。此外，庞培还控制了克里特岛，也许在昔兰尼也建立了罗马地方政府。不久后，塞浦路斯岛的税收也归罗马所有，并由奇里乞亚总督控制。上述地区都是由罗马总督直接控制的地区，而庞培还通过与小亚细亚和犹太地区的地方统治者缔结或者修复关系，扩大了受罗马间接控制的地区范围。恺撒在公元前1世纪50年代展开的军事行动，则改变了罗马在北方和西方的权力性质，让地中海再也无法成为一个独立于罗马的存在。虽然恺撒的征服根基脆弱，但其在罗马产生的巨大冲击却重新定义了罗马的版图视野。

庞培灭掉塞琉古王国，让罗马直接统治叙利亚，这个决定让罗马与帕提亚两大强国直接相邻，完全失去了缓冲地带。而且，庞培在叙利亚这个新行省里派驻了两个军团的兵力，这说明他是有意而为之。之后的相关史料，多称庞培觊觎东方，但庞培是否真的有意征服帕提亚，这个问题很难厘清。[7] 不管怎样，两强正面冲突的可能性此时已经非常明显。加比尼乌斯在叙利亚就是在试探战争的可能性，但中途因为埃及事务被调走了。接替他的克拉苏，完全就是为了与帕提亚开战才来担任叙利亚总督的。但是，他的出兵虽然源自国内政治环境，他的失败却与国内政治环境没有直接关系。事实不过是：帕提亚人太强大了，罗马肯投入的兵力不足以战胜他们。因为克拉苏的战败，罗马的东扩势头戛然而止。[8] 然而帕提亚人的胜利并不意味着罗马现有的权力遭到了削弱：尽管时人十分担心帕提亚人入侵叙利亚（这从西塞罗在奇里乞亚写的书信中就能看出），但他们担心的事最终没有发生。[9]

在地中海东部其他区域，罗马领土的扩张与国内政治活动密切相关。埃及在名义上仍然是独立的，但罗马针对托勒密王朝领土所享有的霸权毋庸置疑。而且，虽然罗马多次或直白或含蓄地表达自己接受埃及是一个独立王国的事实，但这并不妨碍罗马将昔兰尼与塞浦路斯纳入自己的直接控制之下，而这两个地方原为托勒密王朝所有。对于这两个地方来说，被罗马吞并只是若干可能性之一，只不过这种情况发生在这两个地方要比在埃及早。从元老院接受托勒密·阿皮翁遗赠的昔兰尼，到他们真的在公元前1世纪70年代中期派一位财务官兰图卢斯·马塞里努斯前往昔兰尼，中间有二十年的延迟。这二十年被公认为罗马一个相当空闲的时期，除了要忍受苏拉某些令人发指的放肆行径，并无牵扯精力之事。在这种情况下，罗马都不派人去统治昔兰尼，说明它对此地毫无兴趣——虽然其间昔兰尼作为潜在的兵源地曾获得过罗马的关注，但这是唯一的例外。另外，前往昔兰尼的马塞里努斯也许只是去收取托勒密·阿皮翁拥有的土地的税收，并不是要让罗马直接占领那里。罗马政权下一次现身昔兰尼，有史料记载的是在公元前 67 年，当时去那里的是庞培的一位副将格涅乌斯·科尼利乌斯·兰图卢斯·马塞里努斯，此人也许是公元前 1 世纪 70 年代中期那位财务官的兄弟。总结起来，我们不能确定罗马在这一阶段有任何意图要直接控制昔兰尼。[10] 塞浦路斯的情况也类似：公元前 58 年，罗马派小加图前往塞浦路斯，但其使命似乎主要在于税收，而非占领：克洛狄乌斯需要这笔钱来实施自己的计划，而且能让廉洁的小加图牵连进腐败的税收活动中，这等于是一石二鸟，何乐而不为？随后，塞浦路斯被纳入奇里乞亚行省的管辖范围，直到公元前 47 年，恺撒又将其归还给了托勒密王朝。以塞浦路斯为例，制度的惯性是被恺撒这样一个坚决果敢的政治家克服的：通过控制立法机构，他暂时能够做到为所欲为。而且，塞浦路斯在军事力量上较为薄弱，因而要吞并那里既不需要派出多少军队，也不需要什么重要人物的参与。

和埃及打交道，罗马主要考虑的也是税收，而非占领。[11] 据西塞罗的描述，克拉苏之所以在公元前 65 年提出那个有关埃及的法案，一个动机便是金钱。公元前 63 年，西塞罗就土地法二次发表演讲，其中一个段落的核心论点便是基于埃及的潜在财富做出的。[12] 这篇演讲总的来说带有极大的偏见，所以西塞罗在那一段表达的论点——卢鲁斯一党打算借此法案控制东征中打下来的新领土——并不足信。但这样一个段落的确说明，在公元前 63 年，埃及——尤其是亚历山大城——完全可以被当作托勒密十一世留给罗马人民的遗产来进行讨论："亚历山大城乃至埃及全境隐伏于彼处，已被围裹起来，秘密交与那些委员。然此王国凭亚历山大城国王遗嘱，已成罗马人民之财产，敢问此事谁人不知？"[13]

罗马人展开这样的讨论，自然意味着托勒密十二世有失去领土的危险，因此他才拿出越来越多的钱来让罗马人将自己视为盟友。[14] 罗马人不仅能得到贿赂，而且托勒密十二世为了贿赂还会向他们借款，利息又是一大笔收入，这让罗马人觉得即便不吞并埃及，自己在经济上依旧很占便宜。所谓公元前57至前56年的"埃及问题"，其重点在于帮助托勒密十二世重登王位，并不是让罗马直接控制埃及。当时，元老院至少也在私下里讨论了另一种方案，但同样不是吞并埃及，而是扶持另一人选。托勒密十二世统治埃及完全符合罗马的利益，这一点从盖乌斯·拉比利乌斯·博斯图姆斯的行动上就得到了明确体现。此人是公元前63年因大逆罪遭到起诉的盖乌斯·拉比利乌斯的侄子。公元前59年和前57年，托勒密十二世两次来罗马借款，此人负责为他和各元老牵线搭桥，而且他本人也借钱给了托勒密十二世。托勒密十二世复辟后为了回报他，请他来埃及担任财政大臣，但拉比利乌斯因为苛扣榨取过于狠毒，只任职一年就被赶出了埃及。随后，他卷入了加比尼乌斯一案，被指控犯有贪污罪，但后来被判无罪。[15] 在这一阶段，有钱的罗马人会以很高的利息借钱给埃及君主，其中一些债主当即就能以贿赂的形式收回投资。这种关系有利于个人，又无损于国家——因为罗马国库完全不需要偿还一位退位君主的债务。考虑到罗马与埃及之间复杂的经济关系，考虑到埃及独特的官僚体系，考虑到罗马对埃及缺乏"casus belli"（即"开战理由"），尤其是考虑到罗马政权是直到不久前才对领土征服慢慢产生兴趣的，罗马没有直接统治埃及并不意外。[16] 罗马与埃及不断演变的关系再次表明，不管是在构想上还是在执行上，吞并都不是罗马权力活动的一个本质成分。而公元前58至前57年"埃及问题"的种种细节则表明，别说是对外政策，就连理智的谋划都会被机缘巧合与个人野心所颠覆。

与之相比，欧洲西北部的情况则有很大差别。恺撒征服的那些地区，此前与罗马之间的交流互动——不管是军事上的、经济上的还是社会上的——都较为有限，而罗马人理解的那种行政机制在那些地区根本就不存在。六十年前，格涅乌斯·多米提乌斯·阿赫诺巴布斯征服山外高卢行省，随后罗马人又在那里对辛布里人和条顿人展开了大规模征讨战，但到了六十年后的公元前60年，山外高卢行省基本上并没有发生什么变化：罗马人控制的仍然只是那条多米提乌斯大道，也就是通往西班牙的那条陆地路线，另外也可算上罗讷河谷上游地区，那里的阿洛布罗吉人在名义上听令于罗马。[17] 裁判官级总督会定期到高卢赴任，但自公元前 2 世纪以来，罗马并无在此扩张领土的企图。但到了这一阶段，罗马商人与投资者在高卢经济中的参与程度越来越深。西塞罗首篇得到笔录流传的演讲稿《为昆克提乌斯辩护》，涉及的就是两个罗马公民在山外高卢合伙购置经营农田所产生的纠纷。农田的具体位置在这篇文章中并无详细介绍，但可以确定的是，此案当事人——已故的盖乌斯·昆克提乌斯，其兄弟兼继承人、由西塞罗代理的普布利乌斯，以及内维乌斯——此前都曾先后定居高卢，而且普布利乌斯在高卢的纳尔波马尔提乌斯拥有产业——该产业可能是从兄弟那里继承过来的。[18] 根据西塞罗的描述，在双方彼此诘责、最终决裂的过程中，他们经常辗转于高卢与罗马两地，这说明尽管当时意大利的内战还在持续，山外高卢与罗马仍有空间上的联系。十二年后，西塞罗又为因任高卢总督期间的行为遭到指控的马尔库斯·方提乌斯做辩护，而根据他那篇流传下来的《为方提乌斯辩护》，那时的高卢"罗马商贾遍地，罗马公民云集。高卢人经商，必有罗马公民参与。高卢流通的每一分钱，都必经罗马公民的账目"。[19] 因此，且不说当年凯尔特人的入侵已经在罗马人的基因里种下了恐惧的种子，罗马控制范围之外的高卢地区若是发生武装冲突，罗马的潜在损失将会非常大。阿洛布罗吉人便憎恨罗马人，所以公元前 63 年，喀提林在起义时才会把他们视为自己的盟友，而在公元前 62 年，这个部落更是与罗马公然开战。公元前 1 世纪60 年代初，阿洛布罗吉人刚被盖乌斯·庞提努斯打败——他直到公元前 54 年才等到了属于自己的凯旋仪式——赫尔维提人又向罗马发难，这使得罗马相当惊恐，使出了一番暴风骤雨般的外交手段，元老院更是推翻了《森布洛尼乌斯法》，将两个高卢行省全部升为执政官级。[20] 尽管如此，恺撒成为执政官后在阿尔卑斯山以北地区的行动，并非出于他最初的计划。他在《瓦提尼乌斯法》中将伊利里亚留给自己，这说明他最初的计划是向东，绕过亚得里亚海北端进入巴尔干半岛。[21]公元前 60 年，元老院在慌乱中将梅特卢斯·塞勒任命为山外高卢总督，然而他在公元前 59 年早些时候意外身死，这反倒让恺撒有了行动的新方向。尽管元老院将山外高卢的兵权转给了恺撒，但却没有授权他继续向北活动，更别说是入侵不列颠了。小加图抨击恺撒正是为此，而恺撒显然也怕遭到叛逆罪的指控。元老院中很多人反对恺撒和庞培展开军事行动，其中无疑含有嫉妒的成分，但这两个人在改写——甚至可以说是缔造——罗马权力版图的过程中的确展现出了超乎寻常的自主性，那些元老的反对也是对此的一种自然反应。

罗马军事征服产生的这种天翻地覆的影响，身在罗马城的罗马人也能借助有着强烈象征性的凯旋仪式体验到。庞培与恺撒在对权力的表达方式做出创新的同时，又对凯旋仪式做出了极大的创新，二者绝不可能是巧合。[22]两人的凯旋仪式在路线设定上都与传统类似，都会经过类似的建筑，但游行方式却很新颖，效果也更令人难忘。[23]另外，两人都会将自己的战功记成文字，方便识字的罗马人去了解。为庞培记述功绩的是塞奥法尼斯，两人的关系类似亚历山大大帝与他的历史学家们。恺撒则是亲自动笔，他的一卷卷《高卢战记》像是年度汇报。在记述高卢征服史时，恺撒不但总在强调罗马军队的战斗力、秩序和正义，更在其中混杂了高卢的异域风情，因而增加了可读性。[24]事实上，恺撒在公元前 50 年离开时，山外高卢行省还有大量工作没有完成。他新征服的地区与罗马帝国其他大部分地区不同，在内战中没有扮演任何角色。不过，将罗马的控制范围大规模向山外高卢之外扩张的这一行动在恺撒死后才开始，对于不列颠来说更是晚了近一个世纪。

罗马的权力在这几十年里的扩张给人这样一种印象：一方面，罗马有拿出巨大的资源用于扩张的潜在意愿；另一方面，罗马却没有什么连贯性的总体扩张计划。罗马权力的表达的确持续在向一个方向发生转变，即从缔结关系、使对方听令于罗马的间接控制，向直接统治转变。然而个人利益——或者集团的利益——已经缔结成了某种权力关系，这种关系实际上是很难瓦解的。此外，这一时期的权力人物越来越仰仗直接由罗马人民赋予的兵权，且越来越喜欢延长任期，这使得制订总体计划变得更为复杂。权力一方面可以由平民保民官提出法案，由人民直接授予；另一方面还可以通过元老院的决议，以分配行省和资源的方式赋予。罗马上一次未经过人民授权的大规模军事行动，还是卢库鲁斯统率的那次。在此后的二十年里，人民授权的重要性越来越大，这促使罗马的权力在意大利以外的表达和施行都出现了若干质的变化。

征服与统治新领土的结构与方式

罗马人民直接赋权是上述变化的一个重要因素。这一时期罗马的扩张主要依靠庞培与恺撒的军事征服，而两人的兵权都是通过保民官代表人民立法赋予的。人民直接赋权的方式并非没有先例，而且这与人民在共和国中的根本地位也不是矛盾的。[25] 但这种赋权方式的确干扰了元老院制定以及实施对外政策的能力，而在公元前 1 世纪 50 年代，这种干扰出现的次数尤为明显：元老院在依据《森布洛尼乌斯法》分配执政官级行省的时候，屡受保民官法案阻挠。这种情况在公元前 59 年、前 58 年和前 55 年都发生过一次，而且在公元前 57 年和前 55 年，当时的执政官还通过执政官法案对兵权进行了授予或延长。[26] 有关在分配对外政策的资源与权力时出现的这种转变，其直接原因都与国内政治紧密相关：通过人民的支持延长自己的兵权成了一种"政治通货"，可以用来衡量一个人的政治价值，而庞培更是成了最主要的标杆。但是，兵权的延长却并非单纯是人民干预政治的产物。元老院本身也准备在适当情况下对兵权进行大幅度延期。卢库鲁斯就是一个例证，他征讨米特拉达梯与提格拉涅斯的兵权是在担任执政官时获得的，而他最终返回意大利交出兵权已是八年后的事情了。[27] 元老院延长某人兵权其实是对多种因素的一个回应，包括个人野心（手段是对众元老进行有效游说），兵权一年一换并不适合对庞大帝国的管理，以及罗马缺乏足够的统帅。最后一点似乎是后苏拉时代的一个悖论，因为考虑到苏拉明明增加了持兵权官员的数量，按理说统帅不该短缺才对。不管出于什么原因，持兵权的官员数量虽然上升了，但那些裁判官与执政官反倒变得更不愿意去行省做总督。[28] 这种变化背后的原因我们今天并不十分清楚。一个原因也许是，官员在任期的大多数时间里更愿意留在罗马城，而这正说明接管行省在实际上已经不再是持兵权官员的义务了。也有可能是行省总督的吸引力变得越来越小：毕竟以"常规"途径分到行省后，能赢得凯旋仪式的概率并不高，而且当总督还有日后被控贪污的风险。[29] 还有可能是一些官员感觉留在罗马更有助于自己的政治生涯。总之，结果就是罗马找不到足够的总督：因此，经常性地将任期延长到一年以上，这也许并不只是为了追求地方统治效果，还是因为元老院无法说服足够的胜任者担任总督，这才有此无奈之举。

公元前 52 年以来施行的《有关行省的庞培法》就反映了在罗马任职与在海外行权之间潜在的割裂。这项法案源自一年前旨在降低执政官竞选激烈程度的一项举措，但其内容的确将国内政治与海外政治切断，所以不但影响了前者，也大大影响了后者。从那一年开始，元老院在挑选行省总督时，似乎只能选择曾经做过裁判官或执政官但已卸任超过五年的人。[30] 这项法案当即就产生了一些效果：作为卸任超过五年的前任执政官——且都拒绝接受各自的执政官行省——的西塞罗与马尔库斯·卡尔珀尼乌斯·比布鲁斯都被派到东方担任总督。从该法案通过到内战爆发的这段时间，我们都没有确凿证据表明有卸任不足五年的前任裁判官成了行省总督。在同样的时间段里，执政官方面的样本过小：因为公元前 50 年和前 49 年的执政官在内战的影响下，在任命行省总督方面只能权宜行事；而在公元前 52 年和前 51 年的四位执政官里，一人（即庞培）本就拥有行省兵权，另外三人——梅特卢斯·西庇阿、苏尔皮西乌斯·鲁夫斯与马尔库斯·克劳狄乌斯·马塞卢斯——并没有去行省任职，只不过在内战爆发后的几周里，西庇阿以普通公民身份被任命为叙利亚总督。[31]

此时，在罗马为官并不会自动或者立即导致在海外掌权：《有关行省的庞培法》"率先提供了一种明确的迹象，即罗马已经开始不再把管辖行省仅仅看作是在罗马城任职的一种附属了"。[32] 从某种意义上讲，庞培是在借这条法案概括自己的政治生涯：毕竟，他的兵权从来都不是直接来自他在选举中当上了何种官员。[33] 然而这套体系在实际操作中会有怎样的发展，又会对罗马人治理帝国的方式产生怎样的影响，我们今天只能猜测，因为其发展很快就被内战打断了。但是在元首制时期出现的那套体系，显然与庞培的体系具有相似性。[34] 兵权产生的方式凸显了罗马在外事方面存在两套持续并存、矛盾始终未解决的模型：元老院仍根据《森布洛尼乌斯法》给执政官分配行省，但其分配方案有可能会被随后的保民官法案推翻。在罗马围绕埃及展开的活动中，我们也能看到保民官试图左右罗马的外事，只不过托勒密十二世最终的复辟是总督加比尼乌斯在未受罗马直接指示的情况下自行其是的结果。

在这一时期，罗马对外征服除了量变，也出现了质变。罗马在这一时期的野心与成就，可以媲美辉煌的公元前2世纪前五十年，而且单看战功在罗马城的展示方式，两者表现出了很强的延续性，包括展示的战利品、杀敌总数以及用战争中掠夺的资源所建的建筑。然而正如卡图卢斯的诗歌揭示的那样，这一时期的独特之处在于，帝国在领土上的扩张已经成了衡量军事行动的标准。有关公元前2世纪的军事行动的记录，强调的是罗马击败的对手如何强大，而到了公元前1世纪，重点却成了罗马打下了哪些新领土。[35] 罗马权力的表达重点此时落在了建造帝国——也就是如何治理新领土——上面。而在这方面，罗马仍然有两个权力源。一方面，元老院依旧认为统揽从战争到和平的过渡、敲定新的地方行政体系，这应该是由自己来做的。另一方面，庞培却绕过元老院，自行对罗马的东方帝国进行了重新构设；而且当恺撒崛起，俨然已成了他的一大对手之时，庞培为了避免自己在东方的构设遭到元老院的审查调整，默许了恺撒的所作所为。

多重权力源指的不只是元老院、权势人物和罗马人民，还涉及权力行使地点的多重性，即越来越多的决策是在罗马城之外做出的。在一定程度上，这一直是罗马兵权的一个特征，因为那个时代通信不便，持兵权者可以在外见机行事，返回罗马后则需对自己的行为负责。但是，由持兵权者建立的地方政府越来越多，它们与罗马政权未必存在联系。苏拉当年声称自己在意大利之外拥有合法权威，为这一趋势开了一个头。后来的塞多留如法炮制，他在公元前1世纪70年代控制的西班牙实际上是独立于元老院的。到了公元前49年内战爆发之时，罗马的政治权力已经在地中海各地分裂重组，形成了多个集团，所以恺撒必须打四场战役才能取得胜利。法尔萨卢斯之战之所以显得那么关键，全是因为庞培在此战之后意外被杀：如果他没有死于埃及，我们可以推测他肯定会选择一个新的根据地把内战继续打下去。昆图斯·凯西利乌斯·巴苏斯虽然属于不甚有名的历史人物，但他很好地说明了这一点：在法尔萨卢斯之败后的几年里，支持庞培的巴苏斯成功地在叙利亚开创了根据地，直到恺撒去世时仍然控制着那里。

罗马人与行省人之间的关系仍然十分紧张。有关两者在共和国最后几十年里的关系，西塞罗的那些贪污案辩护词是非常丰富的研究资料，不过他对非罗马人利益的呈现，主要看对方是不是他的客户，所以我们在研究时需要谨慎对待。当行省人的利益与罗马长官的利益产生冲突时，西塞罗就会借机搬出那套并不准确的刻板印象，让行省人显得不适合做证人，让罗马陪审员认为他们不值得同情，这一招确实很有效。不过在盖乌斯·维雷斯一案中，虽然维雷斯最大的罪状是虐待罗马公民，但他虐待行省居民的行为也的确让他在庭审中的处境更为不利。[36] 如果说西塞罗的做法不过是庭审辩论中的必要操作，不足为凭，那么我们从他的书信中仍然能够看出，他对自己以及兄弟昆图斯的行为会对行省当地社会产生怎样的影响，始终怀有一种焦虑。[37] 不管公元前149年通过的《卡尔珀尼乌斯法》的初衷是什么，这项法案及其后续法案都将罗马官员困到了一个让他们深感不安的境地里，只能左右逢源，平衡三方面的因素：一是罗马公民赚钱的要求，二是被欺压的行省人有可能动用的权力（手段是与他们在罗马城的对手结盟），三是他们本人发财致富和返回罗马的欲望（欲望大小因个人秉性而异）。在这个"方程式"里，在帝国一个统一的地中海文化的形成发展的过程中，非罗马人所占分量具有无法估量的意义。罗马征服在被征服者间激起的反应也能增进我们对罗马帝国主义发展的理解。异族知识分子融入罗马贵族圈，这一现象由来已久，且双方都热衷于此。那些所在社会已经融入罗马帝国的作者——绝大多数是用希腊语写作的作者——还展示出了一种更广阔的视角。就像女学者亚罗认为的那样，对这一时期希腊文献的研究揭示，知识分子界正在试图接受罗马人的统治，一方面是因为他们清楚反抗带来的后果，另一方面是他们希望能从罗马人的统治中受益。[38] 亚罗研究的一部分作者属于奥古斯都时代，所以我们在向前反推时应当谨慎；但是，西西里的狄奥多罗斯的确是在恺撒独裁期间动笔著述的，他的文字除了体现了罗马国内政治与行省经历的交错，除了指出了具体罗马人物的缺点错误，也体现了他对罗马统治已成事实、别无他选的接受。[39]

进一步讲，在共和国最后几十年里，在意大利之外生活的罗马公民数量发生了爆炸式增长。[40] 这背后的一部分原因就在于此时罗马公民的总体数量比同盟战争前增加了很多。很久以前，罗马公民为了赚钱便定居到了那些与罗马结盟的城镇中，形成了自己的社群，而在漫长的军事行动后，地中海各地也建立了罗马公民定居点。[41] 这些地方未必会对罗马城或罗马的政治结构拥有一种强烈的认同感，而且不管是在苏拉时代还是后苏拉时代，罗马的政治体系里也几乎没有能让海外罗马人增强这种认同感的元素。所谓"罗马人身份"，不管到底指的是什么，此时愈加成了一个独立的概念，与那些只有在罗马城才能进行的活动的关系越来越远。所以，"元老院与罗马人民"这个概念找不到足够的信奉者，因而渐渐失去了权威性，这也许并不令人奇怪。

在共和国最后的岁月中，罗马的权力机制与此前相比既有相似之处，又有不同之处。将领个人的野心、总体规划的缺乏，以及罗马人未必要居于罗马城的这种意识，都是重要的相似点。不同之处在于：这一时期，拥有广大领土并称雄世界开始被视为罗马的宿命；罗马城不再是罗马的实体参照物；官职开始出现文武分化。庞培在这些变化中起到了主要的作用，这并不是一个巧合；此外，庞培对于罗马国内政治的转型也产生了同样重大的影响。

第八章
精英的竞争，民众的不满与集体政治的失败

公元前 1 世纪下半叶的罗马历史，在断代上给我们提出了尖锐的问题。这一时期的起点可以定在公元前 50 年——那一年，罗马最后一次经过常规选举流程选出了两位同时符合共和国常例的执政官，且并不存在内战。终点则可以定在公元前 27 年——那一年，盖乌斯·尤利乌斯·恺撒·屋大维接受"奥古斯都"的名号，并宣布恢复共和国。这两端代表了两个迥然有别的政府模式，前者到底是在哪一个关键节点处转变成了后者，这是一个无法回答的问题。其中一个很重要的原因就是，这几十年的转变并非始终是朝着一个方向发展、最终以奥古斯都构建的独裁统治收尾的，而是也出现了其他政府模式的实验（比如尤利乌斯·恺撒式的独裁统治，就与其甥孙奥古斯都的独裁大相径庭），而且罗马帝国在一段时间里还分裂成了若干彼此角力的政治实体。另外，怎样选择转变的关键时间节点，取决于我们在评估政治变化时选择什么标准。如果单独关注政治结构，那么公元前 43 年 11 月就可以算是一个转变的关键时间节点：那时，罗马人民为改变政府结构进行了投票，最终通过一项法案，任命雷必达、

马尔库斯·安东尼与恺撒·屋大维结成三头同盟重建政府。不过，如果认为关键节点应该是那种历史岔路口，那种多种可能性被缩减成一个结局的历史时刻，那么公元前 50 年最后几周、内战期间的几场大会战、公元前 44 年 3 月恺撒遇刺那天（以及后续时期），都有资格成为关键节点。当然，试图在公元前 50 至前 27 年间寻找关键节点，这本身就是在想当然地认为政治体系才是罗马历史最重要、最有意思的一面。

做这番铺垫，一部分原因是为了提醒读者，有若干历史问题即使到本卷书结束时仍然是悬而未决的，还有一部分原因是为了引出我们在研究共和国末年历史时将会遇到的一大难题，那就是历史研究者到底试图在解释什么。在为共和国末年敲定一个顺理成章的时间起点时，这个难题同样无法避免。公元前 70 年有资格当这个起点，因为保民官的职权在那一年得到了恢复，这意味着苏拉时代罗马共和国政治体制中的关键元素被推翻，而这也是在共和国灭亡前，罗马政治体制方面发生的最后一次重要变革。但问题是，学界对苏拉改革的评价存在争议，而且公元前 70 年底的那套政治体制并非完全回到了苏拉改革之前，它与同盟战争爆发前夕的政治体制还是有很大区别的。事实上，本书的一个主要论点就是：苏拉的独裁给罗马政治生活造成了一个无法复原的深刻裂痕。而从这个角度去分析，共和国末年一个值得玩味的研究点并非共和国政府的结束（不管我们把这个结束时间定在公元前 49 年、前 43 年还是前 27 年），而是在苏拉借科林门之战入主罗马后，共和国政府到底是以何种形式延续的。苏拉试图重塑罗马共和国的那套改革计划，缔造了一个奇特的政治体制：它持续了三十年，即使到了临终之际仍具有最大限度的现实稳定性，但还是因为无法获得罗马人民与政治精英足够的支持而走向了灭亡。

哪怕我们只关注那些精英中的精英，他们对于公元前 70 至前 49 年间的体验也存在巨大的差别。像庞培或恺撒，他们有很长时间并不在罗马城，而是在海外为罗马开疆辟土，且战绩斐然；这一时期的西塞罗，除了在公元前 58 至前

57 年被流放到希腊北部，在公元前 51 至前 50 年勉为其难地在奇里乞亚担任总督，其余时间都待在罗马城；而与上述三人关系都不错的庞博尼乌斯·阿提库斯主动移居雅典生活，偶尔会回到罗马城待上一段时间，他当起了罗马精英们的心腹与债主，本身并没有正式的政治职能，却是精英阶层内部关系的枢纽。

共和国末年的政治文化

史学家维雷乌斯·帕特库鲁斯对于共和国政府灭亡过程的记述，充满了阴郁的道德说教，但在写到奥古斯都出生一事时（2.36）突然笔锋一转，谈起了这一时期文学的兴旺：

> 欲说人才辈出之时代，似无必要。敢问谁人不知西塞罗与荷坦修斯，年纪相差虽大，却双双称雄于今日之文坛？早先则有克拉苏、科塔、苏尔皮西乌斯等辈，后又有布鲁图斯、卡里迪乌斯、凯里乌斯与卡尔弗斯等辈；另有与西塞罗最亲厚之恺撒，以及两人门生科尔维努斯与阿西尼乌斯·波里欧等人；至于卡图卢斯，彼不论做何类文章，皆能拔乎其萃。

政治的动荡与文学的繁荣在共和国末年共存，这种看似矛盾的现象在史学界常常被人提起。详细介绍这一时期的文学发展，已超出了本卷研究范围，但精英阶层参与文学创作程度之深，精英文学类别之广，还是值得强调的，因为它们在一定程度上催生出了一种独特的政治文化，让文本在这一文化中有了新的意义。[1]后苏拉时代文学繁荣的一个后果，就是让今人在即便大量文本已经佚失的情况下，对于那个时代仍然掌握了体量前所未有的细节信息。不同时代的文献这种巨大的量的差别，直接导致我们研究共和国末期历史的方法与研究公元前 82 年之前那些时代的方法之间存在质的不同。研究这一时期的历史，无可避免地要把西塞罗的文字当作首要研究材料，因为与大多数同时代文人不同，他的著作十分完整地保留到了今天，而且与同时代文人相比，他似乎也更善于发挥文本的潜能。[2] 尽管如此，我们还是对整个时代的文学获得了足够的了解，这使得我们能够判断西塞罗的哪些文学成就是那个时代的普遍现象，哪些成就是其个人独有的。

早在一百多年前，罗马精英就有将演讲——包括法庭辩论与集会发言——保留成文本的做法。老加图似乎是第一个对文字进行系统性、广泛性开发，用其记录个人活动的罗马人，因而他的文字除了史书般的记忆功能，还有自传般的独特视角。[3] 他的做法得到了一些演说家的模仿，比如盖乌斯·格拉古就在著书立文方面尤为高产。但是，在发表演讲后将其编写成讲稿对外流传，这种做法只是当时个人的选择，绝非义务。[4] 比如公元前99年的执政官马尔库斯·安东尼，尽管有雄辩之才，却没有以文字形式发表自己的演讲，声称"他从未写下任何一场演讲，因为某言若有不妥之处，日后追究起来，既然没有文字做证，自己大可否认"。[5] 卢西乌斯·李锡尼·克拉苏只留下了很少的文字，其中也绝无法庭辩护词。[6] 所以，当公元前81年，初出茅庐的西塞罗将自己为昆克提乌斯所做辩护记成文字、对外流传时，他不仅是在向广场上为数不多的听众宣示自己在辩护方面的才华，也是在自信地宣扬文本的一种新功能：即便是一个没有经验的演说家，打一场没有关注度的官司，同样可以借助文本找到自己的听众。[7] 从这篇文字开始，西塞罗借助文字对自己的生涯进行了系统性呈现，有意识地叙述了自己的发展道路：从《为亚美利亚的塞克斯图斯·罗修斯辩护》与《指控维雷斯》中那个敢于挑战既得利益者的局外人，到《论庞培的指挥权》中那个在集会上评判时政的演说家，再到《论土地法》与《为涉嫌大逆罪的拉比利乌斯辩护》中那个公正明智的民意协调者。同时，他也记下了自己借助法庭辩护所打造的人脉关系网。不过，西塞罗的演讲记录是选择性记录，文字是经过大量编辑的。[8] 西塞罗的文字只是其所做演讲的一部分：未被记录的部分有可能是因为官司最终打输了，有可能是因为存在政治敏感内容，也有可能是案件审理本身乏味琐碎。[9]另外，随着文字与现实渐渐形成了一种平行关系，西塞罗就有可能通过撰写虚构的演讲来改写现实。比如在《指控维雷斯》中二审上的那番演讲，就很可能并未发生；又比如《二诘安东尼》中的演讲，也只是政治传单上的杜撰。既然文本已与现实分离，造假便成为可能：我们看到西塞罗曾在信中对阿提库斯说，既然政治环境的变化将他之前的一篇演讲置于尴尬的境地，不妨就借伪造之名让自己脱身。[10]西塞罗之所以以文字的形式发表自己的演讲，还有一个原因是学生们的要求。[11]著书立说的动机与拉拢人心、记录功绩等其他动机是相容的，对于西塞罗而言，尽管这很可能是附属于其他动机的，但吸引了年轻一代的模仿学习，这本身就是荣誉的标志。总之从西塞罗开始，写作成了演说家必备的能力之一。[12]

演讲与从政的关系显而易见：罗马人从政，才能获得演讲的机会。然而在西塞罗留下的文字中，我们还能看出演讲与其他元素之间存在的较为少见的关系。比如他的诗歌作品，就很好地揭示了私人生活与政治生活之间的反差。[13]《阿拉图》是他唯一一部可以算作完整保留至今的诗歌作品，其内容似乎被牢牢地限制在私人领域：作为对一部流行于希腊世界的说教诗的翻译，《阿拉图》可谓是西塞罗私下里的一种智力消遣之作。从这个角度说，《阿拉图》很像是卡图卢斯尝试翻译的那些希腊箴铭诗，只不过格局要比后者大。事实上，在西塞罗失传的诗歌作品中，一些诗歌从题目上看也有可能是希腊箴铭诗的译作。[14]《阿拉图》能如此完好地保留下来，有可能说明西塞罗当时曾在朋友中间传播过这个作品。与他类似——只是年代更晚——他的兄弟昆图斯闲居高卢期间也写了若干部悲剧打发时间（不过与西塞罗不同的是，学界一致认为这些悲剧并非译作，而是原创），并将复本寄给身在罗马的西塞罗。[15]

除了拿希腊诗歌娱情消遣，西塞罗现存其他诗歌作品则具有明显的政治性。他在公元前 63 年担任执政官之后陷入了政治纠纷，于是试图从有利于自己的角度宣扬自己的行为。他先是请人为自己的执政期著诗，未能如愿后自己动笔写了一部三卷本的史诗，名为《吾之执政》。这部诗作今天仅存片段——最长的一段是他自己在《论预言》中的引文，但却足以表明西塞罗是在用史诗的套路——包括众神集会议事——来记录罗马政治家的活动。《论预言》中的那段引文，就是缪斯女神乌拉尼亚的发言。[16] 学者吉登哈德就曾撰文强调这部诗作在罗马公民宗教的背景下读起来相当怪异，也强调了西塞罗在诗中将种种功劳都算在了自己头上。这部诗遭到了同时代罗马人的敌视，其中两句更是他们抨击西塞罗的焦点，一句是 "o fortunatam natam me consule Romam"（"感罗马之有幸兮，诞于吾之执政"），另一句是 "cedant arma togae, concedat laurea laudi"（"愿民袍代易戎装兮，文治胜于武功"）。[17] 西塞罗的虚荣是他们抨击的靶子，但他们的攻击也表明西塞罗的诗除了本身荒唐可笑，其对西塞罗权力与成就的展现也让他们感到了威胁。[18]

为了复刻《吾之执政》的影响力，西塞罗又根据他的流亡与回归历程创作了诗歌《岁月》，在记述自身行为时同样加上了众神的评语。[19] 这部诗尚未完稿，西塞罗便寄给他在高卢的兄弟昆图斯阅读，也直接或间接地寄给了恺撒，并急于了解恺撒的反应。在给昆图斯的一封信中，西塞罗说：

> 敢问吾弟，恺撒读罢吾诗作何感想？前日彼致书与吾，言首卷已读毕，其开篇之妙，乃彼平生之所未见，即希腊诸诗亦不如也；然彼亦言首卷余下部分略感"松垮"（此乃彼信中之语）。望吾弟直言相告：恺撒所不喜者，吾诗之主题耶？技法耶？[20]

考虑到恺撒在西塞罗遭流放一事上所扮演的角色，西塞罗如此希望获得恺撒的反馈和认可是很耐人寻味的：我们只能猜测这部《岁月》与他回归后发表的那些演讲都有同样的政治立场，即把责任统统归到皮索与加比尼乌斯身上。[21]

然而上面的引文也表现出了西塞罗对于自己诗作口碑的焦虑——也许因为《吾之执政》遭到了皮索的批评，这种焦虑变得更加严重。在公元前 54 年末写给兰图卢斯·斯宾瑟的一封信中，西塞罗表示自己未必会正式发表这部诗，而这显然是因为他很难将所有帮助过自己的人写到里面，并悉数给予足够的认可。[22] 这部诗，作为西塞罗第二部政治史诗，最终很可能没有以完整的形式发表流传，且没有一句诗保存到了今天。如果事实的确如此，这也许说明西塞罗对于这第二个实验品缺乏信心，不确定它能产生怎样的效果，引起怎样的反响。[23]

这一时期的罗马还有另一种政治化的诗歌，其形式与西塞罗之作差别很大，更简短，更私密，显然只在小范围内传阅，那就是卡图卢斯的诗作。卡图卢斯除了实验性地翻译希腊文学，有意识地借用希腊文学范式，还创作了一系列格律多样的短诗：有的记录了他与西塞罗的对话（第 49 首）；有的记录了他与李锡尼·卡尔弗斯的对话（第 14、50、53 和 96 首）；有的是在谴责各政治人物，包括瓦提尼乌斯（第 52 首）、马穆拉（恺撒军中的工兵长官；第 29 和 57 首）以及恺撒本人（第 57 和 93 首）；有的记录了他与一名女子的恋情（此女身份不详，学术界一般认为她是罗马贵族克劳狄乌斯氏族的成员）；有的简要记述了他在比提尼亚行省步兵大队中的经历（第 28 和 31 首）——由此推断，卡图卢斯似乎有从政的志向，只是后来不了了之；而第 11 首短诗，则是在公元前 1 世纪 60 年代和 50 年代领土扩张的背景下完成的，洋溢着对罗马领土广袤的感叹（见第七章相关内容）。我们希望卡图卢斯的这些诗作包含部分自传性的真实内容，因为如果有，这也许就能够间接反映当时罗马的社会现象：一些富有的外地骑士阶层移居罗马，有意从政，并在社交方面融入了罗马统治阶层。[24] 除了西塞罗与卡图卢斯，共和国末期还有一位文人的诗作留存到了今天，那就是卢克莱修。他的《物性论》对伊壁鸠鲁派哲学进行了阐述，尽管其中的传记性信息完全不可靠，但却可以帮我们了解当时罗马精英的政治实践：这不只是因为这部诗与其致献者梅姆米乌斯——也就是竞选公元前 53 年执政官未果的那个政治人物——之间的关系，更是因为此诗对当时的政治及社会实践提出了批评，并详细分析了去政治化的必要性。[25] 在政治积极分子中竟然也有人信奉以享乐为核心的伊壁鸠鲁派哲学，这一悖论耐人寻味；[26] 而且不只是信仰，其中一些人的行为甚至都有可能受到了这种哲学的影响。[27] 另外，著述极丰的马尔库斯·特伦提乌斯·瓦罗也创作过诗歌，其《梅尼普斯讽刺集》（今已佚失）似乎就是主要以韵文的形式撰写的。最后，善于紧扣时事的滑稽剧在共和国末期也完成了从表演到剧本的转变，展现出新的特点。[28]

尽管韵文作品非常丰富，但共和国末期最主要的文学产出仍然是散文。[29] 除了演讲稿，政治活动还在罗马创造了一种复杂且活跃的书信文化。在现存的共和国时代书信类文献中，西塞罗的书信自然是核心，而余者中内容最为丰富的那一部分也都出自与西塞罗通信者之手。罗马的精英们并非只待在罗马城，而从西塞罗的书信中不难看出，书信是其维系地中海地区复杂的政治与商业利益的主要手段。[30] 除了私信，书信也包含公文：持兵权者向元老院和罗马人民汇报战况便也要借用书信的形式。除书信外，这一时期还有一种散文，拉丁语称"commentarius"，我们今天仍然难以对其准确定义，大概指的是叙述者对其本人亲自参与的历史事件的记述，恺撒的《高卢战记》就属此类。[31] 恺撒依靠这一体裁逐年记录了自己在高卢的军事行动，其简朴的文风与第三人称叙事为其自说自话增加了可信度。恺撒肯定是打算借助这类文字，不断地向罗马人描述自己的战功。而且恺撒的战记与庞培的战记也存在明显的区别，后者文字华丽，用的是希腊语而非拉丁语，叙述声音① 也不同，所以从这个角度来说，恺撒是在"纠正"庞培。[32]

这一时期的散文，还包括论文，其主题十分丰富，对宗教、哲学、历史学、语言学、农学、法学、演讲术与修辞学皆有涉及。[33] 许多作者都是罗马的元老，

---

① 恺撒战记的作者是在场叙述者，而庞培战记的作者是缺席叙述者。

余者或为元老之友，或以元老为倚靠。事实上，这一时期的散文几乎都能与共和国的政治生活牵上关系，只不过作者身份、是真是伪、对公对私等问题可能让这种关系变得非常复杂。另外，这一时期也存在散文形式的史书，主要是对公共事务的记录。尽管西塞罗认为拉丁语的史书尚未达到希腊语史书的高度，但仍然有不少罗马人动笔写史。这一时期可以确认的历史记录者，既有元老，也有非元老阶层成员，他们记录的事件或近或远，选用的格式不一而足，至于政治立场与政治活动在这些史书中得到了何种程度的反映，我们很难从现存的文献中判定。[34] 就这样，直接以文本记录政治活动成了共和国末期政治人物中一种较为常见的手段。

但是，精英阶层攫取权力、夸耀权力的一大手段仍然是展示其物质财富，也就是进行大额消费，而这一时期展示物质财富的行为模式仍与之前几个时期存在显著的延续性。用于个人的消费，如若过度就可能遭到社会的道德批评；用于公众的消费，既有可能作为慷慨的象征为社会所接受，也有可能被解读为拉拢人心、借此专权的伎俩遭到社会的谴责。自保民官在公元前70年恢复职权以后，罗马人重新开始积极地对海外财富向国内转移的方式进行监管。这种监管不仅涉及有关勒索行为的立法（其集大成者，便是恺撒在公元前59年推行的一揽子法案《尤利乌斯法》），还涉及有关罗马人与非罗马人经济往来的立法。卡图卢斯在其短诗第28首中，抱怨说自己跟着梅姆米乌斯在海外并未赚到什么钱，这说明在一个总督幕僚的眼中，到海外公干应该是有利可图的才对。[35] 公共观赏类活动让组织者有机会展示种种新奇的事物，从彩色冠盖到狮虎豹，再到罗马人久看不厌的角斗。[36] 在这一时期，凯旋仪式的重要性依旧，它不但标志着个人成就的顶峰，而且是一种无与伦比的"双赢"：个人收获荣誉，共和国收获战利品。[37]

庞培的政治生涯

庞培在反抗恺撒的过程中成了元老院有实无名的领袖。考虑到庞培三度出任执政官后与恺撒的关系越来越紧张，这一点似乎是不可避免的；但考虑到之前三十年里发生的那些事，这一点又是出乎意料的，因为庞培在公元前52年之前的整个政治生涯里，一直站在元老院精英的对立面。考虑到恺撒在表达政治诉求上愈加咄咄逼人，庞培的变换阵营，本身不难解释，且庞培阵营内部的矛盾也可以很容易地追溯到有关庞培地位、阵营组织结构的具体争议上。但是，了解庞培在前三十年里与元老院精英这一旧有政治势力关系不睦的种种原因，十分有助于我们理解罗马共和国在苏拉之后为什么无法长期维持稳定运转。

有关公元前1世纪50年代的政治活动，我们今天掌握的资料出奇地丰富，而这种丰富性的一个好处在于它为我们展示出了罗马政治派系的复杂性。简单粗暴地将罗马政治圈分成平民派与精英派（拉丁语称 optimates，字面意为"最好的人"），显然不足以解释公元前59年以及公元前55年时庞培、克拉苏与恺撒三人的位置，也不足以解释敌对者反对这三人的动机。[38] 派系复杂的问题在盖乌斯·加图身上得到了很好的展示。他第一次出现在史料中，是在恺撒任执政官那一年的年末，当时的他试图以贿选的罪名起诉候任执政官加比尼乌斯；相关裁判官拒绝与他会面，借此阻碍起诉流程；加图于是在一场公众集会上发言抗议此事，还说庞培是一个"priuatus dictator"（即"有实无名的独裁者"），结果引发暴乱，加图险些丧命。[39] 加图下一次出现在史料中，是在公元前57年末，那时刚刚出任保民官的他煽动民众反对托勒密十二世，还操控元老院接受祭司团的卜辞，在元老院对庞培发起了全面的抨击——总的来说，对庞培的敌视依旧。[40] 而且在任职保民官之初，他还阻止克洛狄乌斯在竞选前遭到起诉，等于是在维护克洛狄乌斯的利益。上述行为最显而易见的解读，就是加图是在通过扮演人民代言人为自己拉拢民心。然而从另一个方面看，加图在担任保民官期间也曾对西塞罗大加称赞，这让有关他的种种传言——比如他收受了比布鲁斯贿赂一事——不管是否真实，至少显得更为可信。[41]另外，庞培与恺撒卢卡会谈的结果让加图的态度有所缓和，而且他也设法推迟了那一年的执政官选举，从而确保庞培与克拉苏能够二度当选执政官。他最后一次出现在史料中是在公元前54年，那时的他已因为拖延选举遭到了起诉，但最终被判无罪。由于之后便在史料中消失，加图有可能在宣判后没多久便死了。[42]我们可以猜测，作为加图转变政治阵营的一个体现，他还可能承诺在未来的竞选中对庞培一方予以支持。总之，加图所用政治手段完全可以说是平民派的，但在他从政的大多数时间里，他却在用平民派的手段对付自称与罗马人民情深意重的庞培。

平民派政治阵营在罗马无疑是存在的，其成员都声称自己是代表罗马人民的利益去对抗统治精英，依靠的也是同一套政治议题与政治手段，但他们之间是存在竞争的，并非一个稳固的集体。同样，精英派政治阵营的概念也具有欺骗性，只不过原因略有不同。西塞罗那个所谓的广泛的好人同盟本就是虚幻的，因为所谓的好人们在一系列问题上都存在分歧；更重要的是，他以为只要一个人真心希望维持意大利在后苏拉时代的经济和法律的稳定，就一定也希望维持政治现状，这也是对现实的误判。[43]公元前49年发生的事情表明，意大利各地的富裕阶层并不是罗马城任何一个政治集团的坚定支持者。尽管广泛的好人同盟未必存在，但"精英派"的提法对于历史研究来说却很有用，因为在元老院内部的确存在一个边界分明、合作紧密、延续性强的核心集团，其成员是现任或前任高级官员，也包括有可能成为高级官员的元老，可以用"精英派"简单概括。在整个共和国时代，元老院始终存在这样一个核心集团，但在后苏拉时代，精英派又表现出了一些新的特征。[44]首先，精英派的核心人物全都是当时坚定支持苏拉的人以及这批人提拔上来的新一代政治人物：本卷第五章讲过，元老院的性质在苏拉时代发生了巨变，之前的高级别元老相对来说并没有多少人能保住自己的地位，而苏拉之后的政治核心集团，成员大多来自那些悠久显赫的共和国政治世家。[45] 事实上，我们甚至可以认为这些显贵能在后苏拉时代成功把持住执政官一职，与元老院人数、选民人数的增加存在一种悖论式的关联，即在前苏拉时代，元老院勉强还算欢迎政坛新人出任执政官，但苏拉推行的一系列改革造成了种种混乱的威胁，这让元老院对新人执政更为排斥，而庞培、克拉苏与恺撒成功干预选举结果的做法也加剧了这种排斥感（只不过后两人干预选举的程度不像庞培那么深）。[46] 问题是，元老院的这个核心集团有效控制元老院事务的能力，却由于元老院成员的庞杂与第一元老之位的空缺而遭到了削弱。[47] 在苏拉退隐后的十年里，这个核心集团致力于维持苏拉的改革，几乎完全不让罗马人民参与政治，结果把主动权让给了那些能够操控民意的平民派政治人物，且在他们面前始终较为脆弱。此外，他们在元老院内部也遭到了挑战，尤其是小加图的挑战。小加图在公元前 1 世纪 50 年代初，一方面坚决反对庞培与恺撒，另一方面又乐于动用平民派的政治手段——不过能调动起民心的人，却未必能控制住民心。[48] 克洛狄乌斯与西塞罗的遭遇就很好地体现了罗马政治圈存在的种种逆流，这也是为什么这个精英集团并不算是共和国的有效"政府"。克洛狄乌斯推行的那套极端平民派改革计划及其所使用的暴力手段与元老院精英派的利益是对立的，但他偶尔也是元老院对付庞培的有效工具，而且他还有两个兄弟——公元前 54 年的执政官阿庇乌斯·克劳狄乌斯和公元前 56 年的裁判官盖乌斯·克劳狄乌斯（此人本打算参选执政官，但因为在公元前 51 年被判勒索罪，所以失去了候选资格）属于精英派，他们出于手足之情总会帮助克洛狄乌斯。西塞罗与这个精英派的关系非常紧张。在他看来，自己在公元前 1 世纪 60 年代初的战略部署之所以如此困难，自己在公元前 56 年之所以选择重新投入庞培那温暖的怀抱，就是因为受到了这些"拥池赏鱼之辈"（piscinarii）的妒忌。[49] 但西塞罗为了在政治生涯中更进一步，却愿意使用平民派的政治手段，而且不管是做执政官还是担任总督时，他除了常因揶揄他人惹祸上身，也很喜欢在解决问题时采用极端专制的方案。

然而，这些罗马显贵之所以没能扮演好苏拉给他们安排的角色，核心原因还是在于庞培，在于庞培挑战政治现状、重新定义政治成功的多重方式。庞培政治生涯的一个关键节点是公元前 79 年：那一年，他拒绝遣散军队，并要求苏拉为他举办一场凯旋仪式。在此之前，除了获得兵权的方式不合法度，他的行为仍然可以说符合苏拉政府定下的规矩，这显然也是苏拉的意图（这一点从苏拉干涉庞培婚姻一事上就得到了很好的体现）。即便是庞培对敌人的血腥杀戮——二十五年后，赫尔维乌斯·曼西亚对这一点进行了生动的回忆——和许多其他暴力事件一样，也可以被历史尘封。[50] 但是，从公元前 79 年开始，庞培的政治行为始终不合常例；而在秦纳改革之后入主罗马的苏拉，其各种活动恰恰是在试图恢复常例，让国家重回正轨，他对于庞培的行为只是给予了不情愿的勉强认可。

在其整个政治生涯里，庞培始终在回避共和国正规的晋升体系。他在公元前 75 年时本就有资格参选裁判官，进入元老院，却没有这么做；而连裁判官都不是的他，早在公元前 77 年便被元老院授予了兵权。庞培最终在首次当选执政官之时（公元前 71 年）才进入元老院，而在此之前，他从未担任过高级官职，却已有两场凯旋仪式。为了树立自己政坛局外人的形象，他还特意委托他人为自己编写了一本行政手册。[51] 庞培一生先后有五个兵权任期，时间加到一起几乎长达三十年。这么久的任期，大大超出了共和国的惯例，而且在五个兵权任期中，只有一个任期的兵权是通过担任高级官员获得的。庞培首次获得兵权是在公元前 1 世纪 80 年代的内战期间，我们今天并不太清楚具体情况，只知当时的苏拉直呼庞培为 "imperator"（即 "统帅"），就这样 "凭空创造" 出了庞培的兵权。第一个兵权任期是在公元前 79 年结束的：当时的庞培在成功索要到人生首场凯旋仪式后，交出兵权回归普通公民身份。第二个兵权任期起于公元前 77 年，是元老院借助元老令授予的，止于公元前 71 年 12 月 29 日——那一天的庞培已经成功当选为下一年执政官，正在庆祝自己的第二场凯旋仪式。在第二兵权任期开始之时，庞培的使命本是征讨雷必达，可成功后庞培并没有交出兵权，当执政官卡图卢斯要求他解散军队时，他也拒不执行，以一种无声的方式对元老院发出威胁，最终迫使元老院同意他继续持权领兵，去征讨塞多留。公元前 71 年的最后一天，庞培在庆祝完自己的第二场凯旋仪式后再次回归普通公民身份，但第二天——公元前 70 年 1 月 1 日——他便正式出任执政官，因而自动拥有了执政官级兵权，由此进入了人生中第三个兵权任期。卸任执政官后，庞培又成了普通公民，等到了公元前 67 年，随着《加比尼乌斯法》的通过，庞培又获得了剿除海盗的兵权，此为第四个兵权任期之始。随着《马尼利乌斯法》的通过，剿除海盗的兵权又转化成了讨伐米特拉达梯与提格拉涅斯的兵权，直到公元前 61 年 9 月庞培庆祝自己的第三次凯旋仪式，这一兵权才算到期。公元前 57 年 9 月，一项执政官法案授予庞培兵权，让他负责整顿罗马的粮食供应，于是庞培进入了人生中第五个也是最后一个兵权任期。这个兵权任期一直持续到庞培在公元前 48 年遇害，从未间断，但又分为若干阶段，其所持兵权的名义不尽相同：负责整顿粮食供应的那项兵权属于地方执政官级，这一兵权一直持续到《特雷伯尼乌斯法》的颁布；而在此期间的公元前 55 年，庞培二度当选执政官，所以这一兵权又与中央执政官级兵权发生了重叠；《特雷伯尼乌斯法》授予了庞培总督西班牙的兵权，属地方执政官级，为期五年；而在此期间的公元前 52 年，庞培三度当选执政官，因而地方与中央执政官级兵权又一次发生了重叠；公元前 49 年，庞培的兵权又因为内战的爆发得到了延期。

这一系列事件，一次次冲击着罗马共和国公民对于兵权的理解，最后几乎已到了无法理解的地步。由个人授予兵权之事，由人民直接授予兵权且长期持权之事，这些虽然是特例，但在共和国历史上还是可以找到先例的。而庞培的特殊性在于两个方面：第一，从未有人像他那样，能将如此多的特例集于一身；第二，重复授权之事（指庞培二度、三度担任执政官期间两种兵权的叠加）是共和国前所未有的。而且，庞培获权和卸权的方式，完全无视共和国政治惯例。通常来说，一个人只能在竞选裁判官或执政官成功后获得兵权，但庞培一生从未担任过裁判官，后又直接坐上了执政官之位；在首个执政官任期结束后，一个"正常"的政治人物应该接过地方执政官级兵权，到行省当总督，但庞培却选择辞官，回归普通公民身份（他踏入政坛后一共只有四个这样的时期，此为第一个，每次庆祝完凯旋仪式后都有一个，只不过第二次凯旋仪式后的普通公民身份仅有数小时之短）。庞培行为背后的逻辑是：共和国在授予兵权上存在两种不同的框架。第一种设在罗马城，与高级官员任期相关；第二种则由共和国地缘政治需求所决定。在必要情况下，考虑到军事或其他因素，第二种框架在兵权期限、持权资格上的限制是可以被抛弃的。这种逻辑正是《有关行省的庞培法》的基础，而且后来奥古斯都在行省方面的相关政策也可以说是受到了这种逻辑的影响。[52] 共和国到底什么人有正式授予兵权的权力，庞培对于这个问题显然没有固定的看法：罗马人民也好，元老院也好，只要肯授权，他便会欣然接纳，与之合作。

庞培在政治惯例面前特立独行，因其无与伦比的军事成就变得有恃无恐，也因其无与伦比的军事成就成了共和国稳定的一个巨大威胁。本卷之前曾介绍过罗马统治精英内部的竞争关系，而纵观庞培的政治生涯，一个阶段的成功与下一阶段的成功是像叠罗汉般层层累积。这些成功加在一起，再加上庞培在这些阶段获得的巨大财富与广泛的恩宠关系网，使得庞培超越了这一竞争体系，成了另一个级别的存在，而这又让同时代那些最有野心的政治人物争相效仿。前一章已经讨论过罗马帝国主义扩张的种种后果，而对于罗马国内的政治界来说，其中一个后果就是罗马政坛上出现了所谓的"超级兵权"——长期的且有法律背书的兵权。获得这种兵权，又会连带获得一系列特权。庞培在公元前

77 年和前 67 年先后以普通公民身份受领兵权，讨伐共和国之敌，且获权后更是屡屡延期更令，从讨伐塞多留到平定斯巴达克斯起义，从剿灭海盗到征讨米特拉达梯与提格拉涅斯；到了恺撒身上，为了防止兵权日后遭到干涉，授权时更是直接将兵权任期定为五年。从公元前 55 年开始，庞培在行使其地方执政官级兵权时也获得了一个特权，即无须亲赴远近西班牙行省，只派副将前去即可。在公元前 55 年和前 52 年，庞培更是获准集罗马与地方执政官级兵权于一身，共和国制度因而遭到了荒诞的破坏。这种超级兵权在形成后又变成了一种政治货币，可以用来"购买"其他政治利益。比如克洛狄乌斯在公元前 58 年立法将马其顿与奇里乞亚兵权分别授予皮索和加比尼乌斯两位执政官一事。这一法案本身并不受欢迎，且让两位执政官到行省，不受元老院制约，有机会取得军事上的成就，也并不符合克洛狄乌斯——以及他背后的庞培和恺撒——的利益；但是克洛狄乌斯正是依靠这一超级兵权的诱惑，"收买"了两位执政官，换得他们对于自己其他立法行动的默许。皮索与加比尼乌斯的这种选择，也意味着他们交出了常规的元老院权威。[53] 两人的这一选择，最终导致恺撒在公元前 49 年内战爆发之际，拥有了巨大的军事优势：他控制的军团作战经验丰富，而且曾由他亲自统率过九个战争季。

超级兵权重要性的不断增加，还导致遵循正常晋升体系赢得荣誉的机会不断减少。这一时期，被派去担任执政官级行省总督的裁判官[①]，绝大多数都无仗可打，这一点从为裁判官级将领举办凯旋仪式的频率上就能看出：公元前 70 年有阿弗拉尼乌斯，公元前 69 年有马尔库斯·普皮乌斯·皮索，可下一场却要等到公元前 54 年的庞提努斯。更严重的是，在公元前 70 年后，即便是执政官也很难赢得凯旋仪式：不算庞培的话，公元前 70 年后只有三位执政官级将领有此殊荣，即公元前 63 年的卢库鲁斯、公元前 62 年的梅特卢斯·克雷提库斯、

---

① 如前文所说，因为执政官人数不够，所以任命裁判官担任执政官级行省总督。

公元前 51 年的斯宾瑟。另外，卢库鲁斯、克雷提库斯与庞提努斯在要求为自己举办凯旋仪式时，都遇到了巨大的阻力（马修斯·雷克斯与尤利乌斯·恺撒在公元前 1 世纪 60 年代末提出这一请求时也受到了阻挠，而且最终未能如愿）。总之，沿着常规路径按部就班地任职晋升，这样能获得军功的机会越来越少。这一时期，很多执政官卸任后都不愿到行省当总督，这一现象也许就与这种情况有关。[54] 行省总督虽然手握兵权，但到了地方大概率只是做些行政工作，不仅军功虚无缥缈，反而在返回罗马后还很容易遇到一种真实存在的危险，即被扣上一个勒索的罪名。

随着普通的地方总督在罗马军事活动中渐渐沦为边缘角色，罗马开始采用一种以副将为基础的军事组织模式。副将一职并非后苏拉时代的发明，但庞培与他的那些合作者却发明了一种使用副将的新方法，其特点十分鲜明。公元前 1 世纪 70 年代远征西班牙期间，庞培在使用副将上面完全遵守惯例，也就是说，副将人数不多，任命需要元老院的批准，作战时需听从持兵权主将的指示。[55]《加比尼乌斯法》的通过令副将的制度发生了骤变，因为在这项法案赋予庞培的巨大资源与权力中，就包括在无须元老院批准的情况下任命 15 位副将的特权。[56] 结果，在这 15 位新副将中，有 4 人后来都成了执政官；而庞培原先的副将阿弗拉尼乌斯和梅特卢斯·塞勒也成了执政官；提出该法案的加比尼乌斯在《马尼利乌斯法》施行后也被庞培任命为副将，后来也成了执政官。[57] 如此说来，在公元前 65 至前 56 年这十年间产生的 22 名执政官里，有 7 人，也就是将近三分之一，都做过庞培的副将。[58] 这组数据至少能够说明，庞培在公元前 1 世纪 60 年代的军事行动与罗马内政存在关联，也就是以副将之职服役与之后成功当选执政官之间存在关联。这种关联的性质因人而异。对于阿弗拉尼乌斯与加比尼乌斯而言，他们能够当选执政官似乎主要是因为与庞培关系紧密。[59] 但其他 5 人全都来自显贵阶层，他们能成功当选执政官，到底存在何种性质的交易？到底在何种程度上依靠了与庞培的关系？问题的答案部分取决于竞选的激烈程度，但我们今天很难掌握败选者的情况，因此要回答这两个问题并不容易。[60]而且，我们也需要把考虑范围扩大，分析那些有意参选但在评估过自己的胜算后决定不参加竞选的那些人。[61]与庞培关系紧密，这很可能是执政官选举中的一个优势，但如果认为庞培这5位前任副将能吸引选民之处全在于这层关系，或是认为他们当选后没有以某种形式回报庞培，这都是错误的。在庞培任命的副将中，有公元前72年的两位执政官，两人在带兵打仗方面都不甚有过人之处，所以他这样做绝对是为了在现有权力体系内植入自己独特的权力。他任用年轻显贵可能也是出于类似的目的。另外，其中的梅特卢斯兄弟——在庞培返回意大利之前——还是他妻子的同母异父兄弟，这一点也要考虑。

事实上，这些庞培前任副将在成为执政官后，其表现颇让庞培失望。公元前61年执政的马尔库斯·普皮乌斯·皮索，任期内的大部分时间里都在纠结仁慈女神遭亵渎一案。梅特卢斯·塞勒上台后对庞培发起了积极有效的攻击，阿弗拉尼乌斯对此无能为力。[62]兰图卢斯·马塞里努斯则试图阻止庞培在公元前55年任执政官。事实证明，庞培的价值不足以将一批由他栽培的副将转化为他个人的政治主宰地位：他的价值既不足以让阿弗拉尼乌斯这种忠于他的副将在政坛上大展拳脚，也不足以让来自显贵阶层的副将在上台后持续支持他——不管他们此前从庞培那里获得了什么样的好处。到最后，庞培为了有效控制罗马的政治，只得求助于恺撒与克拉苏。在这方面，恺撒没有重蹈庞培的覆辙：虽然他在高卢也任命了许多副将，但他提拔的人都不具有政治野心，或者当他们的政治野心露头时，恺撒也不会予以支持。[63]庞培与这些副将的关系，仿佛罗马的另一套晋升体系，只不过晋升靠的不是罗马人民，而是庞培本人。阿弗拉尼乌斯与加比尼乌斯的政治生涯表明，庞培有能力做到这点。但是，他没有能力彻底以自己的关系网取代官方的政治体系，两者之间的冲突是共和国最大的不稳定因素。[64]

庞培对现行体制造成的挑战，不仅体现在那些想要效仿他的政治人物所采取的实际行动上（这种行动常常是暴力的），也体现在这一时期的文字创作上。瓦罗为庞培编写的那份手册属于这一时期较早的代表作。庞培后来又委托塞奥法尼斯记述自己的功绩。在史书创作的问题上，庞培属于传统派：他请来执笔的塞奥法尼斯是希腊文人，后者在记述中按照亚历山大大帝的形象来打造庞培，仿佛庞培是希腊世界的一个国王。最值得关注的是西塞罗在公元前 1 世纪 50 年代中期创作的两部政治理论专著《论共和国》与《论演说家》。[65] 领导权的本质是西塞罗在创作期间关注的核心问题。当时由于罗马政治格局发生了重组，庞培与克拉苏双双二度当选执政官，西塞罗沦为边缘人，因而他才有余暇创作《论演说家》，而这一政治背景在此书开篇即得到了凸显。西塞罗在开篇中对比了两类人：一类人生活在"一个优秀的共和国"，进可以从政，且无性命之忧，退可以享受清闲，不失荣誉；另一类人则是他自己，一方面遇到了"你我共同面对的时局所提出的严重挑战"，一方面还有"我本人的诸多问题"，进退不得。作为抒发心意的媒介，西塞罗没有选择史书或回忆录的体裁，而是把这两部书写成了哲学对话录。尽管他在行文上有意识地去模仿柏拉图，但两部作品的语境无疑在罗马，其内容探索的是共和国与献身共和国的人需要为彼此做些什么。

我们很难简单地概括这两部作品，因为西塞罗酷爱堆砌细节，阐述观点理念时每每节外生枝，而且多种叙述声音竞相浮现，[66] 但是我们仍然能从中看出他的一些核心理念。这两部作品宣扬的都是一种参与式的共和制，公民在其中是要扮演某种角色的。在《论共和国》中，西塞罗说得很直白，直接对人民的角色与保民官的职能进行了讨论；而在《论演说家》中，西塞罗的这一理念则是隐含的，表面上关注的是演说家影响重大国策的能力与职责。[67] 正是因为人民拥有一定的决策权，演讲术才会如此至关重要，施展演讲术的人必须是道德高尚之人。然而上面这一番论述，绝不是说西塞罗在这两部书里是在宣扬民主或是平民派观念，其实在他看来，人民只有在明智的引导下才能最好地行使决策权。西塞罗真正在做的，是反对将人民排除在大多数政治活动以外的做法，这种做法起于苏拉。[68] 对于公元前 1 世纪 50 年代来说，西塞罗的这些作品对庞培、克拉苏与恺撒的所作所为提出了批评，认为他们堵住了人民参与政治的合法途径，因而为克洛狄乌斯所利用的那种非法的政治暴力腾出了空间。

《论演说家》中探讨的政治领导力，主要是指演讲术——事实上，西塞罗在给演说家下定义时（1.209—1.212），便将演说家与政治家相提并论。不过，尽管演讲术对于共和国政治至关重要，但绝非唯一必要的技能。在《论共和国》中，讨论的焦点转移到了一种被西塞罗称为 "rector rei publicae"（即 "共和国领袖"）的人物身上。西塞罗笔下的这种人并非假托共和之名的君主，而是能够体现一个共和国——比如罗马——优秀政治家的种种特征的领袖。[69] 他们行事不会超越法律框架，会利用口才建立一套行动流程。西塞罗的这些观点必须结合时代背景去理解：当时的罗马恰恰是被庞培一人的行动与名望主宰的。长久以来，西塞罗始终希望能找到一种与庞培合作的方法。他希望自己与庞培的关系能够像当年的盖乌斯·莱利乌斯与小西庇阿一样，我文你武，文成武就，同心协力。然而他的希望之所以落空，在很大程度上并非因为庞培的欺骗，甚至也不是因为导致他遭到流放的背叛，而是因为西塞罗无法接受庞培的其他盟友，或者也可以说，西塞罗笃信的那种共和国，绝对容不下有人像庞培与恺撒那样，借助强力去巩固自身权力。尤其是在阅读《论共和国》时，我们总能从中读出一种请求的味道，请求庞培能够把自己的野心控制在共和国的法律边界内，不要以权势为荣，而要让罗马人满怀敬佩地去回忆他。[70]

《论演说家》与《论共和国》都是以历史人物为角色虚构出来的对话录，且都发生在过去——前者设定在公元前 91 年 9 月，后者设定在公元前 129 年 1 月。西塞罗花了大量心思去还原当时的历史背景，而且也很巧妙地解释了自己怎么会如此了解自己并没有参与的对话。[71] 把两部作品设定在过去，就无须纠结把哪些同时代的人写到故事里，等于为他免去了潜在的尴尬；而且，这样做还让身为政坛新人的西塞罗有机会宣示自己的学术传承。[72] 但把故事设定在过去也会让人觉得改变现状必须了解历史，挽救此刻共和国的办法可能要在这数十年动荡之前的时代里去寻找。另外，这两个故事也隐含着一种悲观：因为书中的主人公在结束谈话后不久就都死了。这让人感觉单纯靠能力、才华与赤诚不足以救国，人总逃不过无常。此外，《论共和国》中隐约表明主人公小西庇阿是遭人谋害的，而《论演说家》中克拉苏以外的对话者的身份，也揭示了内部矛盾造成的灾难性后果。[73]

总的来说，公元前 1 世纪 50 年代的西塞罗正在借助文字探索如何将称王称帝的野心与非凡人物的才能融入一个混合式政治体系。但在事实上，政治动荡的结果就是独裁。在塔西佗看来，罗马从苏拉开始，其本质始终是一个独裁制国家：马略与苏拉制伏了自由，将其变作 "dominato"（即 "独裁"）；而自此以后，每个政治人物最大的欲望都是要 "principatus"（即 "超群绝伦"）。[74] 按照塔西佗的理解，我们可以从雷必达开始，以恺撒作结（因为恺撒遇刺是本卷内容的时间终点），将共和国末期的历史建构成一个以个人独裁野心为主线的叙事。但是用个人野心——对于这一时期来说，是拥有了新目标的个人野心——很难完全解释历史。拿这一时期的庞培与之前的那些罗马名将相比，虽然前者获得权力的本质条件与后者不同，但两者都可以说是 "超群绝伦"，且两者给罗马城造成的心理与实际影响有何区别，我们很难下判断。非要回答的话，庞培的独特之处，也许主要不在于他在制度上的创新，而在于他的成就之大。尽管他的种种创新对于渴望效仿他的人来说很有吸引力，但这种吸引力可能并不在于创新本身，而在于他们能够借助这些创新取得 "res gestae"（即 "成就"）。所以说，人民直接授权的超级兵权也好，大量任用副将也好，有野心的人想要得到它们是因为它们能让赫赫战功来得更容易。事实上，这一时期在行使权力方面极为重要的一个创新是给兵权设定期限，而这是恺撒的创新。

换句话说，共和国末期个人权力的独特性质是内战的关键动因，但是这种独特权力性质产生的环境也是我们在理解这段历史时必须考虑的内容。个人野心对于公元前 50 至前 49 年的内战爆发至关重要，这种说法没有人说不对，也不是不值得思考，因为确实是庞培和恺撒的野心与基于野心所做的判断，让双方势力从猜忌转为对抗，直接点燃了内战。

但是，他们能够以血腥战争表达自己独裁的欲望，却是苏拉之后罗马政治特殊的运行方式——或者说失灵方式——造成的，而这个问题的核心便是罗马人民在政治中扮演的角色。

人民的仲裁

公元前 70 年之所以成为断代节点，在很大程度上是因为在这一年，代表罗马人民的保民官重新获得了立法提案权，苏拉试图让元老院完全把持政治的实验就此失败。[75] 前文已经介绍过，保民官立法对于超级兵权的出现非常重要，而超级兵权又是公元前 49 年爆发内战的一个动因。因此，我们可以给共和国末期历史建构这样一种叙事，即罗马人民决定不再支持政府现行的执政方式，转而去拥护个体领袖。而且，我们还可以找到导致罗马人民做出这个决定的若干因素：第一，他们相信个体领袖能更有效地改善他们的物质生活；第二，人民对于自身身份与权力的集体认知在后苏拉时代遭到了以高级官员和元老院为代表的政府的持续摧残；第三——有可能与第二点存在矛盾——罗马公民权在意大利以及海外的扩大，弱化了罗马人对于依托罗马城运行的政治模式的情感。总之，敌视与冷漠加在一起，让人民舍弃寡头政治，选择个人独裁。[76]

这一叙事框架总体上的合理性是很难被质疑的：没有上述经济、社会以及意识形态因素（有关人民权力的意识形态），共和国的灭亡是无法想象的。但是，共和国灭亡也是一场政治危机，而罗马政治界发生的事情，决定了这几十年动荡的过程，也决定了动荡引发变化的程度和方式，所以要理解共和国灭亡，就必须将焦点放在政治因素上，也就是关注这一时期罗马内部政治的细节信息。人民在共和国政治中的职能是在明确的、有限的选项中做出选择，而定义这些选项的则是元老院与高级官员。在公元前 70 年之后，他们定义选项的能力受到了若干不稳定因素的影响，只有考量这些因素，我们才能理解人民为什么会做出影响如此广泛的选择。

首先，元老院政府在总体上讲是不得民心的。一部分原因是元老院的无能，或者说人民感觉元老院无能：正是因为元老院没能有效打击海盗，导致粮食价格暴涨，人民才在公元前 67 年以压倒性优势通过了《加比尼乌斯法》；公元前 57 年也有类似的问题，于是人民选择以示威的方式逼元老院解决。腐败也有可能激发民怨。将讨伐米特拉达梯的兵权转授庞培的《马尼利乌斯法》并不能立即给人民带来直接的好处，但该法案仍然是对元老院执政失败的回击，仍然可以被宣传成对元老兰图卢斯腐败的回击，因而得到了人民的通过。[77] 公元前 57 年底，盖乌斯·加图通过暗示有元老参与了托勒密十二世的阴谋，就能瞬间调动起民意。公元前 70 年，保民官的权力得以恢复，但同样重要的是，罗马政治圈有关人民权力限度的分歧并没有得到解决，所以这一年只是一场持久战争中的一个瞬间。公元前 67 年，执政官盖乌斯·卡尔珀尼乌斯·皮索始终在对抗民意：他不仅和保民官加比尼乌斯与科尼利乌斯作对，还在选举过程中拒绝让洛利乌斯·帕里卡努斯参选执政官。[78] 公元前 64 年，元老院下令禁止罗马公民在各自的行会内集会，庆祝十字路神节；到了公元前 61 年，尚未正式上任的执政官塞勒坚持要继续实施该禁令。公元前 63 年，西塞罗不顾人民的请愿，未经审判就下令将罗马公民处决，结果公元前 62 年的保民官刚一上任就迅速拿他开刀。喀提林叛乱失败后，西塞罗的执政官同僚盖乌斯·安东尼主使手下屠杀罗马公民，后来他因贪污罪被流放，罗马人民对此报以欢庆。公元前 52 年，保民官克洛狄乌斯遭到米罗谋害，而米罗在罗马政治界向来喜欢以暴力恫吓的方式为西塞罗与元老院的利益服务。[79]

人民与统治精英之间产生矛盾，当然不是共和国末期的新现象。但是罗马的政治现实在苏拉之后发生的一些变化，却使得双方的矛盾升温。其中一个变化简单地说，就是苏拉退隐后的罗马政治活动，比苏拉上台前变多了——因为苏拉上台前，执政官常常不在罗马，而苏拉退隐后，执政官不常离开罗马。[80]这样一来，执政官就有了更多空间去采取政治行动；因此，代表元老院、拥有大权的执政官与代表人民、拥有肉体不可侵犯性的保民官，发生冲突的概率也增加了，且对于双方的冲突还并不存在明确的解决办法。公元前67年的执政官皮索之所以能够持续阻挠保民官立法，就是因为他一直待在罗马。反过来说，就是因为他一直待在罗马，保民官加比尼乌斯与科尼利乌斯的立法过程才会那么容易激发暴力冲突。[81]保民官弗拉维乌斯之所以会囚禁坚决禁止十字路神节的执政官塞勒，也绝不只是因为他与后者在土地法问题上的分歧，进而临时起意——这一行为是在向全罗马宣示：有些政治分歧是无法解决的。元老院本身的孱弱也是问题的一个方面。与同盟战争前相比，这一时期的元老院在构成上要庞杂许多，而且似乎没有形成那种有利于决策的内部组织结构。第一元老的缺失也是元老院孱弱的一个原因：没有第一元老的元老院就等于没有了一个能监督政策前后一致、能维持稳定的领袖。

一边是孱弱的元老院，一边是敢于呐喊发声的人民集体，在这种情况下，一些政治人物乘虚而入，自称是人民的领袖，填补了前者的空缺，受到了后者的欢迎。当时那样严重的暴力冲突势必会导致罗马人紧张情绪的增加，所以恺撒与克洛狄乌斯表面上提出的那些解决方案，肯定是具有吸引力的。恺撒从未当过保民官，但从他担任执政官期间推行的政策和采用的政治手段上看，他似乎把执政官做成了保民官：比如他推行了土地法；他以通过反勒索法和公布元老院会议纪要的方式试图规范元老院的行为；在他没有束棒的那几个月里，他出门时并不按照惯例让扈从走在自己前面，而是自己走在他们前面，以此表达对共和国的尊重。[82] 恺撒也使用了暴力示威的方式，主要针对的是与他同为执政官的比布鲁斯。另外，恺撒还把与他同样出身贵族的克洛狄乌斯推上了保民官之位，想必心里很清楚这个人打算推行哪些法案，为了确保法案通过又会使出何种手段。如此解读的话，恺撒与克洛狄乌斯通过种种手段已经把持住了罗马公民广泛的支持。而在过去几十年里，由于保民官的权力受限，罗马公民一直处于志不得张的状态，而即便在保民官职权恢复后，他们欢迎的法案也常常遭到执政官乃至整个元老院的反对。尽管如此，不能否认的是，正是因为克洛狄乌斯成功地将暴力的使用系统化和组织化，让有组织的暴力成了一种通用的手段，可以用来达到任何目的，公元前 1 世纪 50 年代后期发生的那些事情才可能发生。

以平民派的暴力手段，达成显然不算是平民派的政治目的，这在西塞罗解除流放、返回罗马的过程中就得到了极为有力的展示。根据西塞罗在《为塞斯提乌斯辩护》中的叙述（71—92），1 月 23 日，罗马人民集会就召回他的法案进行投票，其间，塞斯提乌斯与米罗两位保民官率领各自的势力发生了暴力冲突。在西塞罗看来，米罗使用暴力是正当的：

> 胆敢摧毁共和，行事肆无忌惮之辈，其罪当借法律、法庭御之；
> 然若法律无力，法庭无存，更兼肆无忌惮之辈结队施暴，武挟共和，
> 则吾辈需以武力捍卫生命与自由。此番道理，不以言传而以身教者，
> 以吾观之，于今似唯有米罗一人耳。[83]

西塞罗的支持者在几个月的努力后，设法让召回他的法案成功通过——不过他们只能依靠百人团大会而不是投票部落。参与这些事的一些人后来被指控犯有"uis"（即"暴力罪"），但无一被定罪。[84] 由此可见，暴力在这一时期成了一件利器：主动使用时有可能很有效，当对手使用时则是非用不可，而且用

起来还很安全。难怪精英阶层在内部竞争中也开始用起了暴力。公元前52年1月，米罗的暴力活动达到了顶峰：他的手下谋杀了克洛狄乌斯，这激起了罗马人民的暴力反击，导致庞培短暂独裁，在罗马实施军事管控。庞培那一次似乎成功平息了罗马城的暴力，但如果我们接受学者默尔施泰因-马克斯近来提出的论点，那么暴力的结束并不能否认这样两个推断：第一，内战的爆发仍与人民的不满相关；第二，在公元前1世纪50年代参与政治的人，都是敢冒着生命危险的人，这种政治风险在一定程度上导致共和国政治体系丧失了关乎存亡的支持。[85]

罗马共和国得以运转，其基础是它能有效维持两方面的矛盾：一是政治精英个体之间的利益矛盾，二是公民集体与财富阶层之间的利益矛盾。在公元前1世纪80年代，这种平衡遭到了彻底破坏；苏拉没有能够恢复这种平衡，因为在后苏拉时代，罗马人民与罗马精英的身份双双发生了极端变化。公元前80至前50年间的罗马内政史，其实就是一个个政治人物试图寻找"趋同求和"的长久之计，却又一次次失败的历史。

恺撒独裁的内涵

从这个角度去看，恺撒的独裁仅仅是历史的一个脚注：只反映了问题的严重性，却没有提出任何解决办法。恺撒在行政方面没有引入任何重大的结构调整：治理共和国的官职与内战前一样，只是在自己认为合适的时候增加了官职数量。但更严重的是，他终结了自由选举，借此杀死了共和国。此时能够成功当选进而得以掌兵的人全都是他的人。所谓民心，在共和国时代从本质上讲始终是短暂的、可变的，但到了此时，却被独裁者一人牢牢控制。如果非说恺撒在政策或对策上有何创新的话，那就是他对独裁者理念的创新。和苏拉一样，恺撒将独裁官一职视为表达自身独裁权的理想机制——当然，需要结合极为强大的军事力量。但是，他却把独裁官一职提升了上去，一方面想方设法展示出了希腊化王国君主般的尊威仪仗；另一方面还通过身兼大祭司之职，在罗马信仰体系中占据了核心位置。[86] 如此杂糅出来的独裁官，是一件十分强大的武器，而且是专属于他恺撒的武器。在恺撒死之后，历史立刻给出了一个极为有力的证明：罗马暂时并无一人能够掌握这件武器，而适应这件武器的过程是漫长的，代价是巨大的。

缩　写

古代作家及作品的简写方式，参见第四版《牛津古典词典》；现代学术期刊的简写方式，参见 *L'Année Philologique*。

CAH	*The Cambridge Ancient History,* 2nd edn, Cambridge: Cambridge University Press 1961–2006
FGrH	*Die Fragmente der griechischen Historiker,* ed. F. Jacoby, Berlin: Weidmann 1923–
ILS	*Inscriptiones Latinae Selectae,* ed. H. Dessau, Berlin: Weidmann 1892–1916
MRR	T. R. S. Broughton, *The Magistrates of the Roman Republic,* 3 vols, New York/Atlanta: Scholars Press 1951–86
ORF[4]	*Oratorum Romanorum Fragmenta,* ed. H. Malcovati, 4th edn, Milan: Paravia 1976–9
SIG	*Sylloge Inscriptonum Graecarum,* ed. W. Dittenberger, 3rd edn, Leipzig: Hirzel 1915–24

大事记

政治 / 军事	宗教 / 文化	其他地方的事件
公元前 146 年，科林斯与迦太基被罗马人摧毁		
公元前 134 年，努曼提亚被罗马人摧毁		
公元前 133 年，提比略·格拉古任保民官并在任期内被杀		公元前 133 年，阿塔卢斯三世去世，将帕加马王国遗赠给罗马
		公元前 132 年，西西里岛爆发奴隶起义
公元前 129 年，小西庇阿去世		
公元前 125 年，弗雷格莱爆发叛乱		
公元前 123 年，盖乌斯·格拉古首次出任保民官		
公元前 122 年，盖乌斯·格拉古第二次出任保民官		
公元前 121 年，盖乌斯·格拉古及其追随者被杀		
	公元前 120 年，和谐女神庙落成	公元前 120 年，米特拉达梯五世去世，米特拉达梯六世继位
公元前 118 年，纳尔波马尔提乌斯建城		公元前 118 年，米西普萨去世
	公元前 114 年，罗马发生了维斯塔贞女案	公元前 114 年，辛布里人与条顿人迁徙

政治 / 军事	宗教 / 文化	其他地方的事件
公元前 109 年，马米里乌斯调查庭成立		
公元前 107 年，马略首次出任执政官		
公元前 105 年，罗马人在阿劳西奥之战中失利		
公元前 100 年，撒坦尼努斯第二次出任保民官；撒坦尼努斯、格劳西亚及其追随者被杀		
	公元前 92 年，罗马监察官下令禁止拉丁籍修辞教师授课	
公元前 91 年，李维乌斯·德鲁苏斯出任保民官		公元前 91 年，罗马诸意大利盟友起兵反叛
公元前 88 年，苏拉首次出任执政官		公元前 89 年或前 88 年，米特拉达梯入侵亚细亚行省
公元前 86 年，秦纳与马略出任执政官；马略去世		
公元前 84 年，苏拉返回意大利		
	公元前 83 年，卡比多山朱庇特神庙被焚毁	
公元前 82 年，科林门之战打响，苏拉成为独裁官，颁布斥决令		
	公元前 80 年，西塞罗发表演说《为亚美利亚的塞克斯图斯·罗修斯辩护》	
		公元前 73 年，斯巴达克斯领导奴隶起义
公元前 70 年，庞培与克拉苏首次共同出任执政官		

政治 / 军事	宗教 / 文化	其他地方的事件
公元前 67 年,《加比尼乌斯法》通过;庞培出兵剿除海盗		
公元前 66 年,《马尼利乌斯法》通过;庞培开始东征		
公元前 63 年, 西塞罗出任执政官;喀提林起兵叛乱	公元前 63 年, 尤利乌斯·恺撒当选罗马大祭司	
公元前 59 年, 尤利乌斯·恺撒出任执政官		公元前 59 年, 赫尔维提人迁徙
公元前 58 年, 克洛狄乌斯出任保民官	公元前 58 年, 恺撒创作《高卢战记》;卡图卢斯与卢克莱修著书立说	公元前 58 年, 托勒密十二世被废黜
公元前 55 年, 庞培与克拉苏第二次共同出任执政官	公元前 55 年, 西塞罗创作《论演说家》;庞培的神庙兼剧院综合建筑群揭幕	
公元前 53 年, 卡雷之战打响		
公元前 52 年, 克洛狄乌斯被杀;庞培第三次出任执政官	公元前 52 年, 西塞罗的《为米罗辩护》问世	
		公元前 51 年, 克利奥帕特拉七世登基
公元前 49 年, 恺撒入侵意大利;恺撒首次担任独裁官		
公元前 48 年, 法尔萨卢斯之战打响;庞培被杀		
公元前 46 年, 塔普苏斯之战打响	公元前 46 年, 西塞罗创作《布鲁图斯》	
公元前 45 年, 蒙达之战打响	公元前 45 年, 西塞罗开始撰写一系列哲学著作;萨卢斯特退隐政坛	
公元前 44 年, 恺撒成为终身独裁官;恺撒遇刺		

扩展阅读指南

有关罗马共和国最后一个百年的资料文献可谓汗牛充栋，下文只是简要的指南，供读者从中寻找研究起点。

有关这一时期事件与主题最透彻、最可靠的概述，仍然是 *The Last Age of the Roman Republic, 146—43 B.C.*, Cambridge: Cambridge University Press 1994（即《剑桥古代史》丛书第二版第九卷）。近来，"导读"类书籍暴增，共和国末代史也因而受益，推荐 *The Cambridge Companion to the Roman Republic* (ed. H. Flower, Cambridge: Cambridge University Press 2004) 与 *A Companion to the Roman Republic* (eds N. Rosenstein and R. Morstein-Marx, Oxford: Blackwell 2006)，两者都甄选了各种容易查阅、观点相对的导入性论文供读者参考。有关这一时期罗马的政治实践，推荐两本短而精的著作，即 Beard and Crawford, *Rome in the Late Republic: Problems and Interpretations,* 2nd edn, London: Duckworth 1999，以及 Patterson, *Political Life in the City of Rome,* Bristol: Bristol Classical Press 2000。

学者卡尔 – 约阿希姆·霍尔凯斯坎普（K-J. Hölkeskamp）2004 年的德语专著 *Rekonstruktionen einer Republik: Die politische Kultur des antiken Roms und die Forschung der letzten Jahrzehnte* (Munich: Oldenbourg)，在 2010 年出了英译本并做了更新，即 *Reconstructing the Roman Republic: An Ancient Political Culture and Modern Research* (Princeton: Princeton University Press 2010)。英译本相对简短，探讨了历史学家有关这一时期的研究现状，很有启发性。学者克劳福德

（Crawford）曾为这本书写过一个长篇评论（Crawford, *BICS* 54.2, 2011, 105—114），对其中的部分观点予以驳斥，同样很有启发性。这本书可以很好地帮助英语读者了解当代在德语、法语或意大利语学界展开的学术辩论。

人民在罗马共和国内的角色是一个主要的学术辩论焦点。在这方面，学者弗格斯·米勒（Fergus Millar）率先提出了罗马共和国为民主制的观点（Fergus Millar, *The Crowd in Rome in the Late Republic,* Ann Arbor: University of Michigan Press 1998）。许多学者都对此做了回应，相关英文论述推荐：Mouritsen, *Plebs and Politics in the Late Roman Republic,* Cambridge: Cambridge University Press 2001；Morstein-Marx, *Mass Oratory and Political Power in the Late Roman Republic,* Cambridge: Cambridge University Press 2004；以及 Wiseman, *Remembering the Roman People,* Oxford: Oxford University Press 2009。近年来有关裁判官一职的重要研究，推荐 Brennan, *The Praetorship in the Roman Republic*, New York: Oxford University Press 2000，有关执政官一职，推荐 Pina Polo, *The Consul at Rome,* Cambridge: Cambridge University Press 2011；凯旋仪式制度得到了学者比尔德（Beard）长期、辩证、细致的审视，见 Beard, *The Roman Triumph*, Cambridge, MA: Harvard University Press 2007。A. Wallace-Hadrill, *Rome's Cultural Revolution,* Cambridge: Cambridge University Press 2008 对罗马文化展开了广泛的研究，其中也包含很大一部分关于奥古斯都时代的内容。

有关这一时期重要的参考书目包括 T. R. S. Broughton, *Magistrates of the Roman Republic,* 3 vols, New York/Atlanta: Scholars Press 1951—1986；J. Rüpke, *Fasti Sacerdotum,* Oxford: Oxford University Press 2008，此为英译修订本，三卷本德文原本为 J. Rüpke, *Fasti Sacerdotum*, Wiesbaden: Steiner 2005；以及 M. Crawford, *Roman Statutes,* 2 vols, London: Institute of Classical Studies 1996。

注　释

本卷作者序言

1. 见 Cic. *Rep.* 1.39；有关这部作品的讨论，见本书第 223 至 225 页。

2. K. Sandberg, *Magistrates and Assemblies*: *A Study of Legislative Practice in Republican Rome*, Rome: Institutum Romanum Finlandiae 2001.

3. 事实上，人民的司法权常常由一位高级官员代为履行；有时候也会成立一个临时的调查委员会，比如公元前 186 年的酒神信徒阴谋案就经历过这样的调查。人民司法权于公元前 149 年正式移交到专门的常设法庭，那一年通过的《卡尔珀尼乌斯法》专门为勒索案设立了常设法庭。见 A. Lintott, *The Constitution of the Roman Republic*, Oxford: Oxford University Press, 1999, 149—158。

4. 有关古罗马人口普查，见 G. Pieri, *L'histoire du cens jusqu'à la fin de la République romaine*, Paris: Sirey 1968；以及 A. Astin, 'Censorships in the late Republic', *Historia* 34, 1985, 175—190；有关投票，见 E. S. Staveley, *Greek and Roman Voting and Elections*, London: Thames and Hudson 1972, 121—216；当时的普查手段能够在何种程度上准确记录居住地变化的情况，我们今天并不清楚。

5. C. J. Smith, *The Roman Clan: The Gens from Ancient Ideology to Modern Anthropology*, Cambridge: Cambridge University Press 2006, 251–280.

6. L. Thommen, *Das Volktribunat der späten römischen Republik*, Stuttgart: Steiner 1989.

7. 见 M. Bonnefond-Coudry, *Le Sénat de la République romaine*: *de la guerre d'Hannibale à Auguste*: *pratiques délibératives et prises de décisions*, Rome École Française de Rome 1989；以及 F. X. Ryan, *Rank and Participation in the Republican Senate*, Stuttgart: Steiner 1998；Lintott, *Constitution*, 70。这些元老也包括那种积极参政但不担任官职的家族子弟，但大多数入选者肯定是为了抢占先机，也就是先进入元老院，再顺理成章地担任相应的官职。另外，元老在事实上似乎必须达到骑士阶层的财产标准。在《阿提尼乌斯法》（Gell. *NA*. 14.8）通过后，保民官也会被定期招入元老院，但该法案的通过时间今天并不清楚。

8. 见 J. Suolahti 'Princeps senatus', *Arctos* 7, 1972, 207—218，内有曾担任过第一元老者的名单；另见 M. Bonnefond-Coudry, 'Le princeps senatus', *MEFRA* 105, 1993, 103—134。

9. 此外，罗马还存在其他一些低级官职，但史证不足，具体见 Lintott, *Constitution*, 137—144。至于营造官一职，任职地点就在罗马城，主要职责是组织宗教庆典，级别介于财务官与裁判官之间，但考虑到营造官人数低于裁判官，因而可推断这个官职并不属于"荣耀之路"的必要环节。每个官职在最低任职年龄上的规定似乎也得到了遵守。

10. 见 T. C. Brennan, *The Praetorship in the Roman Republic*, New York: Oxford University Press 2000；以及 F. Pina Polo, *The Consul at Rome*, Cambridge: Cambridge University Press 2011。在裁判官中有两位并无兵权，属于司法官员，即 "praetor urbanus"（下文译为 "内事裁判官"）与 "praetor

peregrinus"（即不在罗马、被差往地方的裁判官）。裁判官与执政官的具体职责通过抽签决定，只不过这种抽签并不总是真的随机。

11. 见 E. Rawson, 'Caesar's heritage: Hellenistic kings and their Roman equals', *JRS* 65, 1975, 148—159；公元前 168 年（略微超过本卷书所涉及的年代），盖乌斯·波皮利乌斯·莱纳斯（公元前 172 年执政官）与安条克四世之间曾发生过一段交涉，并得到了波利比乌斯的记述（见 29.27.1—10），而这件事就点明了罗马兵权的本质。

12. 见 A. Yakobson, *Elections and Electioneering in Rome*: *A Study in the Political System of the Late Republic*, Stuttgart: Steiner 1999。有关竞选的激烈情况，李维所做记述最为详细，可惜其现存相关记述并不是针对这一时期的。选举活动还产生了一类独特的文献，即有关"败选"（repulsae）的逸事，具体见 Val. Max. 7.5；T. R. S. Broughton, *Candidates Defeated in Roman Elections*: *Some Ancient Roman 'Also- Rans'*, Philadelphia: American Philological Association 1991；C. Konrad 'Notes on Roman also-rans', in J. Linderski, ed., *Imperium sine Fine*: *T. Robert S. Broughton and the Roman Republic*, Stuttgart: Steiner 1996, 104—143；以及 G. Farney, 'Some more Roman Republican "also-rans"', *Historia* 53, 2004, 246—250。执政官与监察官的竞选最为激烈，而裁判官的竞选到了这一时期已经没有太大悬念，因为只有担任过财务官且年龄符合条件的人才能参选裁判官，而这类人的数量与裁判官职位数相比差别并不大。

13. 霍普金斯与伯顿两位学者有关这一问题撰写的论文很有影响力（即 K. Hopkins and G. Burton, 'Political succession in the late Republic (249–50BC)', in K. Hopkins, *Death and Renewal*: *Sociological Studies in Roman History* 2, Cambridge: Cambridge University Press 1983, 31–119）。但我们在理解时不能忘记他们当时的研究重点。他们的确强调家族关系网对于仕途成功具有重要作用，但这不等于否认家族本身的政治历史也与政治精英身份有着紧密关联。另外，那些曾经辉煌、后来没落的政治世家，其没落原因并无太多史料记录，但有可能主要是偶然，即族人意外去世，或是在繁衍中男少女多。

14. 见 Polyb. 6.1—18；B. McGing, *Polybius' Histories*, Oxford: Oxford University Press 2010, 169—202。有关罗马政治体制的描述，见 Lintott, *Constitution*。

15. 最早的就是阿庇安，具体见 K. Brodersen, 'Appian und sein Werk', *ANRW* 2.34.1, 1993, 339—363。

16. 而且他有关朱古达与喀提林的著述，写作时间与他所分析的历史事件相距甚远——对于前者来说，时间差超过五十年。

17. 参见 A. Greenidge and A. Clay, *Sources for Roman History 133—70B.C.*, 2nd edn, rev. Gray, E., Oxford: Oxford University Press 1960；这部牛津大学古代史专业学生的教材很好地体现了史料的问题：为了弥补古代史料的不足，该书编者借用现代史学研究成果建构了一个前后连贯的叙事。

18. H. Flower, *Roman Republics*, Princeton: Princeton University Press 2010: 117–134.

第一章

1. 见 R. Ridley, 'To be taken with a pinch of salt: the destruction of Carthage', *CPh* 80, 1986, 140—146；N. Purcell 'On the sacking of Carthage and Corinth', in D. Innes, H. Hine and C. Pelling, eds, *Ethics and Rhetoric*: *Classical Essays for Donald Russell on his Seventy-Fifth Birthday*, Oxford: Oxford University Press 1995, 133—148；以及 E. O'Gorman, 'Cato the Elder and the destruction of Carthage', *Helios* 31, 2004, 99—125。有关罗马人对于这两座古城被罗马摧毁的反应，见本书第三章。

2. 见 Polyb. 1.1.1；有关之前的事件，见 N. Rosenstein, *Rome and the Mediterranean 290 to 146BC*: *The Imperial Republic*, Edinburgh: Edinburgh University Press 2012, 229—239。

3. 见 J. S. Richardson, *Hispaniae: Spain and the Development of Roman Imperialism*, Cambridge: Cambridge University Press 1986, 62—125；有关裁判官这一官职，见 T. C. Brennan, *The Praetorship in the Roman Republic*, New York: Oxford University Press 2000, 154—181。

4. Richardson, *Hispaniae*, 104—109.

5. Rosenstein, *Rome*, 226–229.

6. 见 App. *Hisp*. 56—60。加尔巴因此遭到了公元前 150 年的一位保民官的起诉，罪名是他的行为破坏了"fides"（即"诚信"），此事见于 Cic. *Brut*. 80, 89；老加图在去世前不久也曾在演讲中抨击过他，但加尔巴最终被判无罪。

7. 有学者认为元老院是为了给执政官寻找军事任务才发动了这几次征讨，具体见 Richardson, *Hispaniae*, 132—137。

8. App. *Hisp*. 61–64.

9. Polyb. 35.4.1–14.

10. Cic. *Off*. 2.40；参见 *Brut*. 84。

11. App. *Hisp*. 69.

12. App. *Hisp*. 70.

13. 布鲁图斯还在公元前 138 年为了安置自己的老兵创立了瓦伦西亚城，具体见 S. Keay, 'Innovation and adaptation: the contribution of Rome to urbanism in Iberia', in B. Cunliffe and S. Keay, eds, *Social Complexity and the Development of Towns in Iberia: From the Copper Age to the Second Century AD*, Oxford: Oxford University Press 1995, 291—337；以及 A. Ribera i Lacomba, 'The Roman foundation of Valencia and the town in the 2nd–1st C.B.C.', in L. Abad Casal, S. Keay and S. Ramallo Asensio, eds, *Early Roman Towns in Hispania Tarraconensis*, Portsmouth: Journal of Roman Archaeology 2006, 75—89。

14. 下一次有史料记载的军事行动是由公元前 106 年执政官昆图斯·塞维利乌斯·凯皮欧（上述凯皮欧之子）指挥的：他在公元前 109 年当选裁判官时远西班牙行省统兵，在公元前 107 年收获了凯旋仪式，后来又因惨败给辛布里人遭到了问责——详情见本书第 21 至 22 页。

15. 元老院在听取了双方的解释后决定这场战争应该继续，具体见 App. *Hisp*. 79。此事的关键在于近西班牙行省的战争只有在罗马人的敌人无条件投降的情况下才可以结束，具体见 Richardson, *Hispaniae*, 140—149。波皮利乌斯后来因勒索罪遭到审判，最终被判无罪。

16. App. *Hisp*. 80.

17. 见 D. Stockton, *The Gracchi*, Oxford: Oxford University Press 1979, 29—30。有关其父老格拉古的功绩及其在西班牙地区所受的爱戴，见 Richardson, *Hispaniae*, 101—103。

18. 见 Ö. Wikander, 'Caius Hostilius Mancinus and the *Foedus Numantinum*', *ORom* 11, 1976, 85—104；N. Rosenstein, '"Imperatores victi": the case of C. Hostilius Mancinus', *Cl Ant* 5, 1986, 230—252；Cic. *Rep*. 3.14; *Off*. 3.109 with A. Dyck, *A Commentary on Cicero, De Officiis*, Ann Arbor: University of Michigan Press 1996。将曼希努斯交还给努曼提亚人，是为了弥补撤销和约这一失信之举，让罗马不会因此丧失与众神的和谐关系（pax deorum）。尽管这种做法并非没有先例，但近期的确没有出现过，而且交还仪式本身显然是在效仿古制，具体见 E. Rawson, 'Scipio, Laelius, Furius and the ancestral religion', *JRS* 63, 1973, 161—174, at 166—168。在西塞罗的《论共和国》中，菲路斯说曼希努斯是一个非凡之人（uir optimus），行事得体（pudor），为人正直（probitas），诚实守信（fides）。元老院下令后，曼希努斯也同意回去。整件事有一个地方很值得注意，那就是曼希努斯在重申其罗马公民身份后又进入了政坛，甚至还二次当选裁判官，而且据说（Plin. *HN*. 34.18）他特意给自己立了一座雕像，描绘的就是"他被交还给敌人时的形貌"。

19. Richardson, *Hispaniae*, 151–152.

20. 有关此事的主要古代史料就是西西里的狄奥多罗斯留下的零星记述，见 Diodorus Siculus, 34/35.2。现代相关文献见 K. Bradley, *Slavery and Rebellion in the Roman World, 140B.C.—70. B.C.*, London: Batsford 1989, 46—65 ； 以 及 T. Urbainczyk, *Slave Revolts in Antiquity*, Stocksfield: Acumen 2008, 10—14。西西里岛的奴隶起义直到公元前 132 年才被普布利乌斯·卢比利乌斯镇压下来。获胜后，卢比利乌斯整顿了西西里行省，而他推行的《卢比利乌斯法》在共和国余下的时间里始终是罗马人治理西西里岛的法律基础。作为对其成就的进一步认可，罗马有可能为他举办了一场凯旋仪式，只不过战胜奴隶的将领一般没有资格获此殊荣。

21. 见 A. E. Astin, *Scipio Aemilianus*, Oxford: Oxford University Press 1967 ； L. Beness, 'Scipio Aemilianus and the crisis of 129B.C.', *Historia* 54, 2005, 37—48 ； 以及 T. Stevenson, 'Readings of Scipio's dictatorship in Cicero's *De re publica* (6.12)', *CQ* 55, 2005, 140—152。

22. 见本书第 217 至 222 页。

23. Sall. *Iug.* 7–10.

24. F. Pina Polo, 'Über die sogenannte *cohors amicorum* des Scipio Aemilianus', in M. Peachin, ed., *Aspects of Friendship in the Graeco-Roman World*, Portsmouth: Journal of Roman Archaeology 2001, 89–98.

25. M. Dobson, *The Army of the Roman Republic*: *The Second Century B.C., Polybius and the Camps at Numantia, Spain*, Oxford: Oxbow 2008.

26. App. *Hisp.* 99.

27. L. R. Taylor, 'Forerunners of the Gracchi', *JRS* 52, 1962, 19–27.

28. Cic. *Leg.* 3.20 ；以及 Livy, *Epit.* 55 ；公元前 151 年也发生过类似事件。

29. 见 P. Garnsey, *Famine and Food Supply in the Graeco-Roman World*: *Responses to Risk and Crisis*, Cambridge: Cambridge University Press 1988, 195—196。公元前 143 年的一项反奢靡法也许也能说明消费过度与消费不足产生的紧张关系。

30. Val. Max. 5.4.6.

31. Livy, *Epit.* 54.

32. 见 Cic. *Amic.* 96 ；以及 R. Morstein-Marx, *Mass Oratory and Political Power in the Late Roman Republic*, Cambridge: Cambridge University Press 2004, 42—51。在克拉苏之前，演讲地点在讲台与元老院之间，空间要小很多，听众数量相应也要少很多。

33. 匿名投票制是由一系列法案建立的，此为第一部，具体见本书第 41 至 42 页。在公元前 145 年，盖乌斯·李锡尼·克拉苏曾提出一个法案，要求在祭司团出现空缺时，新祭司人选由内部推举改为全民投票，但在以莱利乌斯为首的一众人等的反对下，该法案并未通过。类似的法案最终在公元前 104 年得到通过。

34. S. Roselaar, *Public Land in the Roman Republic*: *A Social and Economic History of Ager Publicus in Italy, 396–89B.C.*, Oxford: Oxford University Press 2010.

35. Plut. *Ti. Gracch.* 8.7; K. Adshead, 'Further inspiration for Tiberius Gracchus?', *Antichthon* 15, 1981, 119–128.

36. 见 App. *B Civ.* 12 ； Plut. *Ti. Gracch.* 10—12 ； A. Erskine, *The Hellenistic Stoa*: *Political Thought and Action*, London: Duckworth 1990, 171—180 ； C. Steel, 'Tribunician sacrosanctity and oratorial performance in the late Republic', in D. Berry and A. Erskine, eds, *Form and Function in Roman Oratory*, Cambridge: Cambridge University Press 2010, 37—50 ； 以及 H. Flower, 'Beyond the *contio*: political communication in the tribunate of Tiberius Gracchus', in C. Steel and H. van der Blom, eds, *Community and Communication*: *Oratory and Politics in Republican Rome*, Oxford: Oxford University Press, forthcoming, 85—100。

37. 公元前 143 年，阿庇乌斯还不顾保民官的否决，为自己举办了凯旋仪式，此事很好地说明了在罗马政治界，政治理念与个人野心之间存在无法逃避的复杂关系。

38. 见本书第 60 至 61 页。

39. Stockton, *Gracchi*, 67–69.

40. 提比略的行为与同时代希腊哲学思潮间存在十分耐人寻味的联系，具体见 Erskine, *Stoa*, 150—180。

41. 见 J. Linderski, 'The Pontiff and the Tribune: the death of Tiberius Gracchus', *Athenaeum* 90, 2002, 339—366；以及 A. Clark, *Divine Qualities*: *Cult and Community in Republican Rome*, Oxford: Oxford University Press 2007, 167—171。

42. 克拉苏是穆修斯·斯凯沃拉的兄弟，后来过继到李锡尼家族。他在纳希卡之后继任大祭司，其女嫁给了盖乌斯·格拉古。

43. H. Flower, *The Art of Forgetting*: *Disgrace and Oblivion in Roman Political Culture*, Chapel Hill: University of North Carolina Press 2006, 69–76.

44. Cic. *Amic.* 95; *Leg.* 3.35.

45. App. *B Civ.* 1.19.

46. 小西庇阿在公元前 129 年初暴毙。

47. Cic. *Off.* 3.47.

48. 弗拉库斯这一法案有可能让何人受益，学界对此存在很大争论：阿庇安认为是意大利人（*B Civ.* 1.21），但考虑到提案时间，可能性不大。具体见 H. Mouritsen, *Italian Unification*: *A Study in Ancient and Modern Historiography*, London: Institute of Classical Studies 1998, 109—113，以及下文内容。尽管无法证实，但如果说该法案旨在重新定义罗马人与拉丁人之间的关系，这倒是可以很好地解释弗雷格莱发生的事情。

49. P. Conole, 'Allied disaffection and the revolt of Fregellae', *Antichthon* 15, 1981, 129–140; Mouritsen, *Unification*, 118–119.

50. E. S. Gruen, *The Hellenistic World and the Coming of Rome*, Berkeley: University of California Press 1984, 578–592; R. M. Kallet-Marx, *Hegemony to Empire*: *The Development of the Roman Imperium in the East from 148 to 62B.C.*, Berkeley: University of California Press 1995, 97–99.

51. D. Braund, 'Royal wills and Rome', *PBSR* 51, 1983, 16–57; A. N. Sherwin-White, *Roman Foreign Policy in the East*, *168B.C. to A.D. 1*, London: Duckworth 1984, 80–84.

52. Gruen, *Hellenistic World*, 592–608.

53. Strabo 3.5.1.

54. 见 Stockton, *Gracchi*, 226—239。格拉古反复担任保民官这点更让这个问题变得复杂。

55. G. Rickman, *The Corn Supply of Ancient Rome*, Oxford: Oxford University Press 1980, 156–161.

56. 只有身在罗马城的人才有可能享受到粮食补贴。

57. 公元前 132 年的执政官波皮利乌斯·莱纳斯在审判后被流放，具体见 M. Alexander, *Trials in the Late Roman Republic 149BC to 50BC*, Toronto: University of Toronto Press 1990, 14。维雷乌斯说他的同僚卢比利乌斯也遭到了审判（2.7.4），这很可能与事实不符。

58. 这项法案似乎是专门针对元老的，因此有可能是在反贪污法之前通过的——因为那时候，只有元老才可以当陪审员——甚至有可能是盖乌斯·格拉古针对贪污问题提出的第一个解决方案，具体见 A. Lintott, *Judicial Reform and Land Reform in the Roman Republic*, Cambridge: Cambridge University Press 1992: 10—33；以及 M. Crawford, *Roman Statutes*, 2. vols, London: Institute of Classical Studies 1996, 39—112。盖乌斯·格拉古还提出了涉及各种基础设施建设项目以及改善服役条件的法案，具体见 *MRR* 1.513—514。

59. Cic. *Brut*. 99. H. Mouritsen, 'The Gracchi, the Latins, and the Italian allies', in L. de Ligt and S. Northwood, eds, *People, Land and Politics: Demographic Developments and the Transformation of Roman Italy, 300BC–AD 14*, Leiden: Brill 2008, 471–483.

60. Iulius Victor 6.4.

61. Plut. *C. Gracch*. 13; Stockton, *Gracchi*, 195–196.

62. 这是元老院首次使用所谓的"最后裁定",具体见 A. Drummond, *Law, Politics and Power: The Execution of the Catilinarian Conspirators*, Stuttgart: Steiner 1995, 81—95；以及 Lintott, *Constitution*, 89—93。

63. 兰图卢斯此时早已是八旬老人,他在公元前 162 年曾担任增补执政官。

64. Flower, *Art of Forgetting*, 76.

65. M. Bonnefond-Coudry, *Le Sénat de la République romaine: de la guerre d'Hannibale à Auguste: pratiques délibératives et prises de décisions*, Rome: École Française de Rome 1989, 90–112; Clark, *Divine Qualities*, 121–123.

66. 有关这一时期的细节信息,见 T. P. Wiseman, *Remembering the Roman People*, Oxford: Oxford University Press 2009, 33—57。

67. 有关平民派政治活动,见本书第二章。

68. Plut. *Quaest. Rom*. 83; Oros. 5.15.

69. 同一时期,罗马城屠牛广场那里也有四人遭到埋葬,其仪式很可能与维斯塔贞女一事有关,具体见 A. Eckstein, 'Human sacrifice and fear of military disaster in Republican Rome', *AJAH* 7, 1982, 69—95；M. Beard, J. North and S. Price, *Religions of Rome*, 2. vols, Cambridge: Cambridge University Press 1998, 80—81；以及 Z. Várhelyi, 'The specters of Roman imperialism: the live burials of Gauls and Greeks at Rome', *ClAnt* 26, 2007, 277—304。

70. E. D. Rawson, 'Religion and politics in the late second century BC at Rome', *Phoenix* 28, 1974, 193–212; A. Staples, *From Good Goddess to Vestal Virgins: Sex and Category in Roman Religion*, London: Routledge 1998.

71. 有关佩都凯乌斯的法案以及相关的审判和定罪,学者罗森认为其是公元前 2 世纪下半叶平民派立法运动的体现,而学者敏策则认为其是贵族内部派系斗争的结果,具体见 *Roman Aristocratic Parties and Families*, trans. R. T. Ridley, Baltimore: Johns Hopkins University Press 1999, 222—224。

72. Sall. *Iug*. 30.

73. 流放者分别为公元前 121 年执政官卢西乌斯·欧皮米乌斯、公元前 114 年执政官盖乌斯·波尔西乌斯·加图、公元前 111 年执政官卢西乌斯·卡尔珀尼乌斯·贝斯提亚、公元前 110 年执政官斯普里乌斯·波斯图米乌斯·阿尔比努斯,以及盖乌斯·苏尔皮西乌斯·加尔巴(可能是祭司,可能是占卜官)。根据西塞罗所说(*Brut*. 128),这是罗马首次有祭司团成员因刑事指控被定罪。

74. 三场凯旋仪式分别是:公元前 111 年,马尔库斯·凯西利乌斯·梅特卢斯自撒丁岛凯旋;公元前 111 年,盖乌斯·凯西利乌斯·梅特卢斯·卡普拉利乌斯自色雷斯凯旋;公元前 110 年,马尔库斯·李维乌斯·德鲁苏斯战胜斯克迪西人与马其顿人凯旋。然而这三场凯旋仪式并不意味着色雷斯与马其顿两地战斗的结束,因为在公元前 106 年和公元前 100 年,马尔库斯·米努西乌斯·鲁夫斯与提图斯·狄狄乌斯也先后因战胜斯克迪西人而赢得了凯旋仪式。

75. 见本书第二章。

76. 这可以算是罗马自公元前 216 年坎尼之战后所遇到的最严重的军事失利;有关此战在日后的名声,见 Plut. *Luc*. 27.7。

77. 根据史料记载(Diod. Sic. 36.3),马略甚至致意比提尼亚国王尼克美狄斯三世,求他予以军事援助，足见当时情况十分危急。这种请求东方政权兵援自己的情况，在整个共和国时代，除了此次，已知仅有一次，且那一次并无充分史证，具体见 Kallet-Marx, *Hegemony*, 139—140。

78. 另外，卡西乌斯的副将盖乌斯·波皮利乌斯·莱纳斯在公元前 107 年或前 106 年还遭到了保民官盖乌斯·科里乌斯·卡尔都斯的起诉，罪名是他在卡西乌斯战败身亡后为了解救幸存的罗马人，与提古里尼人私自达成协议，因而涉嫌大逆罪；莱纳斯最终被判有罪。卡尔都斯还立法在大逆罪审判中引入匿名投票制，而据西塞罗所说（*Leg*. 3.36），此举令他日后颇为懊悔。在此次被定罪之前，凯皮欧曾被指控犯有偷盗罪，说他在公元前 107 年夺取托洛萨之后盗取了神庙中的黄金，此事见 Alexander, *Trials*, 33—34；而且据史料记载（Gell. *NA* 3.9.7），相传这笔黄金受到了诅咒。若干年后，诺巴努斯也重蹈了凯皮欧之覆辙，具体见本书下文。公元前 104 年，撒坦尼努斯曾作为财务官主管罗马城的粮食供应，结果因为粮价上涨被元老院革职。而据西塞罗所说（*Sest*. 39, *Har. resp*. 43），他之所以转投平民派，便与当时那番羞辱挫折（*dolor*）有关。

79. 同样是在公元前 104 年，随着《多米提乌斯法》的通过，人民的仲裁权还延伸到了祭司团成员任命一事上，具体见 J. North, 'Family strategy and priesthood in the late Republic', in J. Andreau and H. Bruhns, eds, *Parenté et stratégies familiales dans l' antiquité romaine*, Rome: École Française de Rome 1990, 527—543。

80. 凯皮欧在担任公元前 106 年执政官期间，重新赋予了元老阶层以陪审权，而格劳西亚担任保民官期间推行了一项反贪污法，将陪审权又归还给了骑士阶层，具体见 J-L. Ferrary, 'Recherches sur la législation de Saturninus et de Glaucia, II', *MEFRA* 91, 1979, 85—134；A. Lintott, 'The *leges de repetundis* and associated measures under the Republic', *ZRG* 98, 1981, 162—212。

81. 见 G. Kelly, *A History of Exile in the Roman Republic*, New York: Cambridge University Press 2006, 29—30, 84—88；此人在公元前 102 年担任监察官期间，曾试图将格劳西亚与撒坦尼努斯赶出元老院，所以当时就与两人发生了冲突。而且，对马略兴建的荣誉与美德神殿设置高度限制的法案，也有此人的参与。

82. 见 R. Bauman, *The Crimen Maiestatis in the Roman Republic and Augustan Principate*, Johannesburg: Witwatersrand University Press 1967；Brennan, *Praetorship*, 366—367；以及 J. Harries, *Law and Crime in the Roman World*, Cambridge: Cambridge University Press 2007, 72—77。德尔斐圣地出土的一段铭文上保留有一项分配东方行省兵权的法案（见 M. Hassall, M. Crawford and J. Reynolds, 'Rome and the eastern provinces at the end of the second century B.C.', *JRS* 64, 1974, 195—220；Crawford, *Statutes*, 231—270），其中就有要求官员发誓的条款，但未必就是撒坦尼努斯的那项立法，具体见 Kallet-Marx, *Hegemony*, 237—239。

83. 此二人一个是卢西乌斯·埃奎提乌斯，他自称是提比略·格拉古之子，因而颇得民心；另一个是塞克斯图斯·提提乌斯。

84. 撒坦尼努斯连任保民官有格拉古的先例，但格劳西亚想从裁判官直接变成执政官倒是没有先例。

85. App. *B Civ*. 1.32；以及 E. Badian 'The death of Saturninus: studies in chronology and prosopography', *Chiron* 14, 1984, 130—140。引文所说"财务官"是指卢西乌斯·萨乌菲乌斯。

86. 有关这一时期政治阵营与政策的复杂性，见 A. Russell, 'Speech, competition and collaboration: tribunician politics and the development of popular ideology', in C. Steel and H. van der Blom, eds, *Community and Communication*: *Oratory and Politics in Republican Rome*, Oxford: Oxford University Press 2013, 101—115。

87. Plut. *Mar*. 31.1.

88. 根据普鲁塔克的记录（*Mar*. 31.2—3），马略与米特拉达梯曾有过一次会面，马略对对方说："你若不能比罗马强大，那就默默俯首称臣。"这本身是个不错的故事，而且也许并非完全是杜撰：马略得以重建威望，以至于可以在缺席的情况下当选占卜官，这背后肯定是有原因的。

89. 有关米特拉达梯的政策及行动，见 Sherwin-White, *Foreign Policy*, 102—108 ；B. McGing, *The Foreign Policy of Mithridates VI Eupator King of Pontus*, Leiden: Brill 1986 ；J. Hind, 'Mithridates', *CAH* 9², 1994, 129–64 ；Kallet-Marx, *Hegemony*, 239—260 ；以及 B. McGing, 'Mithridates VI Eupator: victim or aggressor?', in J. Højte, ed., *Mithridates VI and the Pontic Kingdom*, Aarhus: University of Aarhus Press 2009, 203—216。

90. 有关米特拉达梯使者遭保民官撒坦尼努斯羞辱一事，见 Diod. Sic. 36.15.1。当时罗马在奇里乞亚的总督就是卢西乌斯·科尼利乌斯·苏拉（Plut. *Sull*. 5.3），总督任期今天无法确定，但已知苏拉于公元前 90 年便返回了罗马。

91. Livy, *Per*. 70; Plut. *Sull*. 5.4—5; Vell. Pat. 2.24.3. 参见 C. Lerouge, *L'image des Parthes dans le monde gréco-romain*, Stuttgart: Steiner 2007, 44—49 ；R. Shayegan, *Arsacids and Sasanians*: *Political Ideology in Post-Hellenistic and Late Antique Persia*, Cambridge: Cambridge University Press 2011, 315。

92. 见 Richardson, *Hispaniae*, 156—160。从公元前 109 年开始，罗马人派出裁判官级总督在西班牙重启军事行动，并于公元前 107 年和前 98 年先后举行了相关的凯旋仪式。

93. *MRR* 2.11; O. Baehrends, 'La "lex Licinia Mucia de ciuibus redigundis" de 95. a. C.', in S. Ratti, ed., *Antiquité et citoyenneté*, Besançon: Presses Universitaires Franc- Comtoises 2002, 15–33.

94. 该命令后在苏维托尼乌斯笔下得到了保留，具体见 R. A. Kaster, *C. Suetonius Tranquillus De grammaticis et rhetoribus*: *edited with a Translation, Introduction, and Commentary*, Oxford: Oxford University Press 1995, on 25.2。

95. 见本书第二章。

96. 在《论演说家》中，西塞罗将诺巴努斯一案放在了核心位置。另见本书第二章。

97. E. S.Gruen, *Roman Politics and the Criminal Courts*, *149–78B.C.*, Cambridge, MA: Harvard University Press 1968, 204–206. 参见 R. M. Kallet-Marx, 'The trial of Rutilius Rufus', *Phoenix* 44, 1990, 122–139。

98. 有关《瓦略法》委员会以及德鲁苏斯的名声，见本书第四章。

99. 对于德鲁苏斯担任保民官期间的所作所为，西塞罗总结说他是在 "pro senatus auctoritate susceptus"（即 "代表元老院权威行事"），原文见 *De or*. 1.24 ；参见 *Mil*. 16; Diod. Sic. 37.10 ；以及 Suet. *Tib*. 3。

100. P. A. Brunt, *The Fall of the Roman Republic and Related Essays*, Oxford: Oxford University Press 1988, 204–210.

101. 除了审判鲁提乌斯，斯考卢斯也遭到了塞维利乌斯·凯皮欧（公元前 106 年执政官）的起诉，并随后反诉对方。阿斯科尼乌斯认为此举与他支持德鲁苏斯有直接关系（Asc., 21C）。西塞罗认为斯考卢斯与克拉苏都是德鲁苏斯的智囊（*Dom*. 50）。大演说家昆图斯·荷坦修斯在公元前 95 年进入政坛的首个举动，就是以贪污罪起诉卢西乌斯·马修斯·菲利普斯（后来的公元前 91 年执政官），但并未成功。

102. 见 App. *B Civ*. 1.35。阿庇安如此记录是为了满足其叙述逻辑的要求，因为按照他的理解，德鲁苏斯的策略就是要给元老与骑士同样的回报，而这就是他给骑士阶层的回报。

103. 笔者在后文介绍苏拉激进主义改革时更为详细地阐述了这一观点。

104. 见 Livy, *Per*. 71。西塞罗说在德鲁苏斯这一法案实施后，骑士阶层更容易因为司法贿赂遭到起诉（见 *Clu*. 153, *Rab. Post*. 16），但德鲁苏斯法案明明说陪审员只能来自元老院（只不过有时候陪审的元老只是刚刚进入元老院的新人），所以他的说法也很难让人理解。

105. App. *B Civ*. 1.35–6.

106. 见 Livy, *Per*. 71。学者里克曼曾探讨过这部可能存在的《李维乌斯法》与《屋大维法》之间的关系，见 Rickman, *Corn Supply*, 161—165。

107. 德鲁苏斯的法案遭到了撤销，因为根据《凯西利乌斯与狄狄乌斯法》（Cic. *Dom.* 41），包含无关提案的法案是无法通过的。德鲁苏斯也许是为了确保自己的所有法案都能通过，才把它们揉捏在一起，结果违反了上述法案，但是这背后也可能存在其他问题，比如他的法案在通过过程中并没有遵守必要的时间间隔，具体见 A. Lintott *Violence in Republican Rome*, 2nd edn, Oxford: Oxford University Press 1999, 142—143。

108. 见 App. *B Civ*.1.35。后世一位文献概述者（古代及中世纪西方有文人以概括总结前人著述为务，李维的《罗马史》就是这样传世的，英语称为 epitomator）对德鲁苏斯的行为做出了这样的总结："此保民官授拉丁人以罗马公民权，授穷人以土地，授骑士以元老身份，授元老院以陪审权，可谓慷慨至极，按其本人所说，世间未被其分与世人者，唯天地而已。"（*De vir. ill.* 66）这段文字表明德鲁苏斯的确有可能立法向拉丁人授予罗马公民权，而且学者莫里森也接受了这一猜想（Mouritsen, *Unification*, 120—122）。但是，现无证据表明这样一项法案得到了通过，而如果事实的确如此，那么这倒是可以解释为什么有人要在拉丁节上密谋刺杀两位执政官（见本章注释114）。但是，今天我们并不清楚一个扩大公民权的法案——哪怕是规模很小——与德鲁苏斯在公元前 91 年初的政治目标有何关系，所以史料中之所以提到这一法案，也可以解释成是历史记录者基于德鲁苏斯死后的风评而牵强附会的。

109. 详情见 Mouritsen, *Unification*。

110. Mouritsen, *Unification*, 109–113.

111. 见 App. *B Civ*.1.35—1.37；Vell. Pat. 2.13—2.15；Livy, *Per.* 71。不过，上述史料强调的重点大有差别。

112. 重点关注 Cic. *De or*. 1.24—1.26；3.1—3.6。

113. 有史料记录克拉苏当时对菲利普斯说："你既然不将我视为元老，我又为何要将你视为执政官？"（Quint. *Inst.* 8.3.89）

114. 见 Flor. 2.6.8；以及 *De vir. ill.* 66。后者明确说密谋者是拉丁人，考虑到行刺地点与场合，这种说法确有可能。

115. App. *B Civ*. 1.36.

116. 多米提乌斯一事的史证，见 Diod. Sic. 37.13，里面虽然只提了其名，但这一时期已知唯一一个多米提乌斯就是公元前 96 年的执政官多米提乌斯（*MRR* 3.83）；加尔巴一事的史证，见 Livy, *Per.* 72。

117. 见 Mouritsen,*Unification*,142—151。莫里森在此处详细推导了这一猜想，并提出拉丁人与罗马人之间的仇怨有可能在一定程度上导致意大利人决定在此刻动手。另见 Roselaar, *Public Land*, 280—284。

118. 见 Vell. Pat. 2.14。原文为 "tum conuersus Drusi animus, quando bene incepta male cedebant, ad dandam ciuitatem Italiae"。

119. 时人怀疑是菲利普斯与昆图斯·塞维利乌斯·凯皮欧所为，见 *De vir. ill.* 66。

120. 扩大罗马公民权的法案有可能是在德鲁苏斯死后才被附会到他身上的。见本书第四章。

第二章

1. 对于竞选执政官来说，贵族身份是一种潜在的劣势，因为每年选出的两位执政官，至少要有一位是平民出身。保民官则只能由出身平民者担任。

2. 这个财富底线似乎是 40 万塞斯特斯（sesterces），不过对于这个标准，我们要更为谨慎些才是，因为这指的是入选元老院的财产标准。不管怎样，考虑到这一时期的监察官几乎总会把现任官员纳入元老院，我们只能假定要竞选官员的人也必须满足这一标准。

3. 见 J. Andreau and H. Bruhns, eds, *Parenté et stratégies familiales dans l'antiquité romaine*, Rome: École Française de Rome 1990。有关领养过继一事，见 H. Lindsay, *Adoption in the Roman World*, Cambridge: Cambridge University Press 2009, 169—173。

4. B. Linke and M. Stemmler, eds, *Mos Maiorum*: *Untersuchungen zu den Formen der Identitätsstiftung und Stabilisierung in der römischen Republik*, Stuttgart: Steiner 2000; A. Wallace-Hadrill, *Rome's Cultural Revolution*, Cambridge: Cambridge University Press 2008, 213–258.

5. 有关 "nobilitas" 的准确定义，以及其与另一个描述政治精英的拉丁词 "novitas" 之间的关系，今天存在一定争议，具体见 M. Gelzer, *The Roman Nobility*, trans. R. J. Seager, Oxford: Blackwell 1969；P. Brunt, 'Nobilitas and *novitas*', *JRS* 72, 1982, 1—17；D. R. S. Bailey, 'Nobiles and *novi* reconsidered', *AJPh* 107, 1986, 255—260；以及 F. Goldmann, 'Nobilitas als Status und Gruppe – Überlegungen zum Nobilitätsbefriff der römischen Republik', in J. Spielvogel, ed., *Res publica reperta*: *Zur Verfassung und Gesellschaft der römischen Republik und des frühen Prinzipats*, Stuttgart: Steiner 2002, 45—66。

6. 这方面最为详尽的论述，见 H. Flower, *Ancestor Masks and Aristocratic Power in Roman Culture*, Oxford: Oxford University Press 1996。一些有可能计划日后参选的年轻官员，会对外发行个性化的钱币，这种风气的形成表明让民众了解其家族历史对其政治生涯具有非常重要的作用——即便钱币对于民心的实际影响很难推测。

7. T. P. Wiseman, *Roman Drama and Roman History*, Exeter: Exeter University Press 1998; N. Horsfall, *The Culture of the Roman Plebs*, London: Duckworth 2003.

8. 老加图本人就是 "新" 人们的强大楷模，见 E. Sciarrino, *Cato the Censor and the Beginnings of Latin Prose*: *From Poetic Translation to Elite Transcription*, Columbus: Ohio State University Press 2011。另见 G.Farney, *Ethnic Identity and Aristocratic Competition in Republican Rome*, Cambridge: Cambridge University Press 2007。

9. Val. Max. 7.5 中汇集了共和国时代的败选案例，其中就强调了败选者人品与行为上的瑕疵。

10. H.Flower, 'Spectacle and political culture in the Roman Republic',in H.Flower,ed., *The Cambridge Companion to the Roman Republic*, Cambridge: Cambridge University Press 2004, 322–343; F. Bernstein, *Ludi Publici*: *Untersuchungen zur Enstehung und Entwicklung der öffentlichen Spiele im republikanischen Rom*, Stuttgart: Steiner 1998.

11. 每年的 10 位保民官中，真正能提出法案的只占很小一部分。

12. J-M. David, 'L' exercice du patronat à la fin de la République', in K-J. Hölkeskamp, ed., *Eine politische Kultur (in) der Krise?*, Munich: Oldenbourg 2009, 73–86.

13. 35 个投票部落覆盖了所有公民，是保民官、财务官与平民营造官选举的投票单位，拥有一些可以被感知到的特征。参见 Lucilius 1131W—3W。有关盖乌斯·格拉古创造性地利用关系网在立法大会上调动投票者一事，见 H. Flower, 'Beyond the *contio*: political communication in the tribunate of Tiberius Gracchus', in C. Steel and H. van der Blom, eds, *Community and Communication*: *Oratory and Politics in Republican Rome*, Oxford: Oxford University Press 2013, 85—100。

14. 有关古代文献中对罗马城市人口的分类，见 N. Purcell, 'The city of Rome and the *plebs urbana* in the late Republic', *CAH* 9^2, 1994, 644—688。

15. W. J. Tatum, 'Campaign rhetoric', in Steel and van der Blom, *Community and Communication*, 133–150.

16. N. Rosenstein, *Imperatores Victi*: *Military Defeat and Aristocratic Competition in the Middle and Late Republic*, Berkeley: University of California Press 1990.

17. 关于 "amicitia" 和罗马历史编纂，见 J. North, 'Democratic politics in Republican Rome', *P&P* 126, 1990, 3—21。

18. P. A. Brunt, *The Fall of the Roman Republic and Related Essays*, Oxford: Oxford University Press 1988, 351–381.

19. 学者敏策对相关史料做了尽可能全面的汇总（即 Münzer, *Roman Aristocratic Parties and Families*, trans. Ridley, R. T., Baltimore: Johns Hopkins University Press 1999 ），在今天仍是十分珍贵的研究资源，不过他在书中提出的许多结论虽然细节丰富，却很值得怀疑。今天分析罗马选举的行为模式，往往会受限于资料不足，对于李维《罗马史》佚失部分所对应的年代来说尤为如此，但竞选情况——尤其是执政官的竞选情况——每年都存在很大不同，这似乎是显而易见的。有时候，两位候选人早早领先他人，之后的选举过程就基本上失去了悬念；有时候，直到绝大多数百人团完成投票才能分出胜负；更复杂的是，有时候平民执政官的竞选胜负已分，贵族执政官的竞选却仍然激烈。为了避免花费不菲的竞选活动，罗马的显贵们——尤其是贵族——是否会提前敲定好一个候选人，以此操控竞选？这是一个很有意思的问题。

20. Cic. *Phil*. 11.18.

21. 有关凯旋仪式，见 T. Itgenshorst, *Tota illa Pompa*: *Der Triumph in der römischen Republik*, Göttingen: Vandenhoeck & Ruprecht 2005 ；J-L. Bastien, *Le triumph romain et son utilisation politique à Rome aux trois derniers siècles de la République*, Rome: École Française de Rome 2007 ；M. Beard, *The Roman Triumph*, Cambridge, MA: Harvard University Press 2007 ； 以 及 I. Östenberg, *Staging the World*: *Spoils, Captives and Representations in the Roman Triumphal Procession*, Oxford: Oxford University Press 2009。

22. G. Szemler, *The Priests of the Roman Republic*: *A Study of Interactions between Priesthoods and Magistracies*, Brussels: Latomus 1972.

23. 再加上某些得到内部推举的祭司年纪很轻，所以空缺更难出现，具体见 J. Rüpke, *Fasti Sacerdotum*, Oxford: Oxford University Press 2008。

24. J. North, 'Family strategy and priesthood in the late Republic', in Andreau and Bruhns, *Parenté et stratégies familiales*, 527–543.

25. F. Millar, 'The political character of the classical Roman Republic, 200–151B.C.', *JRS* 74, 1984, 1–19, and 'Politics, persuasion and the people before the Social War (150–90B.C.)', *JRS* 76, 1986, 1–11; M. Jehne, ed., *Demokratie in Rom?Die Rolle des Volkes in der Politik der römischen Republik*, Stuttgart: Steiner 1995; H. Mouritsen, *Plebs and Politics in the Late Roman Republic*, Cambridge: Cambridge University Press 2001; E. Flaig, *Ritualisierte Politik*: *Zeichen, Gesten und Herrschaft im Alten Rom*, 2nd edn, Göttingen: Vandenhoeck & Ruprecht 2004; R. Morstein-Marx, *Mass Oratory and Political Power in the Late Roman Republic*, Cambridge: Cambridge University Press 2004; K-J. Hölkeskamp, *Reconstructing the Roman Republic*: *An Ancient Political Culture and Modern Research*, Princeton: Princeton University Press 2010.

26. F. Pina Polo, *Contra Arma Verbis*: *Der Redner vor dem in der späten römischen Republik*, Stuttgart: Steiner 1996; D. Hiebel, *Rôles institutionel et politique de la contio sous la république romaine*, Paris: de Boccard 2009.

27. Flaig, *Ritualisierte Politik*, 181–212; K-J. Hölkeskamp, *Senatus Populusque Romanus*: *Die politische Kultur der Republik*, Stuttgart: Steiner 2004.（参见 M. Crawford, 'Reconstructing what Roman Republic?', *BICS* 54, 2011, 105–114。）

28. R. Morstein-Marx, '"Cultural hegemony" and the communicative power of the Roman elite', in Steel and van der Blom, *Community and Communication*, 29–47.

29. 见 Val. Max. 6.2.3 ；Vell. Pat. 2.4.4, *De vir. ill.* 58.8 有相似的引言。西塞罗知道小西庇阿当时说过格拉古 "该杀"（iure caesum）的话，见 *De or.* 2.106, *Mil.* 8。

30. 前后共四项法案，每项都在某一类投票中引入匿名投票制，分别为：公元前 139 年的《加比尼乌斯法》（针对官员选举投票）；公元前 137 年的《卡西乌斯法》（针对除大逆罪以外的一切人民法庭审判投票）；公元前 131 年或前 130 年的《帕皮利乌斯法》（针对立法投票）；以及公元前 107 年的《科里乌斯法》（针对大逆罪审判投票）。上述法案名称及简要描述见于 Cicero, *De legibus*, 3.35—3.36。另见 A. Yakobson, 'The secret ballot and its effects in the late Roman Republic', *Hermes* 123, 1995, 426—442；以及 F. Salerno, *Tacita libertas: l'introduzione del voto segreto nella Roma repubblicana*, Naples: Edizioni Scientifiche Italiane 1999。

31. 此法案是由马略在担任保民官期间提出的，结果遭到了两位执政官的共同反对，马略随即以囚禁威胁两人，具体见 Plut. *Mar.* 4.2—4.4。

32. 这些有关投票的法案未能撤销，但这不能证明精英阶层毫不在意这些法案的通过。法案一旦通过，精英阶层很可能难以赢得足够的支持将其撤销。参见 Yakobson, 'Secret ballot', 427—429。有学者指出，匿名投票制能够隐藏选民内部存在的派系，具体见 Crawford, 'Reconstructing what', 110。

33. Cic. *Leg.* 3.36. 据西塞罗所说（*Amic.* 41），莱利乌斯痛斥了改变投票制度所引发的 "labes"（即 "灾难"）。

34. E. S. Gruen 'The exercise of power in the Roman Republic', in A. Molho, K. Raaflaub and J. Emlen, eds, *City States in Classical Antiquity and Medieval Italy*, Ann Arbor: University of Michigan Press 1991, 251–267, at 259.

35. 另外，公元前 104 年还通过了一项《多米提乌斯法》，在选择祭司团新成员时引入了一种特殊的投票制，即候选人由相关祭司团一位现有成员提名，再由 35 个投票部落中的 17 个对此进行投票。该法案还规定同一家族中不能有一名以上成员进入同一个祭司团。

36. T. W. Hillard '"Res publica" in theory and practice', in K. Welch and T. Hillard, eds, *Roman Crossings: Theory and Practice in the Roman Republic*, Swansea: Classical Press of Wales 2005, 1–48, at 22.

37. 被他们开除的人中，包括前一年的执政官盖乌斯·李锡尼·盖塔，此人在公元前 108 年就是监察官。有关盖塔，见 T. P. Wiseman, *Remembering the Roman People*, Oxford: Oxford University Press 2009, 33–57。其他喜欢开除元老的监察官包括：公元前 142 年的小西庇阿，不过当时与他同为监察官的穆米乌斯似乎保住了一些元老的身份（见 Cass. Dio fr. 76），而有关两人公然不和的问题，见 Val. Max. 6.4.2, Cic. *De or.* 2.268；公元前 131 年的梅特卢斯·马其顿尼库斯，他试图开除保民官盖乌斯·阿提尼乌斯·拉比欧，因而遭到了后者猛烈的反击；公元前 102 年的梅特卢斯·努米迪库斯，他试图开除撒坦尼努斯与格劳西亚；以及公元前 97 年的卢西乌斯·瓦莱里乌斯·弗拉库斯与马尔库斯·安东尼，两人开除了保民官马尔库斯·杜洛尼乌斯。上述情况得到记载，是因为被开除者进行了反抗，有多少元老被监察官除名后选择默默接受，今天很难说。

38. Gell.*NA.*11.10. 有关上述事件的背景，见 R. M. Kallet-Marx, *Hegemony to Empire: The Development of the Roman Imperium in the East from 148to 62B.C.*, Berkeley: University of California Press 1995, 110—111。

39. 见 Wiseman, *Remembering*, 5—32。提比略·格拉古当然不是第一个强调人民主权的政治家，也不是第一个提出让大多数元老不悦的法案的政治家，但他的死亡的确创造了一种新的政治活动模式。有关平民派的定义，见 M. Robb, *Beyond Populares and Optimates: Political Language in the Late Republic*, Stuttgart: Steiner 2010。

40. A. Lintott, *Violence in Republican Rome*, 2nd edn, Oxford: Oxford University Press 1999; W. Nippel, *Public Order in Ancient Rome*, Cambridge: Cambridge University Press 1995.

41. 比如公元前 112 年的执政官马尔库斯·李维乌斯·德鲁苏斯，或者公元前 95 年的执政官卢西乌斯·李锡尼·克拉苏。事实上，因为没有反面证明，提比略·格拉古也可能有此打算。

42. 学者威斯曼曾隐晦表达了两类人之间的差别，他的原话是："既然提比略·格拉古、盖乌斯·格拉古、撒坦尼努斯、李维乌斯·德鲁苏斯、苏尔皮西乌斯与克洛狄乌斯全都丢了性命，那么乍看起来，当一个激进派的保民官就不太可能让你当上执政官。"（见 Wiseman, *Remembering*, 30）李维乌斯·德鲁苏斯可以算是上述保民官中的另类。

43. Münzer, *Roman Aristocratic Parties*, 275.

44. 有关这一问题的介绍，见 W. Scheidel, 'Roman population size: the logic of the debate', in L. de Ligt and S. Northwood, eds, *People, Land and Politics*: *Demographic Developments and the Transformation of Roman Italy, 300BC–AD 14*, Leiden: Brill 2008, 17—70；另见 E. lo Cascio, 'The size of the Roman population: Beloch and the meaning of the Augustan census figures', *JRS* 84, 1994, 23—40；N. Morley, 'The transformation of Italy, 225—228B.C.' *JRS* 91, 2001, 50—62。

45. 见 Brunt, *Fall*, 240—280。

46. 针对征兵困难的质疑，见 J. Rich, 'The supposed Roman manpower shortage of the later second century A.D.', *Historia* 32, 1983, 287—331；以及 L. de Ligt, 'Roman manpower resources and the proletarianization of the Roman army in the second century B.C.', in L. de Blois and E. lo Cascio, eds, *The Impact of the Roman Army (200B.C.—A.D. 476)*, Leiden: Brill 2007, 3—20。针对农业依赖奴隶的质疑，见 U. Roth, *Thinking Tools*: *Agricultural Slavery between Evidence and Models*, London: Institute of Classical Studies 2007。

47. N. Rosenstein, *Rome at War*: *Farms, Families and Death in the Middle Republic*, Chapel Hill: University of North Carolina Press 2004. 另见 L. de Ligt 'Poverty and demography: the case of the Gracchan land reforms', *Mnemosyne* 57, 2004, 725—757。

48. 见本书第三章。

49. 有关罗马的生活水平，见 A. Scobie, 'Slums, sanitation and mortality in the Roman world', *Klio* 68, 1986, 399—433；以及 J. Toner, *Popular Culture in Ancient Rome*, Cambridge: Polity 2009, 62—74。除了从群体身份与声望的角度调动民心，个人利益也是一个角度，具体见 M. Jehne, 'Feeding the plebs with words: the significance of senatorial public oratory in the small world of Roman politics', in Steel and van der Blom, *Community and Communication*, 49—62。

50. 见 Cic. *Brut.* 160；*Clu.* 140；*De or.* 2.223。有关克拉苏的政治生涯，见 E. Fantham, *The Roman World of Cicero's De Oratore*, Oxford: Oxford University Press 2004, 26—48；除了在公元前 91 年的贡献，克拉苏在公元前 106 年还支持了凯皮欧有关元老陪审权的法案。

51. Cic. *De or.* 2.48；其中对诺巴努斯一案的记述，强调说安东尼选择为诺巴努斯辩护的理由是他与诺巴努斯的私人关系（诺巴努斯曾是他的财务官）。有关提提乌斯，见 A. Russell, 'Speech, competition and collaboration: tribunician politics and the development of popular ideology', in Steel and van der Blom, *Community and Communication*, 101—115, at 111—112；有关苏尔皮西乌斯，见本书第四章。

52. Polyb. 6.17 强调了公共合同的重要性，但没有明确提到骑士阶层集体会受到税收外包政策的影响。

53. Cic. *De or.* 1.225.

第三章

1. 见 Vell. 1.13。同样的故事见于 *Philogelos*, 78，但人物姓名都被隐去，穆米乌斯在里面成了一位"skholastikos"。

2. R. M. Kallet-Marx, *Hegemony to Empire*: *The Development of the Roman Imperium in the East from 148*.

to 62 B.C., Berkeley: University of California Press 1995, 89–90.

3. L. Yarrow, 'Lucius Mummius and the spoils of Corinth', *SCI* 25, 2006, 57–70.

4. J. B. Churchill '*Ex qua quod vellent facerent*: Roman magistrates' authority over *praeda* and *manubiae*', *TAPhA* 129, 1999, 85–115.

5. 这个世纪晚些时候，据说托洛萨的财宝在运至罗马途中发生了丢失，而公元前 58 至前 56 年，在将塞浦路斯国王御宝运往罗马的过程中，小加图就十分仔细，此处不妨拿这两件事做一番比较。有学者指出，在当时的罗马，所有战利品，包括艺术品，都被认为具有一定的货币价值，故事中穆米乌斯附加的条款，也许就是这个意思。

6. 见 Polyb. 1.1.5, 即 "天下凡有人居住之地，为何在将近五十三年的时间里几乎尽归罗马人统治？世人无论如何悲惨或闲散，心中必然有此一问"。

7. 在学界有关罗马帝国主义的辩论中，有所谓 "防御性帝国主义" 的提法，而对此，学者哈里斯提出了反驳，认为罗马人存在内在的好战倾向，以及一种有意识的军事控制欲，这才是其帝国主义发展的关键，具体见 W. V. Harris, *War and Imperialism in Republican Rome*, Oxford: Oxford University Press 1979, 9—53。参见 J. Rich, 'Fear, greed and glory: the causes of Roman war-making in the middle Republic', in J. Rich and G. Shipley, G. eds, *War and Society in the Roman World*, London: Routledge 1993, 38—68 ; K. Raaflaub, 'Born to be wolves? Origins of Roman imperialism', in R. Wallace and E. Harris, eds, *Transitions to Empire*: *Essays in Greco-Roman History*, *360—146B.C.*, *in Honor of E. Badian*, Norman: University of Oklahoma Press 1996, 273—314 ; A. Eckstein, *Mediterranean Anarchy*, *Interstate War*, *and the Rise of Rome*, Berkeley: University of California Press 2006, 181—243 ; 以及 C. J. Smith and L. Yarrow, eds, *Imperialism*, *Cultural Politics and Polybius*, Oxford: Oxford University Press 2012。

8. 罗马的这一制度给马其顿国王腓力五世留下了很深的印象，见 *SIG*3. 543, 即他在公元前 214 年给拉里萨城写的一封信。

9. E. T. Salmon, *Roman Colonization under the Republic*, London: Thames and Hudson 1969; A. N. Sherwin-White, *The Roman Citizenship*, 2nd edn, Oxford: Oxford University Press 1973, 58–95.

10. P. A. Brunt, *Italian Manpower*, *225B.C.–A.D. 14*, Oxford: Oxford University Press 1971.

11. Polyb. 6.19—42, 引言出自 6.39.11。

12. Eckstein, *Anarchy*.

13. 见 Lucilius 708—709. (W), 原文为 : ut Romanus populus uictus uei, superatus proeliis / saepe est multis, bello uero numquam, in quo sunt omnia. 卢西利乌斯当时是在谈论征讨维利亚图斯的战争，但他的这种感受有可能来自罗马人与汉尼拔的战争。

14. 有关罗马宗教的总体情况，见 M. Beard, J. North and S. Price, *Religions of Rome*, 2. vols, Cambridge: Cambridge University Press 1998 ; J. Scheid, *An Introduction to Roman Religion*, Edinburgh: Edinburgh University Press 2003 ; 有关 "公民宗教"，见 A. Bendlin, 'Looking beyond the civic compromise: religious pluralism in late Republican Rome', in E. Bispham and C. Smith, eds, *Religion in Archaic and Republican Rome*: *Evidence and Experience*, Edinburgh: Edinburgh University Press 2000, 115—135 ; 值得参考的相关评论，见 I. Gildenhard, *Creative Eloquence*: *The Construction of Reality in Cicero's Speeches*, Oxford: Oxford University Press 2011, 246—254。

15. E. Rawson, 'Scipio, Laelius, Furius and the ancestral religion', *JRS* 63, 1973, 161–174, at 168–174; Beard, North and Price, *Religions*, 1.111.

16. Vell. Pat. 2.1.5; M. Crawford, '*Foedus* and *sponsio*', *PBSR* 41, 1973, 1–7; J. Rich, *Declaring War in the Roman Republic in the Period of Transmarine Expansion*, Brussels: Latomus 1976. 有关战争祭司团的职能，见 F. Santangelo, 'The fetials and their *ius*', *BICS* 51, 2008, 63—93 ; 以及 L. Zollschan, 'The

longevity of the fetial college', in O. Tellegen-Couperus, ed., *Law and Religion in the Roman Republic*, Leiden: Brill 2012, 119—144。

17. A. Ziolkowski, '*Urbs direpta*, or how the Romans sacked cities', in Richand Shipley, *War and Society*, 69–91; K-J. Hölkeskamp, *Senatus Populusque Romanus*: *Die politische Kultur der Republik*, Stuttgart: Steiner 2004, 105–35.

18. Sall. *Iug.* 8.1.（原文为 "Romae omnia uenalia esse"，意为 "罗马万物都可买卖"）；15—16。

19. 有关罗马外交机制，另见 C. Eilers, ed., *Diplomats and Diplomacy in the Roman World*, Leiden: Brill 2009。

20. 另见 N. Rosenstein, *Rome and the Mediterranean*, 211—239。

21. Eckstein, *Anarchy*, 1—2.

22. E. S. Gruen, *The Hellenistic World and the Coming of Rome*, Berkeley: University of California Press 1984, 569–592; A. N. Sherwin-White, *Roman Foreign Policy in the East*, *168B.C. to A.D. 1*, London: Duckworth 1984, 18–57.

23. 见 R. Sheldon, *Intelligence Activities in Ancient Rome*, London: Cass 2005, 68—85。该学者强调罗马缺乏系统化的情报搜集手段。

24. A. Lintott, *Imperium Romanum*: *Politics and Administration*, London: Routledge 1993, 22–42; J. S. Richardson, 'The administration of the Empire', *CAH* 9^2, 1994, 564–598.

25. T. C. Brennan, *The Praetorship in the Roman Republic*, New York: Oxford University Press 2000, 164–173.

26. 见 W. Scheidel, 'Human mobility in Roman Italy, II: the slave population', *JRS* 95, 2005, 64—79。该学者估计每年有 15000 至 20000 名奴隶流向罗马。

27. 见本书第二章。

28. A. Wallace-Hadrill, 'To be Roman, go Greek: thoughts on Hellenization at Rome', in M. Austin, J. Harries and C. Smith, eds, *Modus Operandi*: *Essays in Honour of Geoffrey Rickman*, London: Institute of Classical Studies 1998, 79–91; J. N. Adams, *Bilingualism and the Latin Language*, Cambridge: Cambridge University Press 2003, 308–310.

29. 作为例证，可以参考小西庇阿在出任监察官期间抨击苏尔皮西乌斯·加卢斯和提比略·格拉古 "司法权" 的演讲稿片段，见 *ORF* 4. 122—134。

30. J-L. Ferrary, 'La création de la province d'Asie et la présence italienne en Asie Mineure', in C. Müller and C. Hasenohr, eds, *Les italiens dans le monde grec*: *IIe siècle av. J.-C.–Ier siècle ap. J.-C. Circulation, activités, intégration*, Paris: École Française d'Athènes 2002, 133—146. 有关克苏提乌斯，见 E. Rawson, 'The activities of the Cossutii', *PBSR* 43, 1975, 36—47；J-L.Ferrary, 'The Hellenistic world and Roman political patronage', in P. Cartledge, P. Garnsey and E. Gruen, eds, *Hellenistic Constructs*: *Essays in Culture, History and Historiography*, Berkeley: University of California Press 1997, 105—119。也有学者把罗马人口流动放到一个更大的框架下去审视，认为当时的整个地中海世界都具有高度的人口流动性，见 P. Horden and N. Purcell, *The Corrupting Sea*, Oxford: Blackwell 2000, 342—400。

31. 见 Cic. *Fin.* 1.9, 出自卢西利乌斯引言；考虑到西塞罗在 *Brutus*, 131 中说阿尔布修斯在雅典求学时是个 "adulescens"（即 "年轻人"），那么斯凯拉与他的那次争执很可能是在公元前 120 年之后。

32. Cic. *De or.* 3.68. 雅典如此吸引有志于哲学的罗马人，这里面也许就有卡涅阿德斯的推动作用，因为他在成为斯多葛学派领袖之前，曾在小西庇阿身边效力，见 A. Erskine, *The Hellenistic Stoa*: *Political Thought and Action*, London: Duckworth 1990, 211—214。

33. Cic. *Tusc.* 5.108.

34. 有关这一话题的文献资料极其丰富，作为极具价值的介绍参考，推荐 A. Wallace-Hadrill, *Rome's Cultural Revolution*, Cambridge: Cambridge University Press 2008。

35. M. Torelli, *Tota Italia*: *Essays in the Cultural Formation of Roman Italy*, Oxford: Oxford University Press 1999; M. Pobjoy, 'The first Italia', in E. Herring and K. Lomas, eds, *The Emergence of State Identities in Italy in the First Millennium BC*, London: Accordia Research Institute 2000, 187–211; O. De Cazanove, 'Some thoughts on the "religious Romanization" of Italy before the Social War', in Bispham and Smith, *Religion in Archaic and Republican Rome*, 71–76.

36. Wallace-Hadrill, *Cultural Revolution*; M. Crawford, *Imagines Italicae*, London: Institute of Classical Studies 2011.

37. E. Bispham, *From Asculum to Actium*: *The Municipalization of Italy from the Social War to Augustus*, Oxford: Oxford University Press 2007, 74–160.

38. H. Mouritsen, *Italian Unification*: *A Study in Ancient and Modern Historiography*, London: Institute of Classical Studies 1998, 5–22.

39. Bispham, *Asculum*, 159. n. 205.

40. Gell. *NA* 10.3.2.

第四章

1. 有关这场战争的现代叙述，见 E. Gabba, 'Rome and Italy: the Social War', *CAH 9²*, 1994, 104—128；E. T. Salmon, *Samnium and the Samnites*, Cambridge: Cambridge University Press 1967, 340—389。相关古代史料主要是阿庇安的著述与李维《罗马史》的《概述》。

2. Vell. Pat. 2.15. 另见 Diod. Sic. 37.1—2。

3. 见 Rhet. Her. 4.13. 该书作者否认自己这部书里有任何真实发生的演讲（4.1—10），但事实如何，可参考 P. Martin, 'Sur quelques thèmes de l'éloquence popularis, notamment l'invective contre le passivité du peuple', in G. Achard and M. Ledentu, eds, *Orateur, auditeurs, lecteurs*: *à propos de l'éloquence romaine à la fin de la République et au début du Principat*: *actes de la table ronde de 31 janvier 2000*, Lyon: Centre d'Études et de Recherches sur l'Occident Romain de l'Université Lyon III 2000, 27—41。

4. 见 Asc. 22C. 提案者为保民官昆图斯·瓦略·海布里达。有关此人的生平履历，Val. Max. 8.6.4. 给出了怀有敌意的简短介绍，其中提到一个细节：他的这项法案遭到了保民官的否决。参见 E. S. Gruen, 'The *lex Varia*', *JRS* 55, 1965, 59—73；R. Seager, '*Lex Varia de maiestate*', *Historia* 16, 1967, 37—43；E. Badian, '*Quaestiones Variae*', *Historia* 18, 1969, 447—91。

5. H. Mouritsen, *Italian Unification*: *A Study in Ancient and Modern Historiography*, London: Institute of Classical Studies 1998, 136.

6. M. Alexander, *Trials in the Late Roman Republic 149BC to 50BC*, Toronto: University of Toronto Press 1990, 53.

7. Val. Max. 3.1.2; Plut. *Cat. Min.* 2.

8. Cic. *Orat.* 213.

9. 时人拼命找人顶罪的这种趋势，在 Appian, *B Civ*. 1.37 与 Val. Max. 8.6.4 中也能找到线索——在这两份史料中，《瓦略法》竟被荒唐地视为同盟战争爆发的一个原因。在瓦略被根据自己的《瓦略法》定罪流放后，他也成了一个潜在的替罪羊。

10. Alexander, *Trials*, 54—58.

11. 有关科塔与德鲁苏斯的关系，见 Cic. *De or*. 1.25. 科塔未能当选公元前 90 年的保民官，也许和他因《瓦略法》遭到起诉一事同因，都是因为受到了同样的怀疑。有关卢西乌斯·梅姆米乌斯，见 T. P. Wiseman, 'Lucius Memmius and his family', *CQ* 17, 1967, 164—167；在 *De or.* 1.168 处，克拉苏称庞培为 "familiaris"（即 "家人"），但其真实性存疑。在 *B Civ.* 1.37 处，阿庇安说他遭到起诉的人里包括卡尔珀尼乌斯·贝斯提亚（公元前 111 年执政官），这很可能是弄混了，把贝斯提亚被马米里乌斯调查庭定罪一事记到了这里。

12. 除了瓦略，今天能够确定在公元前 89 年根据《瓦略法》被定罪的人只有科塔。

13. 正如学者莫里森所说（*Unification*, 136—137），同时代的罗马人难以看清同盟战争的起因，这进一步证明了这场战争并不存在什么显而易见的导火索，包括扩大罗马公民权法案的失败。

14. A. Burnett, 'The coinage of the Social War', in A. Burnett, U. Wartenburg and R. Witschonke, eds, *Coins of Macedonia and Rome: Essays in Honour of Charles Hersh*, London: Spink 1998, 165–172; M. Pobjoy, 'The first *Italia*', in E. Herring and K. Lomas, eds, *The Emergence of State Identities in Italy in the First Millennium BC*, London: Accordia Research Institute 2000, 187–211.

15. 完整名单见 *MRR* 2.27—30。这里面没有菲利普斯，这一点很值得关注。

16. App. *B Civ.* 1.43.

17. 斯特拉波为裁判官级将领，他何时当选裁判官，至今仍不确定。

18. 阿庇安将诺拉陷城归咎于自己人的背叛，见 *B Civ.* 1.42。

19. M. Frederiksen, *Campania*, Rome: British School at Rome 1984, 264–280.

20. 见 App. *B Civ.* 1.45；但李维却说罗马人在这期间获得了一场大胜，以至于敢在一段时间内不着戎装，见 *Per.* 73。

21. App. *B Civ.* 1.49; Livy, *Per.* 74; W. V. Harris, *Rome in Etruria and Umbria*, Oxford: Oxford University Press 1971, 212–229.

22. Cic. *Balb.* 21；Vell. Pat. 2.16 处描述的那部法案很有可能也是《尤利乌斯法》。

23. App. *B Civ.* 1.49.

24. E. Bispham, *From Asculum to Actium: The Municipalization of Italy from the Social War to Augustus*, Oxford: Oxford University Press 2007, 162–172.

25. 关于这些由新罗马人编成的新投票部落，有史料说是 10 个（App. *B Civ.* 1.49），有史料说是 8 个（Vell. Pat. 2.20），还有史料说是两个（Sisenna fr. 17P），且相关法案名为《卡尔珀尼乌斯法》。

26. 这一结论的史料的确不算很有力，仅仅是西塞罗一篇名为《为阿齐亚斯辩护》的演讲稿的第十一段：阿齐亚斯遭到审判是在公元前 62 年，他自称当时已获得罗马公民权将近三十年，但却从未收录在人口普查中；对于这一质疑，他的代理人西塞罗解释说公元前 70 年和前 86 年人口普查期间，阿齐亚斯都在卢西乌斯·李锡尼·卢库鲁斯身边，并不在意大利，因而未被收录；至于之后的事，"尤利乌斯与克拉苏首次进行人口普查之时，并未收录任何新公民"。但是即便考虑到西塞罗撰写这篇演讲稿时，庭审已经过去了很久，我们也很难相信他胆敢冒险如此杜撰，所以其真实性很高。另外，菲斯图斯在记录中也说当时人口普查在程序上有违常规（366L），因而断定此次普查 "parum felix"（即 "颇为不祥"），考虑到之后发生的事，这一论断很容易理解。

27. 竞选与相关军事行动的时间先后顺序，我们今天无法完全确定：如果竞选发生在加图征讨伊特鲁利亚之后，那么他的成功当选就很容易理解；而斯特拉波战胜马尔西人援兵一事，更有可能发生在他成功当选后。

28. 见 Asc. 3C；阿斯科尼乌斯在此处暗指，获得拉丁权的当地人可以通过在当地任职进而获得罗马公民权。考虑到其时代背景，事实很可能不是这样，见 Mouritsen, *Unification*, 99—108。参见 Bispham, *Asculum*, 173—175。

29. 塞克斯图斯·恺撒已在围城期间病死。

30. 出于今天并不清楚的原因，马略的兵权并未被延期。

31. 阿尔比努斯一事，见 Plut. *Sull.* 6.9 及 Polyaenus, *Strat.* 8.9.1（苏拉拒绝调查此事，反而要求行凶者通过战胜敌人洗刷罪名）；狄狄乌斯一事，见 Ov. *Fast.* 6.567—568。

32. A. N. Sherwin-White, *Roman Foreign Policy in the East, 168B.C. to A.D. 1*, London: Duckworth 1984, 108–120; J. Hind, 'Mithridates', *CAH* 9², 1994, 129–164, at 140–143; R. M. Kallet-Marx, *Hegemony to Empire: The Development of the Roman Imperium in the East from 148. to 62B.C.*, Berkeley: University of California Press 1995, 247–250.

33. App. *Mith.* 11–14.

34. Kallet-Marx, *Hegemony*, 250–254.

35. 在苏拉改革之前，选举似乎都是在接近年底时举行的（A. Lintott, *The Constitution of the Roman Republic*, Oxford: Oxford University Press 1999, 12. n. 4）；因此，公元前89年仅存的执政官庞培·斯特拉波为了能够主持下一年的选举，就要提前返回罗马才行；根据史证，我们可以确定他在11月30日这天还在阿斯库路姆（*ILS* 8888），此后他在12月25日在罗马庆祝了自己的凯旋仪式，这个仪式想必至少也需要几天的准备时间。学者米切尔对于这一时间表提出了质疑，认为执政官选举的时间应该更早才对，还认为苏拉最开始领受的任务可能是继续在意大利作战（T. Mitchell, 'The volte-face of P. Sulpicius Rufus in 88B.C.', *CPh* 70, 1975, 197— 204）。但是，我们没有理由认为在这个时期，于12月举行选举算是晚的。至于他的后一个论点，考虑到公元前88年初，苏拉的确带兵出现在了诺拉城外，所以是有一定道理的，但这种情况也可以解释成苏拉先去诺拉，控制住自己身为副将时统率过的部队，然后再带领他们前往亚细亚行省。公元前89年末阿斯库路姆的陷落，以及庞培·斯特拉波的凯旋仪式（"de Asculaneis Picentibus"）都是罗马在同盟战争中取得最终胜利的强有力的象征，只不过公元前88年另一位执政官的确被派到意大利继续作战。

36. 同盟战争让此前政治生涯不过尔尔的苏拉变得势不可当；作为其崛起的标志，他迎娶了前大祭司卢西乌斯·凯西利乌斯·梅特卢斯·德尔马提库斯之女、埃米利乌斯·斯考卢斯的遗孀凯西莉亚·梅特拉，此事见 Plut. *Sull.* 6.10—11；参见 P. Tansey, 'The death of M. Aemilius Scaurus (cos. 115B.C.)', *Historia* 52, 2003, 378—383。梅特卢斯家族曾是公元前2世纪最后二十五年里罗马政治圈最有成就的家族，虽然后来人丁不旺（R. Syme, *The Roman Revolution*, Oxford: Oxford University Press 1939, 570），但仍拥有巨大的财富和很高的政治敏锐度。而庞培·鲁夫斯此前并无军事经验，而且他还与苏拉交好（他的儿子娶了苏拉的女儿）。

37. Vell. Pat.（2.21）说，"（庞培·斯特拉波）连任执政官的希望受挫"（frustratus spe continuandi consulatus），这直接导致了屋大维战争（见下文）。我们不知道斯特拉波是竞选失利还是候选人资格出了问题（一个有趣的问题是，既然斯特拉波是唯一活着的执政官，他本来应当主持下一年的执政官选举）。

38. 相关史料见 *MRR* 2.41—2.42。

39. 引文出自 Cic. *Har. resp.* 43，原文为：Sulpicium ab optima causa profectum Gaioque Iulio consulatum contra leges petenti resistentem longius quam uoluit popularis aura prouexit。学者鲍威尔指出（见 J. Powell, 'The tribune Sulpicius', *Historia* 39, 1990, 446—460, at 457—458），"ab optima causa" 意为 "出于大义"，认为这具体是指苏尔皮西乌斯反对斯特拉波参选一事；其实，此语未必一定有政治内涵。相关古代史料汇总，见 A. Greenidge and A. Clay, *Sources for Roman History 133—70B.C.*, 2nd edn, rev. Gray, E., Oxford: Oxford University Press 1960, 160—164。在对话录《莱利乌斯论友谊》中，西塞罗就将苏尔皮西乌斯与庞培反目作为全篇对话的起点。

40. Badian, '*Quaestiones*'; A. Lintott, 'The tribunate of P. Sulpicius Rufus', *CQ* 21, 1971, 442–453; B. Katz,

'Caesar Strabo's struggle for the consulship – and more', *RhM* 120, 1977, 45–63; Mitchell, 'Volte-face'；B. Marshall, *A Historical Commentary on Asconius*, Columbia: University of Missouri Press 1985, 144–145; Powell, 'The tribune Sulpicius'.

41. 见本书第 48 页。在《论演说家》中，诺巴努斯一案具有很强的存在感，因而参与此案的苏尔皮西乌斯免不了成了西塞罗这部对话录中的一个角色。但他这个角色还有另一种作用，那就是强化了整部作品在对话场景设置上——尤其是在第三卷开篇处——所凸显的一种希望破灭、大难临头的感觉。

42. 这一年的执政官竞选，除了庞培·鲁夫斯与苏拉，已知的候选人只有庞培·斯特拉波，可能还包括恺撒·斯特拉波，但他们的参选资格都有问题，这一点能够支持学界的一种猜测，即庞培·鲁夫斯与苏拉认为自己稳操胜券。

43. 见 Cic. *Brut.* 305；斯特拉波的同母异父兄长卢塔提乌斯·卡图卢斯，也就是与马略携手战胜辛布里人的那位将领，也许也对斯特拉波给予了支持。

44. 见 Cic. *Phil.* 11.11；原文含糊，但似乎透露着这个意思。

45. 有关扩大罗马公民权一事时间顺序的推测，见 Bispham, *Asculum*, 175—187。

46. 鉴于苏拉获得了公元前 89 年竞选的胜利，如果斯特拉波的确参加了此次竞选，他要么落败，要么被取消了资格。

47. 根据狄奥多罗斯留下的片段（37.2），斯特拉波与马略都想获得征讨米特拉达梯的兵权。

48. App. *B Civ.* 1.55; Plut. *Mar.* 35; *Sull.* 8.

49. 这种观点把新公民分配方案视为苏尔皮西乌斯计划的核心；相比之下，阿庇安的观点等于将这个方案视为苏尔皮西乌斯帮助马略获得征讨米特拉达梯兵权的手段，其可信度不高。

50. 但距离此时都很遥远。公元前 210 年的普布利乌斯·科尼利乌斯·西庇阿·阿弗利卡努斯（即大西庇阿）是最鲜明的先例，因为他在投票时就没有任职；人民推翻了元老院决议，直接授予某人兵权的事虽然后来也在小西庇阿与马略身上发生过，但他们毕竟当时已被选为了执政官，所以与此次情况不大相同。

51. 苏尔皮西乌斯的法案并没有剥夺苏拉的执政官职位。

52. 阿庇乌斯·克劳狄乌斯·普尔喀曾在公元前 89 年担任过裁判官，他之所以出现在坎帕尼亚，最简单的解释就是他被元老院任命为苏拉的接替者。

53. 维纳斯西亚是同盟战争中唯一一个加入意大利阵营的拉丁殖民地；见 G. Bradley, 'Colonization and identity in Republican Italy', in G. Bradley and J-P. Wilson, eds, *Greek and Roman Colonization*: *Origins, Ideologies and Interactions*, Swansea: Classical Press of Wales 2006, 161—187, at 176—177。古罗马诗人贺拉斯之父沦为奴隶，有可能就与维纳斯西亚陷城有关。

54. App. *B Civ.* 1.57–1.59; Livy. *Per.* 77; Plut. *Sull.* 9; Vell. Pat. 2.19.

55. 见 App. *B Civ.* 1.57，原文为：ἐλευθερώσων αὐτὴν [sc. τὴν πατρίδα] ἀπὸ τῶν τυραννούντων。这位将领通常被学界认为是卢西乌斯·李锡尼·卢库鲁斯，这种观点首见于 E. Badian, 'Waiting for Sulla', *JRS* 52, 1962, 47—61, at 54—55。但也有人提出不同看法，见 P. Thonemann, 'The date of Lucullus' quaestorship', *ZPE* 149, 2004, 80—82。

56. 这 10 人为：马略之子；App. *B Civ.* 1.60 列举了一个叫尤尼乌斯·布鲁图斯的人——据猜测应是公元前 82 年的罗马内事裁判官达马希普思，普布利乌斯·科尼利乌斯·塞特古斯，盖乌斯·格拉尼乌斯与昆图斯·格拉乌斯，普布利乌斯·阿尔比诺瓦努斯，以及马尔库斯·莱托利乌斯；根据 Cicero, *Brut.* 168 的补充，还有昆图斯·卢比利乌斯·瓦罗；其他两人姓名不详。根据 App. *B Civ.* 1.91 记载，公元前 82 年有一个变节者也叫阿尔比诺瓦努斯，很可能与之前那个阿尔比诺瓦努斯是同一人，但对于其他人，今天几乎一无所知。也就是说，除了马略父子与苏尔皮西乌斯，我们不知道其他人在公元前 88 年到底因为何事招来了苏拉与庞培·鲁夫斯的敌意，从这一点足见今天史证的匮乏。

57. 庞培·斯特拉波此时的官方身份令人有些费解。严格地讲，他的兵权在他举行凯旋仪式的当天就到期了。但凯旋仪式后，他却回到皮瑟努姆继续统兵。难道是他被授予了一种特殊的兵权，负责巩固罗马在北方战区的胜利？还是说他是违法统兵？或是元老院改变了最初的兵权分配方案？——因为可以确定，庞培·鲁夫斯分得的兵权肯定是在意大利继续打击那些没有放下武器的意大利人。

58. 我们今天对格涅乌斯·屋大维担任执政官以前的政治生涯几乎一无所知；因为现有一份铭文史证，说他在某东方行省任裁判官级总督，所以他在大部分时间里也许并没有参与同盟战争。秦纳此前当过副将，很可能是庞培·斯特拉波的副将。两人参选都没有得到苏拉的支持，见 Plut. *Sull.* 10.3。

59. Plut. *Sull.* 10. 参见 Cass. Dio fr. 102。屋大维是否也被迫如此发誓，今天并不清楚；因为秦纳后来违背了誓言，所以他发誓一事显然是一件更容易被记住的逸事。

60. 见 Livy, *Per.* 77；Vell. Pat. 2.20；有些关于此事的记述更偏向斯特拉波，比如 App. *B Civ.* 1.63。

61. Plut. *Sull.* 10; Cic. *Brut.* 179.

62. App. *B Civ.* 1.64–1.65; Livy, *Per.* 79; Vell. Pat. 2.20; *Schol. Gronov.* 286St. 秦纳离开罗马城与元老院下元老令剥夺其执政官职务，两件事的先后顺序至今不明。根据阿庇安的记载，先是秦纳离开罗马，并承诺给予追随自己的奴隶以自由，元老院才下此令，但这可能只是反映了苏拉获胜后那种反秦纳的主流编史立场。根据格拉尼乌斯·李锡尼亚努斯的记录（Granius Licinianus, 35.15），反倒是元老院先下的命令：当时，《西卜林神谕集》中有一段卜辞被解读成罗马需要赶走秦纳才能获得和平与稳定，于是元老院首次批准将这一部分卜辞对外公布。

63. Dio Cass. fr. 102. 7.

64. 普罗提乌斯很快就被撒姆尼人击败并杀死，见 Livy, *Per.* 80。

65. 在内战期间，马略并无正式官职，但在那一年晚些时候，他被委派讨伐米特拉达梯，因而重新获得了兵权；前文说过，庞培·斯特拉波严格地讲似乎无权统兵。

66. 上述事件先后顺序，见 Livy, *Per.* 79—80。

67. 不管斯特拉波到底如何去世，被雷劈死的说法能够长久地流传下来，这反映了他的不得人心（Plut. *Pomp.* 1），而这想必与他未能有效保卫罗马有关；见 T. W. Hillard, 'Death by lightning, Pompeius Strabo and the people', *RhM* 139, 1996, 135—145。

68. 就像前一年被苏拉认定为国家公敌的人一样，今天也很难确定这一批人到底是为什么得罪了马略与秦纳，而且大清洗的提法有可能是在将当时复杂的政治局面简化成边界分明的集团，研究时需谨慎。最简单的猜测是：上述五名执政官级人员，再加上影响力颇大的恺撒·斯特拉波，是执政官屋大维在元老院中最主要的支持者。另外，被苏拉定为公敌的人中，只有苏尔皮西乌斯被杀；但被马略与秦纳定为公敌的人，却有很多都被杀害。我们可以说从这两人执政时期开始，共和国出现了一类描述政治家因政治被害的文学，日后有关苏拉斥决令的那些逸事便是这一趋势的高潮：比如屋大维拒绝逃离罗马一事（Diod. Sic. 38.2），又如屋大维坐在执政椅上被人砍杀一事（App. *B Civ.* 1.71），再如被杀政治家的首级被放在罗马广场讲台上示众一事（Cic. *De or.* 3.8—3.10）；其他受害者骇人听闻的死状，见 App. *B Civ.* 1.72—1.77。

69. 见 Cic. *Dom.* 83。然而，有学者经论证提出，当时的贵族并没有大批逃离罗马，见 Badian, 'Waiting'。

70. 近来有学者尝试评价秦纳执政的时代，见 M. Lovano, *The Age of Cinna: Crucible of Late Republican Rome*, Stuttgart: Steiner 2002。

71. 见 F. Hinard, 'La terreur comme mode de gouvernement', in G. Urso, ed., *Terror et Pavor: Violenza,*

Intimidazione, Clandestinità nel Mondo Antico, Pisa: ETS 2006, 247—264。与其他人不同的是，梅鲁拉与卡图卢斯被起诉后选择自杀，当时还未被认定为国家公敌（Alexander, *Trials*, 60—61）。有学者注意到，在秦纳上台之初，保民官提出的起诉变得特别密集，因而猜测借保民官起诉来剥夺某人兵权这一招，有可能是秦纳的发明，见 E. Weinrib, 'The prosecution of Roman magistrates', *Phoenix* 22, 1968, 32—56, at 41—43。苏拉与阿庇乌斯·克劳狄乌斯·普尔咯都遭到过这种起诉，不过前者安然无恙，后者却被定了罪。

72. 米特拉达梯处决他的方式，是将黄金熔化灌喉，以此象征这场战争是由罗马人的贪婪引起的。

73. Sherwin-White, *Foreign Policy*, 132–148; F. Santangelo, *Sulla, the Elites and the Empire*, Leiden: Brill 2007, 33–39.

74. 还有一个叫此名字的人是公元前 100 年的执政官，后被公元前 86 年的监察官定为第一元老。此处提到的这个替补执政官有一个儿子在公元前 63 年担任了裁判官，西塞罗曾为其做过辩护并撰写了《为弗拉库斯辩护》，但此作存世不全，我们今天只能了解到被告早期生活及其父政治生涯的片段。这次补选还有一个小地令人费解，那就是弗拉库斯的当选意味着两名执政官都来自贵族阶层，这与惯例不符。

75. 见 Livy, *Per.* 82 ; Memnon, 24。菲姆布利亚除了在屋大维战争期间代表马略与秦纳去与撒姆尼人谈判，似乎也参与了秦纳的内政活动：公元前 86 年，就是他对昆图斯·穆修斯·斯凯沃拉提出了起诉（后来撤诉）。有学者认为他在公元前 86 年是马略的财务官，后来才被调到弗拉库斯手下，具体见 A. Lintott, 'The offices of C. Flavius Fimbria in 86—85B.C.', *Historia* 20, 1971, 696—701。

76. Plut. *Luc.* 2–3.

77. Sherwin-White, *Foreign Policy*, 142.

78. Santangelo, *Elites*, 111–127.

79. 菲姆布利亚的军队留在了亚细亚行省，先归卢西乌斯·李锡尼·穆雷纳统率，后归卢库鲁斯，直到公元前 67 年才被召回意大利。

80. 当地人对苏拉表示欢迎，而作为奖励，后被苏拉免去了税赋。

81. 由于法比乌斯·哈德里亚努斯的残忍贪婪，当地罗马公民在公元前 82 年起义，在由提卡的阿非利加总督府里将他活活烧死，此人因而成了一个苛政的典型，见 Cic. *Verr.* 2.1.70, 2.5.94。

82. E. Badian, 'Notes on provincial governors from the Social War down to Sulla's victory', in E. Badian, *Studies in Greek and Roman History*, Oxford: Blackwell 1964, 71–104, at 88–96. 此人似乎当了十三年总督。

83. Vell. Pat. 2.23; Badian, 'Waiting'.

84. 西塞罗原话为"此城约有三年无战事"（Cic. *Brut.* 308），而西塞罗指的是他身在罗马城的公元前 86 至前 84 年。

85. 详情见本书第五章。

86. Bispham, *Asculum*, 189–199.

87. 另一位当选为监察官的马尔库斯·佩尔佩尔那是个大有意思的"小人物"：此人是公元前 92 年的执政官，但在现存史料中几乎未获一笔，不过他直到公元前 49 年才去世，享年 98 岁。他任监察官期间录入元老院的那批人，当时只有 7 人还健在，这件奇闻得到了瓦莱里乌斯·马克西姆斯（Valerius Maximus, 8.13.4）与老普林尼（Pliny the Elder, *HN* 7.156）的记录。

88. L. R. Taylor, *The Voting Districts of the Roman Republic*: *The Thirty-Five Urban and Rural Tribes*, Rome: American Academy in Rome 1960; Bispham, *Asculum*, 196–198.

89. Cic. *Leg. agr.* 2.80 ; 有关同盟战争的花费，见 Lintott, 'Tribunate', 451—452。

90. App. *B Civ.* 1.54; Val. Max. 9.7.4; Livy, *Per.* 74.

91. Festus, 464L.

92. M. Crawford, 'The edict of M. Marius Gratidianus', *PCPhS* n.s. 14, 1968, 1–4; D. Hollander, *Money in the Late Roman Republic*, Leiden: Brill 2007, 28–29.

93. Livy, *Per.* 83; App. *B Civ.* 1.77–78; *De vir. ill.* 69. 根据 Plut. *Pomp.* 5 的记载，一个百人团误认为秦纳杀害了庞培·斯特拉波之子格涅乌斯·庞培，所以才将他杀死；见 R. Seager, 'Sulla', *CAH* 9², 1994, 165—207, at 184。

94. 见 App. *B Civ.* 1.79。在 Livy, *Per.* 84 中，苏拉则显得很有和解的意愿。

95. B. W. Frier, 'Sulla's propaganda and the collapse of the Cinnan Republic', *AJPh* 92, 1971, 585–604; Santangelo, *Elites*, 67–87.

96. 在秦纳执政时代，庞培身在罗马，日子不算好过，卡尔波在集结军队迎战苏拉期间曾试图请他出山，见 R. Seager *Pompey the Great*, 2nd edn, Oxford: Blackwell 2002, 25—26。

97. Seager, 'Sulla', 187–197.

98. 在 Cic. *Phil.* 12.27 中，西塞罗将此次谈判当作范例来与卢西乌斯·安东尼的谈判进行对比，他强调谈判期间既无"暴力"（uis），又无"危险"（periculum），只是谈成的条约后来未得到遵守。

99. 盖乌斯·卡里纳斯与布鲁图斯·达马希普思以副将身份已经卷入了战斗。昆图斯·安东尼·巴尔布斯在苏拉军队的进攻下未能守住撒丁岛，马尔库斯·佩尔佩尔那——据推测应为公元前92年那位同名执政官之子——被庞培赶出了西西里岛行省，最终逃到了西班牙。

100. P. Spann, *Quintus Sertorius and the Legacy of Sulla*, Fayetteville: University of Arkansas Press 1987, 37–39.

101. App. *B Civ.* 1.89. On Ofella, A. Keaveney, 'The short career of Q. Lucretius Afella', *Eranos* 101, 2003, 84–93.

102. 在公元前86年老马略的葬礼上，斯凯沃拉就遭到了菲姆布利亚的袭击并负伤。在西塞罗笔下，斯凯沃拉始终是一个调停者，其政治上的中立性，也许为公元前49年的西塞罗提供了范本（如 *Att.* 8.3.6; 9.15.2；见 J. Harries, *Cicero and the Jurists*: *From Citizens' Law to Lawful State*, London: Duckworth 2006, 11—26）；但在一些做法上，他也表现出了在马略一党面前的谨慎，比如他没有选出一个新的朱庇特祭司来接替梅鲁拉，而且公元前84年夏季，替补执政官选举受阻未遂一事，也许和他有关——对此，笔者特别感谢约翰·博兰允许我提前阅读他尚未发表的相关研究成果。许多史料都说斯凯沃拉死在了极具象征意味的维斯塔神庙处。

103. 阿庇安说苏拉受到了欢迎（App. *B Civ.* 1.88），这有可能是照搬了苏拉自己对此的记述；阿庇安还提到当时的罗马食物短缺，这想必是因为马略一党在逃离前已把粮仓清空（P. Garnsey, *Famine and Food Supply in the Graeco-Roman World*: *Responses to Risk and Crisis*, Cambridge: Cambridge University Press 1988, 199—200）。罗马人对苏拉的此番和平迎接与公元前88年时的暴力对抗，两者的反差值得注意。

104. 苏拉总体上是不愿与意大利人为敌的，为何此次下此命令，原因不明。有学者认为他是在利用罗马人对撒姆尼人的恐惧，通过屠杀撒姆尼人让更多的罗马人支持自己，见 Salmon, *Samnium*, 382—385。

105. 见 App. *B Civ.* 1.93；Plut. *Sull.* 29；两份史料在提到苏拉打仗时，每每先说他兵临绝境，随后又大获全胜，这种套路也许出自苏拉自己的描述；而说撒姆尼人决意摧毁罗马，很可能也是来自苏拉的说法。

106. F. Hinard, *Les proscriptions de la Rome républicaine*, Rome: École Française de Rome 1985; Santangelo, *Elites*, 78–87.

107. 这些人包括：卢克雷提乌斯·欧菲拉；卢西乌斯·马修斯·菲利普斯——他从总督昆图斯·安东

尼·巴尔布斯手中夺下了撒丁岛；普布利乌斯·科尼利乌斯·塞特古斯与阿尔比诺瓦努斯——他们都在公元前 88 年被宣布为国家公敌的 12 人之列，以及盖乌斯·维雷斯。

108. E. S. Gruen, 'The Dolabellae and Sulla', *AJPh* 87, 1966, 385–399, at 386.

109. Keaveney, 'Afella'.

110. 见 E. S. Gruen, *The Last Generation of the Roman Republic*, Berkeley: University of California Press 1974, 7—12；K. Christ, *Sulla: eine römische Karriere*, Munich: Beck 2002；A. Keaveney, *Sulla: The Last Republican*, 2nd edn, London: Routledge 2005；H. Flower, *Roman Republics*, Princeton: Princeton University Press 2010, 117—134，此书主要强调背离。

111. E. S. Gruen, *Roman Politics and the Criminal Courts, 149–78B.C.*, Cambridge, MA: Harvard University Press 1968, 248–278; D. Cloud, 'The constitution and public criminal law', *CAH* 9[2], 1994, 491–530.

112. L. Thommen, Das Volktribunat der späten römischen Republik, Stuttgart: Steiner 1989, 207–216.

113. T. C. Brennan, *The Praetorship in the Roman Republic*, New York: Oxford University Press 2000, 390.

114. F. Santangelo, 'Sulla and the Senate: a reconsideration', *Cahiers du Centre Gustave-Glotz* 17, 2006. （publ. 2008），7–22.

115. F. Pina Polo, *The Consul at Rome*, Cambridge: Cambridge University Press 2011, 225–248.

116. 有关苏拉的政治体制改革，本书第五章做了更为详细的探讨。

117. Santangelo, *Elites*, 134–191.

118. 见 Livy, *Per.* 89；根据赫尔维乌斯·曼西亚留下的片段记述（Val. Max. 6.2.8），事实似乎并非如此，有可能遭到了修饰。

119. 见本书第 120 至 121 页。

120. D. Braund, 'Royal wills and Rome', *PBSR* 51, 1983, 16–57, at 24–28；作为对比，参见 E. Badian, 'The testament of Ptolemy Alexander', *RhM* 110, 1967, 178—192。

121. 卢西乌斯·马修斯·菲利普斯似乎在公元前 1 世纪 70 年代支持罗马对埃及采取行动，克拉苏在公元前 65 年任监察官期间的那个提议，就是在菲利普斯的基础上做出的。见本书第 159 至 160 页。

122. E. Badian, 'The date of Pompeius' first triumph', *Hermes* 83, 1955, 107—118; Seager, *Pompey*, 29. 就是在这次凯旋仪式上，庞培获得了"马格努斯"（Magnus，即"伟大的"）的名号。

123. Plut. *Sull.* 10.3 中提到有一个塞尔乌斯，说尽管他得到苏拉的支持却仍未能在公元前 87 年选上执政官，这个人也许就是塞维利乌斯·瓦提亚。

124. 苏拉显然是在生命中的最后一年撰写的回忆录，见 C. J. Smith, 'Sulla's memoirs and Roman autobiography', in C. J. Smith and A. Powell, eds, *The Lost Memoirs of Augustus*, Swansea: Classical Press of Wales 2008, 65—85。

125. Suet. *Iul.* 3.

126. App. *B Civ.* 1.94.

127. Sall. *Hist.* 1.77.22M, Plut. *Pomp.* 16.

128. 近西班牙行省执政官级总督马尔库斯·多米提乌斯·卡尔维尼乌斯已在公元前 79 年战死，皮乌斯也吃了不少败仗，见 Spann, *Sertorius*, 56—82。得知对庞培的任命，菲利普斯打趣说元老院派他来西班牙，"不是代表执政官，而是代替执政官"，因为公元前 76 年的两位执政官都不愿去征讨塞多留，见 Cic. *De imp. Cn. Pomp.* 62。

129. D. Magie, *Roman Rule in Asia Minor to the End of the Third Century after Christ*, Princeton: Princeton University Press 1950, 278–301; Sherwin-White, *Foreign Policy*, 152–158; Kallet-Marx, *Hegemony*, 291–299.

130. 马尔库斯·安东尼是一位演说家的儿子，他曾在公元前 100 年因剿灭海盗有功荣获了凯旋仪式；在 Vell. 2.31.3—4 中，这一兵权被描述为 "infinitum"，即 "无限兵权"，并将其直接与 60 年代庞培的兵权作比；有现代学者认为这种有权无地的情况是新奇的特例（Kallet-Marx, *Hegemony*, 304），就像学者理查森分析的那样（J. S. Richardson, *The Language of Empire: Rome and the Idea of Empire from the Third Century BC to the Second Century AD*, Cambridge: Cambridge University Press 2008, 106—116），如果在公元前 1 世纪 60 年代期间，兵权与行权辖地才变得密不可分，那么安东尼的兵权不过反映了罗马人对于 "prouincia" 的旧有理解，即不是辖地性的 "行省"，只是单纯的 "任务"。

131. P. de Souza, *Piracy in the Graeco-Roman World*, Cambridge: Cambridge University Press 1999, 141–148; J. Linderski, 'The surname of M. Antonius Creticus and the cognomina *ex victis gentibus*', *ZPE* 80, 1990, 157–164.

132. Cic. *Verr.* 2.5.42–2.5.145; R. Nisbet, 'The orator and the reader: manipulation and response in Cicero's Fifth Verrine', in A. Woodman and J. Powell, J., eds, *Author and Audience in Latin Literature*, Cambridge: Cambridge University Press 1992, 1–17.

133. 即阿庇乌斯·克劳狄乌斯·普尔喀、盖乌斯·斯科李博尼乌斯·库里奥和马尔库斯·特伦提乌斯·瓦罗·卢库鲁斯，见 Kallet-Marx, *Hegemony*, 296—299。

134. 公元前 75 年执政官卢西乌斯·屋大维的死亡恰好为奇里乞亚行省空出一个总督。

135. Sherwin-White, *Foreign Policy*, 165–174; B. McGing, *The Foreign Policy of Mithridates VI Eupator King of Pontus*, Leiden: Brill 1986.

136. 普鲁塔克对于此事的记述（*Luc.* 19）反映了一种编史传统，即卢库鲁斯在努力将战争的破坏减到最小；另外，当时的著名学者泰拉尼奥在此期间沦为奴隶并被带到罗马。

137. 不过，事实上就因为他未能擒获米特拉达梯，卢库鲁斯此次取得的大多数战果在之后的几年里都化为泡影，见本书第 126 至 127 页。

138. 有关此次起义，主要古代史料来自阿庇安（*B Civ.* 1.116—1.120）、普鲁塔克（*Crass.* 8—11）和李维（*Per.* 95—97）；现代相关著述包括 J-C. Dumont, *Servus: Rome et l'esclavage sous la République*, Rome: École Française de Rome 1987, 271—296；K. Bradley, *Slavery and Rebellion in the Roman World, 140B.C.—70B.C.*, London: Batsford 1989, 83—101；T. Urbainczyk, *Slave Revolts in Antiquity*, Stocksfield: Acumen 2008, 64—73。

139. 克拉苏与庞培的政治生涯对比鲜明：庞培早期追随苏拉，其政治生涯也与苏拉类似，有许多不合常规之处，但克拉苏在公元前 1 世纪 70 年代则是沿着传统的荣耀之路一步步晋升上来的。有关他镇压斯巴达克斯的兵权性质，学界存在争议。可以确定他在公元前 1 世纪 70 年代担任过裁判官（因为并无史料提到他后来当选执政官有何不同寻常之处，这一点与庞培不同），如果要满足苏拉在出任执政官时间间隔上的规定，他最晚应该是在公元前 73 年当的裁判官，可是他于公元前 72 年得到任命是在那一年战争季结束后，也就是前一年的兵权已经到期了，而且也没有证据表明他在接受任命前获得过另一个裁判官级兵权，所以说除了以不合常例的方式获得兵权，我们很难做出其他解释。根据上述分析，我们不妨假设克拉苏是在公元前 72 年当上的裁判官，然后因为镇压奴隶起义得力，提早被选为了执政官。

140. Gruen, *Last Generation*, 66–74.

141. 见 Florus, 2.8.5，原文意为："不满足于摧毁别墅与村庄，他们（指奴隶起义军）洗劫了诺拉、努塞里亚、图里伊和梅塔庞图姆，残暴令人瞠目。"另见 Sall. *Hist.* 3.96–8；Oros. 5.24。

142. Z. Rubinsohn, 'Was the *Bellum Spartacium* a servile insurrection?', *Rivista di filologia* 99, 1971, 290–299; P. Piccinin, 'Les Italiens dans le *Bellum Spartacium*', *Historia* 53, 2004, 173–199.

143. 有关公元前 1 世纪 70 年代保民官的活动，见 B. Marshall and J. Beness, 'Tribunician agitation and aristocratic reaction 80—71B.C.', *Athenaeum* 65, 1987, 361—378。有关公元前 73 年保民官盖乌斯·李锡尼·梅塞，见 T. P. Wiseman, *Remembering the Roman People*, Oxford: Oxford University Press 2009, 59—80。

144. 因为克拉苏战胜的只是奴隶，元老院拒绝授予他凯旋仪式，只是允许他举办规模较小的欢庆仪式。但是欢庆仪式上，将领本该头戴桃金娘冠，克拉苏此次佩戴的却是凯旋仪式特有的桂冠，这表明他可能在元老院内积极游说，以期提升自己的形象（Gell. *NA*. 5.6.20—5.6.23）。有关凯旋仪式的详情，见 T. Itgenshorst, *Tota illa Pompa*: *Der Triumph in der römischen Republik*, Göttingen: Vandenhoeck & Ruprecht 2005。

145. 见 Plin. *HN* 4.92, 34.39；在普林尼看来，瓦罗·卢库鲁斯可谓罗马伟大的雕塑收藏家之一（*HN* 34.36）。

146. Gell. *NA* 14.7.

147. 有关庞培的此次公开演讲，见 Cic. *Verr*. 1.45。

148. *MRR* 2.126.

149. 在后苏拉时代，执政官不去行省当总督是普遍现象，不过在庞培与克拉苏执政后，这一现象的出现频率似乎有所增加。在公元前 79 至前 53 年，已知有 14 位执政官未去行省当总督，但在公元前 70 年之前只有 1 位，即公元前 71 年执政官普布利乌斯·科尼利乌斯·兰图卢斯·苏尔拉，不过这在一定程度上也可能是因为我们今天对公元前 70 年之后那个时期的了解更多（同一时期还有 10 位执政官的情况无法确定，其中有 4 位落在公元前 70 年之前），具体见 J. P. V. D. Balsdon, 'Consular provinces under the late Republic, I: general considerations', *JRS* 29, 1939, 57—73, at 63. nn. 46—47。不管怎样，现实中的确有可能出现了这种变化，而这与庞培的示范作用不无关系。

150. "tribuni aerarii" 的确切定义尚不清楚，但他们的财产等级与骑士阶层相当。

151. 在《指控维雷斯》中，西塞罗暗示这一法案是可以被抵制的，但当时的他是在用改变法案的威胁试图说服面前完全由元老构成的陪审团给维雷斯定罪；参见 J-L. Ferrary, 'Cicéron et la loi judiciaire de Cotta (70. av. J.-C.)', *MEFRA* 87, 1975, 321—348。

152. 见 C.Williamson, *The Laws of the Roman People*: *Public Law in the Expansion and Decline of the Roman Republic*, Ann Arbor: University of Michigan Press 2005，内有详单。另见 Pina Polo, *Consul*, 290—307。

153. 恺撒公开支持这一提案（见 Suet. *Iul*. 5, Gell. *NA* 13.3.5），但这里面存在个人动机：他的姻兄小卢西乌斯·秦纳就是该法案的受益者之一。有关元老院的支持，见 Gruen, *Last Generation*, 37。普劳提乌斯也许还推行了其他两项法案：一项《普劳提乌斯反暴力法》和一项土地法（见 E.Gabba, *Republican Rome, the Army and the Allies*, trans. P. Cuff, Oxford: Blackwell 1976, 151—153）。普劳提乌斯的名字太过常见，两项立法的通过时间又太不确定，所以我们无法断言，只不过把这两项立法放到这一年保民官有意识地宣示人民权威的大背景下，倒是合情合理的。

154. 克洛狄亚努斯与格利乌斯在公元前 1 世纪 60 年代都是庞培的副将，且同盟战争时期都在其父庞培·斯特拉波手下效力，但没有确凿证据表明两人在当选执政官之时是公开的庞培党。但从另一个角度说，两人在公元前 72 年镇压斯巴达克斯惨败后，兵权被克拉苏取而代之，所以与克拉苏的关系不可能好，而且任职期间，他们也允许庞培举行了一场精心安排的检阅骑士阶层的仪式（见下文）。

155. G. Pieri, *L'histoire du cens jusqu'à la fin de la République romaine*, Paris: Sirey 1968, 163–172; T. P. Wiseman, 'The census in the first century B.C.', *JRS* 59, 1969, 59–75; A. Coşkun, '"Civitas Romana" und die Inklusion von Fremden in die römische Republik am Beispiel des Bundesgenossenkrieges', in A.

Gestrich and R. Lutz, eds, *Inklusion/Exklusion*: *Studien zu Fremdheit und Armut von der Antike bis zur Gegenwart*, Frankfurt: Lang 2004, 85–111.

156. Livy, *Per.* 98; Asc. 84C; Cic. *Clu.* 119–134.

157. Plut. *Pomp.* 22.

158. 见 D. Dzino, '*Annus mirabilis*: 70 B.C. re-examined', *Ancient History* 32, 2002, 99—117。有学者注意到公元前 70 年夏天，罗马盛大的公共活动非常密集：除了与人口普查和选举相关的公共活动，庞培为了庆祝自己平定西班牙还举行了竞技活动，从 8 月 16 日至 9 月 1 日；他还在屠牛广场举行了大力神神庙揭幕仪式；克拉苏在屠牛广场举办的公众宴会也有可能是在这个夏天发生的。详情见 A. Vasaly, 'Cicero, domestic politics, and the first action of the *Verrines*', *Classical Antiquity* 28, 2009, 101—137, at 108—110。

第五章

1. 相关记录见《概述》。

2. 除了李维的《罗马史》，苏拉的《回忆录》以及鲁提里乌斯·鲁夫斯、科尼利乌斯·西森纳与萨卢斯特撰写的史书都已佚失。

3. E. Gabba, *Republican Rome, the Army and the Allies*, trans. P. Cuff, Oxford: Blackwell 1976, 20–69.

4. F. Hurlet, *La dictature de Sylla*: *monarchie ou magistrature republicaine?*, Brussels: Institut Historique Belge de Rome 1993; C. Nicolet 'Dictatorship at Rome', in P. Baehr and M. Richter, eds, *Dictatorship in History and Theory*: *Bonapartism, Caesarianism and Totalitarianism*, Cambridge: Cambridge University Press 2004, 263–278.

5. 参见 App. *B Civ.* 1.82。在那里，阿庇安说西庇阿与诺巴努斯很得人心，因为他们 "πρόσχημα τῆς πατρίδος"（即 "在名义上是国家的代表"）。

6. M. Crawford, 'How to create a *municipium*: Rome and Italy after the Social War', in M. Austin, J. Harries and C. Smith, eds, *Modus Operandi*: *Essays in Honour of Geoffrey Rickman*, London: Institute of Classical Studies 1998, 31–46, at 40.

7. F. Santangelo, *Sulla, the Elites and the Empire*, Leiden: Brill 2007, 67–77.

8. T. P. Wiseman, *New Men in the Roman Senate 139 B.C.—A.D. 14*, Oxford: Oxford University Press 1971, 217, 222, 239；Vell. Pat. 2.16.3 强调说他们的罗马公民权乃是一种个人奖励。

9. 在西塞罗的早期演讲稿中，苏拉一方的人就被委婉地称作 "显贵"，见 *Rosc. Am.* 16, 135, 138, 141, 149；*Verr.* 2.1.35, 37。

10. 《森布洛尼乌斯法》的确能够防止执政官搞阴谋；更重要的是，在紧急情况下也可以被无视。这可能就是苏拉决定保留这一法案的原因。

11. 苏拉限制人民的政治职能，其影响之一反而是缩小了罗马城内外公民间的差别。而近年来，不住在罗马城的罗马公民人数大增，即便他们此时尚未全部被登记为公民。人民参政的方式主要是选举投票与立法投票。因为官员可以在一年中随时提出法案，那么等居住在意大利其他地区的罗马公民收到消息、决定参与投票、打点行装、赶到罗马城时，投票很可能已经结束了，所以立法投票主要由罗马城内的公民决定。但选举的时间相对固定，意大利各地的罗马公民——至少是其中比较有钱的一类——想必更容易提前准备，前往罗马准时投票。在苏拉上台后，人民的参政方式主要只剩下选举投票，就此而言罗马内外公民在政治参与度上的区别缩小了。不过，没有证据表明苏拉如此改革是有意识地去促进新老公民间的平等。

12. F. Santangelo, 'Sulla and the Senate: a reconsideration', *Cahiers du Centre Gustave-Glotz* 17, 2006, 7–22.

（publ. 2008）.

13. F. Hinard, 'La terreur comme mode de gouvernement', in G. Urso, ed., *Terror et Pavor*: *Violenza, Intimidazione, Clandestinità nel Mondo Antico*, Pisa: ETS 2006, 247–264.

14. R. Evans, 'The *consulares* and *praetorii* in the Roman Senate at the beginning of Sulla's dictatorship', *Athenaeum* 61, 1983, 521—528；另见 J.Hawthorn, 'The Senate after Sulla', *G&R* 9, 1962, 53—60.

15. J. van Ooteghem, *Lucius Marcius Philippus et sa famille*, Brussels: Palais des Académies 1961, 133–157.

16. 有关公元前 49 至前 46 年的损失，见本书下文；有关三头同盟时代，见 J. S. Richardson, *Augustan Rome, 44 BC to AD 14*: *The Restoration of the Republic and the Establishment of Empire*, Edinburgh: Edinburgh University Press 2012, 34—38。

17. Crawford 'How to create'；E. Bispham, *From Asculum to Actium*: *The Municipalization of Italy from the Social War to Augustus*, Oxford: Oxford University Press 2007, 205–404.

18. C. Nicolet, *The World of the Citizen in Republican Rome*, trans. P. Falla, London: Batsford 1980, 17–47.

19. M. Crawford, 'Italy and Rome from Sulla to Augustus', *CAH* 10^2, 1996, 414–433; A. Wallace-Hadrill, *Rome's Cultural Revolution*, Cambridge: Cambridge University Press 2008, 73–143; G. Bradley, 'Romanization: the end of the peoples of Italy?', in G. Bradley, E. Isayev and C. Riva, eds, *Ancient Italy*: *Regions without Boundaries*, Exeter: Exeter University Press 2007, 295–322.

20. M. Crawford, *Imagines Italicae*, London: Institute of Classical Studies 2011.

21. 有关罗马与意大利之间的人口流动，见 W. Scheidel, 'Human mobility in Roman Italy, I: the free population', *JRS* 94, 2004, 1—26。

22. Suet. *Aug.* 3.1, 7.1；屋大维是在前往马其顿行省赴任的路上接到了这个额外任务。

23. 概述见 K. Lomas, 'A Volscian Mafia? Cicero and his Italian clients', in J. Powell and J. Paterson, eds, *Cicero the Advocate*, Oxford: Oxford University Press 2004, 97—116。

24. 有关此案及其背景，见 A. Dyck, *Cicero*: *Pro Sexto Roscio*, Cambridge: Cambridge University Press 2010。

25. W. Stroh, *Taxis und Taktik*: *die advokatischen Dispositionskunst in Ciceros Gerichtsreden*, Stuttgart: Teubner 1975, 55–79; M. Alexander, *The Case for the Prosecution in the Ciceronian Era*, Ann Arbor: University of Michigan Press 2002, 149–172; A. Lintott, *Cicero as Evidence*, Oxford: Oxford University Press 2008, 425–427.

26. G. Barker, ed., *A Mediterranean Valley*: *Landscape Archaeology and Annales History in the Biferno Valley*, Leicester: Leicester University Press 1995, 181–253; Lomas, 'Mafia', 108–110.

27. App. *B Civ.* 1.52.

28. Cic. *Clu.* 25.

29. 见 Cic. *Clu.* 21。奥留斯的亲戚找到了他的下落，但据西塞罗所说，他们尚未给他赎身，他就被其姻兄弟欧皮亚尼库斯找人杀害了。

30. Cic. *Clu.* 162.

31. Santangelo, *Elites*, 50–66, 107–133.

32. 被庞培授予罗马公民权的人里面就有一个卢西乌斯·科尼利乌斯·巴尔布斯，此人先为庞培办事，后为恺撒效力。

33. 见 Caes. *B Civ.* 1.61.有关庞培在东方的个人关系网，见本书下文；从某种意义上讲，这一人脉反而是庞培被害的一个因素，因为在法尔萨卢斯之败后，这一人脉的存在让庞培相信埃及能够为自己提供庇护。

34. Plin. *HN* 35.12–13.

35. H. Flower, *Ancestor Masks and Aristocratic Power in Roman Culture*, Oxford: Oxford University Press 1996, 75–77; Wallace-Hadrill, *Cultural Revolution*, 223.

36. 苏拉之后的十年里，并无新罗马公民当选执政官。

第六章

1. 尽管如此，这一时期的立法活动倒是非常活跃，苏拉的诸多法案都被调整，具体见 C. Williamson, *The Laws of the Roman People*: *Public Law in the Expansion and Decline of the Roman Republic*, Ann Arbor: University of Michigan Press 2005, 367—414。

2. 见本书第 99 至 100 页。

3. 此人是公元前 79 年执政官阿庇乌斯·克劳狄乌斯·普尔喀之子，普布利乌斯·克洛狄乌斯·普尔喀之兄（见本书下文），还是卢库鲁斯的姻兄。

4. A. N. Sherwin-White, *Roman Foreign Policy in the East*, *168 B.C. to A.D. 1*, London: Duckworth 1984, 173–176.

5. Plut. *Luc*. 28.7–28.8.

6. 双方是否正式签订条约，我们今天并不清楚，见 Sherwin-White, *Foreign Policy*, 180—181。

7. W. J. Tatum, *Publius Clodius Pulcher*: *The Patrician Tribune*, Chapel Hill: University of North Carolina Press 1999, 44–49.

8. R. Williams, 'The appointment of Glabrio (cos 67) to the Eastern Command', *Phoenix* 38, 1984, 221–234.

9. R. M. Kallet-Marx, *Hegemony to Empire*: *The Development of the Roman Imperium in the East from 148. to 62. B.C.*, Berkeley: University of California Press 1995, 311—314；T. C. Brennan, *The Praetorship in the Roman Republic*, New York: Oxford University Press 2000, 564—565；据说在公元前 70 年的冬季，卢库鲁斯在亚细亚行省借钱还债，导致罗马城的债主们对他不满（Plut. *Luc*. 20.5；Cass. Dio 36.2），元老院的决议是否与此有关，我们今天并不清楚。有关海盗问题，见本书下文。

10. 西塞罗在《论庞培的指挥权》中对卢库鲁斯军事行动的描述，在许多地方故意含糊其词，但在第二十六章里，他说"人民认为应当遵循传统，为兵权设立期限，因此下令"，其意义似乎是明确的：卢库鲁斯的兵权是由罗马人民终止的。另外，《加比尼乌斯法》还解散了瓦莱里乌斯军团（Sall. *Hist*. M 5.13），这说明这位保民官认为重大的军事行动已经结束了。

11. 加比尼乌斯在公众集会上抨击卢库鲁斯生活奢靡（Cic. *Sest*. 93），想必是为了借此让罗马人相信，罗马之所以无法结束战争，乃是因为卢库鲁斯故意拖延，想要搜寻战利品。卢库鲁斯返回罗马后成了那种有违道德的奢华的典型，见 R. Evans, *Utopia Antiqua*: *Readings of the Golden Age and Decline at Rome*, London: Routledge 2008, 93—108。

12. P. de Souza, *Piracy in the Graeco-Roman World*, Cambridge: Cambridge University Press 1999, 43–148; P. Horden and N. Purcell, *The Corrupting Sea*, Oxford: Blackwell 2000, 387–388; M. Tröster, 'Roman hegemony and non-state violence: a fresh look at Pompey's campaign against the pirates', *G&R* 56, 2009, 14–33.

13. Kallet-Marx, *Hegemony*, 309–311.

14. 最初抽到这一任务的是公元前 69 年的另一位执政官荷坦修斯，由于他拒绝领受，才转给了梅特卢斯。至于梅特卢斯最初抽到了什么任务，我们今天并不清楚。

15. 裁判官被擒一事也见于 Plut. *Pomp*. 24，上面还给出了他们的姓名。

16. 在 *De imp. Cn. Pomp*. 44 处，西塞罗暗指庞培刚一得到任命，小麦价格就出现了暴跌，原文意为："就在彼被你等任命为海战统帅当日，麦价骤降，降幅之大，即便于和平岁月、丰收之年亦为罕见，何况粮食极其短缺之今日。”粮食供应引发的焦虑有可能是这一法案获得广泛支持的主要因素，见 P. Garnsey, *Famine and Food Supply in the Graeco-Roman World*: *Responses to Risk and Crisis*, Cambridge: Cambridge University Press 1988, 204—206。

17. M. Griffin, 'The tribune Cornelius', *JRS* 63, 1973, 196—213; T. P. Wiseman, 'The Senate and the *populares*, 69–60B.C.', *CAH* 9², 1994, 327–67, at 329–338.

18. 见 C. Steel, 'Tribunician sacrosanctity and oratorial performance in the late Republic', in D. Berry and A. Erskine, eds, *Form and Function in Roman Oratory*, Cambridge: Cambridge University Press 2010, 37—50。正是因为上述事件，科尼利乌斯才在公元前 66 年遭到叛逆罪指控。在审判中为他辩护的是西塞罗，但西塞罗的演讲稿已经佚失，今天了解科尼利乌斯的所作所为，除了狄奥的相关记述（36.38—36.40），主要靠的是阿斯科尼乌斯针对西塞罗演讲稿所做评述。

19. Asc. 57C–59C.

20. 见 L. Migeotte, *L'emprunt public dans les cités grecques*, Paris: Les Belles Lettres 1984；Santangelo, *Elites*, 111—126。公元前 78 年以来被判定犯有贪污罪的人包括公元前 81 年裁判官格涅乌斯·科尼利乌斯·多拉贝拉、昆图斯·卡里迪乌斯、普布利乌斯·塞普提米乌斯·斯凯沃拉与盖乌斯·维雷斯，还有若干起贪污案或者以无罪宣判告终，或者结果今天不详，见 M. Alexander, *Trials in the Late Roman Republic 149BC to 50BC*, Toronto: University of Toronto Press 1990.

21. A. Lintott, *Violence in Republican Rome*, 2nd edn, Oxford: Oxford University Press 1999, 187—200; W. Nippel, *Public Order in Ancient Rome*, Cambridge: Cambridge University Press 1995, 47—69.

22. 见 Val. Max. 3.8.3；公元前 71 年洛利乌斯在担任保民官期间曾与庞培合作，这本身就可以解释皮索对他的敌意（而且此次选举召开时，庞培已经离开了罗马），但皮索也有可能并非针对这一点，而是由于在任期的前半年遭到了种种挑衅与失望，所以打算在此次选举中宣示自己的权力。

23. Plut. *Pomp*. 27.2—28.4; de Souza, *Piracy*, 167—172; Tröster, 'Hegemony'.

24. 有关庞培途经罗马城时发生的事，见 Plut. *Pomp*. 27.1—27.2。Livy, *Per*. 99 中简述了梅特卢斯与庞培之间的书信往来，其中，梅特卢斯曾抱怨说，庞培派将前往克里特岛接受岛上诸城的投降，这等于抢夺了自己的功劳。另外，有证据表明到了公元前 1 世纪 50 年代，海盗问题再起，具体见 de Souza, *Piracy*, 179—185。

25. 有关这一演讲，见 J. Gruber, 'Cicero und das hellenistische Herrscherideal: Überlegungen zur Rede *De imperio Cn. Pompeii*', *WS* 101, 1988, 243—258；P. Rose, 'Cicero and the rhetoric of imperialism: putting the politics back into political rhetoric', *Rhetorica* 13, 1995, 359—399；C. Steel, *Cicero, Rhetoric, and Empire*, Oxford: Oxford University Press 2001, 114—156。

26. Cic. *De imp. Cn. Pomp*. 51, 59—60. 参见 Plut. *Pomp*. 30.4. 有关这一问题的公众辩论，见 R. Morstein-Marx, *Mass Oratory and Political Power in the Late Roman Republic*, Cambridge: Cambridge University Press 2004, 182—183；B. S. Rodgers, 'Catulus' speech in Cassius Dio 36.31–36', *GRBS* 48, 2008, 295—318. 根据西塞罗所说（Cic. *De imp. Cn. Pomp*. 68），公开支持这一法案的前任执政官包括公元前 79 年的执政官塞维利乌斯·瓦提亚、公元前 76 年的执政官库里奥、公元前 73 年的执政官盖乌斯·卡西乌斯·隆基努斯，以及公元前 72 年的执政官格涅乌斯·科尼利乌斯·兰图卢斯·克洛狄亚努斯。马尼利乌斯在出任保民官之初，曾提出法案要将获得自由的前奴隶分配到所有投票部落里，但未能通过；我们今天不清楚他支持庞培的动机。元老院对卢库鲁斯所谓无能表现的回应——也就是找人接替他——直到公元前 67 年才变得明显，所以庞培再提前着手准备，也不太可能比公元前 67 年的夏末提前多少。

27. 有关庞培在公元前 66 至前 62 年的军事行动，见 Sherwin-White, *Foreign Policy*, 186—226；Kallet-Marx, *Hegemony*, 320—334；R. Seager, *Pompey the Great*, 2nd edn, Oxford: Blackwell 2002, 53—62。

28. 有关投降仪式的描述，见于狄奥（36.52.1—36.52.4）、普鲁塔克（*Pomp.* 33.2—33.5）、阿庇安（*Mith.* 104—105）与维雷乌斯（2.37.3—2.37.4）的相关著作，里面都说提格拉涅斯在庞培面前"俯身趴下"（proskunesis），庞培又把王冠重新戴到了他的头上。

29. 在公元前 62 年的凯旋仪式上，小提格拉涅斯被庞培拉着示众，此后被软禁在罗马，直到公元前 58 年才被普布利乌斯·克洛狄乌斯·普尔喀释放，见 Tatum, *Clodius*, 170。

30. Sherwin-White, *Foreign Policy*, 195–206.

31. 这是罗马公民在希腊化东方地区的第一个正式定居点。

32. 庞培的东征很可能是"prouincia"一词正式从"任务"变为"行省"的转折点，因此此处"整顿行省政务"的表述是合理的，见 J. S. Richardson, *The Language of Empire: Rome and the Idea of Empire from the Third Century BC to the Second Century AD*, Cambridge: Cambridge University Press 2008, 106—114。

33. 庞培的朋友以及历史学家塞奥法尼斯就是米蒂利尼人，为了表达对他的尊敬，庞培在经过米蒂利尼时授予了这座城市自由地位（塞奥法尼斯也许就是在当时获得了罗马公民权），也出席了一场为他举办的赛诗会；在罗德岛，他旁听了一场学术辩论，波希多尼当时也进行了发言，他后来还把发言的内容以文字形式发表；在雅典，他听雅典哲人讲述哲学，并赠给雅典 50 塔兰特。见 Plut. *Pomp.* 42.4—42.6。

34. A. Dyck, *Cicero: Catilinarians*, Cambridge: Cambridge University Press 2008, 1.

35. 见 *ILS* 8888；Sall. *Hist.* 1.46M；Asc. 82C—84C。今天有关喀提林早期经历的史料，很多都渗透着西塞罗等记述者的怨恨，因而研读时需要谨慎。见 B. Marshall, 'Catilina and the execution of M. Marius Gratidianus', *CQ* 35, 1985, 124—133。

36. 在公元前 70 年监察官对元老院发起的大清洗中，喀提林并没有被除名。

37. A. Yakobson, *Elections and Electioneering in Rome: A Study in the Political System of the Late Republic*, Stuttgart: Steiner 1999, 141–147; C. Rosillo Lopez, *La corruption à la fin de la République romaine*, Stutttgart: Steiner 2010, 57–69.

38. 见 Asc. 45C, 65C—6C。马尼利乌斯不可能不清楚合法投票需满足什么条件，他也许是希望借人民巨大的热情支持来压垮这些条件的限制。十字路神节特别受人民欢迎，是自下而上组织起来的一个节日。由于罗马在公元前 64 年推行行会禁令，这个节日后来被取消了。另外，这场盛会的日期也是可变的，具体由罗马的高级官员设定。那么，这一年十字路神节的日期到底是他们在什么时候定下的呢？（显然要在合理范围内很早定下才对。）一个非常耐人寻味的推测是马尼利乌斯想借助十字路神节的象征力量去立法设立另一个民众节日。据阿斯科尼乌斯的记录，暴力事件发生在卡比多山的台阶上，马尼利乌斯的反对者由卢西乌斯·多米提乌斯·阿赫诺巴布斯（后成为公元前 54 年执政官）带领。有没有可能此事发生在 1 月 1 日，元老院要在那一天列队前往卡比多山的朱庇特神庙祭祀，而这些反对者想趁机在山路上向这些元老表明态度？

39. Cic. *Att.* 1.1.

40. 见 Asc. 84C，里面记录了他被元老院除名的原因："因其抢夺盟友财物，对法庭判罚置之不理，还负债累累，变卖地产，名下一无所有。"

41. E. Rawson, *Cicero: A Portrait*, 2nd edn, London: Bristol Classical Press 1983, 1–43.

42. 见 Asc. 82C—94C；R. Lewis, *Asconius: Commentaries on Speeches of Cicero*, Oxford: Oxford University Press 2006, 289—304；J. Crawford, *M. Tullius Cicero: The Fragmentary Speeches*, Atlanta: Scholars Press 1994, 163—203。在此次讲话中，西塞罗首次阐述了他那个极具迷惑性的杜撰，说喀提林在公元前 65 年便预谋夺权，即所谓的"喀提林第一阴谋"（First Catilinarian Conspiracy）。具体见 D. Berry, *Cicero Pro Sulla oratio*, Cambridge: Cambridge University Press 1996, 265—272。

43. Alexander, *Trials*, 108–109.

44. 有关塞维利娅，见 R. Bauman, *Women and Politics in Ancient Rome*, London: Routledge 1992, 73—76. 塞维利娅与第一任丈夫生下的儿子即后来参与了刺杀恺撒行动的马尔库斯·尤尼乌斯·布鲁图斯。她与希拉努斯生下的三个女儿，全都嫁给了赫赫有名的罗马权贵，其中嫁给盖乌斯·卡西乌斯·隆基努斯的小女儿，在卡西乌斯死后一直活到了公元 22 年，而在她的葬礼游行仪式上，共出现了二十个罗马显贵家族的葬礼面具（拉丁语作 "*imagines*"），只不过布鲁图斯家族与卡西乌斯家族都不在其列，见 Tac. *Ann.* 3.76。

45. 见 Cic. *Mur.* 50，原文意为："恶人的卫士不可能忠实，除非卫士本人也是邪恶的；穷困潦倒的人一定不会相信那些有钱人和幸运者的诺言；所以让那些希望重新装满钱袋、弥补损失的人看清自己有哪些债务、有什么财产、有什么胆量……" 在此次选举中，西塞罗支持的是塞尔维乌斯·苏尔皮西乌斯。因为两位执政官不能同时由贵族出身者担任，喀提林是塞尔维乌斯当选最大的威胁。后来，塞尔维乌斯起诉穆雷纳贪污，为穆雷纳辩护的西塞罗声称，塞尔维乌斯荒于竞选、专事诉讼的行为令罗马人民感到恐惧（*Mur.* 48），因为这会让喀提林更有可能当选。

46. 见 Cic. *Mur.* 51。在此前不久的一场元老院会议上，喀提林承诺要用毁灭而不是水去熄灭危及其地位之火。

47. 西塞罗原话为 "qui consumpta replere, erepta reciperare uellent"，即 "希望重新装满钱袋、弥补损失的人"，这事实上指的是两类人，一类是因苏拉上台而得利者，另一类是因苏拉上台而受损者。在 *Cat.* 2.20—2.21 中，西塞罗也说喀提林的追随者中有这两类人的存在（参见 Sall. *Cat.* 28.4; Cass. Dio 37.30.5）。如果是这样，他们的合作肯定不会畅快。事实上，后一类人支持喀提林也许是西塞罗的捏造，因为试图颠覆苏拉改革的后果令罗马人十分恐惧，西塞罗是想借这一类人激起人民恐惧，从而对抗喀提林，而且喀提林的军队大部分原先都隶属于苏拉，怎会因苏拉上台而受损？参见 W. V. Harris, *Rome in Etruria and Umbria*, Oxford: Oxford University Press 1971, 289—294。有关当时意大利地区的农业状况，见 N. Rosenstein, 'Revolution and rebellion in the later second and early first centuries BC: Jack Goldstone and the "Roman revolution"', in L. de Ligt and S. Northwood, eds, *People, Land and Politics*: *Demographic Developments and the Transformation of Roman Italy*, 300BC—AD 14, Leiden: Brill 2008, 605—629。

48. 其间，西塞罗声称有人要刺杀自己，于是在公众面前现身时都会穿着护胸甲（*Mur.* 52），这应该也是为了阻止喀提林当选的策略。

49. F. Millar, *The Crowd in Rome in the Late Republic*, Ann Arbor: University of Michigan Press 1998, 94–108; A. Drummond, 'Tribunes and tribunician programmes in 63B.C.', *Athenaeum* 87, 1999, 121–167.

50. J-L. Ferrary, '*Rogatio Servilia Agraria*', *Athenaeum* 66, 1988, 141–164; M. Crawford, *Roman Statutes*, 2. vols, London: Institute of Classical Studies 1996, 757–760; A. Drummond, 'Rullus and the Sullan *possessores*', *Klio* 82, 2000, 126–153.

51. 有关西塞罗《论土地法》中辩论策略的分析，推荐 A. Vasaly, *Representations*: *Images of the World in Ciceronian Oratory*, Berkeley: University of California Press 1993, 217–243。有关西塞罗利用平民派立场一事，见 Morstein-Marx, *Mass Oratory*, 190—202, 207—212。

52. Cic. *Sull.* 65.

53. Cic. *Leg. agr.* 1.6; 2.23–2.35.

54. 此事被西塞罗写成了《论奥托》，关于这部作品，见 Crawford, *Fragmentary*, 209—214。有学者提出，示威一事可能发生在 7 月的阿波罗竞技节上，奥托当时身为内事裁判官也是活动的主持人，而且认为在奥托公元前 67 年的法案与公元前 63 年的示威之间未必像通常认为的那样存在关联，详情见 F. X. Ryan, 'The praetorship of L. Roscius Otho', *Hermes* 125, 1997, 236—240。

55. 西塞罗在 *Cic. Att.* 2.1.3 处，将一段关于《论受斥决者子女》的演讲作为其执政官演讲之一写了进去，见 Crawford, *Fragmentary*, 201—207 ；N. Marinone, *Cronologia Ciceronian*, 2nd edn, Rome: Centro di Studi Ciceroniani 2004, 85。

56. 有关拉比利乌斯受审以及西塞罗的辩护发言，见 W. Tyrrell, *A Legal and Historical Commentary on Cicero's Oratio pro C. Rabirio Perduellionis*, Amsterdam: Hakkert 1978 ；A. Primmer, *Die Überredungsstrategie in Ciceros Rede Pro Rabirio perduellionis reo*, Vienna: Verlag der Österreichischen Akademie der Wissenschaften 1985. 同样卷入这起审判的还有日后大名鼎鼎的恺撒。因为在公元前 65 年担任营造官期间举办了十分盛大的竞技比赛，再加上他与马略的关系得到了大肆宣传，恺撒此时已经很受民众欢迎了，此后不久，他又设法成功当选了公元前 62 年的大祭司（他的竞争对手包括塞维利乌斯·瓦提亚·伊苏利库斯和卡图卢斯）与裁判官。

57. 见 Morstein-Marx, *Mass Oratory*, 224—228。但这并不是说拉比恩努斯起诉拉比利乌斯不存在个人动机：他的叔父当时就被砸死了。

58. 苏尔皮西乌斯对竞选失败的回应，是对当选的穆雷纳发起贪污指控（结果被判定无罪），希望扳倒他，自己能够补位——公元前 65 年的执政官就是这样上台的。事实上，他此后十几年都没有再次参选执政官。

59. 有关上述事件的时间顺序，见 Dyck, *Catilinarians*, 7—10。当时，恰好有两个行省总督率军驻扎在罗马城外等着举行凯旋仪式，元老院因而可以迅速派他们连同两个裁判官出兵，因此意大利其他地区才没有生乱。

60. 西塞罗对此事的描述，见 *Cat.* 3.4—3.12。参见 Sall. *Cat.* 44—46。

61. S. Butler, *The Hand of Cicero*, London: Routledge 2002, 85—102.

62. 有关这一决定的合法性，见 A. Drummond, *Law, Politics and Power: The Execution of the Catilinarian Conspirators*, Stuttgart: Steiner 1995, 95—113 ；J. Harries, *Cicero and the Jurists: From Citizens' Law to Lawful State*, London: Duckworth 2006, 190—193. 有关对处决一事的不同看法，见 T. P. Wiseman, *Remembering the Roman People*, Oxford: Oxford University Press 2009, 12—13。

63. *O Nonae illae Decembres, Flac.* 102. "concordia"（和谐）一词令人想到了盖乌斯·欧皮米乌斯：公元前 121 年，他作为执政官武装镇压了小格拉古一党，随后便为和谐之神建造了一座神庙。为了给 12 月 5 日的欢庆铺路，西塞罗在 12 月 3 日当众发表演讲《三论喀提林》，向民众解释了阴谋的败露过程，见 I. Gildenhard, *Creative Eloquence: The Construction of Reality in Cicero's Speeches*, Oxford: Oxford University Press 2011, 278—292。

64. 据西塞罗所说（*Mur.* 81），内波斯在上任前就对自己表现出了某种敌意，只不过具体情况已不得而知。据说小加图是在得知内波斯参选保民官之后，才决定也去参选的，见 Plut. *Cat. Min.* 20—21。

65. 西塞罗对上述事件的记述，见 *Fam.* 5.2；另见 *Pis.* 6—7 以及 Asc. 6C。有关他对内波斯的回应，见 J. Crawford, *M. Tullius Cicero: The Lost and Unpublished Orations*, Göttingen: Vandenhoeck & Ruprecht 1984, 95—96 以及 *Fragmentary*, 215—226。有关西塞罗与内波斯的兄弟昆图斯·凯西利乌斯·梅特卢斯·塞勒之间的往来书信，最早的一批收录于 *Fam.*，另见 W. C. Schneider, *Vom Handeln der Römer: Kommunikation und Interaktion der politischen Führungsschicht vor Ausbruch des Bürgerkriegs im Briefwechsel mit Cicero*, Hildesheim: Olms 1998, 85—116 ；J. Hall, *Politeness and Politics in Cicero's Letters*, Oxford: Oxford University Press 2009, 153—162. *Fam.* 5.2.2 处就是西塞罗因挪揄取怒的早期例证，这也清晰地显示了西塞罗非常清楚自己寻求褒奖的言论会产生怎样的效果和危险。

66. Cass. Dio 37.43.1; Plut. *Cat. Min.* 26; *Schol. Bob.* 134St.

67. 见 Cass. Dio 37.43—37.44；Plut. *Cat. Min.* 26–29；Suet. *Iul.* 16。有关保民官之间暴力对抗的潜在后果，见 Steel, 'Sacrosanctity'。

68. Seager, *Pompey*, 73.

69. 有关不忠一事，见 Plut. *Pomp.* 42.7。西塞罗在 *Att.* 1.12.3 处说离婚一事"颇得外人赞许"，此语与上述两种可能都不矛盾。

70. 见 Cic. *Fam.* 5.7.1，原文意为："诸位寄送来的公开信，令我和所有人都不胜欣喜。我素来信赖诸位，诸位已经充分表达了和平的承诺，正如我屡次向众人承诺的那样。"

71. Cic. *Fam.* 5.7.

72. 在公元前 62 年夏季的执政官选举中，庞培试图利用其影响力帮助自己原先的副将马尔库斯·普皮乌斯·皮索当选，小加图出手阻止，未让庞培如愿（Plut. *Pomp.* 44.1—44.2; *Cat. Min.* 30; Cass. Dio 37.44.3）；事实也证明，小加图对于民怨的威胁较为警觉，曾经游说元老院下令批准对粮价实施补贴（Plut. *Cat. Min.* 26.1）。可惜西塞罗在公元前 62 年之后写的书信只有几封保存到了今天，要是这些书信还在，我们就能够了解西塞罗对于这一新局势的评论，肯定会十分有趣。

73. 与穆西亚离婚后，庞培立即开始物色下一任（第四任）妻子，最终选定了塞维利娅的一个女儿，但其舅父小加图却反对这门亲事，见 Plut. *Pomp.* 44.2—44.3；*Cat. Min.* 30.2—30.4。

74. 不进城并不会阻碍庞培参与罗马的政治，因为元老院在罗马城市边界（pomerium）外拥有许多集会地（M. Bonnefond-Coudry, *Le Sénat de la République romaine*: *de la guerre d'Hannibale à Auguste*: *pratiques délibératives et prises de décisions*, Rome: École Française de Rome 1989, 137—151），而且弗拉米尼乌斯圆场也是方便的民众集会地点（参见 Cic. *Att.* 1.14.1）。

75. Cic. *Att.* 1.12.3.

76. Cic. Att. 1.13.3, 1.14.1–1.14.4, 1.16.1–1.16.10; P. Moreau, *Clodiana religio*: *un procès politique en 61. avant J.C.*, Paris: Les Belles Lettres 1982; Tatum, *Clodius*, 62–86.

77. 有关当时的政治分裂，见 Cic. *Att.* 1.14.5 和 1.16.1，在其中，克洛狄乌斯被归为喀提林一党。有关克洛狄乌斯使用暴力一事，见 Tatum, *Clodius*, 142—148；J. Tan, 'Publius Clodius and the boundaries of the *contio*', in C. Steel and H. van der Blom, eds, *Community and Communication*: *Oratory and Politics in Republican Rome*, Oxford: Oxford University Press 2013, 117—132。西塞罗肯定会说此事的一大后果就是让克洛狄乌斯对自己产生了敌意，但如果想当然地认为他在公元前 58 年立法针对西塞罗的主要动机就是个人恩怨，这可能也太小看克洛狄乌斯了。

78. M. Beard, *The Roman Triumph*, Cambridge, MA: Harvard University Press 2007, 7–41; I. Östenberg, *Staging the World*: *Spoils, Captives and Representations in the Roman Triumphal Procession*, Oxford: Oxford University Press 2009.

79. 见 Cic. *Att.* 1.19.4。作为对塞勒阻碍自己立法的回应，弗拉维乌斯将塞勒囚禁起来：因为保民官拥有肉体不可侵犯权，弗拉维乌斯只需要把塞勒带到一间房子里，自己再找长椅，坐在上面挡住门口，塞勒也就无法出门了——这就是所谓的囚禁。事情发展到后来竟成了一出闹剧：塞勒为了脱困，设法把房屋后墙推倒，让自己的顾问团（consilium）到达现场（Cass. Dio 37.50），弗拉维乌斯这才作罢。

80. 恺撒的"独立"是相对的：在政治生涯早期，他一直在为庞培的利益服务，以期能借庞培的力量让自己得利，见 M. Gelzer, *Caesar: Politician and Statesman*, trans. P. Needham, Oxford: Blackwell 1968, 33—70。但是，恺撒并没有以庞培追随者的身份来建构自己的政治生涯。

81. 恺撒若是当上执政官可能会做出什么事，罗马对此存在普遍的焦虑。但除此之外，拖延批准恺撒请求的主使者小加图也有个人动机：他当时支持自己的女婿马尔库斯·卡尔珀尼乌斯·比布鲁斯竞选执政官。后来，与恺撒同时执政这件事成了比布鲁斯政治生涯中挥之不去的一个弱点（Suet.

Iul. 10）。

82. *Siluae callesque*, Suet. *Iul.* 19. 比布鲁斯的支持者主张分配这样的任务，这很好理解，因为比布鲁斯不太可能有很大的军事野心——卸任裁判官后，他并没有选择行省，卸任执政官之后也没有。

83. 因为此次竞选还存在卢西乌斯·卢塞乌斯这样一个有竞争力的候选人，所以庞培在和恺撒讨价还价时更有底气。庞培娶了恺撒之女尤利娅，这从侧面印证了两人的合作关系。

84. E. S. Gruen, *The Last Generation of the Roman Republic*, Berkeley: University of California Press 1974, 88–89.

85. 见 Cic. *Att.* 2.3.3—2.3.4。西塞罗最终并没有支持他。

86. 盖乌斯·阿西尼乌斯·波里欧似乎认为公元前 60 年以及庞培、恺撒联手一事是共和国历史的转折点，见 Hor. *Carm.* 2.1. with R. Nisbet and M. Hubbard, *A Commentary on Horace Odes Book II*, Oxford: Oxford University Press 1978, ad loc. 对于西塞罗书信中流露出的那种对于共和国的绝望，有学者认为不该过度解读，具体见 A. Lintott, *Cicero as Evidence*, Oxford: Oxford University Press 2008, 171。

87. Plut. *Pomp.* 45.3. 庞培在外交方面做的一些安排，后来得到了《瓦提尼乌斯法》的确认。

88. 保民官瓦提尼乌斯提出了一项给总督幕僚（cohors）人数设限的法案，也许可以将其看作《尤利乌斯法》的尾声。有关恺撒的立法，见 L. R. Taylor, 'On the chronology of Caesar's first consulship', *AJPh* 72, 1951, 254—268；Gelzer, *Caesar*, 71—101；Williamson, *Laws*, 376—378。恺撒还安排人每天将元老院及国家事务对公众发布，即所谓《每日纪闻》。

89. 比布鲁斯是小加图的盟友，娶了小加图的女儿。

90. 见 Cic. *Att.* 2.24.4；参见 Plut. *Caes.* 14.8；J. Bellemore, 'Cato's opposition to Caesar in 59B.C.', in K. Welch and T. Hillard, eds, *Roman Crossings*: *Theory and Practice in the Roman Republic*, Swansea: Classical Press of Wales 2005, 225—257。

91. F. Pina Polo, *The Consul at Rome*, Cambridge: Cambridge University Press 2011, 298—300.

92. 针对公元前 56 年普布利乌斯·塞斯提乌斯一案，西塞罗发表了演讲《驳斥瓦提尼乌斯》，这一演讲稿是我们今天了解瓦提尼乌斯早期政治生涯的主要史料。因为这篇讲稿充满恶毒的言语，我们能够从中剥离出的可靠信息很少，只知道瓦提尼乌斯与保民官科尔尼利乌斯存在某种合作，在公元前 63 年当过裁判官，后来又在远西班牙行省与科索科尔尼乌斯同为副将。他与恺撒联手都成功当选保民官，只是先后顺序今天已不得而知。已知他的妻子是小马尔库斯·安东尼之女，也就是后三头之一的马尔库斯·安东尼的姐妹，这场婚姻看起来像是某种奖励。西塞罗在 *Vat.* 28 处暗示，这场婚姻是在盖乌斯·安东尼于公元前 59 年春遭到谴责后举行的。西塞罗当然会说瓦提尼乌斯支持恺撒就是一场金钱交易（*Vat.* 38）。另一个支持恺撒的保民官叫盖乌斯·阿尔菲乌斯·弗拉沃斯，但表现远没有那么活跃，已知也并无立法，见 *Vat.* 38 和 *Sest.* 114。

93. 这三位保民官为昆图斯·安查利乌斯、格涅乌斯·多米提乌斯·卡尔维尼乌斯与盖乌斯·法尼乌斯。而根据西塞罗的记载（*Sest.* 113—114），三人后来的政治生涯都很成功（卡尔维尼乌斯的生存技巧尤其强大：身为公元前 53 年执政官的他选择在内战中支持恺撒，并在公元前 40 年二度当选执政官），见 J. Carlsen, 'Cn. Domitius Calvinus: a noble Caesarian', *Latomus* 67, 2008, 72—81。

94. Suet. *Iul.* 20.1; Cass. Dio 38.2—38.3.

95. Crawford, *Lost*, 124–131.

96. 前语出自 *Att.* 2.21.1，原文为 "tota periit"；后语出自 2.25.2，原文为 "re publica nihil desperatius"。相关书信（*Att.* 2.4—2.25）往来期间，最初是阿提库斯在罗马，西塞罗不在，所以是前者将罗马的情况告知后者，后者再回信作答；但后来，西塞罗回到罗马，阿提库斯去了伊庇鲁斯，两人信件内容于是发生了互换。见 Lintott, *Evidence*, 167—175。

97. Cic. *Att*. 2.24.2–3; L. R. Taylor, 'The date and meaning of the Vettius affair', *Historia* 1, 1950, 45–51.

98. 西塞罗笔下的皮索人品不端，政治动机不良，但我们从记述中能够看到皮索自始至终都在政治上寻求妥协，这也许与他信奉的伊壁鸠鲁派哲学有关，见 M. Griffin, 'Cicero, Piso and their audiences', in C. Auvray-Assayas and D. Delattre, eds, *Cicéron et Philodème*: *la polemique en philosophie*, Paris: Rue d'Ulm 2001, 85—99；Y. Benferhat, 'Plaidoyer pour une victime de Cicéron: Pison', *REL* 80, 2002, 55—77；H. van der Blom, 'Fragmentary speeches: the oratory and political career of Piso Caesoninus', in Steel and van der Blom, *Community and Communication*, 299—314。两人的合作让皮索在经济与政治上受益，也让恺撒一方增加了显赫的家世与存在感：此事可以看出恺撒与庞培在对待朋友与盟友时思路上的区别（另见 C. Steel, 'Friends, associates and wives', in M. Griffin, ed., *A Companion to Julius Caesar*, Chichester: Wiley-Blackwell 2009, 112—125）。卡尔珀尼亚有一个弟弟，年纪比她小很多（也许是同父异母弟弟），他的人生经历很值得玩味：他挺过了一场场内战，在奥古斯都与提比略的时代飞黄腾达，直到公元 32 年才去世，见 R. Syme, *The Augustan Aristocracy*, Oxford: Oxford University Press 1986, 329—345。

99. 见 Suet. *Iul*. 23；Cic. *Sest*. 40。恺撒肯定是认为这场会议事关重大，所以才将自己在会上的演讲以文字形式对外传播（*ORF* 4. 393—394）。他离开罗马的时间较晚，这无意中也助长了现代史学界一种天马行空的论调，认为苏拉当年曾推行过一部《有关行省管辖的科尼利乌斯法》，见 A. Giovannini, *Consulare imperium*, Basle: Reinhardt 1983, 7—30；Pina Polo, *Consul*, 225—248。在离城后的几周内，恺撒始终待在罗马周边，还出席了克洛狄乌斯在城市边界外召开的一场民众集会，并就西塞罗的情况做了一场言辞谨慎、不偏不倚的演讲（Cass. Dio 38.17）。

100. 有关克洛狄乌斯，见 Tatum, *Clodius*；A. Lintott, 'P. Clodius Pulcher: *Felix Catilina*?', *G&R* 14, 1967, 157—169, and *Evidence*, 175—182；J. Spielvogel, 'P. Clodius Pulcher: eine politische Aushahme-Erscheinung in der Späten Republik?', *Hermes* 125, 1997, 56—74。有关他的立法，见 *MRR* 2.196。有关西塞罗对他的痛斥，见 Gildenhard, *Creative Eloquence*（含大量参考文献）；C. Steel, 'Name and shame? Invective against Clodius and others in the post-exile speeches', in J. Booth, ed., *Cicero on the Attack*: *Invective and Subversion in the Orations and Beyond*, Swansea: Classical Press of Wales 2007, 105—128。

101. Garnsey, *Famine*, 206—214.

102. 罗马曾根据《克洛狄乌斯法》举行过一次针对监察官的听证会，详情见 C. Steel, 'Pompeius, Helvius Mancia and the politics of public debate', in Steel and van der Blom, *Community and Communication*, 151—159。在狄奥看来（38.13.1—38.13.2），克洛狄乌斯有关粮食、行会和监察官职权的法案是一个完整的立法计划，旨在吸引包括元老院在内的所有罗马人，而元老——尤其是初级元老——的确有可能希望看到监察官的大权能够得到制约。苏维托尼乌斯在 *Dom*. 9 中偶然提及克洛狄乌斯还有一项格局较小的法案，即禁止国库小吏经商；此举想必是为了防止他们假公济私，不过根据苏维托尼乌斯的记述，这项法案并无多少实际效果。

103. Cic. *Att*. 2.18.3, 2.19.4–2.19.5, 2.20.2, 2.21.6, 2.22.1–2.22.2, 2.23.3, 2.24.5; *Q Fr*. 1.2.16.

104. 有关上述事件先后顺序，见 W. Stroh, '*De domo sua*: legal problem and structure', in J. Powell and J. Paterson, eds, *Cicero the Advocate*, Oxford: Oxford University Press 2004, 313—370, at 316—323。

105. 见 E. Badian, 'M. Porcius Cato and the annexation and early administration of Cyprus', *JRS* 55, 1965, 110—121。也有学者指出财政方面的考虑只占很小一部分，见 Sherwin-White, *Foreign Policy*, 268—270。

106. 见 Asc. 47C。提格拉涅斯曾想逃离意大利，结果因船只在安提乌姆沉没而未遂；弗拉维乌斯为了抓他回来，导致多人送命。

107. Cass. Dio 39.30; Cic. *Pis.* 28.

108. 公元前 62 年初，内波斯与恺撒都抨击过西塞罗，但他们似乎并非处于合作关系；另外，作为公元前 1 世纪 60 年代庞培的一名副将，内波斯与庞培的关系在庞培休掉穆西亚之后变得冷淡了，但此时似乎又有所缓和。很久之后，斯宾瑟会在恺撒面前拿出证据，提醒恺撒他们是朋友（Caes. *B Civ.* 1.22.3—1.22.34）。

109. 就如西塞罗本人所说（*Att.* 4.1.7），为了重获他在帕拉蒂尼山上的家宅，他必须获得祭司们的支持，而他们中间自然没有几个人会认同庞培的野心。他用一篇《论家宅》获得了祭司们的支持，但最终的补偿方案却很令他失望，据他所说（*Att.* 4.2.5），这是因为"他们"嫉妒自己翻身，但在今天看来，真相并非如此。另外，西塞罗还趁机提议罗马举行为期十五天的感恩活动，庆祝恺撒在出征第二年里取得的战果（Cic. *Prov. cons.* 26—27），想借此巩固与恺撒的关系，只不过考虑到恺撒战果的大小，西塞罗很可能才是此举真正的受益人。

110. 根据 Cic. *Att.* 4.3.2—4.3.23 的描述，11 月初，西塞罗的幕僚与克洛狄乌斯的手下发生了一系列暴力对抗。

111. 见 Cic. *Att.* 4.3.4—4.3.45。"三兄弟"指克洛狄乌斯、梅特卢斯·内波斯与阿庇乌斯·克劳狄乌斯。昆图斯·弗拉库斯其人除了此处所记，不知其详。

112. 根据 Cic. *Q Fr.* 2.1.1—2.1.13 的描述，公元前 57 年 12 月 15 日，元老院集会议事，并谈到了克洛狄乌斯施暴一事，结果会议因其支持者的干扰被迫终止。显然两位候任执政官倾向于在司法活动之前举行选举，而且可以推测他们刚一上任就进行了选举。到了 *Q Fr.* 2.2 时，审判一事已被元老院搁置。

113. 现存有西塞罗为凯里乌斯所作辩护词（《为凯里乌斯辩护》）。另外，事实很可能是克洛狄乌斯作为十五人祭司团的成员，力主祭司团在 1 月就埃及问题做出裁定，借此制约庞培的野心（见本书下文）。克洛狄乌斯是米罗的起诉者之一，但没有直接参与塞斯提乌斯的审判。

114. 有关卜辞及相关讨论的文本重建，见 A. Corbeill, 'A text in Cicero's *De haruspicum responsis*', in Berry and Erksine, eds, *Form and Function*, 139—154。

115. 见 Cic. *Q Fr.* 2.3.4。西塞罗本人当时正在着力保持低调，没有参与之前元老院的辩论，所以盖乌斯·加图对他的盛赞令他极其尴尬。

116. 见 Suet. *Iul.* 24；Plut. *Caes.* 21.3；*Pomp.* 51.3；*Crass.* 14.5；恺撒在《高卢战记》中并未提到此次会面（但提到了他之前与克拉苏在拉韦纳会过面）。有关卢卡会谈中还有哪些资深政要参加，见 Lintott, *Evidence*, 202。

117. 克拉苏做事的动机向来难以捉摸，此次也不例外，但之后发生的事件说明，他最大的动机也许是获得军事荣誉的欲望。

118. 将山内高卢与伊利里亚分配给恺撒的《瓦提尼乌斯法》，也许是将公元前 54 年 3 月 1 日——那一年战争季的首日——明确定为兵权的终止日期（Cic. *Prov. cons.* 36—37），所以从实际操作上讲，元老院可以先将这一兵权分给某人，再由他在那一天正式接管恺撒的军队，只不过 1 月和 2 月就会出现两人掌握同一兵权的反常情况。至于山外高卢行省，将其分配给他人似乎并无法律障碍。

119. 见 Cic. *Att.* 4.8a.2。卢西乌斯·多米提乌斯·阿赫诺巴布斯家族的前四代，每代都有人当上了执政官，其父还当过大祭司。详情见 J. Carlsen, *The Rise and Fall of a Roman Noble Family: The Domitii Ahenobarbi 196BC—AD 68*, Odense: University Press of Southern Denmark 2006。

120. 最终当选监察官的是马尔库斯·瓦莱里乌斯·梅萨拉·鲁夫斯，与前苏拉时代的著名遗老塞维利乌斯·瓦提亚·伊苏利库斯。两人并未任满五年，但他们对众元老的入院资格做了重新审核，并做了至少一个让庞培难堪的除名决定，见 Steel, 'Mancia'。

121. 庞培从卢卡去了撒丁岛，在那里让西塞罗的兄弟昆图斯传话给西塞罗，"如果我不能或不愿支持恺撒的利益与立场，请您也不要加以攻击"。（Cic. *Fam.* 1.9.9）西塞罗遵从庞培的嘱咐，对恺撒给予了支持，没有出面反对关于坎帕尼亚的土地法，反而是反对元老院在那一年按照《森布洛尼乌斯法》将两个高卢行省分配出去（见 *Prov. cons.*），还在那一年晚些时候，庞培与恺撒的政治盟友卢西乌斯·科尼利乌斯·巴尔布斯被指控非法获得罗马公民权之后，为他做了辩护（*Balb.*）。有学者对西塞罗在公元前 56 年立场的转变做出了贴切的总结，称其为"一段历史大插曲的结束"，见 Lintott, *Evidence*, 201。

122. 见 Plut. *Cat. Min.* 43.4；Cass. Dio 39.33—39.36。有关阿特伊乌斯宣布凶兆一事，见 *MRR* 2.216；考虑到克拉苏后来果然身死，此事大体上可能是后人的杜撰，但作为同时代人的西塞罗的确说过（*Att.* 4.13.2）克拉苏动身离城一事于教化无益（即明知此行不祥，还要走，这是对罗马宗教信仰的一种轻视——译者注），他的言语中似乎还带着点幸灾乐祸的意思。见 K. Weggen, *Der Lange Schatten von Carrhae*: *Studien zu M. Licinius Crassus*, Hamburg: Kovac 2011。

123. Sherwin-White, *Foreign Policy*, 271–279.

124. Livy, *Per.* 70.

125. 卢库鲁斯一事，见 Plut. *Luc.* 2；财务官一事，见 Sall. *Hist.* 2.43M；S.Oost, 'Cyrene, 96—74B.C.', *CPh* 58, 1963, 11—25。

126. P. McGushin, *Sallust: The Histories*, Oxford: Oxford University Press 1992, 206—208.

127. 在西塞罗的《指控维雷斯》一篇中两次出现相关信息（2.2.76 和 2.4.61），说埃及王位一事在公元前 1 世纪 70 年代末是元老院讨论的一个问题，争夺这一王位的人里还有塞琉古家族的成员，还说公元前 69 年的执政官荷坦修斯支持托勒密十二世。

128. Porph *FGrH* 260, F2.14; Strab. 17.1.11; Cass. Dio 39.57.1—39.57.2.

129. Fenestella (fr. 21. Peter).

130. 见 Cic. *Fam.* 1.1。值得注意的是，没有迹象表明罗马民众的激愤与对斯宾瑟立场的焦虑有关，而是主要来自托勒密十二世在意大利的不法行径与一种反庞培情绪。

131. Cic. *Fam.* 1.2–1.6; *Q Fr.* 2.2–2.5; Cass. Dio 39.12–39.16.

132. Cic. *Fam.* 1.7.4.

133. 在加比尼乌斯叛逆罪审判中，西塞罗提供了不利于他的证词，但后来却被迫在他遭到贪污罪指控时为他辩护；失败的辩护，西塞罗并不会以文字的形式流传出去（Crawford, *Lost*, 188—197），但他在与此相关的盖乌斯·拉比利乌斯·博斯图姆斯一案中的发言稿却保留了下来，见 M. Siani-Davies, *Cicero's Speech Pro Rabirio Postumo*, Oxford: Oxford University Press 2001。

134. 有关卡雷之战，还流传着一个极具悲剧逆彩的故事——但几乎可以肯定是虚构——说帕提亚人为了庆祝胜利在国王庇面前表演了欧里庇得斯创作的戏剧《酒神》，其中竟用克拉苏的头颅作道具；见 B. Marshall, *Crassus: A Political Biography*, Amsterdam: Hakkert 1976, 151—161；R.Sheldon, *Rome's Wars in Parthia*, Edgware: Vallentine Mitchell 2010, 29—49; Weggen, *Schatten*。

135. 上述军事行动见 Caes. *B Gall.* 1—2，这很可能是恺撒按年寄给罗马的战报（T. P. Wiseman, 'The publication of *De Bello Gallico*', in A. Powell and K. Welch, eds, *Julius Caesar as Artful Reporter*: *The War Commentaries as Political Instruments*, Swansea: Classical Press of Wales 1998, 1—9）。

136. 上述选举推迟到秋末才举行（Cic. *Att.* 4.13.1），这也许说明有人试图左右选举结果。

137. 见 Cic. *Att.* 4.8a.2。庞培就没能让自己钦点的提图斯·阿姆皮乌斯·巴尔布斯成功当选执政官（Cic. *Planc.* 25）。

138. 候选人包括马尔库斯·埃米利乌斯·斯考卢斯、格涅乌斯·多米提乌斯·卡尔维尼乌斯、盖乌斯·梅姆米乌斯，以及马尔库斯·瓦莱里乌斯·梅萨拉·鲁夫斯。有关他们的关系网与此次竞选过程，见 E. S. Gruen, 'The consular elections for 53B.C.', in J. Bibauw, ed., *Hommages à Marcel Renard*, vol. 2, Brussels: Latomus 1969, 311—321。

139. 见 Cic. *Att*. 4.17.2—4.17.3。选举屡屡延期，罗马因而出现了任命独裁官之议（Cic. *Att*. 4.18.3; *Q Fr*. 3.6.4）。

140. 见 Alexander, *Trials*, 137—149（注意比较此前与此后罗马遭遇的干旱）。有关西塞罗在上述案件中扮演的角色，见 Marinone, *Cronologia*, 131—134；其中就包括他为遭到贪污罪指控的加比尼乌斯做辩护一事（西塞罗对此极不情愿，而且加比尼乌斯最后也被定了罪。有关人口普查遭废止一事，见 *Att*. 4.16.8；西塞罗并未写明废止的原因，但考虑到他同时提到了《克洛狄乌斯法》对监察官职权提出的挑战，元老资格也许是问题的关键。

141. Cass. Dio 40.45 处的记述体现了罗马政治实践上发生的变化：公元前 53 年的保民官之所以反对举行高级官员选举，是因为他们认为如果选出裁判官，他们的角色就不会像此时那么重要了。根据狄奥的记载，只有当庞培公开露面，发誓自己绝无独裁之意时，选举才得以举行。

142. 据 Asc. 30C 的记载，米罗的竞争对手是昆图斯·凯西利乌斯·梅特卢斯·皮乌斯·西庇阿与普布利乌斯·普劳提乌斯·希普萨乌斯，两人都得到了庞培的支持：普劳提乌斯在庞培征讨米特拉达梯期间担任过他的财务官和代理财务官；梅特卢斯·西庇阿有一个女儿叫科尼莉亚，本是小克拉苏之妻，在小克拉苏战死于卡雷后成了寡妇，而庞培在妻子尤利娅去世（公元前 54 年）后，便将她娶了过来——此举也许说明庞培有意靠与显贵结亲来巩固自己的地位。在竞选中，米罗靠的是举办盛大的竞技比赛，以及那些反克洛狄乌斯势力的支持。西塞罗的记述显然是在散布恐慌，所以从中很难分析出克洛狄乌斯成为裁判官后的真实计划，但可以确认的是（Tatum, *Clodius*, 234—239），他确实有意维护被释奴的公民权益（这类人的人数近来已经增长）。尽管真正落地的裁判官法案少之又少，但裁判官的立法权使得他们有机会施加政治压力（Brennan, *Praetorship*, 471—475）；恺撒将执政官一职发展成了人民立法的媒介，也许克洛狄乌斯打算对裁判官一职如法炮制，不过学者布里南对此表示怀疑。

143. 见 Cass. Dio 40.46；*Schol. Bob.* 172St；Asc. 30—1C。有关公元前 53 年这场危机背景的简述，见 T. P. Wiseman, 'Caesar, Pompey and Rome, 59—50B.C.', *CAH* 92, 1994, 368—423, at 403—404；里面提到卡雷惨败后，恺撒的军事行动也屡屡受挫。这些事促使一些罗马人愿意让庞培牵头推行改革，这种推测不无道理。另外，不管是偶然还是因为疫情暴发，在公元前 54 年或前 53 年，多个高级元老似乎都去世了，包括内波斯、马塞里努斯、库里奥、格利乌斯与卢西乌斯·曼利乌斯·托夸图斯，具体见 Syme, *Augustan Aristocracy*, 22—23。

144. 西塞罗为米罗所做辩护的文字内容见于阿斯科尼乌斯的著作中（30C—42C），阿斯科尼乌斯在其中生动详细地描绘了罗马城因克洛狄乌斯被害六神无主的情景。

145. 此类人中，唯一在史料里留下姓名的，除了米罗，就只有克洛狄乌斯的文书塞克斯图斯·克罗利乌斯，但阿斯科尼乌斯声称（56C）此类受害者还有许多，且大多数都是克洛狄乌斯一派。米罗手下暴徒的头目马尔库斯·萨乌菲乌斯最后被无罪释放。塞尔维乌斯·苏尔皮西乌斯·鲁夫斯在十一年后再次决定参与执政官选举，这也许也能说明罗马已经恢复了秩序。

146. 不过事实也可能恰恰相反：比起另一位候选人普劳提乌斯·希普萨乌斯，西庇阿本身更有可能获得百人团的支持，因而也就不太需要庞培出手干预。

147. 见 Cass. Dio 40.46.2, 40.56.1—40.56.2。狄奥在记述中明确说这个间隔为五年，而在凯里乌斯写给西塞罗的一封信中（*Fam*. 8.8.8），他写上了这一元老令有关裁判官行省分配的原文，内容与狄奥的记述一致，也提到了五年的间隔期。学者乔瓦尼尼撰文指出（Giovannini, *Imperium*），这项法案并非针对执政官一职。如他所言，执政官级兵权的确没有因为这项法案发生变化，但我们还是很难避开这样一个结论：该法案的意图是改变所有级别行省在正常情况下的分配方式，只不过该法案在施行后不久，就被内战的爆发打断了。详情见 C. Steel, 'The *lex Pompeia de prouinciis*: a reconsideration', *Historia* 61, 2012, 83—93 以及本书第七章。

148. 斯考卢斯曾任撒丁岛总督。公元前 53 年秋，他因贪污罪被起诉并由西塞罗辩护。史料记载（Asc. 19C），起诉方提出斯考卢斯必须在执政官选举前接受审判，因为"这样能让斯考卢斯无法用从行省那里搜刮来的钱财去买执政官来当"。梅姆米乌斯也曾经做过比提尼亚总督。

149. 见本书第八章。这项法案的一个后果是让西塞罗离开罗马去担任奇里乞亚总督，而这又促使凯里乌斯给他写了一封封书信，结果让今人得以借此了解到罗马围绕恺撒的地位逐渐发展出的危机——只不过其文字十分晦涩。

150. App. *B Civ.* 2.24; Cass. Dio 40.56; Plut. *Caes.* 28.5, *Pomp.* 55.7.

151. Cic. *Att.* 7.1.4.

152. 此事见于 *MRR* 2.236。10 位保民官的态度全部统一这一点很值得关注：在克洛狄乌斯死后，保民官内部出现了巨大的裂痕，但此时却意见一致，这说明在公元前 52 年，可能只有一小部分人反对为恺撒破例。

153. Cass. Dio 40.56.

154. 见 Seager, *Pompey*, 138—139；这肯定是西塞罗的观点，见 *Att.* 8.3.3。

155. 有关希尔提乌斯的叙述，见 R. Cluett, 'The continuators: soldiering on', in Griffin, *Companion to Julius Caesar*, 192—205。

156. 另一个因素是两个执政官任期间存在十年的最低间隔，而从这个角度去分析，恺撒能够再次担任执政官最早的时间是公元前 48 年，而这也与恺撒最初获得五年兵权，后借《特雷伯尼乌斯法》再延五年的观点刚好相符。

157. Seager, *Pompey*, 140–142; Lintott, *Evidence*, 433–436.

158. Plut. *Caes.* 29.2; App. *B Civ.* 2.26; Cic. *Att.* 5.11.2.

159. 见 Cic. *Att.* 8.3.3。这是史料中首次出现恺撒兵权存在明确终止日期的线索。

160. 见 Cic. *Fam.* 8.2.2（书信日期为公元前 51 年 6 月）。

161. 阿波罗神殿在战神广场，位于罗马城市边界以外，这样一来，庞培也可以参加这一会议，见 Bonnefond-Coudry, *Le Sénat*, 137—160。

162. Cic. *Fam.* 8.8.

163. 见 Cic. *Fam.* 8.8.9。不知提问者的意思，是说恺撒同时拥有执政官与总督兵权，还是说他在拥有兵权与军队的情况下参选。后者这种情况恰恰是缺席竞选权的意义。到了公元前 50 年春天，凯里乌斯致信西塞罗（Cic. *Fam.* 8.11.3），说庞培"不愿看到，甚至是惧怕"即将发生的事情，但在前一个秋天，恺撒使用缺席竞选权似乎不太可能被庞培视为不可思议的事情。所以，同时拥有执政官与总督的兵权才是提问者所指。当然，这个人可能是故意把问题问得模糊。

164. 见 App. *B Civ.* 2.26，然而其中的描述很可能是夸张的；盖乌斯·马塞卢斯与他的堂兄弟马尔库斯·马塞卢斯立场一致，但有关雷必达敌视恺撒的证据不甚有力（只知他在几年前曾威胁要起诉瓦提尼乌斯）。

165. T. P. Wiseman, 'Rome and the resplendent Aemilii', in H. Jocelyn, ed., *Tria Lustra*: *Essays and Notes Presented to John Pinsent*, Liverpool: Liverpool Classical Monthly 1993, 181–192.

166. Cic. *Fam.* 8.4.2.

167. Vell. Pat. 2.48.

168. 小库里奥的生年一般被认为是公元前 84 年；但也有学者对此提出质疑，认为可能是公元前 82 年，可这样一来，考虑到任职的年龄限制，他在公元前 54 年就不可能担任财务官，见 W. McDermott, 'Curio *pater* and Cicero', *AJPh* 93, 1972, 381—411, at 387。

169. Cic. *Fam.* 2.1–2.6.

170. 凯里乌斯说在反对库里奥担任保民官的人中，就有马尔库斯·安东尼，但据西塞罗所说（*Phil.* 2.44—2.46），马尔库斯·安东尼曾经宁可爬上屋顶、穿过房瓦也要去见库里奥。当时罗马关系网的复杂由此可见一斑。

171. 有关坎帕尼亚土地法，见 Cic. *Fam.* 8.10.4；有关出行开销，见 Cic. *Att.* 6.1.25。后一项措施的存在表明我们在给政策贴标签的时候需要谨慎，因为在克洛狄乌斯与加图的立法中都能找到类似的法案。

172. Cic. *Fam.* 8.6.5.

173. Cic. *Fam.* 8.11.2 记载了库里奥与卢西乌斯·科尔利乌斯·巴尔布斯之间的一段对话：巴尔布斯批评库里奥，质疑他对恺撒的诚意，原因就是西塞罗提为恺撒举行感恩仪式，库里奥却出言反对，这在巴尔布斯看来有损于恺撒的利益。此事也有力地说明恺撒愿意尽可能与所有人保持友好关系。

174. 见 Gruen, *Last Generation*, 470—483；Seager, *Pompey*, 144。庞培指责库里奥激化了他与恺撒之间的争执（Cic. *Fam.* 8.11.3）。

175. 现存凯里乌斯写给西塞罗的一封信（Cic. *Fam.* 8.11），日期就是 11 月 13 日，他在里面说："当前紧张的局势如下：庞培说库里奥正在惹是生非，就好像庞培自己不是在打击恺撒，而是在以他认为公平的方式为恺撒着想；但他其实并不希望恺撒在交出军队和兵权之前当选执政官，而且公开表达了自己对此的恐惧。"原文为：scaena rei totius haec: Pompeius, tamquam Caesarem non impugnet sed quod illi aequum putet constituat, ait Curionem quaerere discordias; ualde autem non uult et plane timet Caesarem consulem designatum prius quam exercitum et prouinciam tradiderit。对于其中的 "ualde" 一词，最简单的理解是将其看作凯里乌斯对于局势的解读，而不是庞培在公众面前的原话。他是在警告西塞罗未来可能会出现的危险。庞培在公元前 50 年夏初在公众面前的言行，始终都在发出一个信号：他期待恺撒能够在那一年参选并以 "指定执政官"（consul designatus）的身份交出兵权。

176. 比如在 Gruen, *Last Generation*, 477 处，就有这样的表述："恺撒显然没有参加那一年（指公元前50 年）的竞选，可惜我们并不清楚原因。"但学者 R. 默尔施泰因－马克斯注意到了这一决定的重要性（'Caesar's alleged fear of prosecution and his *ratio absentis*', *Historia* 56, 2007, 159—178, at 173），认为这说明恺撒担心他的敌人们有能力阻止他当选。

177. 加尔巴未能当选，在希尔提乌斯看来（*B Gall.* 8.50）是因为他与恺撒走得过近；到了内战结束之后，有关恺撒选举的 "官方说法" 是他计划在公元前 49 年参选公元前 48 年的执政官。

178. 两位执政官是斯宾瑟的兄弟卢西乌斯·科尔利乌斯·兰图卢斯·克鲁斯，以及公元前 51 年的执政官的兄弟盖乌斯·克劳狄乌斯·马塞卢斯，他们这个组合并没有给人多少信心——借用 Cic. *Att.* 8.15.2 上的话，"我对两位执政官毫不关注，他们的轻率摇摆，有甚于羽毛树叶"。考虑到此时距离克鲁斯担任裁判官（公元前 58 年）已过去了很久，且他是贵族出身，也许是被故意挑出来在竞选中对付加尔巴的。

179. 那一年的 10 位保民官，已知的有 6 位，其中的昆图斯·卡西乌斯·隆基努斯是恺撒的支持者（Cic. *Att.* 6.8.2），其余的都反对恺撒。在同一封信中，西塞罗说有三位候选裁判官是恺撒的支持者，不过他的信息也并非全对——比如他想当然地认为克鲁斯既然因恺撒鼎力相助才成功当选，上任后也肯定会支持恺撒。

180. App. *B Civ.* 2.118.

181. 有关这场战争的主要史料就是恺撒本人的《内战记》，其文字处处偏向自己这边，但其中的事实陈述似乎大多都很准确。详见 K. Raaflaub, '*Bellum Civile*', in Griffin, *Companion to Julius*

Caesar,175—191。

182. 见 Cic. *Att*. 8.11A, 8.11C。不过庞培这些信的语气并没有打动西塞罗，他认为里面透露着一种"neglegentia"（即"草率随意"），见 *Att*. 8.11.6。

183. Seager, *Pompey*, 152–160.

184. Caes. *B Civ*. 1.30–1.31; Cic. *Lig*. 2–3.

185. Caes. *B Civ*. 1.32–1.33.

186. *MRR* 2.275–2.278; Rawson, *Cicero*, 194–201.

187. 后来在抨击马尔库斯·安东尼时，西塞罗指出庞培的元老院才是合法的，其中一个理由就是里面包含 10 名执政官级成员（*Phil*. 13.28），其姓名及担任执政官的时间如下：阿弗拉尼乌斯（公元前 60 年）、比布鲁斯（公元前 59 年）、兰图卢斯·斯宾瑟（公元前 57 年）、多米提乌斯·阿赫诺巴布斯与阿庇乌斯·克劳狄乌斯（公元前 54 年）、梅特卢斯·西庇阿（公元前 52 年）、塞尔维乌斯·苏尔皮西乌斯·鲁夫斯与马尔库斯·马塞卢斯（公元前 51 年），以及兰图卢斯·克鲁斯与盖乌斯·克劳狄乌斯·马塞卢斯（公元前 49 年）。有关公元前 51 年执政官到底站在哪一边的难题，见 D. R. S. Bailey, 'The Roman nobility in the second civil war', *CQ* 10. (1960), 253—267。相比之下，恺撒的支持者中只有三或四人担任过执政官，即加比尼乌斯（公元前 58 年）、多米提乌斯·卡尔维尼乌斯和瓦莱里乌斯·鲁夫斯（公元前 53 年）。加比尼乌斯肯定是在流放中被恺撒召回的，卡尔维尼乌斯有可能也是这样。余下的执政官级元老——马尔库斯·佩尔佩尔那（公元前 92 年；已于公元前 49 年春去世）、卢西乌斯·奥勒留·科塔（公元前 65 年）、卢西乌斯·尤利乌斯·恺撒（公元前 64 年）、盖乌斯·安东尼（公元前 63 年）、卢西乌斯·卡尔珀尼乌斯·皮索（公元前 58 年）、卢西乌斯·马修斯·菲利普斯（公元前 56 年）、盖乌斯·马塞卢斯（公元前 50 年）与卢西乌斯·埃米利乌斯·雷必达·保卢斯（公元前 50 年）——全都保持中立。在某些时候，他们的立场也许可以用他们与恺撒的关系来解释。

188. Cass. Dio 41.43.2.

189. Cass. Dio 41.43.1–41.43.4.

190. 见 Caes. *B Civ*. 3.16.4；另见 Luc. 5.44—5.49。

191. Caes. *B Civ*. 3.4–3.5.

192. 有关这场战役的记载，包括 Caes. *B Civ*. 3.85—3.99；Vell. Pat. 2.52；App. *B Civ*. 2.65—82；Plut. *Pomp*. 66—72；*Caes*. 43—6；Luc. 7；Cass. Dio 41.53—41.61。

193. Caes. *B Civ*. 3.103–3.104; Vell. Pat. 2.53; Luc. 8.472–8.872; App. *B Civ*. 2.83–2.86; Plut. *Pomp*. 77–80.

194. 有关盖乌斯·阿西尼乌斯·波里欧在这一过程中扮演的关键角色，见 L.Morgan, 'The autopsy of C. Asinius Pollio', *JRS* 90, 2000, 51—69。

195. Cic. *Fam*. 7.3.2.

196. Plut. *Cic*. 38.2–38.6.

197. Caes. *B Civ*. 3.72.1.

198. Caes. *B Civ*. 3.83.4.

199. Plut. *Pomp*. 67.2–67.5.

200. Plut. *Cic*. 39.1–39.2.

201. 苏尔皮西乌斯去了萨摩斯岛，恺撒后来赦免了他并在公元前 46 年任命他为亚该亚总督；马塞卢斯撤到了米蒂利尼，公元前 46 年，恺撒出人意料地准许他返回罗马，这一决定在《为马塞卢斯辩护》中得到了西塞罗的赞许，但在返程途中，马塞卢斯在比雷埃夫斯遭人谋杀（*Fam*. 4.12）。

202. *B Alex*. 33.5.

203.《亚历山大战记》中说恺撒在到达叙利亚时才意识到其中的困难，而且小心翼翼地对他为何无法立即返回做出了解释（65）。

204. *B Alex*. 72—73 处着重用当年特里亚流斯的战败反衬恺撒的胜利。

205. Caes. *B Civ*. 3.20–3.21; Cass. Dio 42.22–42.24.

206. Cass. Dio 42.30.

207. Plut. *Caes*. 51 处说两名前任裁判官被害，并给出了姓名；狄奥记载说哗变的士兵差点杀掉了萨卢斯特（42.52.2—42.55.4；参见 App. *B Civ*. 2.92—2.94），随后嚣张跋扈地朝罗马前进，沿途杀掉了两名元老（未提姓名）。

208. 当初在苏拉返回意大利后，老庞培先娶了艾米莉亚，不久后又娶了穆西亚，而大庞培作为穆西亚之子，不可能是在公元前 79 年之前出生的（因为如果是的话，他又怎会到了公元前 49 年还没当上财务官？）。老庞培在公元前 77 年离开罗马前往西班牙，于公元前 71 年才返回，小庞培大概率是在返回后出生的，否则很难解释法尔萨卢斯之战爆发时，他怎会与继母科尼莉亚待在米蒂利尼而不是参与战斗？穆西亚与庞培的女儿庞培娅，大概率是在庞培从西班牙返回后出生的；已知公元前 59 年，庞培在与恺撒的联姻之议中就提到了自己的这个女儿，如果她生于公元前 70 年，那么当时的她刚好到了订婚的年龄，如果她是在庞培领兵前往西班牙之前出生的，那么到了公元前 59 年还未婚配，就显得很反常。

209. Cass. Dio 43.4.

210. 西庇阿的遗言为 "Imperator se bene habet"（"你们的将军安然无恙"）。见 Livy, *Per*. 114, Val. Max. 3.2.13, Sen. *Suas*. 6.2, *Ep*. 24.9—24.11。

211. R. Fehrle, *Cato Uticensis*, Darmstadt : Wissenschaftliche Buchgesellschaft 1983; R. Goar, *The Legend of Cato Uticensis from the First Century B.C. to the Fifth Century A.D.*, Brussels: Latomus 1987.

212. Cic. *Marc*. 23.

213. Livy, *Per*. 114; Joseph *AJ* 14.160–14.180; A. Coşkun, '"Amicitiae" und politische Ambitionen im Kontext der "causa Deiotariana" (45. v. Chr.)', in A. Coşkun, ed., *Roms auswärtige Freunde in der späten Republik und frühen Prinzipat*, Göttingen: Duehrkohp & Radicke 2005, 127–154.

214. J. Gardner, 'The dictator' in Griffin, *Companion to Julius Caesar*, 57–71.

215. 财务官增至 40 名，营造官增至 6 名，裁判官增至 16 名。Cic. *Phil*. 1.19; Cass. Dio 43.25.

216. Gardner, 'Dictator', 57–60.

217. Cic. *Fam*. 7.30.1.

218. P. A. Brunt, *Italian Manpower, 225B.C.–A.D. 14*, Oxford: Oxford University Press 1971, 234–265 and 589–601.

219. 也就是说，公元前 46 年一共包含 445 天。见 A. Michels, *The Calendar of the Roman Republic*, Princeton: Princeton University Press 1967, 16—22；D. Feeney, *Caesar's Calendar: Ancient Time and the Beginnings of History*, Berkeley: University of California Press 2007, 196—211。

220. Cass. Dio 43.42–43.45, 44.1–44.11; Suet. *Iul*. 76; App. *B Civ*. 2.106; Plut. *Caes*. 57.1; Livy, *Per*. 116; J-L. Ferrary, 'À propos des pouvoirs et des honneurs décernés à César entre 48. et 44', in G. Urso, ed., *Cesare: precursore o visionario? Atti del convegno internationale, Cividale del Friuli, 17–19. Settembre 2009*, Pisa: ETS 2010, 9–30.

221. Cass. Dio 44.4; Beard, *Triumph*, 275–277.

222. D. Wardle, 'Caesar and religion', in Griffin, *Companion to Julius Caesar*, 100–111.

223. Cass. Dio 44.11; Suet. *Iul*. 79; App. *B Civ*. 2. 109; Nic. Dam. 71–75; J. North, 'Caesar at the Lupercalia', *JRS* 98, 2008, 144–160; Wiseman, *Remembering*, 170–175.

224. A.Lintott, ' The assassination', in Griffin, *Companion to Julius Caesar*, 72–82, at 72.

225. Cass. Dio 44.3.1.

226. 刺杀者名单见 W. Drumann and P. Groebe, *Geschichte Roms*, vol. 3, 2nd edn, Leipzig: Borntraeger 1906, 627—642；在 Lintott, 'Assassination', 77 处提到了卢比利乌斯·卢加。

227. 见 Wiseman, *Remembering*, 174—175。J. Tatum, *Always I Am Caesar*, Oxford: Blackwell 2008, 145—166 强调了友谊的义务；另见 G. Woolf, *Et Tu Brute? The Murder of Caesar and Political Assassination*, London: Profile 2006。

228. 两人分别是卢西乌斯·凯塞提乌斯·弗拉沃斯与盖乌斯·埃皮狄乌斯·马鲁卢斯，他们当时对称恺撒为王者提出了起诉，还把恺撒某雕像头上的王冠摘下（*MRR* 2.323）。如何对待保民官一职，这是恺撒所面对的一个有趣挑战：因为出身贵族，他本人无法担任保民官，但是他却把这一职务最具代表性的权力——肉体不可侵犯权——加到了自己身上，而且在观看竞技活动时都和保民官们坐在一处。此外，在公元前 49 年内战爆发之初，捍卫保民官权力就是恺撒兴兵的旗号。

229. J. S. Richardson, *Augustan Rome, 44BC to AD 14: The Restoration of the Republic and the Establishment of Empire*, Edinburgh: Edinburgh University Press 2012, 10–19.

第七章

1. Catull. *Carmen* 11.2–12.

2. 见 C. Krebs, 'Magni viri: Caesar, Alexander and Pompey in Cat. 11', *Philologus* 152, 2008, 223—239（里面也提到了亚历山大大帝的祈祷）。有关他的 *Carmen* 11 更为宽泛的解读，见 D. Konstan, 'Self, sex and empire in Catullus: the construction of a decentered identity', in V. Bécares, F. Pordomingo, R. Cortés Tovar and J. Fernández Corte, eds, *Intertextualidad en las literaturas griega y latina*, Madrid: Ediciones Clásicas 2000, 213—231；J. Dugan, '(Non) bona dicta: intertextuality between Catullus 11.16. and Cicero De oratore 2.222', in E. Tylawsky and C. Weiss, eds, *Essays in Honor of Gordon Williams: Twenty-Five Years at Yale*, New Haven: Henry R. Schwab 2001, 85—99。

3. J. Crawford, *M. Tullius Cicero: The Fragmentary Speeches*, Atlanta: Scholars Press 1994, 43–56.

4. 原文为 "Ego te, nisi das aliquid, hostem, si quid dederis, socium et amicum iudicabo"。

5. 见 Crawford, *Fragmentary*, 55；有关 "imperium" 一词的意义，见 J. S. Richardson, *The Language of Empire: Rome and the Idea of Empire from the Third Century BC to the Second Century AD*, Cambridge: Cambridge University Press 2008, 66—79。

6. Plin. *HN* 7.99.

7. Plut. *Pomp.* 38.4; Cass. Dio 37.7; C. Lerouge, *L'image des Parthes dans le monde gréco-romain*, Stuttgart: Steiner, 58–63.

8. 有关克拉苏战败的战略及战术原因，见 R. Sheldon, *Rome's Wars in Parthia*, Edgware: Vallentine Mitchell 2010。到了公元前 1 世纪 30 年代，马尔库斯·安东尼再征帕提亚，同样以失败告终，这个王国在整个罗马帝国时代始终是罗马的一块绊脚石；见 J. S. Richardson, *Augustan Rome, 44BC to AD 14: The Restoration of the Republic and the Establishment of Empire*, Edinburgh: Edinburgh University Press 2012, 59—63。

9. A. N. Sherwin-White, *Roman Foreign Policy in the East, 168B.C. to A.D. 1*, London: Duckworth 1984, 290–297.

10. R. M. Kallet-Marx, *Hegemony to Empire: The Development of the Roman Imperium in the East from 148 to 62B.C.*, Berkeley: University of California Press 1995, 364–367.

11. 西塞罗在 *Att.* 2.16.1 处提到公元前 59 年的罗马国内税收不足；详见 W. V. Harris, *Rome's Imperial*

Economy: Twelve Essays, Oxford: Oxford University Press 2011, 257—287。

12. Cic. *Leg. agr.* 38–44.

13. Cic. *Leg. agr.* 2.41.

14. 见本书第 160 至 162 页。

15. M. Siani-Davies, *Cicero's Speech Pro Rabirio Postumo*, Oxford: Oxford University Press 2001.

16. Richardson, *Language*, 89–91.

17. C. Goudineau, 'La Gaule Transalpine', in C. Nicolet, ed., *Rome et la conquête de la monde mediterranéen*, Paris: Presses Universitaires de France 1978, 679–699; J. Drinkwater, *Roman Gaul: The Three Provinces 58B.C.–260A.D.*, London: Croom Helm 1983, 5–8; U. Hackl, 'Die Gründung der Provinz Gallia Narbonensis im Spiegel von Ciceros Rede für Fonteius', *Historia* 37, 1988, 253–256; G. Woolf, *Becoming Roman: The Origins of Provincial Civilisation in Gaul*, Cambridge: Cambridge University Press 1998, 24–47.

18. Cic. *Quinct.* 11–22.

19. 见 Cic. *Font.* 11。西塞罗的描述似乎是可信的，不过他写文章素来重在立论，而对于这一篇文字而言，西塞罗想要表达的是：当地有如此多罗马商人，方提乌斯若有贪腐搜刮之事，必有大量的证据，但检方却一个也拿不出来，足见方提乌斯无罪。

20. 见 Cic. *Att.* 1.19.2。元老院在第二年正式承认阿利奥维斯塔为国王及盟友，即使恺撒收受贿赂是决定性因素，这一决定也至少在名义上与此有关。

21. 根据斯特拉波的记载（7.3.11），在这一时期，盖尔人在波尔莱比斯塔斯的领导下形成了短暂的统一并强势崛起；这一点让伊利里亚在那些追求军功的前任执政官眼中变得很有吸引力，也在一定程度上促成了皮索·凯索尼努斯在马其顿所面临的形势。

22. M. Beard, *The Roman Triumph*, Cambridge, MA: Harvard University Press 2007.

23. 庞培在自己所建剧院顶部还加盖了一座胜利维纳斯神庙，传说他曾戏称自己所建并非剧院，而是以剧院为台阶的神庙，这个笑话反映了当时的罗马人对于创新的紧张。

24. 见 L. Yarrow, *Historiography at the End of the Republic*, Oxford: Oxford University Press 2006, 54—67 ; A. Riggsby, *Caesar in Gaul and Rome: War in Words*, Austin: University of Texas Press 2006。有关庞培与恺撒两人在记述自身功绩上思路的不同，见 L. Hall, '*Ratio* and *romanitas* in the *Bellum Gallicum*', in A. Powell and K. Welch, eds, *Julius Caesar as Artful Reporter: The War Commentaries as Political Instruments*, Swansea: Classical Press of Wales 1998, 11—43。

25. 比如小西庇阿获得征讨迦太基兵权一事，又比如人民直接干预罗马外事并支持马略上位一事。

26. 即公元前 59 年的《瓦提尼乌斯法》，公元前 58 年的《克洛狄乌斯法》，公元前 55 年的《特雷伯尼乌斯法》，公元前 57 年任命庞培负责粮食供应的《科尼利乌斯与凯西利乌斯法》，以及公元前 55 年延长恺撒高卢兵权的《庞培与李锡尼法》。公元前 60 年，赫尔维提人在罗马引发的恐慌使得元老院修改了《森布洛尼乌斯法》规定的执政官级行省。

27. 不过，这个兵权最初的性质较不寻常，并不是元老院根据《森布洛尼乌斯法》分配给他的行省兵权。有关超长兵权的早期案例，见上文有关盖乌斯·瓦莱里乌斯·弗拉库斯的内容。

28. J. P. V. D. Balsdon, 'Consular provinces under the late Republic, I: general considerations', *JRS* 29, 1939, 57–73; T. C. Brennan, *The Praetorship in the Roman Republic*, New York: Oxford University Press 2000, 400–402.

29. 在兄弟昆图斯担任亚细亚行省总督期间，西塞罗给他写去了一封信（*Q Fr.* 1.1），在里面列举了总督一职的种种缺点，我们从中也能读出，昆图斯本人也无意延长自己的兵权。也许我们可以进一步推断，罗马政治界在行省总督一职的态度上发生了一种根本性的分裂，一边是恪守法律者，一边是因私利罔顾法律者。公元前 53 年颁布的执政官令（见下文）表明事实也许正是如此，这样一来，这一法令就是共和国政治专门化的又一个例证。

30. 公元前 52 年之后的执政官仍然有希望立即分到行省，在 Cic. *Fam.* 8.10.3 与 *Att.* 6.1.7 中，公元前 50 年的执政官埃米利乌斯·保卢斯在正式就职的几周前就在谈论自己的行省，这说明执政官的兵权任期并未被正式更改，只不过罗马出现了与之伴随的一个新体系，而这个体系在分配行省时不会考虑现任的执政官。

31. 见 Caes. *B Civ.* 1.6；恺撒在此处并没有说这一任命违法，这很好地证明了《有关行省的庞培法》并没有禁止这种任命，只不过因为建立了新的程序，正常情况下根本不需要做出这种任命。

32. E. S. Gruen, *The Last Generation of the Roman Republic*, Berkeley: University of California Press 1974, 459.

33. 庞培从未当过裁判官，而且他每次担任执政官之后都没有接手相关的地方兵权；见本书第 217 至 219 页。

34. Richardson, *Augustan Rome*, 81–91.

35. 在共和国末期，即罗马帝国主义成形的时期，历史记录中的异族大恶人出奇地少，几乎只有一个米特拉达梯；海盗与帕提亚人主要以集体的身份出现，维钦托利也只是在恺撒叙述的后期才占据了显要位置。

36. J. Prag, 'The provincial perspective on the politics of *repetundae* trials', in C. Steel and H. van der Blom, eds, *Community and Communication*: *Oratory and Politics in Republican Rome*, Oxford: Oxford University Press, forthcoming, 265–281.

37. 比如 Cic. *Att.* books 5. and 6.（写于奇里乞亚）。

38. Yarrow, *Historiography*.

39. 帝国榨取地方与个人不当得利之间的联系，也催生出了一类由罗马人创作的反罗马叙事，萨卢斯特那封有关米特拉达梯的书信（*Hist.* 4.69M）就是例证。

40. M. Crawford, 'States waiting in the wings: population distribution and the end of the Roman Republic', in L. de Ligt and S. Northwood, eds, *People, Land and Politics*: *Demographic Developments and the Transformation of Roman Italy, 300BC–AD 14*, Leiden: Brill 2008, 631–643.

41. 西塞罗留下的那些推荐信（book 13, *Fam.*）就完美体现了这一现象：他的通信人与门生可以说散布于罗马帝国各地，见 H. Cotton, 'The role of Cicero's letters of recommendation: *iustitia* versus *gratia*?', *Hermes* 114, 1986, 443—60；C. Steel, *Reading Cicero*: *Genre and Performance in Late Republican Rome*, London: Duckworth 2005, 93—97。

第八章

1. 有关这一时期精英文学的简介，推荐 D. Levene, 'The late Republican/triumviral period, 90—40B.C.', in S. J. Harrison, ed., *A Companion to Latin Literature*, Oxford: Blackwell 2005, 31—43。基础性著作仍是 E. Rawson, *Intellectual Life in the Late Roman Republic*, London: Duckworth 1985。

2. S. Butler, *The Hand of Cicero*, London: Routledge 2002; S. Kurczyk, *Cicero und die Inszenierung der eigenen Vergangenheit*: *Autobiograpisches Schreiben in der späten römischen Republik*, Cologne: Böhlau 2006.

3. E. Sciarrino, *Cato the Censor and the Beginnings of Latin Prose*: *From Poetic Translation to Elite Transcription*, Columbus: Ohio State University Press 2011; G. Marasco, ed., *Political Autobiographies and Memoirs in Antiquity*: *A Brill Companion*, Leiden: Brill 2011.

4. Cic. *Brut.* 122 的言外之意是说"洪流版的新书"（haec turba nouorum uoluminum）在公元前 46 年属于一种新现象，而这导致公元前 2 世纪的演说术遭到了罗马人的冷落。现存共和国时代讲稿残篇，见 *ORF*4。西塞罗的《布鲁图斯》以片面却又清晰的方式解释了演讲术与演讲稿的发展史。

5. Cic. *Clu.* 140.

6. Cic. *Orat.* 132; E. Fantham, *The Roman World of Cicero's De Oratore*, Oxford: Oxford University Press 2004, 26–48.

7. 西塞罗早先撰写《论选题》，呈现了自己的演讲术理论，而他此番撰写讲稿属于演讲实践，不知当时的他期待会有多少人成为他的听众？这是一个已经无法回答的有趣问题。公元前 76 年的执政官库里奥曾把自己抨击年轻恺撒的言论记录成文字（见 Suet. *Iul.* 49, 52），一部分内容似乎保留到了今天；西塞罗在 *Orat.* 132 中表达了对荷坦修斯的鄙薄，说他在演说家中属于"言胜于文之流"，言外之意，荷坦修斯至少也写过一些演讲稿。在同一段落里，西塞罗说科塔从未把自己的演讲写下来，但查理修斯却记下了科塔讲稿的片段（*ORF*4. 80. fr. 17），这一矛盾令人费解。

8. 某次具体演讲在事后记录时到底受了何种程度的编辑，这个问题在今天仍然极具争议，见 J. Powell and J. Paterson, eds, *Cicero the Advocate*, Oxford: Oxford University Press 2004, 52—57。比如西塞罗针对喀提林所做的那些演讲，后期记录时也许就经过了改动，主要是为了回击自己因处决密谋者而遭到的指控。在 *Att.* 2.1.3 处，西塞罗说自己在公元前 60 年把担任执政官期间发表的演讲合订成集，但这未必说明这些文字存在严重的改动（A. Dyck, *Cicero: Catilinarians*, Cambridge: Cambridge University Press 2008, 10—12）。纵观《为米罗辩护》在古代得到的评价，我们今天看到的这一篇应该是经过修改的，其中 "extra causam" 一段则完全是后来创作的，见 D. Berry, 'Pompey's legal knowledge – or lack of it: Cic. *Mil.* 70. and the date of *Pro Milone*', *Historia* 42, 1993, 502—504；L. Fotheringham, 'Cicero's fear: multiple readings of *Pro Milone* 1—4', *MD* 57, 2006, 63—83。

9. 有关西塞罗未得发表的演说，见 J. Crawford, *M. Tullius Cicero: The Lost and Unpublished Orations*, Göttingen: Vandenhoeck & Ruprecht 1984。官司失败是最容易追溯的一个动机：已知西塞罗只有两篇演讲稿记录的是他失败的辩护：其中的《为瓦雷尼乌斯辩护》，西塞罗的委托人确实是被定罪了，另一篇《为米罗辩护》，由于案件非常特殊，应该单独看待。但是，避免琐碎与为自身政治生涯的考虑，也是西塞罗不予记录的因素，见 C. Steel, 'Cicero's autobiography: narratives of success in the pre-consular orations', *Cahiers Glotz*（即将发表）。

10. 见 Cic. *Att.* 3.12.2。针对这篇演讲，西塞罗说它是在自己不知情的情况下被人传播出去的。

11. W. Stroh, *Taxis und Taktik: Die advokatischen Dispositionskunst in Ciceros Gerichtsreden*, Stuttgart: Teubner 1975, 7–30.

12. 这种情况在塔西佗《对话》——尤其 25.3 处——中得到了最为清晰的反映："同理，于吾辈而言，西塞罗乃是其时众多雄辩者之翘楚，且实至名归，然卡尔弗斯、阿西尼乌斯、恺撒、凯里乌斯与布鲁图斯亦皆胜古绝后之辈。彼辈风格有别，但此亦无关要旨……将彼之著作过目一番，你自会知晓其判断与态度彼此相连，颇为相似，不过行文思路各异。"马尔库斯·布鲁图斯在克洛狄乌斯遭谋害后虚构了一篇演讲词《为米罗辩护》，等于是这方面的探索者（Quint. *Inst.* 3.6.93）。有关布鲁图斯的演讲术，见 A. Balbo, 'Marcus Junius Brutus the orator: between philosophy and rhetoric', in C. Steel and H. van der Blom, eds, *Community and Communication: Oratory and Politics in the Roman Republic*, Oxford: Oxford University Press 2013, 315—328。有关上述及其他演说家的演讲稿片段，见 *ORF* 4。

13. 有关西塞罗的诗歌，见 C. Steel, *Reading Cicero: Genre and Performance in Late Republican Rome*, London: Duckworth 2005, 28—33；P. Knox, 'Cicero as a Hellenistic poet', *CQ* 61, 2011, 192—204；E. Gee, 'Cicero's poetry', in C. Steel, ed., *The Cambridge Companion to Cicero*, Cambridge: Cambridge

University Press（即将出版）。

14. E. Courtney, *The Fragmentary Latin Poets*, Oxford: Oxford University Press 1993, 149–156.

15. 见 Cic. *Q Fr*. 3.5.7。荷坦修斯、梅姆米乌斯（公元前 58 年的裁判官）和一个叫梅特卢斯的人还创作过艳诗（Ov. *Tr*. 2.433—2.442）。同样值得提及的诗人包括：李锡尼·卡尔弗斯，他在《伊娥》一诗中的实验性技法很令人钦佩；昆图斯·科尼菲乌斯，他在恺撒任独裁官期间当选裁判官，曾创作过《格劳库斯》；公元前 45 年的裁判官盖乌斯·阿西尼乌斯·波里欧；大名鼎鼎的恺撒（Suet. *Iul*. 56.5—56.7）；布鲁图斯。有关后两人作诗一事，见 Tac. *Dial*. 21.6，原文意为："他们（指布鲁图斯和恺撒）亦曾写诗，并将所作私藏于室，其诗不优于西塞罗之，幸然读者寥寥。"

16. 片段见 Courtney, *Fragmentary*, 156—173。

17. I. Gildenhard, *Creative Eloquence*: The Construction of Reality in Cicero's Speeches, Oxford: Oxford University Press 2011, 292—298.

18. 有关他们抨击西塞罗的具体理由，见 Cic. *Pis*. 72—74 以及（Sall.）Cic. 3。

19. Courtney, *Fragmentary*, 173—174。

20. Cic. *Q Fr*. 2.16.5.

21. 这从西塞罗一封书信中（*Q Fr*. 3.1.24）就能找到线索："吾想不妨在拙作《岁月》第二卷中插入一段绝妙文字，说诸神集会议论人间之事，阿波罗于会上预言两位领回归罗马时，一人已将其军队摧毁，一人已将其军队出卖。"

22. 见 Cic. *Fam*. 1.9.23，原稿上有文字缺漏。

23. 已知西塞罗还创作过一篇名为《马略》的诗歌，可惜我们今天完全不知道他在里面到底如何评述马略的政治生涯，也不知道其创作时间，见 Courtney, *Fragmentary*, 174—178。

24. S. Stroup, *Cicero, Catullus and a Society of Patrons*: The Generation of the Text, Cambridge: Cambridge University Press 2010.

25. 有关《物性论》的政治意义，见 D. P. Fowler, 'Lucretius and politics', in M. Griffin and J. Barnes, eds, *Philosophia Togata I*, Oxford: Oxford University Press 1989, 120—150; A. Schiesaro, 'Lucretius and Roman politics and history', in S. Gillespie and P. Hardie, eds, *The Cambridge Companion to Lucretius*, Cambridge: Cambridge University Press 2007, 41—58。

26. C. J. Castner, *A Prosopography of Roman Epicureans from the 2nd century BC to the 2nd century AD*, Frankfurt: Lang 1988.

27. 有关皮索信奉伊壁鸠鲁派哲学一事，见 M. Griffin, 'Cicero, Piso and their audiences', in C. Auvray-Assayas and D. Delattre, eds, *Cicéron et Philodème*: la polemique en philosophie, Paris: Rue d'Ulm 2001, 85—99。

28. 有关滑稽剧与共和国末期政治生活之间的联系，见 C. Panayotakis, *Decimus Laberius: The Fragments*, Cambridge: Cambridge University Press 2010, 13—16。

29. Rawson, *Intellectual Life*, 215–316.

30. 有关靠书信从事政治经济活动的方式，推荐 P. White, *Cicero in Letters*: Epistolary Relations of the Late Republic, New York: Oxford University Press 2010，这本书对书信的运作机制有着极好的介绍。另见 J. Hall, *Politeness and Politics in Cicero's Letters*, Oxford: Oxford University Press 2009。西塞罗书信创作的最高峰，是他努力维系反安东尼同盟的那一段时期，不过那个时期刚刚超过了本卷书所涵盖的范围。

31. A. Riggsby, *Caesar in Gaul and Rome*: War in Words, Austin: University of Texas Press 2006, 133—155.

32. 见 T. P. Wiseman, 'The publication of De Bello Gallico', in A. Powell and K. Welch, eds, *Julius Caesar as Artful Reporter*: The War Commentaries as Political Instruments, Swansea: Classical Press of Wales

1998, 1—9; Riggsby, *Caesar*, 9—15。恺撒与庞培在记述各自功绩上思路的对比，见本书第七章。

33. 恺撒与瓦罗有关于拉丁语的著作（见 A.Garcea, *Caesar's De Analogia: Edition, Translation, and Commentary*, Oxford: Oxford University Press 2012），瓦罗有关于农业的著作；西塞罗、瓦罗、阿庇乌斯·克劳狄乌斯（公元前 54 年的执政官）与普布利乌斯·尼基狄乌斯·菲古鲁斯（公元前 58 年的裁判官）有关于宗教的著作。

34. 后苏拉时代撰写过史书的元老包括西森纳、盖乌斯·李锡尼·梅塞、荷坦修斯与卢塞乌斯。至于非元老阶层的历史记录者，确定他们的年代更为困难。有关共和国末期的历史文化，见 U. Walter, *Memoria und res publica: Zur Geschichtskultur im repulikanischen Rom*, Frankfurt: Verlag Antike 2004。有学者对历史记录者的元老身份与对历史事件主题式处理之间的巧合提出了值得思考的质疑，见 D. Levene, 'Roman historiography in the late Republic', in J. Marincola, ed, *A Companion to Greek and Roman Historiography*, Oxford: Blackwell 2007, 275—289, at 278—280。有学者讨论了梅塞撰写的罗马早期历史与其本人政治活动之间的关系，见 T. P. Wiseman, *Remembering the Roman People*, Oxford: Oxford University Press 2009, 18—24, 59—80。

35. D. Braund, 'The politics of Catullus 10', *Hermathena* 160, 1996, 45—57.

36. 彩色冠盖一事，见 Lucr. 4.75—4.83。狮虎豹一事，见 Plin. *HN* 8.64；Cic. *Fam.* 8.9.3。其中，普林尼指的是埃米利乌斯·斯考卢斯在公元前 58 年担任营造官期间举办的一系列竞技活动，其奢华与新奇在当时十分轰动：Plin. *HN* 8.96 处提到首次在罗马向公众展示鳄鱼与河马，而且在展示期间，那批河马因为被一根削尖的芦苇伤到而一同流血；斯考卢斯还在临时搭建的剧场里展示了 3000 尊塑像（*HN* 34.36）和大理石墙壁（*HN* 36.50）；在 *HN* 36.113—36.115，普林尼总结说："我倒是觉得，他当营造官，给道德风气带来了最大的伤害，而且苏拉的一名继子竟有如此大的权力，其恶果比他斥成千上万人更为严重。"Cic. *Off.* 2.57 处简述了营造官展示炫耀现象的历史，强调每个营造官都想让自己的活动强过之前的活动。

37. 见本书第 144 至 145 页，以及第 184 页。

38. 有关对精英派与平民派这种分类的质疑，见 M. Robb, *Beyond Populares and Optimates: Political Language in the Late Republic*, Stuttgart: Steiner 2010。

39. 加图在公元前 59 年未担任官职（F. Pina Polo, *Contra arma verbis: Der Redner vor dem in der späten römischen Republik*, Stuttgart: Steiner 1996, 36）。召集此次集会的，最有可能是那三个敌视庞培与恺撒的保民官之一。西塞罗在 *Q Fr.* 1.2.15 中指出，加图"虽是愚鲁少年，毕竟来自加图家族，毕竟还是罗马公民"，他竟然遭到此等对待，证明罗马共和国已经崩溃。

40. 见本书第 161 页。

41. Cic. *Q Fr.* 2.3.3—2.3.4；*Q Fr.* 2.5.3 处的文字证实了加图经济窘迫（他没钱供养自己的角斗士团，于是托人将其出售，没想到此人竟将他们卖给了米罗，而加图在那个春天一直在抨击米罗）。Robb, *Beyond*, 149. n. 8 处指出，加图从未被人描述为平民派。

42. Cass. Dio 39.27—39.31；Cic. *Att.* 4.15.4, 4.16.5—4.16.6.

43. 见 Cic. *Sest.* 96—98 with R. A. Kaster, *Cicero: Speech on Behalf of Publius Sestius*, Oxford: Oxford University Press 2006, ad loc。在公元前 1 世纪 60 年代末，骑士阶层与元老阶层的分歧十分明显。

44. 这方面的相关论述，经典仍是 R. Syme, *The Roman Revolution*, Oxford: Oxford University Press 1939, 10—27。

45. 这些能够体现显贵家族政治延续性的人物包括梅特卢斯·皮乌斯、塞维利乌斯·瓦提亚（同盟战争时期任裁判官，公元前 79 年任执政官，公元前 55 年任监察官，死于公元前 44 年）、李锡尼·卢库鲁斯、昆图斯·卢塔提乌斯·卡图卢斯以及荷坦修斯（注意，荷坦修斯是在公元前 95 年进入政坛的）。此外还可算上菲利普斯与佩尔佩尔那，但前者在公元前 1 世纪 70 年代中期以后就在史料中消失，后者显然已经隐退了。

46. 从公元前 80 年到前 49 年，共有 64 人担任过执政官，其中只有西塞罗与阿弗拉尼乌斯是绝对的政治"新人"（加比尼乌斯的家族出过元老，格涅乌斯·奥菲迪乌斯、欧乐提乌斯与穆雷纳的父亲都当过裁判官），18 人出身贵族。显贵阶层把持官位更为明显的体现，就是他们始终在祭司团里占据主宰地位。

47. 公元前 1 世纪 70 年代以后，元老院明显更容易陷入行政停滞：公元前 61 年克洛狄乌斯引发的问题，公元前 60 年有关庞培在东方所做安排的讨论，公元前 56 年初有关埃及兵权的问题，再加上公元前 59 年那种闻所未闻的无能，都能说明这一点。有关苏拉之后第一元老之位的空缺对元老院决策流程的影响——包括精英阶层内部竞争的加剧——见 M. Bonnefond-Coudry, *Le Sénat de la République romaine: de la guerre d' Hannibale à Auguste: pratiques délibératives et prises de décisions*, Rome: École Française de Rome 1989, 706—709.

48. 此外，当然还包括地域性的竞争与个人间的敌意（inimicitiae），后者在法庭上体现得尤其明显。

49. "Piscinarii" 一语见 *Att.* 1.19.6, 1.20.3；公元前 56 年，见 *Att.* 4.5.1—4.52; *Fam.* 1.7.7.

50. 见 Val. Max. 6.2.8，这正是庞培"少年屠夫"（adulescentulus carnifex）这一绰号的出处。赫尔维乌斯·曼西亚是在公元前 55 年有关元老资格的监察官听证会上做的这番演讲。

51. 更为详细的讨论见本书第四章。庞培政治生涯中的这些反常之处都发生在公元前 70 年之前或这期间，这是不应以公元前 70 年断代的又一个论据。

52. 见本书第 200 至 201 页。不过，《有关行省的庞培法》是一个有缺陷的解决方案，因为它限制了将领的备选范围。

53. 在公元前 1 世纪 50 年代，《森布洛尼乌斯法》实施时总是会遭到挑战：元老院根据此法在公元前 59、前 58 和前 55 年所做的安排最终都被推翻，而公元前 54 年的两位执政官阿赫诺巴布斯与阿庇乌斯·克劳狄乌斯似乎也对此法不满——否则就很难解释他们为何在下一年执政官的竞选中选择与梅姆米乌斯和卡尔维尼乌斯合作。这些挑战并不是由军事危机引发的（元老院是能够根据此法案应对军事危机的，比如在埃及军情紧急的时候，元老院就将其划入兰图卢斯根据此法案分得的奇里乞亚行省）——比如卡雷惨败后，这一法案的安排就没有遭到挑战——而是由执政官的野心引发的。

54. J. P. V. D. Balsdon, 'Consular provinces under the late Republic, I: general considerations', *JRS* 29, 1939, 57–73.

55. 能够确认的副将包括德希姆斯·莱利乌斯（在公元前 76 年的劳罗之战中被杀）、马尔库斯·特伦提乌斯·瓦罗以及卢西乌斯·阿弗拉尼乌斯。

56. 见 Plut. *Pomp.* 25.3；Dio 36.37。这 15 人的名单见 *MRR* 2.148—2.149。有关副将职能更为宽泛的研究，见 M-M. Salomonsson, 'Roman legates in the Republic', *Opuscula Romana* 25—26, 2000, 79—88。

57. 文中未提及姓名的 4 人及其担任执政官的年份，分别为：卢西乌斯·曼利乌斯·托夸图斯（公元前 65 年）、马尔库斯·普皮乌斯·皮索（公元前 61 年）、昆图斯·凯西利乌斯·梅特卢斯·内波斯（公元前 57 年）以及格涅乌斯·科尼利乌斯·兰图卢斯·马塞里努斯（公元前 56 年）。另外几位副将中，奥卢斯·普罗提乌斯是公元前 51 年的裁判官；提比略·克劳狄乌斯·尼禄与马尔库斯·特伦提乌斯·瓦罗也当过裁判官，且有可能是在担任庞培将之后；卢西乌斯·格利乌斯·波普里克拉与格涅乌斯·科尼利乌斯·兰图卢斯·克洛狄亚努斯是前任执政官；历史记录者西森纳是前任裁判官；马尔库斯·洛利乌斯·帕里卡努斯可以说是其中的反例：他是公元前 71 年的保民官，在公元前 66 年参选执政官失败，他与庞培都是皮瑟努姆人，在恢复保民官职权的立法中也曾与庞培联手，按理说应是庞培的亲信，而且很得人心，他的竞选失败可能是与执政官皮索的打压以及庞培当时不在罗马有关（Val. Max. 3.8.3）。

58. 公元前 65 年一共选出了 4 位执政官，先选出的两人因为后来坐实贿选遭到了革职。

59. 不过，阿弗拉尼乌斯凭借任裁判官期间的战功而举办的那场盛大的凯旋仪式，也是他当选的一个因素。

60. 见本书本卷作者序言注释 12。

61. 公元前 63 年的裁判官卢西乌斯·瓦莱里乌斯·弗拉库斯就是一个例子。他虽曾被起诉过贪污罪，但在公元前 57 年的执政官选举前已被宣判无罪，他又是为什么没有参选呢？今天确实找不到他参选的证据。

62. 塞勒反对庞培的一个动机，也许是庞培与穆西亚离婚令他感到愤怒，但这一理由的重要性不应被高估。庞培的极端措施本身就足以引发不满。

63. 见 K. Welch, 'Caesar and his officers in the Gallic War Commentaries', in Welch and Powell, *Julius Caesar as Artful Reporter*, 85—110。拉比恩努斯在公元前 63 年担任保民官期间就展示出了政治野心，但恺撒却没有支持他出任更高的职务（G. Wylie 'Why did Labienus defect from Caesar in 49B.C.?', *Ancient History Bulletin* 3, 1989, 123—127）。值得一提的还有昆图斯·西塞罗：他可能也觊觎执政官之位，结果也未如愿（T. P. Wiseman, 'The ambitions of Q. Cicero', *JRS* 56, 1966, 108—115）。

64. 学者默尔施泰因 — 马克斯指出，"庞培不在罗马期间（公元前 66 至前 61 年），立法遭到挑战的情况反而减少了"（R. Morstein-Marx, '"Cultural hegemony" and the communicative power of the Roman elite', in Steel and van der Blom, *Community and Communication*, 29—47, at 37）。这绝不是巧合：庞培总是喜欢直接煽动罗马民众，导致他的对手们紧张感加剧，进而导致政治升温。

65. 见 M. Schofield, 'Cicero's definition of *res publica*' in J. Powell, ed., *Cicero the Philosopher*, Oxford: Oxford University Press 1995, 63—83; Fantham, *Roman World*, 305—328。西塞罗在公元前 1 世纪 50 年代还创作了法学专著《论法律》，对于这三部专著的深入分析，见 J. Zetzel, 'Political philosophy', in Steel, *Cambridge Companion to Cicero*。《论法律》肯定动笔于内战爆发前，但显然没有在内战爆发前结稿，详情见 A. Dyck, *A Commentary on Cicero, De Legibus*, Ann Arbor: University of Michigan Press 2004。

66. 更为广泛的分析，见 M. Fox, *Cicero's Philosophy of History*, Oxford: Oxford University Press 2007。

67. 西塞罗强调混合政体的价值，认为其能守护自由（Cic. *Rep.* 1.69）；介绍了保民官的起源（*Rep.* 2.57—2.59.）；提出一个合法的共和国就是人民的财产（*Rep.* 3.43—3.48）。

68. 参见 Cic. *Leg.* 3.17，昆图斯·西塞罗在此处对保民官一职的存在提出质疑。

69. J. Powell, 'The rector *rei publicae* of Cicero's *De re publica*', *SCI* 13, 1994, 19—29.

70. 书中提到了所谓"西庇阿之梦"，以神话般的笔法描述了"凡救国、助国、壮国之人"所能得到的永生回报（6.13）。有关西庇阿之梦，见 J. Zetzel, *Cicero: De Re Publica, Selections*, Cambridge: Cambridge University Press 1995, 223—253。

71. Steel, *Reading Cicero*, 106—114; P. Burton, 'Genre and fact in the preface to Cicero's *De amicitia*', *Antichthon* 41, 2007, 13—32; M. Schofield, 'Ciceronian dialogue', in S. Goldhill, ed., *The End of Dialogue in Antiquity*, Cambridge: Cambridge University Press 2009, 63–84.

72. 参见 Cic. *Q Fr.*3.5.1—3.5.2，西塞罗在此处讨论了《论共和国》的创作过程。另见 M. Fox, 'Heraclides of Pontus and the philosophical dialogue' in W. Fortenbaugh and E. Pender, eds, *Heraclides of Pontus*, New Brunswick: Transaction 2009, 41—67；H. van der Blom, *Cicero's Role Models: The Political Strategy of a Newcomer*, Oxford: Oxford University Press 2010, 151—174。

73. 《论演说家》中共有 7 人参与对话，其中只有盖乌斯·奥勒留·科塔在现实中活到了公元前 1 世纪 70 年代，有 4 人死于非命。

74. Tac. *Hist.* 2.38.

75. *Contra*, E. S. Gruen, *The Last Generation of the Roman Republic*, Berkeley: University of California Press 1974, 6–46.

76. 政治与繁荣（或者是衰落）之间的关系，在 P. A. Brunt, 'The army and the land in the Roman revolution', *JRS* 52, 1962, 69—86 中得到了重点阐述。

77. 参见 M. Jehne, 'Feeding the *plebs* with words: the significance of senatorial public oratory in the small world of Roman politics', in Steel and van der Blom, *Community and Communication*, 49—62，该学者在讨论西塞罗的演说时，强调了人民的权威在这场辩论中的重要性。

78. 第二年，执政官卢西乌斯·沃尔卡提乌斯·图卢斯拒绝喀提林参选（Asc. 89C）；我们并不清楚那时的喀提林是否已是帕里卡努斯那种"得人心"的政治人物。

79. Wiseman, *Remembering*, 177–210; J. Vanderbroeck, *Popular Leadership and Collective Behaviour in the Late Roman Republic, 80–50B.C.*, Amsterdam: Gieben 1987.

80. 见 F. Pina Polo, *The Consul at Rome*, Cambridge: Cambridge University Press 2011, 149；有关皮索，见该书第 308 至 309 页。

81. 皮索的同僚格拉布里欧根据加比尼乌斯的一项法案分到了比提尼亚与本都两个行省，想必在公元前 67 年春从罗马动身。不过之前，皮索在推行那项不甚严厉的反贿赂法案中已经得到了他的支持。

82. Pina Polo, *Consul*, 299—300. 有关扈从一事，见 Suet. *Iul.* 20.1，此处说罗马之前便有此先例。

83. *Sest.* 86; J. Harries, *Cicero and the Jurists: From Citizens' Law to Lawful State*, London: Duckworth 2006, 193–197; Gildenhard, *Creative Eloquence*, 152–156. 有关西塞罗记述其回归罗马过程的"标准本版"，见 Kaster, *Sestius*, 10—14。

84. 克洛狄乌斯在公元前 57 年两次被米罗提起暴力罪指控（M. Alexander, *Trials in the Late Roman Republic 149BC to 50BC*, Toronto: University of Toronto Press 1990, 128）。第一次审判中，他得到了兄弟阿庇乌斯·克劳狄乌斯（公元前 57 年的裁判官）、执政官内波斯与当年某位保民官的保护；第二次遭到指控时因为他已出任营造官，因而没有遭到审判。后来，克洛狄乌斯对米罗发起了起诉（Alexander *Trials*, 129—130），但撤诉了；塞斯提乌斯也在公元前 56 年遭到起诉，起诉方以普布利乌斯·阿尔比诺瓦努斯为首，为塞斯提乌斯辩护的有荷坦修斯、克拉苏与西塞罗，他最后以全票被无罪释放。

85. R. Morstein-Marx, '*Dignitas* and *res publica*. Caesar and Republican legitimacy', in K-J. Hölkeskamp, ed., *Eine politische Kultur (in) der Krise*?, Munich: Oldenbourg 2009, 115–140.

86. 见 E. Rawson, 'Caesar's heritage: Hellenistic kings and their Roman equals', *JRS* 65, 1975, 148—159；在大祭司的问题上，笔者十分感激约翰·博兰在交谈中带给我的启发。

参考文献

Adams, J. N. (2003), *Bilingualism and the Latin Language*, Cambridge: Cambridge University Press.

Adshead, K. (1981), 'Further inspiration for Tiberius Gracchus?', *Antichthon* 15, 119–28.

Alexander, M. (1990), *Trials in the Late Roman Republic 149 BC to 50 BC*, Toronto: University of Toronto Press.

Alexander, M. (2002), *The Case for the Prosecution in the Ciceronian Era*, Ann Arbor: University of Michigan Press.

Andreau, J., and Bruhns, H., eds (1990), *Parenté et stratégies familiales dans l'antiquité romaine*, Rome: École Française de Rome.

Astin, A. E. (1967), *Scipio Aemilianus*, Oxford: Oxford University Press.

Astin, A. E. (1985), 'Censorships in the late Republic', *Historia* 34, 175–90.

Badian, E. (1955), 'The date of Pompeius' first triumph', *Hermes* 83, 107–18.

Badian, E. (1962), 'Waiting for Sulla', *JRS* 52, 47–61.

Badian, E. (1964), 'Notes on provincial governors from the Social War down to Sulla's victory', in Badian, E., *Studies in Greek and Roman History*, Oxford: Blackwell, 71–104.

Badian, E. (1965), 'M. Porcius Cato and the annexation and early administration of Cyprus', *JRS* 55, 110–21.

Badian, E. (1967), 'The testament of Ptolemy Alexander', *RhM* 110, 178–92.

Badian, E. (1969), '*Quaestiones Variae*', *Historia* 18, 447–91.

Badian, E. (1984), 'The death of Saturninus: studies in chronology and prosopography', *Chiron* 14, 130–40.

Baehrends, O. (2002), 'La "lex Licinia Mucia de ciuibus redigundis" de 95 a. C.' in Ratti, S., ed., *Antiquité et citoyenneté*, Besançon: Presses Universitaires Franc-Comtoises, 15–33.

Bailey, D. R. S. (1960), 'The Roman nobility in the second civil war', *CQ* 10, 253–67.

Bailey, D. R. S. (1986), '*Nobiles* and *novi* reconsidered', *AJPh* 107, 255–60.

Balbo, A. (2013), 'Marcus Junius Brutus the orator: between philosophy and rhetoric', in Steel, C., and van der Blom, H., eds, *Community and Communication*: *Oratory and Politics in the Roman Republic*, Oxford: Oxford University Press, 315–28.

Balsdon, J. P. V. D. (1939), 'Consular provinces under the late Republic, I: general considerations', *JRS* 29, 57–73.

Barker, G., ed. (1995), *A Mediterranean Valley*: *Landscape Archaeology and Annales History in the Biferno Valley*, Leicester: Leicester University Press.

Bastien, J-L. (2007), *Le triumph romain et son utilisation politique à Rome aux trois derniers siècles de la*

République, Rome: École Française de Rome.

Bauman, R. (1967), *The Crimen Maiestatis in the Roman Republic and Augustan Principate*, Johannesburg: Witwatersrand University Press.

Bauman, R. (1992), *Women and Politics in Ancient Rome*, London: Routledge.

Beard, M. (2007), *The Roman Triumph*, Cambridge, MA: Harvard University Press.

Beard, M. and Crawford, M. (1999), *Rome in the Late Republic*: *Problems and Interpretations*, 2nd edn, London: Duckworth.

Beard, M., North, J. and Price, S. (1998), *Religions of Rome*, 2 vols, Cambridge: Cambridge University Press.

Bellemore, J. (2005), 'Cato's opposition to Caesar in 59B.C.', in Welch, K. and Hillard, T., eds, *Roman Crossings*: *Theory and Practice in the Roman Republic*, Swansea: Classical Press of Wales, 225–57.

Bendlin, A. (2000), 'Looking beyond the civic compromise: religious pluralism in late Republican Rome', in Bispham, E., and Smith, C., eds, *Religion in Archaic and Republican Rome*: *Evidence and Experience*, Edinburgh: Edinburgh University Press, 115–35.

Benferhat, Y. (2002), 'Plaidoyer pour une victime de Cicéron: Pison', *REL* 80, 55–77.

Beness, L. (2005), 'Scipio Aemilianus and the crisis of 129B.C.', *Historia* 54, 37–48.

Bernstein, F. (1998), *Ludi Publici*: *Untersuchungen zur Entstehung und Entwicklung der öffentlichen Spiele im republikanischen Rom*, Stuttgart: Steiner.

Berry, D. (1993), 'Pompey's legal knowledge – or lack of it: Cic. *Mil*. 70 and the date of *pro Milone*', *Historia* 42, 502–4.

Berry, D. (1996), *Cicero Pro Sulla Oratio*, Cambridge: Cambridge University Press.

Bispham, E. (2007), *From Asculum to Actium*: *The Municipalization of Italy from the Social War to Augustus*, Oxford: Oxford University Press.

Bonnefond-Coudry, M. (1989), *Le Sénat de la République romaine*: *de la guerre d'Hannibale à Auguste*: *pratiques délibératives et prises de décisions*, Rome: École Française de Rome.

Bonnefond-Coudry, M. (1993), 'Le *princeps senatus*', *MEFRA* 105, 103–34.

Bradley, G. (2006), 'Colonization and identity in Republican Italy', in Bradley, G. and Wilson, J-P., eds, *Greek and Roman Colonization*: *Origins, Ideologies and Interactions*, Swansea: Classical Press of Wales, 161–87.

Bradley, G. (2007), 'Romanization: the end of the peoples of Italy?', in Bradley, G., Isayev, E., and Riva, C., eds, *Ancient Italy*: *Regions without Boundaries*, Exeter: University of Exeter Press, 295–322.

Bradley, K. (1989), *Slavery and Rebellion in the Roman World, 140 B.C.– 70 B.C.*, London: Batsford.

Braund, D. (1983), 'Royal wills and Rome', *PBSR* 51, 16–57.

Braund, D. (1996), 'The politics of Catullus 10', *Hermathena* 160, 45–57.

Brennan, T. C. (2000), *The Praetorship in the Roman Republic*, New York: Oxford University Press.

Brodersen, K. (1993), 'Appian und sein Werk', *ANRW* 2.34.1, 339–63.

Broughton, T. (1991), *Candidates Defeated in Roman Elections*: *Some Ancient Roman 'Also-Rans'*, Philadelphia: American Philological Association.

Brunt, P. A. (1962), 'The army and the land in the Roman revolution', *JRS* 52, 69–86.

Brunt, P. A. (1971), *Italian Manpower, 225 B.C.–A.D. 14*, Oxford: Oxford University Press.

Brunt, P. A. (1982), '*Nobilitas* and *novitas*', *JRS* 72, 1–17.

Brunt, P. A. (1988), *The Fall of the Roman Republic and Related Essays*, Oxford: Oxford University Press.

Burnett, A. (1998), 'The coinage of the Social War', in Burnett, A., Wartenburg, U. and Witschonke, R., eds,

Coins of Macedonia and Rome: *Essays in Honour of Charles Hersh*, London: Spink, 165–72.

Burton, P. (2007), 'Genre and fact in the preface to Cicero's *De amicitia*', *Antichthon* 41, 13–32.

Butler, S. (2002), *The Hand of Cicero*, London: Routledge.

Carlsen, J. (2006), *The Rise and Fall of a Roman Noble Family*: *The Domitii Ahenobarbi 196 BC–AD 68*, Odense: University Press of Southern Denmark.

Carlsen, J. (2008), 'Cn. Domitius Calvinus: a noble Caesarian', *Latomus* 67, 72–81.

Castner, C. J. (1988), *A Prosopography of Roman Epicureans from the 2nd Century BC to the 2nd Century AD*, Frankfurt: Lang.

Christ, K. (2002), *Sulla: Eine römische Karriere*, Munich: Beck.

Churchill, J. B. (1999), '*Ex qua quod vellent facerent*: Roman magistrates' authority over *praeda* and *manubiae*', *TAPhA* 129, 85–115.

Clark, A. (2007), *Divine Qualities*: *Cult and Community in Republican Rome*, Oxford: Oxford University Press.

Cloud, D. (1994), 'The constitution and public criminal law', *CAH* 9^2, 491–530.

Cluett, R. (2009), 'The continuators: soldiering on', in Griffin, M., ed., *A Companion to Julius Caesar*, Chichester: Wiley-Blackwell, 192–205.

Conole, P. (1981), 'Allied disaffection and the revolt of Fregellae', *Antichthon* 15, 129–40.

Corbeill, A. (2010), 'A text in Cicero's *De haruspicum responsis*', in Berry, D. and Erksine, A., eds, *Form and Function in Roman Oratory*, Cambridge: Cambridge University Press, 139–54.

Coşkun, A. (2004), '"Civitas Romana" und die Inklusion von Fremden in die römische Republik am Beispiel des Bundesgenossenkrieges', in Gestrich, A. and Lutz, R., eds, *Inklusion/Exklusion*: *Studien zu Fremdheit und Armut von der Antike bis zur Gegenwart*, Frankfurt: Lang, 85–111.

Coşkun, A. (2005), '"Amicitiae" und politische Ambitionen im Kontext der "causa Deiotariana" (45 v. Chr.)', in Coşkun, A., ed., *Roms auswärtige Freunde in der späten Republik und frühen Prinzipat*, Göttingen: Duehrkohp & Radicke, 127–54.

Cotton, H. (1986), 'The role of Cicero's letters of recommendation: *iustitia* versus *gratia*?', *Hermes* 114, 443–60.

Courtney, E. (1993), *The Fragmentary Latin Poets*, Oxford: Oxford University Press.

Crawford, J. (1984), *M. Tullius Cicero*: *The Lost and Unpublished Orations*, Göttingen: Vandenhoeck & Ruprecht.

Crawford, J. (1994), *M. Tullius Cicero*: *The Fragmentary Speeches*, Atlanta: Scholars Press.

Crawford, M. (1968), 'The edict of M. Marius Gratidianus', *PCPhS* n.s. 14, 1–4.

Crawford, M. (1973), '*Foedus* and *sponsio*', *PBSR* 41, 1–7.

Crawford, M. (1996), *Roman Statutes*, 2 vols, London: Institute of Classical Studies.

Crawford, M. (1996), 'Italy and Rome from Sulla to Augustus', *CAH* 10^2 , 414–33.

Crawford, M. (1998), 'How to create a *municipium*: Rome and Italy after the Social War', in Austin, M., Harries, J. and Smith, C., eds, *Modus Operandi*: *Essays in Honour of Geoffrey Rickman*, London: Institute of Classical Studies, 31–46.

Crawford, M. (2008), 'States waiting in the wings: population distribution and the end of the Roman Republic', in de Ligt, L. and Northwood, S., eds, *People, Land and Politics*: *Demographic Developments and the Transformation of Roman Italy, 300 BC–AD 14*, Leiden: Brill, 631–43.

Crawford, M. (2011), *Imagines Italicae*, London: Institute of Classical Studies.

Crawford, M. (2011), 'Reconstructing what Roman Republic?', *BICS* 54, 105–14.

David, J-M. (2009), 'L'exercice du patronat à la fin de la République', in Hölkeskamp, K–J., ed., *Eine politische Kultur (in) der Krise?*, Munich: Oldenbourg, 73–86.

De Cazanove, O. (2000), 'Some thoughts on the "religious Romanization" of Italy before the Social War', in Bispham, E. and Smith, C., eds, *Religion in Archaic and Republican Rome: Evidence and Experience*, Edinburgh: Edinburgh University Press, 71–6.

De Ligt, L. (2004), 'Poverty and demography: the case of the Gracchan land reforms', *Mnemosyne* 57, 725–57.

De Ligt, L. (2007), 'Roman manpower resources and the proletarianization of the Roman army in the second century B.C.', in de Blois, L. and Lo Cascio, E., eds, *The Impact of the Roman Army (200 B.C.–A.D. 476)*, Leiden: Brill, 3–20.

De Souza, P. (1999), *Piracy in the Graeco-Roman World*, Cambridge: Cambridge University Press.

Dobson, M. (2008), *The Army of the Roman Republic: The Second Century B.C., Polybius and the Camps at Numantia, Spain*, Oxford: Oxbow.

Drinkwater, J. (1983), *Roman Gaul: The Three Provinces 58 B.C.–260 A.D.*, London: Croom Helm.

Drumann, W. and Groebe, P. (1906), *Geschichte Roms*, vol. 3, 2nd edn, Leipzig: Borntraeger.

Drummond, A. (1995), *Law, Politics and Power: The Execution of the Catilinarian Conspirators*, Stuttgart: Steiner.

Drummond, A. (1999), 'Tribunes and tribunician programmes in 63 B.C.', *Athenaeum* 87, 121–67.

Drummond, A. (2000), 'Rullus and the Sullan *possessores*', *Klio* 82, 126–53.

Dugan, J. (2001), '(*Non*) *bona dicta*: intertextuality between Catullus 11.16 and Cicero *De oratore* 2.222', in Tylawsky, E. and Weiss, C., eds, *Essays in Honor of Gordon Williams: Twenty-Five Years at Yale*, New Haven: Henry R. Schwab, 85–99.

Dumont, J-C. (1987), *Servus: Rome et l'esclavage sous la République*, Rome: École Française de Rome.

Dyck, A. (1996), *A Commentary on Cicero, De Officiis*, Ann Arbor: University of Michigan Press.

Dyck, A. (2004), *A Commentary on Cicero, De Legibus*, Ann Arbor: University of Michigan Press.

Dyck, A. (2008), *Cicero: Catilinarians*, Cambridge: Cambridge University Press.

Dyck, A. (2010), *Cicero: Pro Sexto Roscio*, Cambridge: Cambridge University Press.

Dzino, D. (2002), '*Annus mirabilis*: 70 B.C. re-examined', *Ancient History* 32, 99–117.

Eckstein, A. (1982), 'Human sacrifice and fear of military disaster in Republican Rome', *AJAH* 7, 69–95.

Eckstein, A. (2006), *Mediterranean Anarchy, Interstate War, and the Rise of Rome*, Berkeley: University of California Press.

Eilers, C., ed. (2009), *Diplomats and Diplomacy in the Roman World*, Leiden: Brill.

Erskine, A. (1990), *The Hellenistic Stoa: Political Thought and Action*, London: Duckworth.

Evans, R. (1983), 'The *consulares* and *praetorii* in the Roman Senate at the beginning of Sulla's dictatorship', *Athenaeum* 61, 521–8.

Evans, R. (2008), *Utopia Antiqua: Readings of the Golden Age and Decline at Rome*, London: Routledge.

Fantham, E. (2004), *The Roman World of Cicero's De Oratore*, Oxford: Oxford University Press.

Farney, G. (2004), 'Some more Roman Republican "also-rans"', *Historia* 53, 246–50.

Farney, G. (2007), *Ethnic Identity and Aristocratic Competition in Republican Rome*, Cambridge: Cambridge University Press.

Feeney, D. (2007), *Caesar's Calendar: Ancient Time and the Beginnings of History*, Berkeley: University of

California Press.

Fehrle, R. (1983), *Cato Uticensis*, Darmstadt: Wissenschaftliche Buchgesellschaft.

Ferrary, J-L. (1975), 'Cicéron et la loi judiciaire de Cotta (70 av. J.-C.)', *MEFRA* 87, 321–48.

Ferrary, J-L. (1979), 'Recherches sur la législation de Saturninus et de Glaucia, II', *MEFRA* 91, 85–134.

Ferrary, J-L. (1988), '*Rogatio Servilia Agraria*', *Athenaeum* 66, 141–64.

Ferrary, J-L. (1997), 'The Hellenistic world and Roman political patronage', in Cartledge, P., Garnsey, P. and Gruen, E., eds, *Hellenistic Constructs*: *Essays in Culture, History and Historiography*, Berkeley: University of California Press, 105–19.

Ferrary, J-L. (2002), 'La création de la province d'Asie et la présence italienne en Asie Mineure', in Müller, C. and Hasenohr, C., eds, *Les italiens dans le monde grec*: *IIe siècle av. J.-C.–Ier siècle ap. J.-C. Circulation, activités, intégration*, Paris: École Française d'Athènes, 133–46.

Ferrary, J-L. (2010), 'À propos des pouvoirs et des honneurs décernés à César entre 48 et 44', in Urso, G., ed., *Cesare*: *precursore o visionario? Atti del convegno internationale, Cividale del Friuli*, 17-19 Settembre 2009, Pisa: ETS, 9–30.

Flaig, E. (2004), *Ritualisierte Politik*: *Zeichen, Gesten und Herrschaft im Alten Rom*, 2nd edn, Göttingen: Vandenhoeck & Ruprecht.

Flower, H. (1996), *Ancestor Masks and Aristocratic Power in Roman Culture*, Oxford: Oxford University Press.

Flower, H. (2004), 'Spectacle and political culture in the Roman Republic', in Flower, H., ed., *The Cambridge Companion to the Roman Republic*, Cambridge: Cambridge University Press, 322–43.

Flower, H. (2006), *The Art of Forgetting*: *Disgrace and Oblivion in Roman Political Culture*, Chapel Hill: University of North Carolina Press.

Flower, H. (2010), *Roman Republics*, Princeton: Princeton University Press.

Flower, H. (2013), 'Beyond the *contio*: political communication in the tribunate of Tiberius Gracchus', in Steel, C. and van der Blom, H., eds, *Community and Communication*: *Oratory and Politics in Republican Rome*, Oxford: Oxford University Press, 85–100.

Fotheringham, L. (2006), 'Cicero's fear: multiple readings of *Pro Milone* 1–4', *MD* 57, 63–83.

Fowler, D. P. (1989), 'Lucretius and politics', in Griffin, M. and Barnes, J., eds, *Philosophia Togata I*, Oxford: Oxford University Press, 120–50.

Fox, M. (2007), *Cicero's Philosophy of History*, Oxford: Oxford University Press.

Fox, M. (2009), 'Heraclides of Pontus and the philosophical dialogue', in Fortenbaugh, W. and Pender, E., eds, *Heraclides of Pontus*, New Brunswick: Transaction, 41–67.

Frederiksen, M. (1984), *Campania*, Rome: British School at Rome.

Frier, B. W. (1971), 'Sulla's propaganda and the collapse of the Cinnan Republic', *AJPh* 92, 585–604.

Gabba, E. (1976), *Republican Rome, the Army and the Allies*, trans. Cuff, P., Oxford: Blackwell.

Gabba, E. (1994), 'Rome and Italy: the Social War', *CAH* 9^2, 104–28.

Garcea, A. (2012), *Caesar's De Analogia*: *Edition, Translation, and Commentary*, Oxford: Oxford University Press.

Gardner, J. (2009), 'The dictator', in Griffin, M., ed., *A Companion to Julius Caesar*, Chichester: Wiley-Blackwell, 57–71.

Garnsey, P. (1988), *Famine and Food Supply in the Graeco-Roman World*: *Responses to Risk and Crisis*, Cambridge: Cambridge University Press.

Gee, E. (forthcoming), 'Cicero's poetry', in Steel, C., ed., *The Cambridge Companion to Cicero*, Cambridge: Cambridge University Press.

Gelzer, M. (1968), *Caesar: Politician and Statesman*, trans. Needham, P., Oxford: Blackwell.

Gelzer, M. (1969), *The Roman Nobility*, trans. Seager, R. J., Oxford: Blackwell.

Gildenhard, I. (2011), *Creative Eloquence: The Construction of Reality in Cicero's Speeches*, Oxford: Oxford University Press.

Giovannini, A. (1983), *Consulare imperium*, Basle: Reinhardt.

Goar, R. (1987), *The Legend of Cato Uticensis from the First Century B.C. to the Fifth Century A.D.*, Brussels: Latomus.

Goldmann, F. (2002), '*Nobilitas* als Status und Gruppe: Überlegungen zum Nobilitätsbefriff der römischen Republik', in Spielvogel, J., ed., *Res publica reperta: Zur Verfassung und Gesellschaft der römischen Republik und des frühen Prinzipats*, Stuttgart: Steiner, 45–66.

Goudineau, C. (1978), 'La Gaule Transalpine', in Nicolet, C., ed., *Rome et la conquête de la monde mediterranéen*, Paris: Presses Universitaires de France, 679–99.

Greenidge, A., and Clay, A. (1960), *Sources for Roman History 133–70 B.C.*, 2nd edn, rev. Gray, E., Oxford: Oxford University Press.

Griffin, M. (1973), 'The tribune Cornelius', *JRS* 63, 196–213.

Griffin, M. (2001), 'Cicero, Piso and their audiences', in Auvray-Assayas, C. and Delattre, D., eds, *Cicéron et Philodème: la polemique en philosophie*, Paris: Rue d'Ulm, 85-99.

Gruber, J. (1988), 'Cicero und das hellenistische Herrscherideal: Überlegungen zur Rede *De imperio Cn. Pompeii*', *WS* 101, 243–58.

Gruen, E. S. (1965), 'The *lex Varia*', *JRS* 55, 59–73.

Gruen, E. S. (1966), 'The Dolabellae and Sulla', *AJPh* 87, 385–99.

Gruen, E. S. (1968), *Roman Politics and the Criminal Courts, 149–78 B.C.*, Cambridge, MA: Harvard University Press.

Gruen, E. S. (1969), 'The consular elections for 53 B.C.', in Bibauw, J., ed., *Hommages à Marcel Renard*, vol. 2, Brussels: Latomus, 311–21.

Gruen, E. S. (1974), *The Last Generation of the Roman Republic*, Berkeley: University of California Press.

Gruen, E. S. (1984), *The Hellenistic World and the Coming of Rome*, Berkeley: University of California Press.

Gruen, E. S. (1991), 'The exercise of power in the Roman Republic', in Molho, A., Raaflaub, K. and Emlen, J., eds, *City States in Classical Antiquity and Medieval Italy*, Ann Arbor: University of Michigan Press, 251–67.

Hackl, U. (1988), 'Die Gründung der Provinz Gallia Narbonensis im Spiegel von Ciceros Rede für Fonteius', *Historia* 37, 253–6.

Hall, J. (2009), *Politeness and Politics in Cicero's Letters*, Oxford: Oxford University Press.

Hall, L. (1998), '*Ratio* and *romanitas* in the *Bellum Gallicum*', in Powell, A. and Welch, K., eds, *Julius Caesar as Artful Reporter: The War Commentaries as Political Instruments*, Swansea: Classical Press of Wales, 11–43.

Harries, J. (2006), *Cicero and the Jurists: From Citizens' Law to Lawful State*, London: Duckworth.

Harries, J. (2007), *Law and Crime in the Roman World*, Cambridge: Cambridge University Press.

Harris, W. V. (1971), *Rome in Etruria and Umbria*, Oxford: Oxford University Press.

Harris, W. V. (1979), *War and Imperialism in Republican Rome*, Oxford: Oxford University Press.

Harris, W. V. (2011), *Rome's Imperial Economy: Twelve Essays*, Oxford: Oxford University Press.

Hassall, M., Crawford, M. and Reynolds, J. (1974), 'Rome and the eastern provinces at the end of the second century B.C.', *JRS* 64, 195–220.

Hawthorn, J. (1962), 'The Senate after Sulla', *G&R* 9, 53–60.

Hiebel, D. (2009), *Rôles institutionel et politique de la contio sous la république romaine*, Paris: de Boccard.

Hillard, T. W. (1996), 'Death by lightning, Pompeius Strabo and the people', *RhM* 139, 135–45.

Hillard, T. W. (2005), '"Res publica" in theory and practice', in Welch, K. and Hillard, T., eds, *Roman Crossings: Theory and Practice in the Roman Republic*, Swansea: Classical Press of Wales, 1–48.

Hinard, F. (1985), *Les proscriptions de la Rome républicaine*, Rome: École Française de Rome.

Hinard, F. (2006), 'La terreur comme mode de gouvernement', in Urso, G., ed., *Terror et pavor: violenza, intimidazione, clandestinità nel mondo antico*, Pisa: ETS, 247–64.

Hind, J. (1994), 'Mithridates', *CAH* 9^2, 129–64.

Hölkeskamp, K-J. (2004), *Senatus populusque Romanus: Die politische Kultur der Republik*, Stuttgart: Steiner.

Hölkeskamp, K-J. (2010), *Reconstructing the Roman Republic: An Ancient Political Culture and Modern Research*, Princeton: Princeton University Press.

Hollander, D. (2007), *Money in the Late Roman Republic*, Leiden: Brill.

Hopkins, K. and Burton, G. (1983), 'Political succession in the late Republic (249–50 BC)', in Hopkins, K., *Death and Renewal: Sociological Studies in Roman History* 2, Cambridge: Cambridge University Press, 31–119.

Horden, P. and Purcell, N. (2000), *The Corrupting Sea*, Oxford: Blackwell.

Horsfall, N. (2003), *The Culture of the Roman Plebs*, London: Duckworth.

Hurlet, F. (1993), *La dictature de Sylla: monarchie ou magistrature republicaine?*, Brussels: Institut Historique Belge de Rome.

Itgenshorst, T. (2005), *Tota illa pompa: Der Triumph in der römischen Republik*, Göttingen: Vandenhoeck & Ruprecht.

Jehne, M., ed. (1995), *Demokratie in Rom? Die Rolle des Volkes in der Politik der römischen Republik*, Stuttgart: Steiner.

Jehne, M. (2013), 'Feeding the *plebs* with words: the significance of senatorial public oratory in the small world of Roman politics', in Steel, C. and van der Blom, H., eds, *Community and Communication: Oratory and Politics in Republican Rome*, Oxford: Oxford University Press, 49–62.

Kallet-Marx, R. M. (1990), 'The trial of Rutilius Rufus', *Phoenix* 44, 122–39.

Kallet-Marx, R. M. (1995), *Hegemony to Empire: The Development of the Roman Imperium in the East from 148 to 62 B.C.*, Berkeley: University of California Press.

Kaster, R. A. (1995), *C. Suetonius Tranquillus De Grammaticis et Rhetoribus: Edited with a Translation, Introduction, and Commentary*, Oxford: Oxford University Press.

Kaster, R. A. (2006), *Cicero: Speech on Behalf of Publius Sestius*, Oxford: Oxford University Press.

Katz, B. (1977), 'Caesar Strabo's struggle for the consulship – and more', *RhM* 120, 45–63.

Keaveney, A. (2003), 'The short career of Q. Lucretius Afella', *Eranos* 101, 84–93.

Keaveney, A. (2005), *Sulla: The Last Republican*, 2nd edn, London: Routledge.

Keay, S. (1995), 'Innovation and adaptation: the contribution of Rome to urbanism in Iberia', in Cunliffe, B.

and Keay, S., eds, *Social Complexity and the Development of Towns in Iberia: From the Copper Age to the Second Century AD*, Oxford: Oxford University Press, 291–337.

Kelly, G. (2006), *A History of Exile in the Roman Republic*, New York: Cambridge University Press.

Knox, P. (2011), 'Cicero as a Hellenistic poet', *CQ* 61, 192–204.

Konrad, C. (1996), 'Notes on Roman also-rans', in Linderski, J., ed., *Imperium sine Fine: T. Robert S. Broughton and the Roman Republic*, Stuttgart: Steiner, 104–43.

Konstan, D. (2000), 'Self, sex and empire in Catullus: the construction of a decentered identity', in Bécares, V., Pordomingo, F., Cortés Tovar, R. and Fernández Corte, J., eds, *Intertextualidad en las literaturas griega y latina*, Madrid: Ediciones Clásicas, 213-31.

Krebs, C. (2008), '*Magni viri*: Caesar, Alexander and Pompey in Cat. 11', *Philologus* 152, 223–9.

Kurczyk, S. (2006), *Cicero und die Inszenierung der eigenen Vergangenheit: Autobiograpisches Schreiben in der späten römischen Republik*, Cologne: Böhlau.

Lerouge, C. (2007), *L'image des Parthes dans le monde gréco-romain*, Stuttgart: Steiner.

Levene, D. (2005), 'The late Republican/triumviral period, 90–40 B.C.', in Harrison, S. J., ed., *The Blackwell Companion to Latin Literature*, Oxford: Blackwell, 31–43.

Levene, D. (2007), 'Roman historiography in the late Republic', in Marincola, J., ed., *A Companion to Greek and Roman Historiography*, Oxford: Blackwell, 275–89.

Lewis, R. G. (2006), *Asconius: Commentaries on Speeches of Cicero*, Oxford: Oxford University Press.

Linderski, J. (1990), 'The surname of M. Antonius Creticus and the cognomina *ex victis gentibus*', *ZPE* 80, 157–64.

Linderski, J. (2002), 'The pontiff and the tribune: the death of Tiberius Gracchus', *Athenaeum* 90, 339–66.

Lindsay, H. (2009), *Adoption in the Roman World*, Cambridge: Cambridge University Press.

Linke, B. and Stemmler, M., eds (2000), *Mos Maiorum: Untersuchungen zu den Formen der Identitätsstiftung und Stabilisierung in der römischen Republik*, Stuttgart: Steiner.

Lintott, A. (1967), 'P. Clodius Pulcher: *Felix Catilina*?', *G&R* 14, 157–69.

Lintott, A. (1971), 'The tribunate of P. Sulpicius Rufus', *CQ* 21, 442–53.

Lintott, A. (1971), 'The offices of C. Flavius Fimbria in 86–85 B.C.', *Historia* 20, 696–701.

Lintott, A. (1981), 'The *leges de repetundis* and associated measures under the Republic', *ZRG* 98, 162–212.

Lintott, A. (1992), *Judicial Reform and Land Reform in the Roman Republic*, Cambridge: Cambridge University Press.

Lintott, A. (1993), *Imperium Romanum: Politics and Administration*, London: Routledge.

Lintott, A. (1999), *The Constitution of the Roman Republic*, Oxford: Oxford University Press.

Lintott, A. (1999), *Violence in Republican Rome*, 2nd edn, Oxford: Oxford University Press.

Lintott, A. (2008), *Cicero as Evidence*, Oxford: Oxford University Press.

Lintott, A. (2009), 'The assassination', in Griffin, M., ed., *A Companion to Julius Caesar*, Chichester: Wiley-Blackwell, 72–82.

Lo Cascio, E. (1994), 'The size of the Roman population: Beloch and the meaning of the Augustan census figures', *JRS* 84, 23–40.

Lomas, K. (2004), 'A Volscian Mafia? Cicero and his Italian clients', in Powell, J. and Paterson, J., eds, *Cicero the Advocate*, Oxford: Oxford University Press, 97–116.

Lovano, M. (2002), *The Age of Cinna: Crucible of Late Republican Rome*, Stuttgart: Steiner.

Magie, D. (1950), *Roman Rule in Asia Minor to the End of the Third Century after Christ*, Princeton:

Princeton University Press.

Marasco, G., ed. (2011), *Political Autobiographies and Memoirs in Antiquity: A Brill Companion*, Leiden: Brill.

Marinone, N. (2004), *Cronologia Ciceroniana*, 2nd edn, Rome: Centro di Studi Ciceroniani.

Marshall, B. (1976), *Crassus: A Political Biography*, Amsterdam: Hakkert.

Marshall, B. (1985), *A Historical Commentary on Asconius*, Columbia: University of Missouri Press.

Marshall, B. (1985), 'Catilina and the execution of M. Marius Gratidianus', *CQ* 35, 124–33.

Marshall, B. and Beness, J. (1987), 'Tribunician agitation and aristocratic reaction 80–71 B.C.', *Athenaeum* 65, 361–78.

Martin, P. (2000), 'Sur quelques thèmes de l'éloquence *popularis*, notamment l'invective contre le passivité du peuple', in Achard, G. and Ledentu, M., eds, *Orateur, auditeurs, lecteurs: à propos de l'*éloquence *romaine à la fin de la République et au début du Principat: actes de la table ronde de 31 janvier 2000*, Lyon: Centre d'Études et de Recherches sur l'Occident Romain de l' Université Lyon III, 27–41.

McDermott, W. (1972), 'Curio *pater* and Cicero', *AJPh* 93, 381–411.

McGing, B. (1986), *The Foreign Policy of Mithridates VI Eupator King of Pontus*, Leiden: Brill.

McGing, B. (2009), 'Mithridates VI Eupator: victim or aggressor?', in Højte, J., ed., *Mithridates VI and the Pontic Kingdom*, Aarhus: Aarhus University Press, 203–16.

McGing, B. (2010), *Polybius' Histories*, Oxford: Oxford University Press.

McGushin, P. (1992), *Sallust: The Histories*, Oxford: Oxford University Press.

Michels, A. (1967), *The Calendar of the Roman Republic*, Princeton: Princeton University Press.

Migeotte, L. (1984), *L'emprunt public dans les cités grecques*, Paris: Les Belles Lettres.

Millar, F. (1984), 'The political character of the classical Roman Republic, 200–151 B.C.', *JRS* 74, 1–19.

Millar, F. (1986), 'Politics, persuasion and the people before the Social War (150–90 B.C.)', *JRS* 76, 1–11.

Millar, F. (1998), *The Crowd in Rome in the Late Republic*, Ann Arbor: University of Michigan Press.

Mitchell, T. (1975), 'The volte-face of P. Sulpicius Rufus in 88 B.C.', *CPh* 70.3, 197–204.

Moreau, P. (1982), *Clodiana religio: un procès politique en 61 avant J.C.*, Paris: Les Belles Lettres.

Morgan, L. (2000), 'The autopsy of C. Asinius Pollio', *JRS* 90, 51–69.

Morley, N. (2001), 'The transformation of Italy, 225–28 B.C.', *JRS* 91, 50–62.

Morstein-Marx, R. (2004), *Mass Oratory and Political Power in the Late Roman Republic*, Cambridge: Cambridge University Press.

Morstein-Marx, R. (2007), 'Caesar's alleged fear of prosecution and his *ratio absentis*', *Historia* 56, 159–78.

Morstein-Marx, R. (2009), '*Dignitas* and *res publica*: Caesar and Republican legitimacy', in Hölkeskamp, K-J., ed., *Eine politische Kultur (in) der Krise?*, Munich: Oldenbourg, 115–40.

Morstein-Marx, R. (2013), '"Cultural hegemony" and the communicative power of the Roman elite', in Steel, C. and van der Blom, H., eds, *Community and Communication: Oratory and Politics in Republican Rome*, Oxford: Oxford University Press, 29–47.

Mouritsen, H. (1998), *Italian Unification: A Study in Ancient and Modern Historiography*, London: Institute of Classical Studies.

Mouritsen, H. (2001), *Plebs and Politics in the Late Roman Republic*, Cambridge: Cambridge University Press.

Mouritsen, H. (2008), 'The Gracchi, the Latins, and the Italian allies', in de Ligt, L. and Northwood, S., eds, *People, Land and Politics: Demographic Developments and the Transformation of Roman Italy, 300 BC–*

AD 14, Leiden: Brill, 471–83.

Münzer, F. (1999), *Roman Aristocratic Parties and Families*, trans. Ridley, R. T., Baltimore: Johns Hopkins University Press.

Nicolet, C. (1980), *The World of the Citizen in Republican Rome*, trans. Falla, P., London: Batsford.

Nicolet, C. (2004), 'Dictatorship at Rome', in Baehr, P. and Richter, M., eds, *Dictatorship in History and Theory: Bonapartism, Caesarianism and Totalitarianism*, Cambridge: Cambridge University Press, 263–78.

Nippel, W. (1995), *Public Order in Ancient Rome*, Cambridge: Cambridge University Press.

Nisbet, R. (1992), 'The orator and the reader: manipulation and response in Cicero's Fifth Verrine', in Woodman, A. and Powell, J., eds, *Author and Audience in Latin Literature*, Cambridge: Cambridge University Press, 1–17.

Nisbet, R. and Hubbard, M. (1978), *A Commentary on Horace Odes Book II*, Oxford: Oxford University Press.

North, J. (1990), 'Democratic politics in Republican Rome', *P&P* 126, 3–21.

North, J. (1990), 'Family strategy and priesthood in the late Republic', in Andreau, J. and Bruhns, H., eds, *Parenté et stratégies familiales dans l'antiquité romaine*, Rome: École Française de Rome, 527–43.

North, J. (2008), 'Caesar at the Lupercalia', *JRS* 98, 144–60.

O'Gorman, E. (2004), 'Cato the Elder and the destruction of Carthage', *Helios* 31, 99–125.

Oost, S. I. (1963), 'Cyrene, 96–74 B.C.', *CPh* 58, 11–25.

Ooteghem, J. van (1961), *Lucius Marcius Philippus et sa famille*, Brussels: Palais des Académies.

Östenberg, I. (2009), *Staging the World: Spoils, Captives and Representations in the Roman Triumphal Procession*, Oxford: Oxford University Press.

Panayotakis, C. (2010), *Decimus Laberius: The Fragments*, Cambridge: Cambridge University Press.

Patterson, J. (2000), *Political Life in the City of Rome*, Bristol: Bristol Classical Press.

Piccinin, P. (2004), 'Les Italiens dans le *Bellum Spartacium*', *Historia* 53, 173–99.

Pieri, G. (1968), *L'histoire du cens jusqu'à la fin de la République romaine*, Paris: Sirey.

Pina Polo, F. (1996), *Contra arma verbis: Der Redner vor dem in der späten römischen Republik*, Stuttgart: Steiner.

Pina Polo, F. (2001), 'Über die sogenannte *cohors amicorum* des Scipio Aemilianus', in Peachin, M., ed., *Aspects of Friendship in the Graeco-Roman World*, Portsmouth: Journal of Roman Archaeology, 89–98.

Pina Polo, F. (2011), *The Consul at Rome*, Cambridge: Cambridge University Press.

Pobjoy, M. (2000), 'The first *Italia*', in Herring, E. and Lomas, K., eds, *The Emergence of State Identities in Italy in the First Millennium BC*, London: Accordia Research Institute, 187–211.

Powell, J. (1990), 'The tribune Sulpicius', *Historia* 39, 446–60.

Powell, J. (1994), 'The *rector rei publicae* of Cicero's *De re publica*', *SCI* 13, 19–29.

Powell, J. and Paterson, J., eds (2004), *Cicero the Advocate*, Oxford: Oxford University Press.

Prag, J. (2013), 'The provincial perspective on the politics of *repetundae* trials', in Steel, C. and van der Blom, H., eds, *Community and Communication: Oratory and Politics in Republican Rome*, Oxford: Oxford University Press, 265–81.

Primmer, A. (1985), *Die Überredungsstrategie in Ciceros Rede Pro Rabirio perduellionis reo*, Vienna: Verlag der Osterreichischen Akademie der Wissenschaften.

Purcell, N. (1994), 'The city of Rome and the *plebs urbana* in the late Republic', *CAH* 9^2, 644–88.

Purcell, N. (1995), 'On the sacking of Carthage and Corinth', in Innes, D., Hine, H. and Pelling, C., eds, *Ethics and Rhetoric*: *Classical Essays for Donald Russell on his Seventy-Fifth Birthday*, Oxford: Oxford University Press, 133–48.

Raaflaub, K. (1996), 'Born to be wolves? Origins of Roman imperialism', in Wallace, R. and Harris, E., eds, *Transitions to Empire*: *Essays in Greco-Roman History, 360–146 B.C., in Honor of E. Badian*, Norman: University of Oklahoma Press, 273–314.

Raaflaub, K. (2009), '*Bellum Civile*', in Griffin, M., ed., *A Companion to Julius Caesar*, Chichester: Wiley-Blackwell, 175–91.

Rawson, E. (1973), 'Scipio, Laelius, Furius and the ancestral religion', *JRS* 63, 161–74.

Rawson, E. (1974), 'Religion and politics in the late second century BC at Rome', *Phoenix* 28, 193–212.

Rawson, E. (1975), 'The activities of the Cossutii', *PBSR* 43, 36–47.

Rawson, E. (1975), 'Caesar's heritage: Hellenistic kings and their Roman equals', *JRS* 65, 148–59.

Rawson, E. (1983), *Cicero*: *A Portrait*, 2nd edn, London: Bristol Classical Press.

Rawson, E. (1985), *Intellectual Life in the Late Roman Republic*, London: Duckworth.

Ribera i Lacomba, A. (2006), 'The Roman foundation of Valencia and the town in the 2nd–1st c. B.C.', in Abad Casal, L., Keay, S. and Ramallo Asensio, S., eds, *Early Roman Towns in Hispania Tarraconensis*, Portsmouth: Journal of Roman Archaeology, 75–89.

Rich, J. (1976), *Declaring War in the Roman Republic in the Period of Transmarine Expansion*, Brussels: Latomus.

Rich, J. (1983), 'The supposed Roman manpower shortage of the later second century a.d.', *Historia* 32, 287–331.

Rich, J. (1993), 'Fear, greed and glory: the causes of Roman war-making in the middle Republic', in Rich, J. and Shipley, G., eds, *War and Society in the Roman World*, London: Routledge, 38–68.

Richardson, J. S. (1986), *Hispaniae*: *Spain and the Development of Roman Imperialism*, Cambridge: Cambridge University Press.

Richardson, J. S. (1994), 'The administration of the Empire', *CAH* 9^2, 564–98.

Richardson, J. S. (2008), *The Language of Empire*: *Rome and the Idea of Empire from the Third Century BC to the Second Century AD*, Cambridge: Cambridge University Press.

Richardson, J. S. (2012), *Augustan Rome, 44 BC to AD 14*: *The Restoration of the Republic and the Establishment of Empire*, Edinburgh: Edinburgh University Press.

Rickman, G. (1980), *The Corn Supply of Ancient Rome*, Oxford: Oxford University Press.

Ridley, R. (1986), 'To be taken with a pinch of salt: the destruction of Carthage', *CPh* 80, 140–6.

Riggsby, A. (2006), *Caesar in Gaul and Rome*: *War in Words*, Austin: University of Texas Press.

Robb, M. (2010), *Beyond Populares and Optimates*: *Political Language in the Late Republic*, Stuttgart: Steiner.

Rodgers, B. S. (2008), 'Catulus' speech in Cassius Dio 36.31–36', *GRBS* 48, 295–318.

Rose, P. (1995), 'Cicero and the rhetoric of imperialism: putting the politics back into political rhetoric', *Rhetorica* 13, 359–99.

Roselaar, S. (2010), *Public Land in the Roman Republic*: *A Social and Economic History of Ager Publicus in Italy, 396–89 B.C.*, Oxford: Oxford University Press.

Rosenstein, N. (1986), '"Imperatores victi": the case of C. Hostilius Mancinus', *Cl Ant* 5, 230–52.

Rosenstein, N. (1990), *Imperatores Victi*: *Military Defeat and Aristocratic Competition in the Middle and*

Late Republic, Berkeley: University of California Press.

Rosenstein, N. (2004), *Rome at War*: *Farms, Families and Death in the Middle Republic*, Chapel Hill: University of North Carolina Press.

Rosenstein, N. (2008), 'Revolution and rebellion in the later second and early first centuries BC: Jack Goldstone and the "Roman revolution"', in de Ligt, L. and Northwood, S., eds, *People, Land and Politics*: *Demographic Developments and the Transformation of Roman Italy, 300 BC–AD 14*, Leiden: Brill, 605–29.

Rosenstein, N. (2012), *Rome and the Mediterranean 290 to 146 BC*: *The Imperial Republic*, Edinburgh: Edinburgh University Press.

Rosillo Lopez, C. (2010), *La corruption à la fin de la République romaine*, Stutttgart: Steiner.

Roth, U. (2007), *Thinking Tools*: *Agricultural Slavery between Evidence and Models*, London: Institute of Classical Studies.

Rubinsohn, Z. (1971), 'Was the *Bellum Spartacium* a servile insurrection?', *Rivista di Filologia* 99, 290–9.

Rüpke, J. (2008), *Fasti Sacerdotum*, Oxford: Oxford University Press.

Russell, A. (2013), 'Speech, competition and collaboration: tribunician politics and the development of popular ideology', in Steel, C. and van der Blom, H., eds, *Community and Communication*: *Oratory and Politics in Republican Rome*, Oxford: Oxford University Press, 101–15.

Ryan, F. X. (1997), 'The praetorship of L. Roscius Otho', *Hermes* 125, 236–40.

Ryan, F. X. (1998), *Rank and Participation in the Republican Senate*, Stuttgart: Steiner.

Salerno, F. (1999), *Tacita libertas*: *l'introduzione del voto segreto nella Roma repubblicana*, Naples: Edizioni Scientifiche Italiane.

Salmon, E. T. (1967), *Samnium and the Samnites*, Cambridge: Cambridge University Press.

Salmon, E. T. (1969), *Roman Colonization under the Republic*, London: Thames and Hudson.

Salomonsson, M-M. (2000), 'Roman legates in the Republic', *Opuscula Romana* 25–6, 79–88.

Sandberg, K. (2001), *Magistrates and Assemblies*: *A Study of Legislative Practice in Republican Rome*, Rome: Institutum Romanum Finlandiae.

Santangelo, F. (2006), 'Sulla and the Senate: a reconsideration', *Cahiers du Centre Gustave-Glotz* 17, 7–22 [publ. 2008].

Santangelo, F. (2007), *Sulla, the Elites and the Empire*, Leiden: Brill.

Santangelo, F. (2008), 'The fetials and their *ius*', *BICS* 51, 63–93.

Scheid, J. (2003), *An Introduction to Roman Religion*, Edinburgh: Edinburgh University Press.

Scheidel, W. (2004), 'Human mobility in Roman Italy, I: the free population', *JRS* 94, 1–26.

Scheidel, W. (2005), 'Human mobility in Roman Italy, II: the slave population', *JRS* 95, 64–79.

Scheidel, W. (2008), 'Roman population size: the logic of the debate', in de Ligt, L. and Northwood, S., eds, *People, Land and Politics*: *Demographic Developments and the Transformation of Roman Italy, 300 BC–AD 14*, Leiden: Brill, 17–70.

Schiesaro, A. (2007), 'Lucretius and Roman politics and history', in Gillespie, S. and Hardie, P., eds, *The Cambridge Companion to Lucretius*, Cambridge: Cambridge University Press, 41–58.

Schneider, W. C. (1998), *Vom Handeln der Römer*: *Kommunikation und Interaktion der politischen Führungsschicht vor Ausbruch des Bürgerkriegs im Briefwechsel mit Cicero*, Hildesheim: Olms.

Schofield, M. (1995), 'Cicero's definition of *res publica*', in Powell, J., ed., *Cicero the Philosopher*, Oxford: Oxford University Press, 63–83.

Schofield, M. (2009), 'Ciceronian dialogue', in Goldhill, S., ed., *The End of Dialogue in Antiquity*, Cambridge: Cambridge University Press, 63–84.

Sciarrino, E. (2011), *Cato the Censor and the Beginnings of Latin Prose: From Poetic Translation to Elite Transcription*, Columbus: Ohio State University Press.

Scobie, A. (1986), 'Slums, sanitation and mortality in the Roman world', *Klio* 68, 399–433.

Seager, R. (1967), '*Lex Varia de maiestate*', *Historia* 16, 37–43.

Seager, R. (1994), 'Sulla', *CAH* 9², 165–207.

Seager, R. (2002), *Pompey the Great*, 2nd edn, Oxford: Blackwell.

Shayegan, R. (2011), *Arsacids and Sasanians: Political Ideology in Post-Hellenistic and Late Antique Persia*, Cambridge: Cambridge University Press.

Sheldon, R. (2005), *Intelligence Activities in Ancient Rome*, London: Cass.

Sheldon, R. (2010), *Rome's Wars in Parthia*, Edgware: Vallentine Mitchell.

Sherwin-White, A. N. (1973), *The Roman Citizenship*, 2nd edn, Oxford: Oxford University Press.

Sherwin-White, A. N. (1984), *Roman Foreign Policy in the East, 168 B.C. to A.D. 1*, London: Duckworth.

Siani-Davies, M. (2001), *Cicero's Speech Pro Rabirio Postumo*, Oxford: Oxford University Press.

Smith, C. J. (2006), *The Roman Clan: The Gens from Ancient Ideology to Modern Anthropology*, Cambridge: Cambridge University Press.

Smith, C. J. (2008), 'Sulla's memoirs and Roman autobiography', in Smith, C. J. and Powell, A., eds, *The Lost Memoirs of Augustus*, Swansea: Classical Press of Wales, 65–85.

Smith, C. J. and Yarrow, L., eds (2012), *Imperialism, Cultural Politics and Polybius*, Oxford: Oxford University Press.

Spann, P. (1987), *Quintus Sertorius and the Legacy of Sulla*, Fayetteville: University of Arkansas Press.

Spielvogel, J. (1997), 'P. Clodius Pulcher: eine politische Ausnahmeerscheinung in der Späten Republik?', *Hermes* 125, 56–74.

Staples, A. (1998), *From Good Goddess to Vestal Virgins: Sex and Category in Roman Religion*, London: Routledge.

Staveley, E. S. (1972), *Greek and Roman Voting and Elections*, London: Thames and Hudson.

Steel, C. (2001), *Cicero, Rhetoric, and Empire*, Oxford: Oxford University Press.

Steel, C. (2005), *Reading Cicero: Genre and Performance in Late Republican Rome*, London: Duckworth.

Steel, C. (2007), 'Name and shame? Invective against Clodius and others in the post-exile speeches', in Booth, J., ed., *Cicero on the Attack: Invective and Subversion in the Orations and Beyond*, Swansea: Classical Press of Wales, 105–28.

Steel, C. (2009), 'Friends, associates and wives', in Griffin, M., ed., *A Companion to Julius Caesar*, Chichester: Wiley-Blackwell, 112–25.

Steel, C. (2010), 'Tribunician sacrosanctity and oratorial performance in the late Republic', in Berry, D. and Erskine, A., eds, *Form and Function in Roman Oratory*, Cambridge: Cambridge University Press, 37–50.

Steel, C. (2012), 'The *lex Pompeia de prouinciis*: a reconsideration', *Historia* 61, 83–93.

Steel, C. (2013), 'Pompeius, Helvius Mancia and the politics of public debate', in Steel, C. and van der Blom, H., eds, *Community and Communication: Oratory and Politics in Republican Rome*, Oxford: Oxford University Press, 151–9.

Steel, C. (forthcoming), 'Cicero's autobiography: narratives of success in the pre-consular orations', *Cahiers Glotz*.

Stevenson, T., 'Readings of Scipio's dictatorship in Cicero's *De republica* (6.12)', *CQ* 55, 140–52.

Stockton, D. (1979), *The Gracchi*, Oxford: Oxford University Press.

Stroh, W. (1975), *Taxis und Taktik*: *Die advokatischen Dispositionskunst in Ciceros Gerichtsreden*, Stuttgart: Teubner.

Stroh, W. (2004), '*De domo sua*: legal problem and structure', in Powell, J. and Paterson, J., eds, *Cicero the Advocate*, Oxford: Oxford University Press, 313–70.

Stroup, S. C. (2010), *Cicero, Catullus and a Society of Patrons*: *The Generation of the Text*, Cambridge: Cambridge University Press.

Suolahti, J. (1972), '*Princeps senatus*', *Arctos* 7, 207–18.

Syme, R. (1939), *The Roman Revolution*, Oxford: Oxford University Press.

Syme, R. (1986), *The Augustan Aristocracy*, Oxford: Oxford University Press.

Szemler, G. (1972), *The Priests of the Roman Republic*: *A Study of Interactions between Priesthoods and Magistracies*, Brussels: Latomus.

Tan, J. (2013), 'Publius Clodius and the boundaries of the *contio*', in Steel, C. and van der Blom, H., eds, *Community and Communication*: *Oratory and Politics in Republican Rome*, Oxford: Oxford University Press, 117–32.

Tansey, P. (2003), 'The death of M. Aemilius Scaurus (cos. 115 B.C.)', *Historia* 52, 378–83.

Tatum, W. J. (1999), *Publius Clodius Pulcher*: *The Patrician Tribune*, Chapel Hill: University of North Carolina Press.

Tatum, W. J. (2008), *Always I Am Caesar*, Oxford: Blackwell.

Tatum, W. J. (2013), 'Campaign rhetoric', in Steel, C. and van der Blom, H., eds, *Community and Communication*: *Oratory and Politics in Republican Rome*, Oxford: Oxford University Press, 133–50.

Taylor, L. R. (1950), 'The date and meaning of the Vettius affair', *Historia* 1, 45–51.

Taylor, L. R. (1951), 'On the chronology of Caesar's first consulship', *AJPh* 72, 254–68.

Taylor, L. R. (1960), *The Voting Districts of the Roman Republic*: *The Thirty-Five Urban and Rural Tribes*, Rome: American Academy in Rome.

Taylor, L. R. (1962), 'Forerunners of the Gracchi', *JRS* 52, 19–27.

Thommen, L. (1989), *Das Volktribunat der späten römischen Republik*, Stuttgart: Steiner.

Thonemann, P. (2004), 'The date of Lucullus' quaestorship', *ZPE* 149, 80–2.

Toner, J. (2009), *Popular Culture in Ancient Rome*, Cambridge: Polity.

Torelli, M. (1999), *Tota Italia*: *Essays in the Cultural Formation of Roman Italy*, Oxford: Oxford University Press.

Tröster, M. (2009), 'Roman hegemony and non-state violence: a fresh look at Pompey's campaign against the pirates', *G&R* 56, 14–33.

Tyrell, W. B. (1978), *A Legal and Historical Commentary on Cicero's Oratio pro C. Rabirio Perduellionis*, Amsterdam: Hakkert.

Urbainczyk, T. (2008), *Slave Revolts in Antiquity*, Stocksfield: Acumen.

van der Blom, H. (2010), *Cicero's Role Models*: *The Political Strategy of a Newcomer*, Oxford: Oxford University Press.

van der Blom, H. (2013), 'Fragmentary speeches: the oratory and political career of Piso Caesoninus', in Steel, C. and van der Blom, H., eds, *Community and Communication*: *Oratory and Politics in Republican Rome*, Oxford: Oxford University Press, 299–314.

Vanderbroeck, J. (1987), *Popular Leadership and Collective Behaviour in the Late Roman Republic, 80–50 B.C.*, Amsterdam: Gieben.

Várhelyi, Z. (2007), 'The specters of Roman imperialism: the live burials of Gauls and Greeks at Rome', *ClAnt* 26, 277–304.

Vasaly, A. (1993), *Representations*: *Images of the World in Ciceronian Oratory*, Berkeley: University of California Press.

Vasaly, A. (2009), 'Cicero, domestic politics, and the first action of the *Verrines*', *Classical Antiquity* 28, 101–37.

Wallace-Hadrill, A. (1998), 'To be Roman, go Greek: thoughts on Hellenization at Rome', in Austin, M., Harries, J. and Smith, C., eds, *Modus Operandi*: *Essays in Honour of Geoffrey Rickman*, London: Institute of Classical Studies, 79–91.

Wallace-Hadrill, A. (2008), *Rome's Cultural Revolution*, Cambridge: Cambridge University Press.

Walter, U. (2004), *Memoria und res publica*: *Zur Geschichtskultur im repulikanischen Rom*, Frankfurt: Verlag Antike.

Wardle, D. (2009), 'Caesar and religion', in Griffin, M., ed., *A Companion to Julius Caesar*, Chichester: Wiley-Blackwell, 100–11.

Weggen, K. (2011), *Der Lange Schatten von Carrhae*: *Studien zu M. Licinius Crassus*, Hamburg: Kovac.

Weinrib, E. (1968), 'The prosecution of Roman magistrates', *Phoenix* 22, 32–56.

Welch, K. (1998), 'Caesar and his officers in the Gallic War Commentaries', in Welch, K. and Powell, A. eds, *Julius Caesar as Artful Reporter*: *The War Commentaries as Political Instruments*, Swansea: Classical Press of Wales, 85–110.

White, P. (2010), *Cicero in Letters*: *Epistolary Relations of the Late Republic*, New York: Oxford University Press.

Wikander, Ö. (1976), 'Caius Hostilius Mancinus and the *Foedus Numantinum*', *ORom* 11, 85–104.

Williams, R. S. (1984), 'The appointment of Glabrio (cos 67) to the Eastern Command', *Phoenix* 38, 221–34.

Williamson, C. (2005), *The Laws of the Roman People*: *Public Law in the Expansion and Decline of the Roman Republic*, Ann Arbor: University of Michigan Press.

Wiseman, T. P. (1966), 'The ambitions of Q. Cicero', *JRS* 56, 108–15.

Wiseman, T. P. (1967), 'Lucius Memmius and his family', *CQ* 17, 164–7.

Wiseman, T. P. (1969), 'The census in the first century B.C.', *JRS* 59, 59–75.

Wiseman, T. P. (1971), *New Men in the Roman Senate 139 B.C.–A.D. 14*, Oxford: Oxford University Press.

Wiseman, T. P. (1993), 'Rome and the resplendent Aemilii', in Jocelyn, H., ed., *Tria Lustra*: *Essays and Notes Presented to John Pinsent*, Liverpool: Liverpool Classical Monthly, 181–92.

Wiseman, T. P. (1994), 'The Senate and the *populares*, 69–60 B.C.', *CAH* 9^2, 327–67.

Wiseman, T. P. (1994), 'Caesar, Pompey and Rome, 59–50 B.C.', *CAH* 9^2, 368–423.

Wiseman, T. P. (1998), *Roman Drama and Roman History*, Exeter: University of Exeter Press.

Wiseman, T. P. (1998), 'The publication of *De Bello Gallico*', in Powell, A. and Welch, K., eds, *Julius Caesar as Artful Reporter*: *The War Commentaries as Political Instruments*, Swansea: Classical Press of Wales, 1–9.

Wiseman, T. P. (2009), *Remembering the Roman People*, Oxford: Oxford University Press.

Woolf, G. (1998), *Becoming Roman*: *The Origins of Provincial Civilisation in Gaul*, Cambridge: Cambridge University Press.

Woolf, G. (2006), *Et Tu Brute? The Murder of Caesar and Political Assassination*, London: Profile.

Wylie, G. (1989), 'Why did Labienus defect from Caesar in 49 B.C.?', *Ancient History Bulletin* 3, 123–7.

Yakobson, A. (1995), 'The secret ballot and its effects in the Late Roman Republic', *Hermes* 123, 426–42.

Yakobson, A. (1999), *Elections and Electioneering in Rome: A Study in the Political System of the Late Republic*, Stuttgart: Steiner.

Yarrow, L. (2006), *Historiography at the End of the Republic*, Oxford: Oxford University Press.

Yarrow, L. (2006), 'Lucius Mummius and the spoils of Corinth', *SCI* 25, 57–70.

Zetzel, J. (1995), *Cicero: De Re Publica, Selections*, Cambridge: Cambridge University Press.

Zetzel, J. (forthcoming), 'Political philosophy', in Steel, C., ed., *The Cambridge Companion to Cicero*, Cambridge: Cambridge University Press.

Ziolkowski, A. (1993), '*Urbs direpta*, or how the Romans sacked cities', in Rich, J. and Shipley, G., eds, *War and Society in the Roman World*, London: Routledge, 69–91.

Zollschan, L. (2012), 'The longevity of the fetial college', in Tellegen Couperus, O., ed., *Law and Religion in the Roman Republic*, Leiden: Brill, 119–44.

译名对照表

罗马历史人物按其氏族名①字母顺序排列，只有作家按照英语常用名字母顺序排列。在必要的情况下，同姓名者后会用括号标出其官职及任期，方便区分。

A

Acerrae 艾瑟莱

Achaea 亚该亚

Acilius Glabrio, M.' 马尼乌斯·阿基里乌斯·格拉布里欧

acta diurna《每日纪闻》

Adherbal 阿德巴尔

Aeclanum 艾克拉努姆

aedile 营造官

Aedui 埃杜维人

Aelius Tubero, Q. 昆图斯·埃利乌斯·图贝罗

Aemilia 艾米莉亚

Aemilius Lepidus Paullus, L. 卢西乌斯·埃米利乌斯·雷必达·保卢斯

Aemilius Lepidus, M. 马尔库斯·埃米利乌斯·雷必达（公元前 78 年执政官）

Aemilius Lepidus, M. 马尔库斯·埃米利乌斯·雷必达（公元前 46 年执政官）

Aemilius Lepidus Porcina, M. 马尔库斯·埃米利乌斯·雷必达·波希纳

Aemilius Scaurus, M. 马尔库斯·埃米利乌斯·斯考卢斯（公元前 115 年执政官）

Aemilius Scaurus, M. 马尔库斯·埃米利乌斯·斯考卢斯（公元前 56 年裁判官）

Aesernia 埃瑟尼亚

Afranius, L. 卢西乌斯·阿弗拉尼乌斯

Africa 阿非利加行省

ager publicus 公共土地

Alban Mount 阿尔班山

Albinovanus, P. 普布利乌斯·阿尔比诺瓦努斯

Albucius, T. 提图斯·阿尔布修斯

Alesia 阿莱西亚

Alfius Flavus, C. 盖乌斯·阿尔菲乌斯·弗拉沃斯

Allobroges 阿洛布罗吉人

amicitia 友谊

Amisus 阿米苏斯

Ampius Balbus, T. 提图斯·阿姆皮乌斯·巴尔布斯

Ancharius, Q. 昆图斯·安查利乌斯

Annis, Colin 科林·安尼斯

Annius Milo, T. 提图斯·阿尼乌斯·米罗

Antiochus III 安条克三世

Antiochus IV 安条克四世

Antistius, P. 普布利乌斯·安提斯提乌斯

---

① 古罗马人名一般分为三个组分：个人名 + 氏族名 + 家族名（最后还可能有附加名，如绰号、称号等），氏族名即中间第二部分；如在恺撒的全名"盖乌斯·尤利乌斯·恺撒"中，尤利乌斯即为氏族名。

Antium 安提乌姆

Antonius, C. 盖乌斯·安东尼

Antonius, L. 卢西乌斯·安东尼

Antonius, M. 马尔库斯·安东尼（公元前 99 年执政官，公元前 97 年监察官）

Antonius, M. 马尔库斯·安东尼（公元前 74 年裁判官）

Antonius, M. 马尔库斯·安东尼（公元前 44 年执政官）

Antonius Balbus, Q. 昆图斯·安东尼·巴尔布斯

Apamea 阿帕米亚

Apollonia 阿波罗尼亚

Appian 阿庇安

Appuleius Saturninus, L. 卢西乌斯·阿普雷乌斯·撒坦尼努斯

Apsus 阿普苏斯河

Apulia 普利亚

Aquae Sextiae 塞克斯提乌斯泉

Aquillius, M.' 马尼乌斯·阿奎利乌斯（公元前 129 年执政官）

Aquillius, M.' 马尼乌斯·阿奎利乌斯（公元前 101 年执政官）

Arausio 阿劳西奥

Archelaus 阿奇劳斯（米特拉达梯六世的将军）

Archelaus 阿奇劳斯（贝勒尼基四世的丈夫）

Aricia 阿利西亚

Ariminum 阿里米努姆

Ariobarzanes 阿里奥巴扎内斯

Ariovistus 阿利奥维斯塔

Aristonicus 阿里斯托尼库斯

Armenia 亚美尼亚

Arpinum 阿尔皮努姆

Arsanias 阿萨尼亚斯河

Asconius 阿斯科尼乌斯

Asculum 阿斯库路姆

Asia 亚细亚行省

Asinius Pollio, C. 盖乌斯·阿西尼乌斯·波里欧

Ateius Capito, C. 盖乌斯·阿特伊乌斯·卡皮托

Athens 雅典

Atilius Serranus, C. 盖乌斯·阿提利乌斯·瑟拉努斯

Atinius Labeo, C. 盖乌斯·阿提尼乌斯·拉比欧

Attalus III 阿塔卢斯三世

Attius Varus, P. 普布利乌斯·埃提乌斯·瓦卢斯

auctoritas 裁定权

Aufidius Orestes, Cn. 格涅乌斯·奥菲迪乌斯·欧乐提斯

augur 占卜官

Aurelius 奥勒留

Aurelius Cotta, C. 盖乌斯·奥勒留·科塔

Aurelius Cotta, L. 卢西乌斯·奥勒留·科塔

Aurelius Cotta, M. 马尔库斯·奥勒留·科塔

Aurelius Orestes, L. 卢西乌斯·奥勒留·欧乐提斯

Ausculum 奥斯库鲁姆

Auximum 奥克西穆姆

Aventine Hill 阿文廷山

B

Balearic Islands 巴利阿里群岛

Bapty, Richard 理查德·巴普提

battle 战争，战役

battle of Carrhae 卡雷会战

battle of Colline Gate 科林门之战

battle of Lauro 劳罗之战

battle of Munda 蒙达之战

battle of Pharsalus 法尔萨卢斯之战

battle of Sacriportus 萨科里波图斯之战

battle of Thapsus 塔普苏斯之战

battle of Zela 泽拉会战

Belgae 比利其人

Bellona 战争女神贝罗纳

Bellum Africanum《非洲战记》

Bellum Alexandrinum《亚历山大战记》

Berenice IV 贝勒尼基四世

Bessi 贝西人

Bithynia 比提尼亚

Bocchus 博库斯

Boeotia 皮奥夏

Boerebistas 波尔莱比斯塔斯

Bollan, John 约翰·博兰

Bona Dea 仁慈女神

Bovianum 波维亚努姆

Brennan 布里南

Cassius Longinus, Q. 昆图斯·卡西乌斯·隆基努斯

Cassius Longinus Ravilla, L. 卢西乌斯·卡西乌斯·隆基努斯·拉韦拉

Catiline 喀提林，亦可见 Sergius Catilina, L.

Catullus 卡图卢斯

Ceius 塞尤斯

censor 监察官

Chaeronea 查罗尼亚

Charisius 查理修斯

Cicero 西塞罗，亦可见 Tullius Cicero, M.

Cilicia 奇里乞亚

Cimbri 辛布里人

circus Flaminius 弗拉米尼乌斯圆场

citizenship, Roman 罗马公民权

Claudius Marcellus, C. 盖乌斯·克劳狄乌斯·马塞卢斯

Claudius Marcellus, M. 马尔库斯·克劳狄乌斯·马塞卢斯（同盟战争中的埃瑟尼亚守将）

Claudius Marcellus, M. 马尔库斯·克劳狄乌斯·马塞卢斯（公元前 51 年执政官）

Claudius Nero, Ti. 提比略·克劳狄乌斯·尼禄

Claudius Pulcher, App. 阿庇乌斯·克劳狄乌斯·普尔喀（公元前 143 年执政官）

Claudius Pulcher, App. 阿庇乌斯·克劳狄乌斯·普尔喀（公元前 79 年执政官）

Claudius Pulcher, App. 阿庇乌斯·克劳狄乌斯·普尔喀（公元前 54 年执政官）

Claudius Pulcher, C. 盖乌斯·克劳狄乌斯·普尔喀

Claudius Unimanus 克劳狄乌斯·尤尼马努斯

Cleopatra VII 克利奥帕特拉七世

Clodius Pulcher, P. 普布利乌斯·克洛狄乌斯·普尔喀

Cluentius, A. 奥卢斯·科伦提乌斯

Clusium 克鲁西乌姆

Coelius Caldus, C. 盖乌斯·科里乌斯·卡尔都斯

Colchis 科尔基斯

Collegia 行会

comitia centuriata 百人团大会

Compitalia 十字路神节

Concordia 和谐女神孔科耳狄亚

Considius, Q. 昆图斯·康西狄乌斯

Considius Longus, C. 盖乌斯·康西狄乌斯·朗格斯

consiliarius 顾问

consul 执政官

contio 公众集会

Contrebia 康特比亚

Coracesium 科拉凯西乌姆

Corfinium 科菲尼乌姆

Corinth 科林斯

Cornelia 科尼莉亚

Cornelius, C. 盖乌斯·科尼利乌斯

Cornelius Balbus, L. 卢西乌斯·科尼利乌斯·巴尔布斯

Cornelius Cethegus, C. 盖乌斯·科尼利乌斯·塞特古斯

Cornelius Cethegus, P. 普布利乌斯·科尼利乌斯·塞特古斯

Cornelius Cinna, L. 卢西乌斯·科尼利乌斯·秦纳（公元前 87—前 84 年执政官）

Cornelius Cinna, L. 卢西乌斯·科尼利乌斯·秦纳（前者之子）

Cornelius Dolabella, Cn. 格涅乌斯·科尼利乌斯·多拉贝拉

Cornelius Dolabella, P. 普布利乌斯·科尼利乌斯·多拉贝拉

Cornelius Lentulus Clodianus, Cn. 格涅乌斯·科尼利乌斯·兰图卢斯·克洛狄亚努斯

Cornelius Lentulus Crus, L. 卢西乌斯·科尼利乌斯·兰图卢斯·克鲁斯

Cornelius Lentulus Marcellinus, Cn. 格涅乌斯·科尼利乌斯·兰图卢斯·马塞里努斯

Cornelius Lentulus P. 普布利乌斯·科尼利乌斯·兰图卢斯

Cornelius Lentulus Spinther, P. 普布利乌斯·科尼利乌斯·兰图卢斯·斯宾瑟

Cornelius Lentulus Sura, P. 普布利乌斯·科尼利乌斯·兰图卢斯·苏尔拉

Cornelius Merula, L. 卢西乌斯·科尼利乌斯·梅鲁拉

Cornelius Scipio Aemilianus, L. 卢西乌斯·科尼利乌斯·西庇阿·埃米利雅努斯，即小西庇阿

Favonius, M. 马尔库斯·法沃尼乌斯

Ferentinum 费伦提努姆

fetials 战争祭司团

Festus 菲斯图斯

Fides 信义女神菲迪斯

Firmum 弗尔姆

Flaccus, Q. 昆图斯·弗拉库斯

flamen 专属祭司
   flamen Dialis 朱庇特祭司
   flamen Martialis 马尔斯祭司

Flavius, L. 卢西乌斯·弗拉维乌斯

Flavius Fimbria, C. 盖乌斯·弗拉维乌斯·菲姆布利亚

Flower 弗拉沃尔

Fonteius, M. 马尔库斯·方提乌斯

Fonteius, P. 普布利乌斯·方提乌斯

Forum Boarium 屠牛广场

Fregellae 弗雷格莱

Frentani 弗伦塔尼人

Fulvius Flaccus, C. 盖乌斯·弗尔维乌斯·弗拉库斯

Fulvius Flaccus, M. 马尔库斯·弗尔维乌斯·弗拉库斯

Fulvius Nobilior, Q. 昆图斯·弗尔维乌斯·诺比利尔

Furius 福瑞乌斯

Furius, P. 普布利乌斯·福瑞乌斯

Furius Philus, L. 卢西乌斯·福瑞乌斯·菲路斯

G

Gabinius, A. 奥卢斯·加比尼乌斯（军事保民官）

Gabinius, A. 奥卢斯·加比尼乌斯（公元前 67 年保民官，公元前 58 年执政官）

Gabinius Capito, P. 普布利乌斯·加比尼乌斯·卡皮托

Gades 加的斯

Galatia 加拉太

Gaul 高卢

Gellius Poplicola, L. 卢西乌斯·格利乌斯·波普里克拉

Getae 盖塔人

Gildenhard 吉登哈德

Giovannini 乔瓦尼尼

gladiator 角斗士

Gomphi 贡斐

Granius, C. 盖乌斯·格拉尼乌斯

Granius, Q. 昆图斯·格拉尼乌斯

Granius Licinianus 格拉尼乌斯·李锡尼亚努斯

Grumentum 格鲁门图姆

H

Hannibal 汉尼拔

Harris 哈里斯

Hellespont 达达尼尔海峡

Helvetii 赫尔维提人

Helvius Mancia 赫尔维乌斯·曼西亚

Heraclea 赫拉克利

Herculaneum 赫库拉尼姆

Hirtius, A. 奥卢斯·希尔提乌斯

Hispania 西班牙，亦可见 Spain

Hispania Citerior 近西班牙行省

Hispania Ulterior 远西班牙行省

Honos et Virtus 荣誉与美德神殿

Hopkins, K. K. 霍普金斯

Horace 贺拉斯

Hortensius, Q. 昆图斯·荷坦修斯

Hostilius Mancinus, C. 盖乌斯·赫斯提利乌斯·曼希努斯

Hyrcania 赫卡尼亚

I

Ilerda 伊列达

Illyria 伊利里亚

Illyricum 伊利里库姆

imperium 兵权

interrex 摄政官

Italia 意大利

Italica 意大利卡

J

Janiculum Hill 贾尼科洛山

Jenkins, Alice 爱丽丝·詹金斯

Juba I 朱巴一世

Judaea 犹太地区

斯（公元前 91 年执政官）

Marcius Philippus, L. 卢西乌斯·马修斯·菲利普斯（公元前 56 年执政官）

Marcius Rex, Q. 昆图斯·马修斯·雷克斯

Marcus Aurius 马尔库斯·奥留斯

Marius, C. 盖乌斯·马略（公元前 107、前 104 至前 100 以及前 86 年执政官）

Marius, C. 盖乌斯·马略（公元前 82 年执政官）

Marius, M. 马尔库斯·马略

Marius Egnatius 马略·伊格纳提乌斯

Marius Gratidianus, M. 马尔库斯·马略·格拉提迪亚努斯

Marrucini 马鲁奇尼人

Marsi 马尔西人

Massilia 马希利亚

master of horse 骑兵统帅

Mauretania 毛里塔尼亚

Memmius, C. 盖乌斯·梅姆米乌斯（公元前 111 年保民官）

Memmius, C. 盖乌斯·梅姆米乌斯（公元前 58 年裁判官）

Memmius, L. 卢西乌斯·梅姆米乌斯

Memnon 梅姆侬

Messina 墨西拿

Metapontum 梅塔庞图姆

Metella 梅特拉

Micipsa 米西普萨

Millar 米拉尔

mime 滑稽剧

Minucius Rufus, M. 马尔库斯·米努西乌斯·鲁夫斯

Minucius Thermus, Q. 昆图斯·米努西乌斯·特姆斯

Misenum 米先念

Mitchell 米切尔

Mithridates VI 米特拉达梯六世

Moignard, Elizabeth 伊丽莎白·莫纳德

Morstein-Marx 默尔施泰因 – 马克斯

mos maiorum 祖先旧例

Mount Garganus 加尔加努斯山

Mouritsen 莫里森

Mucia 穆西亚

Mucius Scaevola 穆修斯·斯凯沃拉

Mucius Scaevola, Q. 昆图斯·穆修斯·斯凯沃拉（公元前 117 年执政官）

Mucius Scaevola, Q. 昆图斯·穆修斯·斯凯沃拉（公元前 95 年执政官）

Mummius, L. 卢西乌斯·穆米乌斯

Mummius, Sp. 斯普里乌斯·穆米乌斯

municipium 城镇

Münzer 敏策

Mytilene 米蒂利尼

N

Narbo Martius 纳尔波马尔提乌斯

Naevius 内维乌斯

negotium 忙碌

Nicomedes III 尼克美狄斯三世

Nicomedes IV 尼克美狄斯四世

Nicopolis 胜利城

Nigidius, C. 盖乌斯·尼基狄乌斯

Nigidius Figulus, P. 普布利乌斯·尼基狄乌斯·菲古鲁斯

Nisibis 尼西比斯

nobilis 显贵

Nola 诺拉

Nonius 诺尼乌斯

Norba 诺尔巴

Norbanus, C. 盖乌斯·诺巴努斯

nouus homo 政坛新人

Novum Comum 诺夫科姆

Nuceria 努塞里亚

Numantia 努曼提亚

Numidia 努米底亚

O

Octavius, C. 盖乌斯·屋大维

Octavius, Cn. 格涅乌斯·屋大维

Octavius, L. 卢西乌斯·屋大维

Octavius, M. 马尔库斯·屋大维

Olympeion 宙斯神庙

Oost 伍斯特

Opimius, L. 卢西乌斯·欧皮米乌斯

Oppianicus 欧皮亚尼库斯

optimates 精英派

Orabazos 奥拉巴佐斯

Orestilla 奥蕾丝蒂拉

Orchomenus 奥考梅努斯

Oricum 奥利库姆

Oscan 奥斯坎语

Ostia 奥斯提亚

otium 闲适

ovatio 欢庆仪式

P

Palatine 帕拉蒂尼山

Pallantia 帕兰提亚

Panaetius 帕奈提乌斯

Paphlagonia 帕弗拉格尼亚

Papirius Carbo, C. 盖乌斯·帕皮利乌斯·卡尔波

Papirius Carbo, Cn. 格涅乌斯·帕皮利乌斯·卡尔波（公元前 113 年执政官）

Papirius Carbo, Cn. 格涅乌斯·帕皮利乌斯·卡尔波（公元前 85、前 84 及前 82 年执政官）

Papirius Carbo Arvina, C. 盖乌斯·帕皮利乌斯·卡尔波·阿维纳

Papius Mutilus 帕皮乌斯·穆提卢斯

Parthia 帕提亚

patricians 贵族

patronage 恩宠体系

　patron 恩主

　client 门生

peace of Dardanus《达尔达诺斯条约》

Peducaeus, Sex. 塞克斯图斯·佩都凯乌斯

perduellio 大逆罪

Pergamum 帕加马

Perperna, M. 马尔库斯·佩尔佩尔那（公元前 130 年执政官）

Perperna, M. 马尔库斯·佩尔佩尔那（公元前 92 年执政官）

Perperna, M. 马尔库斯·佩尔佩尔那（苏拉的反对者）

Petreius, M. 马尔库斯·佩特雷乌斯

Pharnaces 法纳西斯

Philip V 腓力五世

Phraates 弗拉提斯

Picenum 皮瑟努姆

Piracy 海盗

Pitane 皮塔内

Plautius, A. 奥卢斯·普劳提乌斯

Plautius, C. 盖乌斯·普劳提乌斯

Plautius Hypsaeus, P. 普布利乌斯·普劳提乌斯·希普萨乌斯

plebeians 平民

plebeian nobilis 平民显贵

Pliny the Elder 老普林尼

Plotius, A. 奥卢斯·普罗提乌斯

Plutarch 普鲁塔克

pontifex maximus 大祭司

Powell 鲍威尔

Poppaedius Silo 波派迪乌斯·希罗

popularis 平民派

populus 人民

Pollio 波里欧

Polybius 波利比乌斯

Pompeia 庞培娅

Pompeius, Cn. 格涅乌斯·庞培

Pompeius, Q. 昆图斯·庞培

Pompeius, Sex. 塞克斯图斯·庞培

Pompeius Magnus, Cn. 格涅乌斯·庞培·马格努斯

Pompeius Rufus, Q. 昆图斯·庞培·鲁夫斯

Pompeius Strabo, Cn. 格涅乌斯·庞培·斯特拉波

Pomponius Atticus, T. 提图斯·庞博尼乌斯·阿提库斯

Pomptinus, C. 盖乌斯·庞提努斯

Pontus 本都

Popillius Laenas, C. 盖乌斯·波皮利乌斯·莱纳斯

Popillius Laenas, M. 马尔库斯·波皮利乌斯·莱纳斯

Popillius Laenas, P. 普布利乌斯·波皮利乌斯·莱纳斯

Porcius Cato, C. 盖乌斯·波尔西乌斯·加图（公元前 114 年执政官）

Porcius Cato, C. 盖乌斯·波尔西乌斯·加图（公元前 56 年保民官）

Porcius Cato, L. 卢西乌斯·波尔西乌斯·加图

321

Valerius Flaccus, C. 盖乌斯·瓦莱里乌斯·弗拉库斯

Valerius Flaccus, L. 卢西乌斯·瓦莱里乌斯·弗拉库斯（公元前 131 年执政官）

Valerius Flaccus, L. 卢西乌斯·瓦莱里乌斯·弗拉库斯（公元前 100 年执政官，公元前 97 年监察官）

Valerius Flaccus, L. 卢西乌斯·瓦莱里乌斯·弗拉库斯（公元前 86 年增补执政官）

Valerius Maximus 瓦莱里乌斯·马克西姆斯

Valerius Messalla Corvinus, M. 马尔库斯·瓦莱里乌斯·梅萨拉·科尔维努斯

Valerius Messalla Rufus, M. 马尔库斯·瓦莱里乌斯·梅萨拉·鲁夫斯

Valerius Triarius, C. 盖乌斯·瓦莱里乌斯·特里亚流斯

Varius Hybrida, Q. 昆图斯·瓦略·海布里达

Vatinius, P. 普布利乌斯·瓦提尼乌斯

Velleius Paterculus 维雷乌斯·帕特库鲁斯

Venafrum 韦纳弗鲁姆

Venusia 维纳斯西亚

Vercellae 韦尔切利

Vercingetorix 维钦托利

Verres, C. 盖乌斯·维雷斯

Vestal Virgins 维斯塔贞女

Vestini 韦斯提尼人

Vetilius, C. 盖乌斯·维提利乌斯

Vettius, L. 卢西乌斯·维提乌斯

via Domitia 多米提乌斯大道

via Latina 拉丁大道

Viriathus 维利亚图斯

Volaterrae 沃拉特拉

Volcatius Tullus, L. 卢西乌斯·沃尔卡提乌斯·图卢斯

W

Wallace-Hadrill 华莱士 – 哈德利尔

Wiseman 威斯曼

Y

Yarrow 亚罗

图书在版编目（CIP）数据

罗马共和国的终结：征服和危机 ／（英）凯瑟琳·
斯蒂尔著；李冠廷译 ． -- 上海 ：上海三联书店，2025.
8 . --（爱丁堡古罗马史）. -- ISBN 978-7-5426-8874-3

Ⅰ．K126

中国国家版本馆 CIP 数据核字第 2025VT3959 号

罗马共和国的终结：征服和危机

著　　者／〔英国〕凯瑟琳·斯蒂尔

译　　者／李冠廷

责任编辑／王　建　樊　钰

特约编辑／叶　觅　张兰坡

装帧设计／字里行间设计工作室

监　制／姚　军

出版发行／上海三联书店

　　　　　　（200041）中国上海市静安区威海路755号30楼

联系电话／编辑部：021-22895517

　　　　　　发行部：021-22895559

印　　刷／天津丰富彩艺印刷有限公司

版　　次／2025年8月第1版

印　　次／2025年8月第1次印刷

开　　本／710×1000　1/16

字　　数／255千字

印　　张／21.5

ISBN 978-7-5426-8874-3／K·833

定　价：75.00元